Pour une écologie politique

Michel Aglietta
Étienne Espagne

Pour une écologie politique

Au-delà du Capitalocène

Odile Jacob

3, rue Auguste-Comte, 75006 Paris

www.odilejacob.fr

ISBN : 978-2-4150-0465-1

Introduction générale

> « La production capitaliste tend sans cesse à dépasser les limites qui lui sont immanentes, mais elle n'y parvient qu'en employant les moyens, qui de nouveau, et à une échelle plus imposante, dressent devant elle les mêmes barrières. »
>
> Karl MARX, *Le Capital*, livre III.

> « Nous ne l'avons pas accepté ; nous n'avions pas d'accord. »
>
> Ève BAZAIBA, vice-Première ministre et ministre de l'Environnement de la République démocratique du Congo, COP15, 19 décembre 2022.

« Nous ne l'avons pas accepté ; nous n'avions pas d'accord. » Le 19 décembre 2022, à Montréal, la communauté internationale, sous la double égide de la Chine et du Canada, a mis le point final à un accord sur le cadre mondial de la biodiversité, entérinant ce qui doit devenir l'équivalent de l'accord de Paris pour le climat signé le 12 décembre 2015. Les chancelleries se félicitèrent aussitôt d'un accord qualifié d'inédit permettant de freiner, voire d'inverser, l'érosion dramatique de la biodiversité mondiale considérée comme une des neuf limites planétaires, et une des six d'ores et déjà dépassées[1]. Mais une voix s'est élevée dans la salle pour contester l'accord, celle de la République démocratique du Congo (RDC), au travers de la personne d'Ève Bazaiba, vice-Première ministre et ministre de l'Environnement : « Nous ne l'avons pas accepté ; nous n'avions pas d'accord[2]. »

Pourquoi une telle objection de dernière minute de la part d'un pays intégrant la deuxième plus grande forêt tropicale du monde après la forêt amazonienne, couvrant près de 70 % du pays et la seule forêt encore à même de stocker du carbone de l'atmosphère[3] ? Pourquoi un pays riche des ressources naturelles les plus variées, essentielles à la biodiversité mondiale, rejetterait un accord qui veut en garantir la protection ? Après un échange avec le président chinois de la COP15, Huang Runqiu, la RDC a choisi finalement de ne pas s'opposer au texte, rejoignant ainsi d'autres pays africains et latino-américains qui avaient émis les mêmes réticences mais avaient *in fine* choisi de soutenir l'accord. Le point d'achoppement principal ? Les transferts financiers nécessaires pour permettre à ces pays de maintenir leurs immenses réserves de biodiversité relativement intactes. Mais, plus profondément, la RDC est un exemple paradigmatique de ruptures successives de viabilité au fil de l'histoire du capitalisme.

En République démocratique du Congo, la forêt tropicale fournit plus de 90 % de l'énergie primaire du pays, et aussi près de 99 % de l'énergie utilisée par les ménages[4]. La pression forestière a donc comme première source un mal développement dans un pays parmi les plus pauvres de la planète et en proie à plusieurs guerres civiles larvées en même temps que des conflits avec les pays voisins. Les ressources hydrauliques du pays sont pourtant parmi les plus importantes d'Afrique, représentant potentiellement 40 % de la demande d'électricité de l'ensemble du continent, et donc un accès théoriquement bon marché à l'électricité pour tous ses habitants. Mais ces ressources hydrauliques, alternatives à la biomasse, sont aussi quasiment inexploitées à ce jour. Le projet de barrage Grand Inga sur la rivière Congo, destiné à apporter une capacité de 42 000 mégawatts au pays, pourrait devenir le plus grand barrage du monde devant le fameux barrage des Trois-Gorges en Chine. Nécessitant le déplacement de quelque soixante mille personnes, le principal usage de cette électricité ne serait néanmoins pas pour les ménages congolais, mais pour accompagner l'exploitation des immenses ressources minières du pays, essentiellement destinées à l'exportation.

La RDC est, en effet, un des principaux exportateurs mondiaux de minerais parmi les plus essentiels aux secteurs des énergies renouvelables, comme du secteur numérique (cobalt, cuivre, plomb, lithium...). Elle est le cinquième producteur mondial de cuivre, et produit 70 %

du cobalt mondial. Cette richesse du sous-sol ne s'est pas traduite dans un développement accéléré du pays jusqu'ici. Mais la demande mondiale accrue pour ces ressources en fait pour la RDC le premier poste d'exportation (90 % des exportations en valeur sont constituées de cuivre et de cobalt) et donc de l'extraction une condition d'accès aux devises internationales nécessaires à l'importation de biens d'équipement et de consommation. Le cobalt est essentiellement extrait de la région sud du pays, anciennement appelée Katanga.

Le Katanga est exploité pour ses immenses ressources minières depuis les débuts la colonisation belge du Congo, ou plutôt depuis que le roi des Belges Léopold II s'en est attribué la possession personnelle[5]. La région ayant déjà été vidée de ses habitants par le commerce triangulaire d'esclaves à destination du continent américain lors de la période précédente, une émigration forcée a été instaurée des régions et pays voisins pour créer une main-d'œuvre corvéable à merci par l'Union minière du Haut-Katanga[6]. La région est devenue un pilier économique du Congo colonial. Lors de l'indépendance, en 1960, sous la houlette de Patrice Lumumba, le Katanga a fait immédiatement sécession avant de proclamer son indépendance avec le soutien de Moïse Tshombé et des milieux d'affaires comme des chancelleries occidentales, et notamment des réseaux Foccart, le « Monsieur Afrique » de l'Élysée, entraînant une guerre civile meurtrière[7].

Aux richesses forestières, minières et hydrauliques de la RDC, on doit ajouter de grandes ressources en combustibles fossiles. La RDC a ainsi autorisé en 2022 pas moins de vingt-sept licences d'exploitations destinées à attirer des investissements étrangers, réduire la pauvreté énergétique de ses habitants, mais aussi extraire jusqu'à 22 milliards de barils de pétrole et jusqu'à 66 milliards de mètres cubes de gaz. Alors que 85 % du potentiel fossile du pays est inexploité, cette décision est une réponse directe à la guerre en Ukraine et à la montée des prix du gaz consécutive à cette nouvelle fragmentation géopolitique. Mais au moins neuf de ces licences se trouvent dans des zones protégées, parcs nationaux, réserve naturelle ou aire marine. La perspective d'une transition bas-carbone mondiale n'est pourtant pas suffisamment forte aujourd'hui pour freiner ces investissements, par ailleurs destructeurs d'une biodiversité unique. Les mécanismes de marché de type REDD+, censés apporter un paiement pour les services écosystémiques de conservation de la forêt, apparaissent jusqu'ici impuissants face à ces dynamiques globales.

« Nous n'avions pas d'accord. » L'objection de la représentante de la RDC à la COP15 portait sur le point particulier de la mise en place d'un fonds de financement dédié à la biodiversité à hauteur de 100 milliards de dollars par an. On comprend au regard de ce rapide panorama que l'objection est sans doute encore bien plus profonde. Les forêts tropicales du Congo se trouvent au centre d'un enjeu de viabilité planétaire. Mais le pays lui-même, issu d'une histoire ancienne, bouleversée brutalement durant les deux derniers siècles par la traite puis la colonisation, se voit sommé de prendre à son compte le fardeau de cette protection, sans avoir été le moins du monde responsable de cette nouvelle menace. Les activités extractives qui le rattachent au système financier et monétaire global sont essentiellement destinées à maintenir le niveau de vie et de consommation des populations des pays développés en les décarbonant. Enfin, l'émergence soudaine de la guerre en Europe a eu immédiatement pour effet de relancer une production d'hydrocarbure dans le pays.

La viabilité biophysique globale se heurte, en RDC comme ailleurs, aux formes élémentaires de viabilité sociale, économique et financière dont les règles sont héritées du temps long du capitalisme.

La viabilité dans l'histoire

Tout l'objet de ce livre est de faire émerger ces grands régimes historiques de viabilité avant de nous essayer à dégager les principes d'une écologie politique qui autoriserait la RDC à dire, sans négociation d'arrière-cour : « Nous avons un accord. »

Car avons-nous jamais été viables ? Une série de « découvertes » jalonnent l'histoire humaine en marquant de manière irréversible son environnement. Nous mettons à dessein des guillemets tant le terme « découverte » paraît abusif pour décrire des processus complexes se produisant parfois sur des durées particulièrement longues. La « découverte » du feu il y a environ 400 000 ans représente sans doute le premier choc énergétique permettant à l'homme, en simplifiant son système digestif, de développer ses capacités cognitives. Elle lui a permis aussi d'adapter très directement son environnement[8]. La « découverte » de l'agriculture, associée à la sédentarité et à la mise en place de systèmes de stockages, comme nous le verrons au deuxième chapitre, est certainement un autre marqueur de l'empreinte humaine sur la terre, et ce d'autant plus qu'il met en branle les premières formes d'inégalités rendues persistantes par des institutions. Le mouvement écologique d'homogénéisation des biotopes à partir du début de la « découverte » de l'Amérique en 1492 est, quant à lui, inédit depuis la séparation de la Pangée[9] il y a au moins 200 millions d'années[10]. On peut ainsi parler d'une nouvelle Pangée biotique. Par l'opération de cette jonction, l'homme est devenu un acteur majeur de l'évolution, un réorganisateur en partie involontaire de la vie, accélérant de manière inédite les contraintes d'adaptation des espèces, en créant de nouvelles pour répondre à ses propres objectifs ou diffusant de manière inédite quelque virus longtemps isolé dans son biotope sauvage.

L'année 1492 a marqué à plus d'un égard une rupture à la fois matérielle et symbolique spécifique. Cette date représente tout d'abord la plus forte empreinte temporelle de l'homme sur le passé lointain, en recréant soudainement les conditions de contacts entre espèces de l'époque de la Pangée. Sur l'instant, la « découverte » de l'Amérique a aussi eu un effet quasi immédiat sur la composition de l'atmosphère. En vidant le continent de sa population (décimée par la maladie, plus même que par les massacres des conquistadors), à une vitesse stupéfiante, laissant ainsi repousser la végétation, la teneur en CO_2 de l'atmosphère a décru de 7 à 10 ppm[11]. Surtout, 1492 n'est pas l'œuvre de l'humanité en général, mais bien celle d'un capitalisme naissant dont les formes ne vont cesser d'évoluer pour repousser les limites que la biosphère et le reste de l'humanité, non détentrices du capital, lui opposent. Le capital, comme technologie sociale de transformation du monde et de la société, est devenu dès lors un moteur clé de la viabilité du système Terre. L'Anthropocène, cette nouvelle époque géologique de l'homme que la communauté scientifique essaie de mieux définir depuis le début des années 2000, semble dès 1492 commencer de se confondre avec une forme de Capitalocène.

Dès lors, c'est le capitalisme, dans les formes successives qu'il a prises au cours de l'histoire, et encore plus dans sa configuration planétaire financiarisée actuelle, qui conduit l'ensemble de l'humanité sur une trajectoire non viable. Cet ouvrage se place dans le cadre déjà largement établi du Capitalocène[12] qui impute aux dynamiques historiques d'accumulation du capital le bouleversement simultané des équilibres écologiques et du même coup des moyens de subsistance traditionnels de multiples sociétés humaines. Même si de nombreux exemples historiques présentent des sociétés non capitalistes détruisant leur environnement au point de menacer leur existence même, nous y reviendrons, la particularité des configurations historiques du capitalisme réside dans le caractère global de l'horizon d'accumulation, et donc l'effet potentiellement systémique des menaces portées sur la viabilité. La question du choix de dénomination du Capitalocène pour nommer la crise de viabilité de notre époque mérite néanmoins une justification plus poussée.

Des causes premières et de la viabilité : quelques définitions

Dans la tentative de nommer l'époque se joue la désignation de la cause première. Or la négligence des causes premières a systématiquement rendu impuissants les avertissements des scientifiques du monde à l'humanité[13] à ce jour. Après pas moins de six rapports du Groupe d'experts intergouvernemental sur l'évolution du climat (GIEC) depuis 1988, au grand dam des scientifiques de l'environnement tout comme de la plupart des économistes, il n'existe effectivement pas d'acteur social qui s'appellerait l'humanité et serait mobilisable pour la bifurcation tant attendue. La prise en main humaine des cycles biogéochimiques a été rendue possible à travers l'histoire par une succession de configurations sociales bien précises. Chacune de ces configurations a métabolisé ces cycles de manière spécifique, s'appuyant sur les contradictions de la configuration précédente pour déployer plus avant l'incursion humaine dans les dynamiques biogéochimiques.

Les principaux cycles biogéochimiques de la planète ont été, en effet, profondément altérés par l'homme, à commencer par le cycle du carbone, le plus connu en raison de ses effets sur le climat, dès le XVIIIe siècle. Ce cycle s'est effectivement retrouvé fortement perturbé par l'injection massive de carbone d'origine anthropique dans l'atmosphère, que les puits naturels les plus importants, biosphère et océans, sont aujourd'hui incapables d'absorber au même rythme. Certains de ces effets en sont bien connus, la hausse des températures, celle du niveau des océans et de leur acidification, la multiplication et l'intensification des événements météorologiques extrêmes. D'autres le sont beaucoup moins, comme l'impact sur la végétation d'une atmosphère riche en CO_2, la possibilité de ruptures dans les circulations océaniques, l'effet accélérateur d'une fonte du permafrost, ou encore le rôle des nuages dans le reflet du rayonnement. Toujours est-il que la concentration de CO_2 dans l'atmosphère a d'ores et déjà atteint des niveaux inconnus depuis au moins 800 000 ans, tandis que l'acidification des océans s'accroît à un rythme inédit depuis 300 millions d'années.

Le cycle de l'azote est également des plus perturbés. Ce gaz très inerte, massivement présent dans l'atmosphère, doit être fixé dans le sol pour favoriser les rendements agricoles. Les moyens de fixation ont longtemps été limités, que ce soit par la rotation des cultures (légumineuse fixatrice contre céréale consommatrice d'ammoniac), puis au XIXe siècle par la course au guano du Pérou, au salpêtre du Chili ou encore à la production à partir de résidus du charbon. L'invention du procédé Haber-Bosch au début du XXe siècle permet aujourd'hui à l'humanité de fixer plus d'azote que le reste de la nature réunie. Le cycle est ainsi passé entièrement sous contrôle humain, ou plutôt sous le contrôle de l'industrie de l'ammoniac et de l'industrie agroalimentaire plus largement, elles-mêmes fortement dépendantes de l'industrie fossile. Le cycle de l'azote produit notamment le gaz N_2O, dont le pouvoir d'effet de serre est près de 300 fois supérieur à celui du CO_2. Il produit encore des nitrates par écoulement dans les cours d'eau, les lacs et les zones côtières, générant une prolifération d'algues qui consomment ensuite tout l'oxygène de l'eau, tuant la faune qui s'y trouve et modifiant en profondeur la composition des écosystèmes.

Nous pourrions encore évoquer le cycle de l'eau, perturbé par le ruissellement des sols anthropisés, la diminution de l'évapotranspiration, l'épuisement des nappes ou le détournement de l'eau des cours d'eau… L'activité humaine affecte aussi fortement les formes et les dynamiques de la vie. L'indicateur simple de la production primaire nette, qui indique en unités de carbone le flux de production de vie organique, s'il ne varie que peu en absolu, a changé néanmoins entièrement de composition et d'usage, en étant aujourd'hui approprié pour plus d'un tiers par l'homme. Cette appropriation par la conversion massive des terres pour produire nourriture, fourrage, combustible ou fibres se fait la plupart du temps au détriment des autres espèces. Elle explique, avec les pollutions et la segmentation des espaces, l'extinction des espèces à un rythme observé cent à mille fois plus rapide que les cinq extinctions massives que la planète a connues depuis sa création[14].

En miroir de la détermination des causes premières se joue aussi la définition des possibles leviers d'action, les éventuelles marges de manœuvre restantes, dans une perspective d'écologie politique. Les frontières disciplinaires patiemment construites au cours des deux derniers siècles au moins entre sciences du vivant et sciences humaines et sociales, pour le meilleur comme pour le pire, sont aussi une forme de rempart pour une telle analyse. Aux sciences du vivant, le temps très long, géologique, et les lois intemporelles de la nature, les mesures objectivables, et si possible observables au travers d'analyses stratigraphiques[15] ou géologiques[16]. Aux sciences humaines et sociales, le temps historique et les lois humaines relatives et changeantes. Telle était la séparation convenue, devenue effectivement aujourd'hui, à bien des égards, intenable.

Vers des régimes de viabilité, un peu de méthode

L'humanité n'a donc en un sens jamais été viable, et cela peut sembler remonter loin dans son histoire. Essayons néanmoins de dessiner les quelques critères simples qui nous permettraient de construire une théorie des dynamiques de viabilité du Capitalocène. Une telle théorie doit être historique, dans la mesure où cette nouvelle grande transformation s'est produite par des changements successifs dans les modes d'organisation des sociétés, et écologique, dans la mesure où ses effets sur la nature ont généré des dynamiques naturelles inédites, centrées sur les évolutions du capitalisme considérées comme motrices de cette grande transformation. Une telle théorie se doit néanmoins d'inclure les sociétés et les territoires qui n'ont pas, ou pas entièrement, été soumis à la modernité capitaliste, car ces sociétés sont d'ores et déjà les premières victimes de ces changements. Cette théorie se doit de les inclure aussi pour ne pas naturaliser cette modernité capitaliste en en faisant un horizon indépassable et ainsi intégrer dans un même cadre normatif et prospectif l'expérience d'autres ontologies, non naturalistes, dont nos sociétés pourraient, en les adaptant, s'inspirer. Seul un tel élargissement de focale nous permettra de définir proprement des régimes de viabilité.

Cet élargissement de focale doit pouvoir incorporer dans un même cadre le travail humain préindustriel, l'esclavage, jusqu'aux fossiles et au nucléaire, aux dynamiques urbaines... et aux renouvelables et aux énergies de la transition. Ce cadre est ainsi celui des conflits, divisions et luttes historiques qui ont façonné les modes d'accès à l'espace et à l'énergie. Il ne peut donc s'agir d'une vision universalisante de la société ou du changement social. Nous parlerons de régimes de viabilité du Capitalocène lorsque les relations de dépendance à la nature se reproduisent dans le temps au travers d'institutions spécifiques. La notion de régime prend ainsi le sens d'une configuration historique garantissant la viabilité d'une société, c'est-à-dire sa reproduction, sur une certaine période.

Parmi les caractéristiques d'un régime, il y a ainsi la manière dont sont qualifiées et organisées les entités naturelles ou biophysiques, ce que l'on peut nommer ontologie du régime. Participent de cette ontologie les modes de production des savoirs, mais aussi plus largement les qualifications des entités naturelles ou biophysiques. Ces qualifications donnent à voir la perception de ce qui est naturel et de ce qui ne l'est pas à un moment donné de l'histoire. Elles fondent ainsi des formes de relations à la nature, ou à ce qu'on qualifie de manière plus neutre des non-humains[17]. Pour définir un régime de viabilité, il est encore indispensable de s'intéresser aux lieux où s'affrontent les intérêts sociaux, économiques ou politiques variés en regard de ces discours sur les entités naturelles. Ces lieux d'affrontement façonnent des technologies entendues comme des configurations sociales et matérielles spécifiques, accroissant la productivité, donc l'intensité productive du temps, par l'exploitation combinée de l'environnement et du travail. Ces technologies incluent les techniques de production, mais aussi les configurations juridiques qui soutiennent ces techniques, y compris les politiques publiques mises en œuvre pour limiter ou stopper les dégâts environnementaux.

Une institution clé de résolution de la contradiction entre perceptions et matérialités pour l'époque du Capitalocène est la monnaie. Les formes de la monnaie tendent à pérenniser les régimes de viabilité, en même temps qu'elles peuvent en accélérer la transformation. La monnaie est le lien social qui permet de redistribuer des coûts et des bénéfices entre acteurs et à travers le temps suivant des règles établies (locales, nationales, internationales) et la confiance de ses utilisateurs. En ce sens, le système des paiements reflète les contradictions du régime de viabilité en cours. Il reflète les perceptions culturelles institutionnalisées de ce qu'est la valeur, notamment de ses origines plus ou moins naturelles. La monnaie est aussi la valorisation du capital comme stock d'actifs destinés à la production capitaliste, dont une bonne part provient de l'appropriation de ressources primaires destinées à être transformées dans le processus de production. En ce sens, elle est le reflet des coûts et des contraintes écologiques liées à ces formes d'appropriation. Dans le cadre des régimes de viabilité, la forme monétaire vient donc refléter les tensions entre terre et travail, entre appropriation de ressources et perception de modes de consommation désirés, entre populations immédiatement concernées par les impacts des changements environnementaux et acteurs de la perpétuation d'une économie carbonée. Ce sont ces antagonismes entre différentes classes, synthétisés dans la forme monétaire, qui vont propulser le régime de viabilité dans une direction ou une autre.

Un régime de viabilité donne ainsi à voir les facteurs institutionnalisés d'évitement, d'incorporation, de report ou d'internationalisation des contraintes écologiques et sociales. L'épuisement d'un régime de viabilité passe ainsi par une contradiction entre l'environnement et l'ordre sociopolitique, qui se modifient et se reconfigurent réciproquement. Par quels biais s'opère cette reconfiguration en retour ? Les processus scientifiques, politiques et économiques agencent les propriétés physiques de l'environnement, en accentuant certaines pour les mettre en valeur, les gérer, en passant d'autres sous silence. Les dynamiques environnementales ignorées ou mal comprises sont de bonnes candidates à un impact direct sur les sociétés et éventuellement à une crise du régime de viabilité. Cette crise pourra prendre la forme d'une catastrophe ou, au contraire, d'un impact progressif, induisant un effondrement ou une recomposition par adaptation.

De quoi parlons-nous dans ce livre ?

Nous nous intéressons ainsi dans ce livre à la formation historique de régimes successifs de viabilité du Capitalocène, aux facteurs de crises que ces régimes engendrent, en relation avec leur environnement immédiat ou lointain, et aux basculements particuliers qui mettent parfois un terme, souvent temporaire, à ces crises de viabilité. Quelle relation idéologique et matérielle à la nature portent en eux-mêmes ces différents régimes de viabilité historique du Capitalocène ? Quelles institutions permettent de résoudre les déséquilibres socio-écologiques générés par le régime ? Comment se matérialise une crise et quelles ont été les conditions historiques d'émergence d'un nouveau régime de viabilité ? Nous nous attacherons à identifier la relation des dynamiques financières et monétaires à l'accumulation capitaliste et à la transformation de l'espace, aux secteurs économiques les plus directement reliés aux ressources naturelles, en même temps qu'aux groupes sociaux et aux nations souvent marginalisés ou dominés par des classes sociales ou des nations du cœur capitaliste. Car aux hiérarchies monétaires correspondent aujourd'hui des hiérarchies écologiques, dont la relation causale ne peut s'expliquer que par le temps long du déploiement du Capitalocène[18]. Voilà les questions que nous nous poserons dans cet ouvrage.

La première partie de ce livre propose une économie politique de la viabilité. Le premier chapitre examine les limites des approches actuelles de la macroéconomie écologique, au prisme d'une longue histoire de séparation des questions économiques de la compréhension des dynamiques du vivant. Le deuxième chapitre place la dette écologique au cœur des mythes sur lesquels les sociétés bâtissent les conditions de leur propre reproduction, ce que nous appelons leur régime de viabilité. Il s'oppose notamment au mythe de la tragédie des communs qui présuppose le marché comme solution ultime à tout problème environnemental. Le troisième chapitre aborde le problème de l'articulation entre système monétaire et dette écologique dans les sociétés contemporaines. Une conception inclusive de la richesse en émerge. Le principe de viabilité nous guide ainsi au chapitre 4 pour énoncer, de manière normative, les fondements d'une nouvelle écologie politique.

La deuxième partie de ce livre propose un recul historique sur les régimes de viabilité du Capitalocène. Le chapitre 5 commence par une analyse des régimes de viabilité du pré-Capitalocène, retraçant les origines écologiques du premier capitalisme en même temps que la prégnance d'autres régimes de viabilité non capitalistes. Le chapitre 6 examine la mise en place progressive de la société du marché prétendument autorégulateur au cours du XIXe siècle. Le chapitre 7 donnera à voir les caractéristiques du régime de viabilité du Capitalocène propre à la fin de l'étalon-or et au XXe siècle, dans le contexte de la fin des empires coloniaux et de la construction progressive de systèmes financiers permettant de prolonger et d'étendre l'accès privilégié aux ressources en même temps qu'un contrôle sur les stocks et les flux énergétiques. Cette deuxième partie se clôt avec le chapitre 8 à l'orée de la crise économique et financière de 2008 qui marque l'entrée dans une période de transformation rapide et largement imprévisible qui sera analysée dans la troisième et dernière partie du livre.

Cette perspective de longue durée nous amènera ainsi en troisième partie de ce livre à la question plus immédiatement contemporaine de savoir si la crise de viabilité actuelle du Capitalocène se confronte désormais à des obstacles qu'elle ne peut plus dépasser, même temporairement, sans prendre une direction radicalement nouvelle. Le chapitre 9 porte sur les apories de la gouvernance des biens communs globaux, en particulier les problèmes intimement liés à la diplomatie, de l'économie et de la finance. Le chapitre 10 se préoccupe du contexte de crises multiples, liées aux rivalités géopolitiques et au retour de l'inflation, alors que l'avancée décisive de la transition climatique pour atteindre la neutralité carbone au milieu du siècle doit s'accomplir à l'horizon 2030. Le chapitre 11 met en évidence les formes émergentes de la planification écologique dans les trois grandes puissances de la planète : la Chine, les États-Unis et l'Europe. Enfin, le chapitre 12 termine l'ouvrage en étudiant la possibilité de trouver la voie d'une planification écologique en France.

Pour reprendre la citation de Karl Marx proposée en exergue de cette introduction, nous dirigeons-nous vers un nouveau régime du

Capitalocène, permettant une fois de plus de repousser les limites qui lui sont immanentes, et notamment les limites biophysiques à la croissance matérielle ? Ou bien nous trouvons-nous devant une crise systémique (pour ne pas dire terminale) de viabilité du Capitalocène, nécessitant une réorientation vers une économie de l'homme et de la nature ? Sans prétendre apporter de réponse définitive à cette question cruciale, cet ouvrage se propose d'en revisiter certains des fondements historiques pour nourrir la réflexion sur une écologie politique de la viabilité au XXIe siècle.

PARTIE 1

Économie politique de la viabilité

CHAPITRE 1

Aux sources de la viabilité

La guerre des « cènes »

La conjonction de la prise de conscience croissante de la dégradation des systèmes vitaux de la Terre et de l'instabilité économique du capitalisme financiarisé mise en évidence par la crise financière mondiale de 2007-2008 puis par la stagnation subséquente dans les pays occidentaux a conduit à l'émergence du domaine de la macroéconomie écologique. Semblant un temps répondre au défi d'une discipline intégrant les idées de l'économie écologique à celles de différents courants macroéconomiques, ce domaine place en son cœur la monnaie et la finance et leur rôle dans le fonctionnement des économies capitalistes[1]. La monnaie y est une institution de régulation du capitalisme, par opposition à la notion néoclassique selon laquelle cette dernière n'est qu'un voile sur l'échange de biens et de services entre des agents économiques atomistiques[2]. Le résultat de cette rencontre disciplinaire a conduit à porter une attention particulière à la manière d'accélérer les investissements nécessaires à une transition écologique globale[3], grâce à une combinaison de dépenses publiques, de levier exercé sur le secteur financier privé, de réglementation financière, de garanties apportées aux pays dits du Sud global, ou encore d'activation des politiques monétaires.

En parallèle de ce développement progressif de la macroéconomie écologique, et de manière longtemps indépendante, des scientifiques de l'environnement, climatologues, chimistes ou écologues, ont progressivement adopté l'idée qu'une nouvelle époque géologique était advenue.

D'abord nommée Anthrocène, puis Anthropocène, cette notion d'une nouvelle époque géologique fut d'abord la création d'Andrew Revkin[4] puis de Paul Crutzen au début des années 1990 avant de se diffuser plus largement au travers d'au moins trois revues : *The Anthropocene Review*, *The Anthropocene* et *Elementa*. Le terme saisit bien l'idée d'une prise de contrôle de la plupart des cycles biogéochimiques planétaires par les activités humaines, comme d'un dépassement par l'homme d'un certain nombre de limites, entraînant un changement radical des formes de vie sur la planète. Le XXXVe Congrès géologique international a ainsi validé en 2016 officiellement l'époque Anthropocène, au sein de la période quaternaire de l'ère cénozoïque. L'humanité, dans un effort exemplaire d'autoréflexivité, reconnaît enfin son action sur la nature, étape essentielle pour parvenir ensuite à changer le cours des dégradations, à reprendre le contrôle du « bateau-Terre[5] ». Telle est, du moins, la conclusion logique de cette approche.

Le terme « Anthropocène » a commencé à inspirer les sciences sociales surtout à partir des années 2010. Regroupées dans le terme générique des « humanités environnementales », ces nouvelles incursions interdisciplinaires tendent à complexifier l'idée d'une humanité collectivement responsable, tout en qualifiant de manière plus fine cette convergence des temps humains et géologiques. L'ouvrage de Jean-Baptiste Fressoz et de Christophe Bonneuil[6] offre ainsi de nombreuses pistes en même temps qu'il ouvre un programme de recherche qui se développe depuis. Les termes se multiplient pour souligner l'importance de tel ou tel facteur dans la dynamique de l'Anthropocène : thanathocène, thermocène, Capitalocène[7]... L'économie en général, et la macroéconomie écologique en particulier, s'est pour l'essentiel tenue à l'écart de ces débats[8].

L'importance de ce programme et de ses implications pour transformer l'action publique ne saurait pourtant être sous-estimée, tant a pu être constatée l'inefficacité à ce jour des « avertissements des scientifiques du monde à l'humanité[9] ».

Au grand dam des sciences de l'environnement ou des économistes néoclassiques, il n'existe effectivement pas d'acteur social qui s'appellerait l'humanité et serait mobilisable pour la bifurcation tant attendue. Dans cette tentative de nommer l'époque, nous le disions en introduction, se joue la désignation de la cause première, s'il est possible toutefois d'en proposer une plutôt qu'un faisceau. Cette prise en main humaine des cycles biogéochimiques est elle-même portée par des groupes humains précis à certaines époques précises, de sorte que des principes de justice découlent aussi du choix de ce nom. Se jouent également au travers de cette dénomination les possibles leviers d'action, les marges de manœuvre restantes, dans une perspective qui nous occupera au travers de ce livre.

Enfin, et surtout, cette désignation ne relève pas d'un débat propre aux seules sciences sociales, mais bien d'une innervation réciproque entre sciences sociales et sciences environnementales. L'analyse d'un changement d'époque géologique requiert en principe un point stratotypique mondial[10], qui précise les limites existantes entre deux étages géologiques et qui puisse être observable de manière synchrone à divers points du globe. Le début de l'Holocène est ainsi marqué par un changement abrupt dans la concentration de deutérium à une profondeur de 25 mètres dans le forage NGRIP au Groenland, daté ainsi de 11650+/–99 ans avant 1950. D'autres stratotypes auxiliaires confirment l'observation d'un réchauffement accru de l'hémisphère Nord et de la sortie d'une période glaciaire. Une mesure de ce type doit en principe être trouvée pour justifier la définition d'une nouvelle époque géologique.

Lewis et Maslin[11] passent ainsi en revue les différentes possibilités de marquage d'une nouvelle période géologique de l'homme, depuis la disparition des mammifères géants jusqu'aux effets d'irradiation des essais nucléaires des grandes puissances dans les années 1950 et 1960 du XXe siècle. Ils essaient, pour chaque événement d'origine humaine, de trouver un marquage de dimension globale et suffisamment contemporain de l'événement. Sont ainsi rejetés, pour cause d'imprécision temporelle des marqueurs, l'extinction de la mégafaune (il y a entre 50 000 et 10 000 ans), l'invention de l'agriculture (il y a environ 11 000 ans), ou la révolution industrielle (datée à partir de l'invention de la vapeur), dont les effets se mesurent de manière diffuse sur deux cents ans.

Deux moments sont finalement retenus par Lewis et Maslin dans cette approche stratigraphique : la « découverte » des Amériques à partir de l'expédition de Christophe Colomb de 1492, et les usages militaires du nucléaire qui prennent leur ampleur dans l'immédiat après Seconde Guerre mondiale. La découverte des Amériques est ainsi marquée par une chute très importante de la population du continent durant le siècle suivant (de 60 millions à 6 millions d'habitants), désastre humain qui aurait entraîné une reforestation naturelle massive et ainsi une baisse des concentrations de CO_2 dans l'atmosphère de 7 à 10 ppm (parties par millions)[12]. Un tel point stratotypique s'observe effectivement entre 1570 et 1620 dans le dôme de glace antarctique, tout comme dans l'inlandsis ouest-antarctique. Les premiers usages nucléaires s'observent quant à eux directement au travers de la concentration en carbone 14 dans les cernes des arbres ou les glaces, concentration atteignant un pic au début des années 1960.

Comme le reconnaissent les auteurs eux-mêmes, les géologues et les stratigraphistes ne sauraient décider seuls d'une époque qui est tant historique que géologique. Mais observons que chacun de ces deux moments stratigraphiques-historiques correspond bien à un stade critique des régimes d'accumulation capitaliste. L'échange colombien, en même temps qu'un bouleversement écologique absolument inédit sur une échelle géologique depuis au moins la Pangée, représente aussi ce moment d'accumulation primitive, pour reprendre les termes de Marx, qui participe d'une dynamique essentielle au premier régime d'accumulation britannique, comme nous le détaillerons en deuxième partie de ce livre. L'ère nucléaire est, quant à elle, le marqueur de ce qu'il est convenu d'appeler la grande accélération, soit un régime sans précédent d'accumulation et de dégradations environnementales concomitantes qui engage nos sociétés dans un futur déjà en partie verrouillé. Si elle ne permet pas de distinguer suffisamment nettement la révolution industrielle au travers de l'augmentation trop progressive des dépôts de charbon ou des émissions de CO_2, la stratigraphie semble néanmoins bien nous indiquer d'ores et déjà que l'Anthropocène a tous les traits d'un Capitalocène.

Au-delà de l'effet de mode certain qui a fait bourgeonner les mots en « cène », il faut souligner que ces réflexions autour des causalités multiples de l'Anthropocène sont un enjeu politique essentiel en ce qu'elles définissent les rapports à la civilisation, à l'humain, à la vie sociale organisée. Elles traversent ainsi nécessairement les frontières disciplinaires patiemment construites au cours des deux derniers siècles au moins entre sciences du vivant et sciences humaines et sociales, pour le meilleur comme pour le pire. Comme nous l'évoquions en introduction : aux sciences du vivant, le temps très long, géologique, et les lois intemporelles de la nature ; aux sciences humaines et sociales, le temps historique et les lois humaines relatives et changeantes. Telle était la séparation convenue, devenue effectivement aujourd'hui, à bien des égards, intenable.

Nous abordons dans ce chapitre les points essentiels que propose la macroéconomie écologique pour franchir cette barrière des disciplines, avant d'en souligner les limites essentiellement liées à sa propre dépendance disciplinaire historique. Cette dépendance disciplinaire remonte à l'émergence parallèle et souvent antagoniste des champs de l'économie et de l'écologie. Nous proposons enfin la notion de régime de viabilité pour dépasser les limites de la macroéconomie écologique et ainsi mieux penser la place de la nature et des ressources naturelles dans les formes institutionnelles d'accumulation du capital.

La macroéconomie écologique au milieu du gué

LES INCONSÉQUENCES DE L'ÉCONOMIE ENVIRONNEMENTALE[13]

Le cadre dominant pour l'évaluation des questions environnementales à l'échelle macroéconomique reste aujourd'hui ancré dans l'économie néoclassique[14]. L'inclusion du « capital naturel » comme troisième facteur de production, en plus du capital et du travail[15], où le pouvoir productif de chaque facteur est proportionnel à sa part de coût dans le revenu total, a conduit à considérer les ressources naturelles comme un intrant marginal dans la production[16]. Dans ce cadre, la perte de « capital naturel » est la plupart du temps considérée comme substituable par du capital économique. Les préoccupations environnementales liées aux dommages écologiques générés par l'activité économique, tels que la concentration atmosphérique et océanique de CO_2, sont traitées comme des exemples de défaillance du marché impliquant des externalités et des biens publics[17]. La réponse en apparence logique est de préconiser l'attribution de droits de propriété et de mécanismes de tarification comme solution à chacune de ces externalités environnementales[18], qu'il s'agisse du réchauffement de la planète, de la pollution chimique ou de la perte de biodiversité. Or cette approche se heurte à de fortes critiques.

La promotion exclusive de la tarification ou d'instruments basés sur le marché réduit la complexité intrinsèque des écosystèmes[19] et conduit à des compromis entre des services écosystémiques qui peuvent être en réalité interdépendants[20]. La protection des ressources naturelles et des services écosystémiques nécessite ensuite des dispositions institutionnelles flexibles qui tiennent compte de dynamiques sociales spécifiques et des asymétries de pouvoir, toutes choses ignorées, voire renforcées par les mécanismes de marché[21]. Enfin, alors que les prix et les mécanismes de marché peuvent fonctionner à l'échelle locale, il est structurellement impossible d'appliquer leur logique pour résoudre des problèmes systémiques tels que le changement climatique puisque le système économique planétaire actuel n'est viable que grâce aux énormes avantages « gratuits » qu'une partie de l'humanité tire des écosystèmes naturels et de ceux qui les mettent en valeur[22]. Nous y reviendrons avec une approche plus historique en deuxième partie de ce livre.

On peut même affirmer que ce fondamentalisme de marché est en réalité le support théorique du discours économique climatosceptique. Il est devenu le support du régime politique dit néolibéral, que nous qualifierons bientôt de Capitalocène IV et qui s'est emparé des sociétés occidentales depuis les années 1980. Le principal promoteur en a été l'économiste Friedrich Hayek. Essentiellement préoccupé d'instaurer des institutions séparant la politique et les marchés. Le meilleur monde possible serait, selon lui, un ensemble de marchés libres et intégrés par une concurrence globale. Il ne s'agit pas d'abolir l'État-nation mais sa capacité d'influence sur l'économie, en le soumettant à une concurrence enracinée dans des droits de propriété universellement définis. Dans la conception hayékienne du tout social, l'État ne doit pas être un acteur politique, mais un arbitre qui surveille la bonne application de la règle de droit pour laisser à la finance l'entière responsabilité de la coordination des marchés. Tel est le fondamentalisme de marché. Le postulat de la concurrence pure et parfaite est le point de jonction entre la conception complexe de la société de marché selon Hayek et l'hypothèse individualiste simpliste de la théorie néoclassique.

Par ailleurs, les cadres analytiques qui ont été utilisés pour traiter les questions écologiques, tels que les modèles d'évaluation intégrée (*integrated assessment models* ou IAM) pour le changement climatique, souffrent de nombreux défauts intrinsèquement liés aux axiomes de l'économie néoclassique[23]. Ces modèles ne tiennent pas compte du rôle essentiel de l'incertitude dans les décisions économiques, alors qu'il s'agit du principal moteur du processus décisionnel des agents économiques[24]. Même dans une économie de marché très théorique, la coordination des agents autour d'un prix spécifique se ferait à travers des comportements individuels qui sont eux-mêmes influencés par les institutions, c'est-à-dire par un environnement social en constante évolution[25].

Les mécanismes de fixation des prix reflètent donc les croyances des agents à un moment donné et dans un contexte d'incertitude radicale. La crise financière mondiale de 2007-2008 a rappelé avec acuité le caractère changeant de ces croyances à l'égard des actifs financiers, et l'incapacité structurelle des marchés financiers non régulés à stabiliser leurs propres anticipations sur l'avenir[26]. En ce qui concerne l'environnement naturel, comprendre la théorie des prix comme résultant d'interactions sociales implique, entre autres, que les marchés financiers n'ont pas la capacité inhérente de refléter la rareté réelle d'une ressource naturelle finie[27] ou d'anticiper les coûts d'un dommage causé à l'environnement.

En outre, le changement climatique est un facteur spécifique d'incertitude en soi, tant pour les scientifiques que pour les décideurs politiques[28]. Dans ce contexte, les marchés ne sont pas en mesure d'évaluer comment réagir à la possibilité de dommages écologiques systémiques et irréversibles, comme l'indique le « théorème lugubre » de Martin Weitzman[29]. En effet, si les pires impacts du changement climatique devaient se matérialiser, l'idée d'utiliser des mécanismes de tarification pour les gérer deviendrait sans objet, car l'instrument même qui mesure les prix – la monnaie – serait lui-même affecté. Par exemple, investir dans des actifs aujourd'hui encore sûrs et liquides tels que les bons du Trésor américain ne pourrait pas protéger un investisseur contre la hausse des températures, dès lors que l'État américain serait lui-même rendu plus vulnérable[30].

Par conséquent, notre décision collective de faire tout pour éviter ces dommages ne peut pas être fondée sur une probabilité par ailleurs incalculable ni sur des mécanismes de gestion des risques, mais devrait plutôt être dictée par d'autres impératifs tels que le principe de précaution[31]. En d'autres termes, l'incertitude fondamentale liée à la lutte contre le changement climatique ne peut être atténuée que par un accord commun sur la conception et l'utilisation de dispositions institutionnelles spécifiques, dans un effort qui va bien au-delà de la mesure du risque et de la tarification des dommages[32].

ENCADRÉ 1.1. LE MODÈLE DICE ET SES ABERRATIONS

Dans l'approche dite coûts/bénéfices du changement climatique, la trajectoire optimale est celle qui égalise à chaque instant le coût marginal des réductions d'émissions avec le bénéfice marginal des dommages climatiques évités. William Nordhaus a élaboré le fameux modèle DICE (Dynamic Integrated model of Climate and the Economy) qui sert de référence au sein de cette approche. Les dommages y sont une proportion arbitraire (mais linéaire) du PIB. Dans les conditions de calibration du modèle, le réchauffement optimal de la planète se trouve autour de 4 à 4,5 °C ! Observons comment un résultat aussi saugrenu est possible, compte tenu des connaissances accumulées par les climatologues et synthétisées par les rapports du GIEC depuis la conférence de Rio il y a une trentaine d'années.

D'une part, il est sans doute impossible d'estimer sérieusement les dommages évités par les politiques climatiques et de les confronter aux coûts de ces politiques, ce qui mettrait d'emblée à bas tout l'édifice. Cette critique a été formulée de l'intérieur par l'un des économistes de la communauté des IAM, Robert Pindyck[33]. Le trait essentiel des dommages climatiques est leur extrême hétérogénéité à l'intérieur des nations et entre les nations, et surtout l'incertitude radicale qui caractérise les dommages futurs.

En faisant abstraction de cette première difficulté pourtant dirimante, encore faut-il décider d'un taux d'actualisation à long terme qui autorise à comparer des valeurs monétaires à différents horizons temporels. Sans état d'âme, William Nordhaus propose de prendre un taux de marché, puisque les marchés financiers sont présupposés efficients ! Au total, le résultat est frappant : une perte de production inférieure à 1 % du PIB pour une hausse de température de 3 °C ! La perte supposée est si faible qu'on peut aboutir à un réchauffement optimal dépassant 4 °C, en choisissant un taux d'actualisation de marché dépréciant suffisamment le futur. Ce choix particulièrement absurde avait donné lieu à une controverse entre William Nordhaus et Nicholas Stern à la fin des années 2000[34].

Le désaccord entre les économistes du fondamentalisme de marché et les enseignements des sciences de la nature est donc total.

LIMITES DES PROPOSITIONS THÉORIQUES ET POLITIQUES DE LA MACROÉCONOMIE ÉCOLOGIQUE

Dans l'approche de la macroéconomie écologique, la dynamique du capitalisme s'inscrit dans ce que Keynes appelait une « économie monétaire de production ». Contrairement au cadre de l'économie néoclassique, dans lequel la monnaie est considérée comme un simple intermédiaire des échanges, la production dans le monde réel ne peut avoir lieu qu'à travers l'existence de la monnaie. L'appréhension des questions environnementales en économie a commencé à évoluer notamment après la crise financière mondiale de 2007-2008 qui avait remis Keynes au centre des débats.

En pratique, les travaux menés par les macroéconomistes écologiques placent en leur cœur une approche dite endogène de la monnaie. Mais désormais cette matrice macroéconomique initiale peut elle-même être affectée explicitement par la rareté des ressources et/ou toute autre dégradation d'écosystèmes. Dans cette optique, les écosystèmes sont donc indirectement connectés à la finance, avec diverses possibilités de boucles de rétroaction de l'un à l'autre[35].

Un même outil de financement pourrait ainsi entraîner une dépréciation du taux de change et un accroissement de l'endettement ou au contraire attirer des financements privés dans les secteurs à faible émission de carbone si des investissements stratégiques sont menés pour développer une partie de la chaîne de valeur des nouveaux secteurs bas-carbone. La modélisation explicite des flux financiers sous forme de prêts, d'investissements de portefeuille et de prêts transfrontaliers permet aussi d'évaluer les problèmes de balance des paiements[36], en particulier pour les pays émergents face aux politiques climatiques[37]. La prise en compte explicite de la finance dans la modélisation macroéconomique liée au climat permettrait donc une évaluation plus contingente des risques et des opportunités de l'architecture financière internationale, avec des effets hétérogènes suivant les pays.

En ce qui concerne les propositions plus qualitatives, il a souvent été avancé qu'une régulation plus forte du secteur financier pourrait, en plus d'apporter une stabilité systémique, diminuer les attentes de rendement des investisseurs dans la sphère « financière » et donc faciliter les investissements à long terme vers une économie décarbonée[38]. En effet, la crise financière mondiale de 2007-2008 fait partie d'une tendance de longue date qui a commencé à se renforcer dans les années 1970 avec la financiarisation du système économique mondial, contribuant à la génération d'un risque financier systémique tout en permettant aux institutions financières d'anticiper des rendements élevés et rapides grâce à des activités spéculatives et à l'extraction de rentes[39]. Par conséquent, des réglementations financières plus strictes sont souvent considérées comme une condition préalable à une transition socio-écologique ; elles comprennent des mesures telles que le renforcement des mécanismes réglementaires de Bâle, par exemple en modifiant et en augmentant significativement le ratio de fonds propres des banques[40] – et en régulant le secteur bancaire parallèle, qui n'a cessé de croître depuis la crise, loin de tout cadre réglementaire[41].

Ensuite la macroéconomie écologique tend à considérer que des investissements publics importants sont nécessaires pour surmonter l'incapacité du secteur privé à financer seul la transition bas-carbone. Les banques de développement nationales et multilatérales peuvent jouer un rôle clé dans le financement d'une telle transition bas-carbone. Dans ce contexte, les dépenses publiques financées par la dette et/ou les impôts pourraient rendre disponible le montant de financement nécessaire, à condition d'être accompagnées d'un changement institutionnel d'ensemble.

Enfin, plusieurs types de politiques monétaires et réglementations prudentielles « vertes » pourraient être utilisés pour accélérer les investissements dans la transition[42]. L'établissement d'exigences différentielles en matière de taux de réserves et/ou de fonds propres pourrait récompenser les banques qui détiennent une proportion plus élevée d'actifs « verts ». Les banques centrales pourraient également mettre en œuvre des politiques de *forward guidance*, par lesquelles elles influenceraient les attentes du marché envers les investissements « verts », ou offrir des conditions de refinancement favorables aux banques commerciales qui ont investi dans des projets à faible émission de carbone.

De manière plus radicale, de nombreuses propositions vont aussi dans le sens d'une remise en place de mécanismes de financement établis durant la phase de reconstruction de l'après Seconde Guerre mondiale[43]. Les banques françaises étaient ainsi tenues d'acquérir des obligations d'État au prorata de leurs dépôts[44], générant des revenus ensuite utilisés pour des investissements publics dans des secteurs stratégiques de l'économie française[45]. De tels mécanismes institutionnels pourraient être utilisés aujourd'hui pour s'assurer que les banques privées souscrivent aux obligations souveraines « vertes » tout en maintenant un coût du crédit faible. D'autres propositions soutiennent que la quantité sans précédent de liquidités créées par les banques centrales au cours des dernières années, dont la grande majorité est restée dans le domaine des marchés financiers, aurait pu être mieux utilisée en acquérant des obligations souveraines – sur le marché primaire ou secondaire, selon les propositions – à travers un « *quantitative easing* vert[46] ».

En bref, la macroéconomie écologique, en proposant de réguler la finance et de concevoir de nouvelles politiques fiscales et monétaires tout en mettant ces outils au service d'une transition écologique et sociale, semble offrir des pistes concrètes de réforme capables d'accélérer la vitesse à laquelle nous abordons les crises écologiques comme le changement climatique. Pourtant, sous un angle d'écologie politique, elle reste au milieu du gué en refusant de s'inscrire dans l'historicité des régimes de viabilité. Elle reste ainsi entachée du refus de considérer le capitalisme dans sa dynamique de long terme comme la focale pertinente pour affronter le défi écologique. Surtout, elle ne considère pas la possibilité même d'un au-delà du capitalisme, que ce soit en mobilisant les apports de l'anthropologie ou en s'intéressant à des changements institutionnels plus importants. Nous allons maintenant essayer d'éclairer ces différentes limites.

Aux sources historiques de la viabilité

Les tentatives d'éclaircir ensemble les dépendances entre nature et sociétés, conditions de toute viabilité véritable, ont en réalité une histoire déjà ancienne. Alain Deneault[47] dresse ainsi une généalogie de ce qu'il appelle une « économie de la nature », dont il montre que les naturalistes comme les économistes jusqu'à l'âge classique partageaient l'usage. « L'économie telle que nous l'entendons aujourd'hui, à savoir l'intendance, la gestion et la production de biens comestibles et éventuellement marchands, le discours de ces naturalistes ne l'exclut pas. Au contraire, il la prévoit, l'englobe et la déborde dans une perspective plus grande. Les sujets humains, tout en se distinguant du point de vue de la conscience, demeurent au rang d'espèce parmi d'autres. » Le naturaliste suédois Carl von Linné est sans doute le plus emblématique représentant de cette économie de la nature, avec son système de classification des trois règnes de la nature, animal, végétal et minéral. Classant de manière immuable les espèces, il place l'homme parmi les primates et l'intègre ainsi pleinement à la nature.

Certes, les physiocrates, comme plus tard les économistes classiques, ont mobilisé les connaissances dont ils disposaient sur les règles de fonctionnement de la nature dans un sens de plus en plus utilitariste. Ils s'appuyaient néanmoins encore sur la compréhension détaillée de techniques agricoles performantes, évoluant dans un milieu vivant qu'il s'agissait alors pour eux de comprendre en détail. Cette tension entre d'un côté une stricte analyse des règles de fonctionnement intrinsèques à cette nature autonome, qui n'interdit pas une part de contemplation, et d'un autre côté son intendance, son utilisation au service des hommes, perdurera au moins jusqu'à la seconde moitié du XIXe siècle. Harold Levrel et Antoine Missemer[48] donnent ainsi des exemples précoces de cette comptabilisation de la nature, voire sa transformation en devises monétaires, qui n'exclut pas de s'extasier devant les beautés naturelles.

Mais les questions agricoles portent aussi en germe l'éclosion de la discipline économique qui revendiquera ensuite son autonomie de la sphère naturelle. « Raisonner sur les blés », comme le détaille Steven Kaplan[49], est un prélude au transfert d'une divinité naturelle (avec ses lois autonomes) à une divinité mathématique (dont l'utilisation au service des hommes est aisée). La nature doit alors être façonnée par l'homme, et les économistes ne sont pas les seuls à accompagner ce mouvement. Le naturaliste Buffon en est tout autant un théoricien : « la nature brute est hideuse et mourante ; c'est moi, moi seul qui peux la rendre agréable et vivante : desséchons ces marais, animons ces eaux mortes en les faisant couler [...] une nature nouvelle va sortir de nos mains[50] ».

Tandis que l'économie politique prétend se fonder sur d'hypothétiques lois de la nature pour représenter le bon fonctionnement des sociétés, ces mêmes lois de la nature sont paradoxalement vues par les naturalistes comme repoussoirs, en l'absence de l'empreinte civilisatrice de l'homme. La contradiction n'est cependant qu'apparente si l'on considère l'homme comme partie intégrante et néanmoins distincte de la nature, un homme supposé parachever l'œuvre de Dieu. Buffon définit ainsi l'époque humaine comme la septième et dernière époque, dans un parallèle évident avec la création[51]. Pour Jean-Paul Deléage, « le Dieu de Linné est celui de l'Ancien Testament, disposé à punir sévèrement toute faute à l'encontre de l'équilibre de la nature, celui de Buffon est le dieu des philosophes des lumières, conçu à l'image de la raison humaine[52] ».

La figure du naturaliste a émergé ainsi à la fin du XVIIIe siècle de ce souci nouveau des hommes de veiller au juste rapport des forces qui les lient à la nature. Les économistes échappent au vertige de cette nouvelle réflexivité en opérant aussitôt un retour à la nature par l'affirmation de lois naturelles de la société, bases du meilleur gouvernement possible. Qu'il s'agisse de recréer un rationnement pour reproduire la nécessité du travail pour la survie, ou de voir la terre comme une avance de capital pour accroître le profit du cultivateur, les lois naturelles de l'homme « découvertes » par les physiocrates font paradoxalement très largement fi du monde naturel. Un rapport sensible a été perdu, qui émousse en même temps une connaissance empirique de la complexité des ordres naturels : « Avec les physiocrates, c'est le marché lui-même, sous la forme de la matrice des paiements, qui devient naturel[53]. »

L'ÉCONOMIE COMME LOI DE LA NATURE

Au cours du XIXe siècle, les sujets humains sont devenus eux-mêmes des fonctions abstraites pour les économistes, catégorisés en agents propriétaires, marchands, ou cultivateurs reliés entre eux uniquement par contrat privé. Les femmes ont été invisibilisées (ou naturalisées ?) (voir à ce propos notre chapitre 5), confinées plus que jamais à des tâches domestiques sévèrement dévalorisées après un processus long et brutal de mise au pas[54]. La loi naturelle de la politique libère *in fine* surtout le capital, qui devient la mesure de toute dynamique sociale. Cette même loi naturelle de la politique ferme la voie à une reconnaissance de tout ce qui est considéré comme travail non productif ou domestique[55].

Tandis que les lois naturelles de l'économie éliminent du social ce qui ne peut être produit ou compté, les naturalistes utilisent le vocabulaire de l'économie pour comprendre les espèces et leurs relations complexes. Ainsi de Charles Darwin : « Les espèces animales ou végétales évoluent soit en fonction du traitement intéressé que leur font subir des humains, soit au gré des luttes d'occupation favorisant le développement stratégique d'organes efficaces ou la prospérité de celles qui en sont d'emblée adéquatement pourvues. » Comme le relève Alain Deneault, par analogie, Darwin « prête le flanc à la légitimation d'un système de gestion et de capitalisation parmi les plus brutaux, la violence coloniale », logique que Herbert Spencer et sir Francis Galton pousseront à son extrémité. L'économisme semble atteindre jusqu'aux paradigmes de compréhension de la nature.

Avec Darwin, cependant, la nature est aussi placée dans une perspective évolutive. Une nouvelle temporalité est introduite, faisant son deuil de l'ordre et de l'équilibre. Ce faisant, le naturaliste s'écarte de l'édifice de l'économie classique qui ne jure que par le marché autorégulateur et l'équilibre supposément naturel. Tout interagit dans la nature de Darwin, de sorte qu'il est très compliqué de n'observer que l'effet marginal d'une variable sur le reste du système. Aux « toutes choses égales par ailleurs », hypothèse chère aux économistes, Darwin répond que toutes les choses ne sont nulle part égales par ailleurs. Contingence et conjoncture sont déterminantes pour le naturaliste, comme elles devraient sans doute l'être aussi en économie, redonnant une substance à l'idée de responsabilité politique dès lors que plusieurs équilibres deviennent possibles. Le terme d'économie ne semble plus pouvoir désigner l'analyse des systèmes à la fois naturels et humains.

Hans Haeckel[56] a défini le premier l'écologie comme « une économie de la nature », entamant un processus de séparation nette entre écologie et économie en termes disciplinaires. Si l'on pouvait regretter une forme de prééminence de l'économie des hommes sur celle de la nature, la séparation nette des champs disciplinaires n'a pas eu que des effets positifs. À de rares exceptions, que nous évoquerons, l'économie a ignoré progressivement ses conditions naturelles d'existence et d'évolution, tandis que l'écologie s'est attachée à décrire des écosystèmes et des paysages principalement hors de toute intervention humaine.

Les échanges conceptuels et analytiques entre économie et écologie semblent en même temps progressivement s'estomper. Le temps où Quesnay décrivait la circulation des richesses dans l'économie comme la circulation des fluides dans un organisme, ou plus tard Podolinsky comprenait l'économie à partir des relations entre règne végétal et règne animal est révolu. Avec cette séparation s'estompent du même coup les analyses de la capacité des humains à déterminer fortement l'évolution des phénomènes naturels comme à être contraints par eux. Cette séparation est d'autant plus dommageable que l'emprise de l'industrie, du commerce et de la finance sur le vivant est devenue véritablement systémique justement à cette époque. Au nom de fantasmées lois d'airain tirées d'une nature sauvage, l'économie a perdu du même coup son sens premier de bonne administration de la « maison[57] ».

L'ÉCOLOGIE COMME ÉCONOMIE DE LA NATURE

Le meilleur témoignage de cette autonomisation radicale vient sans doute de l'évolution de la théorie de la valeur. Les économistes classiques reconnaissaient dans le travail la source de toute valeur et ainsi pouvaient *a minima* reconnaître l'importance des conditions écologiques de reproduction de cette force, et les conditions techniques de son émancipation par l'expansion d'un travail mécanique. L'horizon de l'émancipation technique se trouve alors dans la recherche du mécanisme de mouvement perpétuel qui permet la pérennisation de ce travail mécanique sans impulsion externe. Mais l'expansion des usages de la machine à vapeur, concomitante du développement de la thermodynamique, tend à remplacer la notion de travail mécanique par celle d'énergie[58]. Si l'énergie vient permettre une accumulation de travail mécanique, la perspective est d'une tout autre nature : l'objectif devient une maximisation du flux d'énergie dont les conditions naturelles de reproduction sont du même coup rendues invisibles. Les économistes utilitaristes comme les économistes marginalistes peuvent ainsi prétendre à l'autonomie des lois de l'économie uniquement fondées sur la confrontation des utilités d'agents économiques atomisés[59].

À toutes règles ses exceptions, parfois remarquables. Ainsi doit-on reconnaître à cette longue phase de séparation disciplinaire ses réfractaires exemplaires. Nicholas Georgescu-Roegen, disciple de

Schumpeter, reconnaît dans notre régime économique un régime de destruction des formes d'énergie que nous utilisons. La thermodynamique et ses lois de conservation de l'énergie et de croissance de l'entropie s'invitent dans l'économie[60]. Les formes utilisables (de basse entropie) d'énergie ingérées par les sociétés sont transformées progressivement en formes inutilisables (de haute entropie). Cette action d'épuisement énergétique est *a priori* commune à toute société qui cherchera à accéder à de nouvelles ressources de basse entropie. L'intuition de Georgescu-Roegen tend à se rapprocher des tentatives de démonstration des physiocrates que toute richesse découlait de la terre.

Bien plus tard, citons les tentatives d'incorporation de l'énergie dans les modèles de croissance économique menées par Ayres et Kneese[61]. À la veille des premiers chocs pétroliers, ces deux auteurs désinvisibilisent les flux énergétiques dans la possibilité d'une production économique à côté du capital et du travail. Au-delà de la seule question énergétique, ils proposent d'étendre les analyses économiques à l'ensemble des résidus des processus de production et de consommation et à leurs impacts négatifs. Ils inaugurent ainsi un champ d'étude de l'économie par les flux de matières, insistant sur le caractère central et systémique des externalités de production. Les pollutions sont constitutives du processus de production, et leur absorption par l'environnement ne peut être considérée comme un service gratuit rendu par la nature dès lors que la population est suffisamment dense ou technologiquement développée. Kapp proposera le concept de coût social et environnemental de la firme[62] comme alternative à la notion d'externalité et pour mieux expliquer le caractère structurel de la génération de pollution par le processus de production.

Ces tentatives d'Ayres et avant lui de Georgescu-Roegen d'ouvrir les yeux de la discipline économique sur l'ensemble des liens entre système productif et ressources se sont avérées cependant sans réel lendemain au sein de la discipline. Il y avait pourtant là, dès la moitié du XXᵉ siècle, les prémices d'une théorie de la viabilité que nous redécouvrons aujourd'hui et sur laquelle nous allons revenir.

Des régimes institutionnels de viabilité

CE QU'EST LA VIABILITÉ, CE QU'ELLE N'EST PAS, ET CE QU'ELLE POURRAIT ÊTRE

Nous avons opéré une brève généalogie des diverses tentatives historiques d'appréhender de manière holistique la viabilité des activités humaines. Il nous faut maintenant rappeler ce que la théorie de la viabilité a tenté de recréer à partir des années 1970. La théorie de la viabilité, fondée dans les années 1970 par le mathématicien français Jean-Pierre Aubin, a pour but de créer un cadre conceptuel permettant d'échapper aux concepts d'équilibre, d'optimum ou encore de transformation des incertitudes en simples distributions de probabilité. Elle se propose de décrire les évolutions et les propriétés d'un système dynamique faisant face à un certain nombre de contraintes. Ce système dynamique peut être biophysique, social... Le cadre proposé est ainsi axiomatiquement neutre et peut s'accommoder de toutes sortes de dynamiques. La théorie de la viabilité est une forme de métathéorie englobant les théories des systèmes dynamiques. Elle sert à en analyser les trajectoires.

Les propriétés de ces systèmes dynamiques sont décrites à l'aide d'un certain nombre de concepts spécifiques (voir l'encadré 1.2). Le noyau de viabilité définit ainsi l'ensemble de conditions initiales permettant de conserver la trajectoire du système dans un environnement de contraintes données. Si le noyau est vide, alors certaines contraintes de l'environnement doivent être relâchées. Certaines de ces contraintes peuvent être naturelles et donc difficiles à relâcher, d'autres, d'origine humaine et donc modifiables *a priori* par des décisions collectives (on parle alors de « régulons »).

ENCADRÉ 1.2. LA THÉORIE MATHÉMATIQUE DE LA VIABILITÉ

La théorie de la viabilité a été élaborée initialement par le mathématicien Jean-Pierre Aubin[63]. Est viable selon cette théorie une trajectoire environnementale, sociale ou économique qui respecte en tout point du temps certaines contraintes ou limites que le modélisateur donne à son modèle. L'ensemble de ces trajectoires est appelé *noyau de viabilité.*

Le noyau de viabilité est modifiable par des contrôles adaptés, appelés *régulons*, eux-mêmes conditionnés par des normes sociales.
La théorie de la viabilité offre ainsi un cadre qui permet *a priori* de traiter les interdépendances entre environnement et société comme un fait social total, en même temps qu'un fait environnemental total. Elle se rapproche à certains égards de l'idée de soutenabilité forte[64]. Nous en reprenons dans cet ouvrage le langage pour définir ce que nous appelons des *régimes de viabilité*.
On peut distinguer contrôle et régulons si l'on désigne par contrôle le pilotage par un seul décisionnaire. Les régulons sont les instruments de contrôle lorsqu'il n'y a pas de contrôleur clairement identifié. Ce sont les codes culturels dans un collectif ou la monnaie dans un système financier, lorsque la banque centrale ne fait pas, par exemple, de la maîtrise des risques financiers d'origine climatique un objectif prépondérant de sa politique.
K étant un ensemble de contraintes de viabilité, une évolution est viable dans K si, pour tout $t \geq 0$, la trajectoire $x(t)$ demeure dans K.
Le noyau de viabilité Viab(K) associé au système dynamique contrôlé est l'ensemble des états initiaux x_0 pour lesquels il existe une solution au système dynamique partant de x_0 et viable dans K.
Si une situation est non viable, on peut se demander au bout de combien de temps à partir de t_0 les contraintes seront violées. La fonction *temps de crise* évalue le temps qu'une évolution passe en dehors des contraintes. Si un état du système appartient à l'ensemble des contraintes au temps présent, mais n'appartient pas au noyau de viabilité, les évolutions sortiront de l'ensemble des contraintes en un temps fini.
La fonction *temps de sortie* mesure le temps durant lequel les contraintes sont satisfaites. La fonction *temps de sortie maximal* prend une valeur 0 en dehors de l'ensemble des contraintes, ∞ dans le noyau de viabilité et finie dans l'ensemble des contraintes hors du noyau de viabilité. Elle détermine le temps maximal durant lequel un état du système satisfait les contraintes avec des fonctions de contrôle adaptées, c'est-à-dire de combien de temps on dispose pour trouver de nouveaux régulons pour assurer la stabilité du système.

Le concept de viabilité ne doit pas être confondu avec ceux de résilience, de soutenabilité ou de bien-être. Axiomatiquement neutre, la viabilité n'interdit pas la morale ou l'optimisation, mais n'en fait pas des prémisses indispensables. Ce faisant, cette neutralité axiomatique lui permet de s'appliquer potentiellement à différentes sciences, notamment environnementales, sociales, historiques... Il s'agit bien d'un concept en l'état positif et non normatif dans la mesure où il s'inscrit dans une analyse positive des trajectoires possibles. Le concept est néanmoins ouvert à l'intégration de principes de philosophie politique qui ne feraient que détailler les régulons des trajectoires possibles de viabilité à l'avenir.

Les concepts au cœur de la théorie de la viabilité ont été largement adoptés par les sciences environnementales, mais avec une tendance parfois à trop laisser de côté les leviers sociopolitiques et économiques qui expliquent les dynamiques des régulons. Or les régulons, sur lesquels ne s'étend pas la théorie de la viabilité elle-même, cachent toute la diversité des formes de réactions sociales possibles face aux contraintes biophysiques. Elles incluent les lois et règlements auxquels on aurait tendance à penser prioritairement dans une perspective très positiviste. Mais elles incluent aussi toutes les formes de résistances socio-environnementales, les révoltes, voire les formes violentes de réactions de type guerre ou terrorisme. Derrière ces régulons s'exprime toute la palette des actions humaines collectives qui peuvent pérenniser un type de relation d'une société à son environnement, ou, au contraire, le perturber à la suite d'une accumulation de déséquilibres. Nous devons donc comprendre ces leviers sociaux, politiques et économiques, et pour cela tremper la théorie de la viabilité dans l'histoire et dans l'anthropologie, d'où le besoin de développer la notion de régimes de viabilité.

TEMPS DU CAPITAL, TEMPS DE LA NATURE

D'un côté, les dynamiques d'accumulation de capital, de l'autre, celles des transformations et des dégradations de la nature ; ou, plutôt, les dynamiques conjointes des unes et des autres ; voilà notre objet d'étude. Mais qu'entend-on par dynamiques conjointes ? Comment définir l'intersection entre ces deux sphères jusqu'ici tenues séparées ? Quelle(s) nature(s) prendrons-nous en considération ? Quelles temporalités de l'accumulation du capital ou de la transformation des dynamiques naturelles primeront-elles dans l'analyse ? Nous ne pouvons échapper à ce travail préliminaire d'éclaircissement des définitions.

Écartons d'emblée l'intersectionnalité proposée par la théorie néoclassique, qui interdit tout dialogue disciplinaire effectif. Les modèles intégrés économie-climat, dont le modèle DICE développé par le récent prix de la Banque de Suède (en l'honneur d'Alfred Nobel) William

Nordhaus est l'exemple le plus caricatural (voir l'encadré 1.1). Plus fondamentalement, le temps néoclassique est un éternel présent dans la mesure où les décisions sont prises par un agent aujourd'hui et pour toujours, par anticipation parfaite de tout ce qui pourrait se passer à l'avenir. L'introduction de l'incertitude dans ce cadre n'est qu'un avatar de cet éternel présent dans la mesure où l'agent peut pondérer son action suivant ces différents futurs possibles et déjà anticipés. La nature dégradée, enfin, s'y limite à une perte de flux monétaire. Le cadre néoclassique propose une forme extrême de dualisme entre nature et société, par laquelle l'homme est en quelque sorte considéré comme en lévitation au-dessus de la biosphère, indépendant d'elle et supérieur à elle, en lui prenant librement des ressources qu'il pourra utiliser de manière plus ou moins perpétuelle[65].

Le temps historique est d'une tout autre forme, générant en permanence de la non-linéarité, de l'irréversibilité et des phénomènes d'émergence. L'incertitude y est radicale, et seules les institutions sociales viennent encadrer, pour un temps, cette incertitude en orientant les horizons des acteurs économiques et sociaux dont les perceptions contribuent en retour à modifier les institutions. Les institutions de la monnaie et de la finance ont un rôle clé à jouer dans ce cadre comme opérateurs de réduction de l'incertitude radicale pour les acteurs économiques. La crise écologique se comprend ainsi comme une crise des institutions sociopolitiques, qui n'ont pas su incorporer les signaux extérieurs de dégradations environnementales dont elles étaient par ailleurs les causes indirectes.

Mais la définition de la nature peut-elle se limiter à ces signaux extérieurs que les institutions sociales historiques prennent plus ou moins bien en compte pour en déjouer les effets les plus nocifs ou en capturer les bénéfices ? Tout l'effort de l'histoire environnementale, dont on peut trouver les fondements dans l'École des Annales[66], sera de déjouer, notamment dans les premières décennies du XXIe siècle, cette vision d'une nature comme un décor utile ou menaçant pour les sociétés humaines[67]. Ici, une forme d'hybridité entre le social et le naturel est revendiquée, l'un et l'autre pôle se dissolvant partiellement dans un écheveau de relations qu'il s'agit alors de mieux comprendre et mieux décrire. Il ne s'agit pas de considérer que la nature n'existe pas, comme semble pouvoir le supposer une approche constructiviste[68]. Celle-ci reste bel et bien régie par des lois autonomes, qu'il appartient aux controverses scientifiques de dévoiler. Mais les catégories par lesquelles l'homme observe, mesure, admire ou ignore les éléments naturels sont bien des productions sociales, reflétant une forme d'institutionnalisation du rapport à la nature. Et il apparaît rapidement que peu d'objets sociaux peuvent en réalité prétendre être totalement imperméables à ces hybridations.

Pourquoi insister sur la détermination de ces frontières entre nature et société ? Il est plus urgent que jamais de distinguer précisément ce qui relève du social, de l'intentionnalité, fût-elle collective, de ce qui relève de la réaction naturelle. C'est bien la détermination de ces frontières qui permet ensuite de discuter des points d'intervention stratégiques et d'une éventuelle transformation des régimes de Capitalocène. Nous définirons ainsi finalement la nature comme le milieu dans lequel les sociétés habitent, milieu dont elles font partie, mais dont elles se distinguent aussi dès lors qu'elles développent une réflexion sur leur appartenance ou leur propre étrangeté[69]. Il s'agit d'une définition qui perpétue le dualisme, mais qui reconnaît la plus grande intrication des sphères naturelles et sociales. Pour paraphraser Andreas Malm, la relation de production est matérielle et sociale, mais pas naturelle. Le cycle du carbone est matériel et naturel, mais pas social.

Les non-humains n'agissent pas car ils n'ont pas d'intentionnalité propre. Bref, ils ne sont pas des acteurs sociaux dans ce sens strict. L'anthropologie environnementale[70] témoigne certes de la diversité des formes de relations aux non-humains suivant les sociétés, et donc des croyances quant à l'agentivité de ces non-humains. Mais ces formes anthropologiques variées ne viennent pas contredire notre définition. Elles illustrent l'infinie variété des formes sociales que peut prendre la réflexivité sur la nature, et pas l'idée d'une nature comme sphère autonome régie par ses règles propres.

Ainsi l'histoire du Capitalocène représente-t-elle une forme particulière d'historicisation de la nature par les actions indirectes, toujours plus massives, exercées par les sociétés capitalistes. Mais cette nature historicisée n'en devient pas pour autant un acteur social, régi par ses règles propres. Elle laisse en réalité de moins en moins de place au social en contraignant toujours davantage les formes de vie humaine et sociale possibles. Plus la nature est historicisée par la dynamique capitaliste, et plus la société tend à disparaître[71].

Ces modes d'historicisation de la nature définissent ainsi des régimes institutionnels de viabilité que nous nous attacherons à dégager dans la suite de cet ouvrage.

L'accumulation du capital comme processus socio-écologique

La relation complexe entre les régimes d'accumulation du capitalisme et les transformations socio-écologiques implique ainsi une approche bien différente de celle proposée dans les modèles et les propositions de la macroéconomie écologique. Comme le relève Jason Moore[72], les dimensions globales et financières de l'expansion capitaliste ont toujours reposé sur l'exploitation des « natures bon marché », c'est-à-dire sur la marchandisation illimitée des ressources naturelles produisant des excédents physiques extraordinaires qui pourraient être transformés en capital[73].

Cela suggère que les modes de régulation successifs du capitalisme sont aux-mêmes rendus possibles par un régime spécifique du système Terre[74]. De l'esclavage et de l'expansion coloniale favorisant le déplacement du produit d'hectares de terres vers l'Europe[75] à la combustion actuelle de combustibles fossiles[76] et à la dégradation des terres pour l'extraction de métaux rares[77], la poursuite de l'accumulation du capital s'est enracinée dans des modes successifs et évolutifs de contrôle et de transformation des flux métaboliques d'énergie et de matières, que nous nommerons régimes de viabilité du Capitalocène.

À travers diverses formes d'« échanges écologiquement inégaux[78] », le capital a eu tendance à s'accumuler dans les pays cœur du capitalisme, tout en provoquant de multiples formes de dégradations de l'environnement, y compris de surexploitations des ressources, de pollutions locales et de pollutions globales dans ses périphéries. Par exemple, Nelo Magalhães et ses coauteurs[79] ont mené la première étude à long terme des flux de matières de l'économie française – de 1830 à 2015 – et ont constaté que la France s'est toujours appuyée sur des importations massives de matières, agissant ainsi comme un « parasite » pour les pays avec lesquels elle échange. Ce type d'étude permet de « rematérialiser » le bilan des économies industrialisées et de montrer comment elles bénéficient souvent d'une intégration profitable dans le système-monde et ses écologies-monde associées, leur permettant d'extraire massivement des ressources gratuites ou sous-payées à l'étranger sans lesquelles leur croissance économique aurait été sinon impossible, du moins rendue beaucoup plus problématique.

Dans le même but d'historiciser la relation entre les modes de régulation du capitalisme et le recours aux énergies fossiles, Andreas Malm[80] propose une « hypothèse du capital fossile », selon laquelle le capital globalement mobile tend naturellement à délocaliser la production vers les lieux qui offrent les plus grandes sources d'énergie fossile. Depuis le début des années 2000, l'expansion du capital vers de nouvelles frontières de la marchandisation a été par exemple permise par les vastes réserves de charbon de la Chine, dont la déréglementation a peut-être été un élément clé pour attirer les investissements directs étrangers et stimuler l'industrialisation de la Chine[81]. Ainsi, le fait que le charbon ait été la source d'énergie avec la croissance absolue la plus élevée au cours des dernières décennies[82] ne semble pas être une externalité de l'industrialisation moderne ou le résultat de négociations climatiques internationales ratées, ou encore le fruit d'une insuffisante information des investisseurs financiers (voir les apories de la gouvernance des communs au chapitre 9), mais l'un des moteurs mêmes de la croissance économique chinoise et mondiale au cours de cette période. En d'autres termes, la croissance chinoise basée sur le charbon serait un facteur clé expliquant les transformations du capitalisme mondialisé au début du XXIe siècle.

Alors que l'accumulation de capital ne peut être appréhendée à travers les seules dimensions biophysiques, il est également impossible de l'appréhender pleinement sans considérer le rôle joué par les relations homme-nature à travers le temps. Ces relations sont constitutives et internes aux forces productives et aux relations sociales du capital[83]. Nous nous proposons ainsi dans la deuxième partie de cet ouvrage de revisiter le processus d'accumulation du capital à travers ses fondements biophysiques. Ce retour sur l'histoire est particulièrement important pour mieux appréhender les propositions de transformations structurelles des systèmes financiers, techniques et sociaux face aux défis écologiques actuels.

Pour autant, notre démarche, qui vise à proposer une écologie politique au-delà du Capitalocène, exige aussi de révéler au travers de l'histoire longue, voire très longue, ce qui ne semble pas varier (ou peu) de ces dynamiques socio-écologiques. Alors que l'économie néoclassique tend à naturaliser le marché, sans pour autant justifier un tel procédé par des fondements historiques ou anthropologiques, il nous revient de dégager grâce à l'anthropologie ou à l'histoire pré-capitaliste ces invariants de la viabilité. Le mythe de la tragédie des communs qui suppose l'impossibilité de toute forme d'arrangement institutionnel en dehors du marché pour régler l'usage raisonné d'une ressource n'a aucun fondement anthropologique. Nous lui opposons le mythe plus empiriquement fondé de la dette écologique. De quelle manière et sous quelles formes la dette écologique est-elle apparue dans les sociétés primitives ? De quelle manière est-elle instruite, puis éventuellement apurée ou reconduite dans le temps et l'espace ? Les modalités sociales de règlement des dettes écologiques dans les sociétés primitives peuvent-elles servir d'inspiration pour nos sociétés contemporaines, et à quelles conditions ? C'est l'objet du chapitre suivant.

CHAPITRE 2

Aux origines anthropologiques de la dette écologique

Des causes premières et des mythes

Nous l'avons vu au chapitre précédent, la discipline économique a pour l'essentiel ignoré toute considération environnementale ou écologique entre la fin du XIXe siècle et le début des années 1960. On peut même avancer que la théorie dite néoclassique s'est construite en tant que discipline véritablement autonome sur le fondement appelé utilité-rareté qui ignore tout sens des biens communs et des dépendances matérielles qui en découlent. L'illustration la plus parlante en est certainement l'économiste Stanley Jevons. Ce dernier est un économiste à la fois imprégné des autres sciences sociales et de philosophie morale et politique, ouvert aux sciences naturelles, et à ce titre parmi les premiers à avertir des risques pour le développement de la Grande-Bretagne d'une limite inévitable de ses ressources en charbon[1]. Mais Stanley Jevons est aussi le premier des économistes marginalistes proposant de manière aboutie la théorie de l'utilité marginale et déconnectant du même coup la valeur de toute contrainte matérielle.

Le paradigme dominant est ainsi demeuré pour les décennies suivantes celui d'une économie close sur elle-même, où seules les fonctions d'utilité des agents économiques déterminent ce qui peut être produit ou échangé. La nature n'affecte ces systèmes que sous la forme d'externalités, positives ou négatives, dont la bonne tarification permettra de les replacer sur la même échelle de valeur que tout autre bien à produire ou à échanger. Pour justifier cette approche, les économistes s'appuient sur un mythe qui leur permet d'incorporer complètement la nature, et plus largement tout problème qui entraîne une dimension d'interaction de la société avec l'environnement, au cadre standard qui leur est familier, le cadre néoclassique. Ce mythe s'appelle la *tragédie des communs.*

Un article de Garrett Hardin dans la revue *Science* en 1968 en a formulé l'essence sous l'expression explicite de « *the tragedy of the commons* », qui prétend analyser l'évolution d'un pâturage dans le cas où les droits de propriété et les droits d'usage seraient mal définis. Ironiquement, Garrett Hardin n'est lui-même pas économiste, mais biologiste et écologue[2]. Marqué par l'idée d'une limite de charge liée à la population mondiale, il a promu, par ailleurs, tout au long de sa carrière des thèses eugénistes, néodarwiniennes et antimigratoires pour des raisons environnementales. Toujours est-il que son article dans la revue *Science* a rapidement reçu un écho prodigieux et a été immédiatement repris et intégré au corpus de l'économie néoclassique qui commençait alors à appréhender la question environnementale.

Dans cet article, un groupe de bergers dispose d'un pâturage en accès ouvert. Chaque berger considère qu'il a intérêt à multiplier le nombre de têtes de bétail afin de maximiser ses avantages immédiats, même si cela condamne à terme l'activité de chacun par la destruction de la ressource qui se retrouve pâturée en excès. Hardin aurait repris des idées formulées un siècle et demi auparavant par l'économiste William Forster Lloyd face à la nécessité de la classe capitaliste émergente de justifier théoriquement le mouvement des enclosures[3] en Angleterre. Lloyd prenait parti contre la propriété collective qui perdurait encore au prétexte de l'inévitable dégradation induite sur la ressource. Seule la propriété privée aurait déjà, selon lui, permis d'éviter cette irresponsabilité structurelle qui empêchait les travailleurs d'ajuster leur conduite à leurs intérêts à long terme.

Tout autant que son prédécesseur William Foster Lloyd, Garrett Hardin ne nous décrit pas une situation économique particulière, dans une société spécifique, à une période donnée. Il propose un mythe, c'est-à-dire qu'il nous raconte une histoire dont le caractère en apparence général permet ensuite à n'importe qui de s'en saisir, quels que soient l'échelle et le contexte. Cette histoire rejoint la longue liste de ces comptines pour enfants, représentatives de la science économique telle qu'elle s'est imposée surtout à partir des années 1980, mettant souvent en scène un acteur dans une saynète supposée exemplaire de la vie quotidienne : un Robinson Crusoé seul sur son île (magnifique représentant de l'agent économique unique de nombreux modèles économiques), un prisonnier face à son dilemme (trahir en premier son codétenu ou se taire en espérant que son codétenu ne le trahira pas avant)[4]... L'histoire est, dans chacun de ces cas, bien sûr, complètement invraisemblable.

Le mythe ne s'intéresse en l'occurrence pas réellement au problème qu'il prétend résoudre, à savoir ici les modalités pratiques de la nourriture des troupeaux, du métier de berger ou des droits existants dans diverses sociétés permettant l'accès à l'alimentation des animaux. Le but n'est pas de proposer un savoir ouvert à la critique, et par là même scientifique. Comme un conte pour enfants, se terminant par une morale en apparence universelle à visée éducative, le mythe de la tragédie des communs vise à fonder l'exclusivité du marché et plus largement du capitalisme pour résoudre tout problème lié à la gestion de l'environnement. De même qu'il est inutile de rétorquer à un croyant sur les fondements logiques de sa religion, il peut apparaître inutile d'argumenter avec un économiste à propos des fondements biophysiques, historiques ou sociologiques de ses mythes[5].

Au mythe de Garrett Hardin, si bien repris par l'économie néoclassique, nous opposons l'anthropologie, l'histoire et les sciences du vivant. Nous ne nous prétendons pas pour autant historiens ou anthropologues ni écologues et nous devons reconnaître toute notre dette vis-à-vis de ces disciplines. Car quelle est ici la question structurelle ? On pourrait s'interroger sur l'existence de cas réels de bergers concourant par leurs activités et le nombre de leurs têtes de bétail à la destruction de la ressource. Comme le mentionne Étienne Le Roy[6], les exemples sont nombreux dans le Sahel africain avec la gestion des puits publics au Niger, de forêts classées au Burkina Faso ou au Sénégal et *de facto* traitées en accès libre pour tous, de bourgoutières dans le delta intérieur du Niger au Mali surpâturées pour avoir ignoré les principes de la Dina, charte pastorale des Peuls du XIXe siècle[7]...

Mais point d'exemple réel dans la démonstration de Garrett Hardin. L'enjeu principal, si ce n'est exclusif, de ce mythe de la tragédie des communs n'est pas de renforcer un savoir scientifique. Il est de fonder le mythe de l'exclusivité du marché et du capitalisme pour résoudre les questions d'usage des ressources et plus largement pour toutes les formes de relations à l'environnement. Certes, l'autre solution avancée par Garrett Hardin dans son article était la gestion étatique centralisée, mais celle-ci s'est vue écartée par les courants de pensée qui se sont emparés du mythe, et son créateur lui-même s'est avéré être un contempteur du *welfare State* établi par Roosevelt et que Lyndon Johnson voulait encore étendre.

Le programme de recherche d'Elinor Ostrom[8] vient scientifiquement déconstruire cette prétendue tragédie des communs pour témoigner de l'ensemble des dispositifs concrets, réellement existants, de gestion de ressources sans l'usage exclusif des droits de propriété, et plus largement de mode de relation d'une communauté avec ce qui constitue son identité, et souvent son écologie[9]. Mais le mythe des communs comme conduisant irrémédiablement à une tragédie persiste à ce jour pour justifier l'expansion des droits de propriété privée pour résoudre toutes les formes de questions environnementales.

Toute société, comme tout système social, est certes fondée sur des mythes. Les mythes ont une part de réalité et doivent rencontrer un écho de vraisemblance pour avoir une véritable force transformatrice, ce que Lévi-Strauss appelle la cristallisation du mythe[10]. Ainsi, la tragédie des communs existe bel et bien si l'on entend par là la perte irrémédiable d'un bien collectif, dès lors qu'aucun agencement institutionnel ne viendrait le réguler. Mais nul ne peut dire que l'échange libre des droits de propriété sur des marchés soit le meilleur agencement dans tous les cas possibles. Tout porte même à croire que ce n'est pas le cas, à tout le moins si l'on regarde à nouveau l'histoire ou l'anthropologie. Si les mythes aident les économistes à justifier leur cadre théorique, d'où découle une vision du monde et des propositions pour l'avenir qui iront à l'oreille du prince du fait du rôle scientifique et politique ambigu de l'économie, il est d'autant plus essentiel de ne pas s'y tromper.

Or la notion de dette écologique semble ici plus opératoire pour désigner les relations de dépendance écologique et sociale entre pays et entre groupes sociaux. L'empreinte écologique des différents États de la planète, mesurée en nombre de planètes nécessaires si tous les États adoptaient le même mode de développement, en fonction de l'indice de développement humain, montre la difficulté à tenir ensemble un fort indice de développement humain et une empreinte écologique faible. Là où la tragédie des communs se concentrait sur la nécessaire correction (par le marché) des comportements individuels, la notion de dette écologique souligne le caractère systémique de la question écologique. Les pays (et les groupes sociaux par extension) sont liés entre eux par des relations de dépendance écologique et sociale, qui révèlent des formes de relations que nous qualifierons de dette écologique.

Il existerait ainsi une dette écologique des pays à fort développement humain et à forte empreinte écologique vis-à-vis des pays à faible développement humain et à faible empreinte écologique. Les générations présentes et futures qui n'ont pas pu accéder à ce jour à des niveaux de vie équivalents aux pays à fort développement humain se retrouveront ainsi injustement de plus en plus dépourvues des ressources écologiques qui semblent empiriquement indispensables pour maintenir ou accroître leur bien-être. Des éléments empiriques élémentaires permettent ainsi *a minima* de justifier cette idée d'une dette écologique. La dette écologique illustre une forme d'échec des sociétés dites développées puisque celles-ci devraient, si elles étaient réellement développées, parvenir à maintenir un haut développement humain combiné à une faible empreinte écologique. La forme de développement à inventer semble bien ne pas exister aujourd'hui parmi les nations.

La dette écologique propose ainsi une éthique de la solidarité aux solutions individualistes avancées par Hardin. Mais la dette écologique représente-t-elle plus que cela ? Est-elle plus qu'un mythe contemporain destiné à s'opposer au rouleau compresseur des aphorismes des économistes néoclassiques ? La dette écologique dévoile-t-elle une réalité humaine plus fondamentale encore ? Ou ne fait-elle que singer, en miroir certes, les problèmes posés par la tragédie des communs ? En d'autres termes, la notion de dette écologique a-t-elle des fondements anthropologiques et historiques, ces fondements qui manquent tellement à la tragédie des communs ? C'est l'exercice délicat auquel nous nous attelons maintenant.

Cherchons dans ce chapitre, en commençant par les origines mêmes de l'humanité, jusqu'à la naissance de l'agriculture, les sources de cet autre mythe, bien plus porteur pour l'écologie politique actuelle, en même temps que sans doute bien mieux objectivable par l'histoire et l'anthropologie : celui de la dette écologique. Ce recul nous permet en même temps d'explorer une diversité de formes sociales et de possibilités qui vont nourrir les réflexions prospectives de la troisième partie de l'ouvrage. Aller au-delà du Capitalocène, comme le propose cet ouvrage, exige de rouvrir à nouveaux frais ces points de bascule historique d'un régime de viabilité à un autre, non fondés sur une accumulation infinie de richesse matérielle. En renversant la perspective, on s'autorise notamment à voir comment les formes de dettes primitives ou antiques et les liens qu'elles opèrent avec la nature révèlent en creux des propriétés de la monnaie moderne.

Monnaie et dette au Paléolithique ?

VARIATIONS SOCIALES ENTRE MAXIMUMS GLACIAIRES

L'homme est un être social, et ce dès l'émergence du genre *Homo*. Si le moment de la divergence entre la lignée menant aux chimpanzés et celle menant aux humains, située entre 6,5 et 9,3 millions d'années, n'est pas réellement une rupture dans les comportements sociaux, la particularité de l'homme est néanmoins de créer une forme de socialisation qui tend à réduire les inégalités entre les hommes[11]. La production d'objets lithiques apparue vers 4,2 millions d'années témoigne ainsi d'une capacité à coopérer. Les humains, relativement désavantagés dans leur recherche de nourriture par rapport à d'autres mammifères, cherchèrent progressivement à compenser ce handicap par une attitude plus collaborative, que l'évolution allait transcrire progressivement dans la bipédie et la réduction de la taille des canines[12]. La maîtrise du feu singularisa réellement le genre humain comme être social, avec des conséquences massives, à commencer par le développement du cerveau.

L'histoire d'*Homo sapiens*, notre espèce à proprement parler, a commencé, quant à elle, il y a quelque 300 000 ans en Afrique. Sa dispersion dans le reste du monde s'est accélérée à partir de 100 000 ans avant notre ère, facilitée par un niveau de la mer inférieur de plusieurs dizaines de mètres à ce qu'il est aujourd'hui en raison de la glaciation de Würm[13]. À nouveau, le mode de vie du paléolithique aurait tendance à être plutôt égalitaire, fondé sur la chasse et la cueillette, avec des déplacements qui se font au gré des saisons et de la disponibilité des ressources. L'art pariétal[14] s'est développé à cette époque, de même que l'intérêt pour les parures corporelles et les instruments en os.

Vers 17 000 ans avant notre ère, les conditions climatiques plus clémentes ont autorisé une colonisation définitive de l'Europe. Sont aussi apparus les propulseurs, permettant de lancer de petits javelots appelés sagaies, qui se sont diffusés jusqu'au Mésolithique, période qui marque également l'apparition de l'arc et des flèches. Ces armes récompensaient l'habileté, au détriment de la taille ou de la force brute. L'activité de chasse prit moins de temps grâce à l'arc, le temps dégagé put ainsi être alloué à d'autres activités.

On distingue usuellement les chasseurs-cueilleurs et les chasseurs-collecteurs. Dans le premier cas, tout le groupe se déplace plusieurs fois par an pour exploiter au mieux l'environnement, les ressources étant consommées immédiatement et donc jamais stockées. Ce mode de vie nomade limitait fortement l'accumulation de possessions matérielles. Mais la pratique de l'égalité semble avoir été aussi confortée par le rejet délibéré de toute forme de domination. C'est du moins ce qui émane de l'analyse des dernières sociétés de chasseurs-cueilleurs par de nombreux anthropologues. La redistribution équitable des ressources était assurée par des formes de neutralisation de l'autorité[15], qui pouvaient aller de la moquerie et de la désobéissance jusqu'à la violence et au crime[16].

Dans le second cas, celui des chasseurs-collecteurs, le groupe occupait un même habitat pendant une période relativement longue, les ressources pouvant être stockées en vue d'une consommation différée si les connaissances techniques le permettaient. Des formes structurées d'inégalités ont pu alors apparaître, comme en témoigne l'analyse de sites comme celui de Sungir ou de Dolní Věstonice[17] dans l'est de l'Europe. Ces formes d'inégalités sociales semblent néanmoins avoir toujours été de courte durée, sans caractère héréditaire. Les signes d'une inégalité systématisée au Paléolithique, tels que les monuments ou les enterrements en grande pompe, étaient très sporadiques. Ils apparaissaient à des siècles d'intervalle et souvent à des centaines de kilomètres de distance. Rien, hormis ces monuments et la magnificence de certaines sépultures, n'indique le développement d'une stratification sociale et encore moins de structures vaguement apparentées à des États.

La densité de population des sociétés du Paléolithique a pu ainsi fortement varier en conséquence de la variabilité des pratiques et de l'abondance des ressources. La vie des groupes de chasseurs-cueilleurs était traversée par des phénomènes récurrents et périodiques de fission et de fusion, en fonction du milieu et des conditions écologiques. Lorsque les ressources alimentaires étaient rares, les groupes se dispersaient pour couvrir plus de terrain ; quand le gibier abondait, ils se reformaient pour faire société ensemble[18]. Cette alternance produisait elle-même des formes d'organisation différentes avec des hiérarchies temporaires. Les périodes de chasse donnaient sans doute lieu à des cérémonies rituelles d'une ampleur considérable, associées à la formation de hiérarchies. Mais elles étaient aussi dissoutes dès que la période de chasse se terminait.

La saisonnalité et les conditions écologiques apparaissent ainsi comme un facteur à la fois clé mais ambivalent des formes d'inégalités du Paléolithique, et ainsi des relations de dettes auxquelles les individus peuvent s'engager dans une société donnée, de sorte qu'il nous faut nous pencher plus avant sur les formes d'interpénétration du naturel dans les structures sociales. Selon Marshall Sahlins[19], le Paléolithique est pour l'essentiel une société d'abondance, offrant toujours de longues périodes pour des activités non essentiellement vitales, comme l'apprentissage, les discussions, la contemplation, les cérémonies. La période semble avoir aussi été relativement égalitaire entre les sexes, ainsi qu'en témoignent les données de sites funéraires[20]. Mais, pour Graeber et Wengrow[21], la réalité dont témoignent les sources archéologiques et anthropologiques offre en réalité une vision beaucoup plus diversifiée des structures sociales du Paléolithique.

LA SYMBOLIQUE NATURELLE DU SOCIAL

L'anthropologie montre qu'une variété de formes sociales est possible pour un même environnement naturel. Les sites du Paléolithique supérieur semblent liés aux déplacements saisonniers des gibiers

– mammouths laineux, bisons des steppes, rennes – ainsi qu'au cycle de migration des poissons et aux périodes de récolte des fruits à coque. Ces sites étaient aussi des lieux d'échange de minéraux, de coquilles marines ou de fourrures. Pour autant, cela ne nous dit rien sur la possibilité d'autres formes sociales, qui n'auraient pas laissé de trace monumentale, pour des conditions naturelles similaires. D'autres forces sont en effet déterminantes dans les choix sociaux essentiels. Comme le soulignent Graeber et Wengrow, les aires culturelles se définissent ainsi au moins autant par le refus de l'emprunt des caractéristiques des sociétés voisines que par une optimisation du rendement calorique d'une certaine forme de comportement.

Les choix sociaux vis-à-vis de la nature sont donc, dès le Paléolithique, le lieu de la plus haute politique. Ainsi, par exemple, l'« Essai sur les variations saisonnières des sociétés eskimos[22] » de Marcel Mauss et Henri Beuchat souligne toute l'ambiguïté de l'effet des contraintes environnementales sur l'organisation sociale. Franz Boas observait à la même époque le fonctionnement des Kwakiutls, peuple indigène de chasseurs-cueilleurs installé sur la côte nord-ouest du Canada, où en hiver se cristallisaient les formes de sociétés les plus hiérarchisées, notamment au travers d'immenses banquets connus sous le nom de potlatch. Ces sociétés totémiques, comme les classifie Descola[23], ont une formation cosmologique où l'identité des groupes humains est définie par le partage de propriétés morales et physiques avec certains éléments naturels.

Dans le système totémique, une espèce naturelle (animal, végétal, ou parfois phénomène naturel) est présentée comme un ancêtre mythique ou parfois un parent lointain du groupe social. La nature est la matière même des représentations collectives. Selon Pierre Charbonnier[24], l'identification des groupes sociaux à tel ou tel segment de nature permet aussi de distribuer les responsabilités écologiques. Chaque clan hérite, en effet, avec son identité naturelle distinctive, de la charge économique et symbolique consistant à réguler l'accès au segment de nature qui lui est propre, à en assurer la reproduction. À une différenciation sociologique correspond ainsi une division du travail écologique. Le totémisme aurait par ailleurs, selon Graeber et Wengrow, la particularité d'être une forme d'organisation sociale sur longue distance[25], les recherches archéologiques révélant une uniformité frappante entre des zones très éloignées les unes des autres.

D'autres peuples avaient une relation à la nature que Descola qualifie d'animiste. Selon cette catégorie, une certaine conscience réflexive est attribuée aux non-humains, mais une discontinuité physique est postulée. L'exemple paradigmatique en est les Achuars, qui sont aussi le principal terrain d'investigation de Descola. Les hommes comme la plupart des plantes, des animaux ou des météores étaient des personnes (*aents*) dotées d'une âme (*wakan*) et d'une vie autonome, ouvrant la voie à des relations de dons et de contre-dons entre humains et non-humains. Il ne faut pas nécessairement prendre au premier degré ces modes de relations, mais plutôt les voir comme une traduction objective de mythes collectifs. L'anthropomorphisation des plantes et des animaux est d'ailleurs une forme largement répandue d'échange avec des non-humains, y compris dans nos sociétés[26].

Toujours dans la catégorisation de Descola, les modes totémique et animiste sont complétés du mode analogiste. Pour ce qui concerne ces sociétés, tous les composants du monde sont distingués, en termes à la fois de physicalité et d'intériorité. Ainsi, chez les Chipayas de Bolivie, par exemple, la structure des rapports sociaux entretient une relation de stricte analogie avec l'organisation des éléments environnementaux et surnaturels. L'analogisme a été, par ailleurs, le mode considéré comme majoritaire en Europe jusqu'à la fin du Moyen Âge[27], comme nous le verrons plus spécifiquement au chapitre 5.

Outre les modes d'identification totémiques, animistes et analogistes que nous avons déjà évoqués, le mode d'identification occidental y est ainsi qualifié de naturaliste. Les sociétés naturalistes se distinguent complètement du reste des existants en termes de subjectivité, de conscience réflexive, d'intentionnalité… tout en admettant une continuité en termes de capacité physique. Ce faisant, le mode d'identification naturaliste empêche d'entrer à proprement parler dans des relations de dette avec des non-humains sans l'intermédiation d'autres humains. C'est bien l'entreprise pétrolière Shell qui est débitrice d'une dette écologique vis-à-vis du citoyen du delta du Niger, et non pas le pétrole accumulé à des époques géologiques et qui se trouve encore enfoui dans le delta[28].

Tableau 2.1. Les 4 modes ontologiques d'identification dans Descola (2005).

	Ressemblances des intériorités	Différences des intériorités
Ressemblances des propriétés physiques	Totémisme	Naturalisme
Différences des propriétés physiques	Animisme	Analogisme

Le naturalisme de Descola ne se présente jamais sous une forme chimiquement pure, tant il émerge récemment à l'échelle de l'histoire humaine. Son émergence est le produit d'une neutralisation de la nature qui n'a pu être gagnée que contre des mouvements de sens contraire. La représentation naturaliste de la nature par excellence est bien celle du mythe de la tragédie des communs de Hardin[29], une nature qui ne peut exister qu'en se soumettant à l'appropriation. Avant l'avènement du capitalisme, on le voit, cette vision n'existait nulle part. Elle cédait la place à une infinie variété d'interpénétrations du social et du naturel, que l'on choisisse ou non d'adopter les catégorisations de Descola. Il nous faut maintenant nous pencher plus particulièrement sur les usages du don et de la dette dans ces interpénétrations.

LE DON, LA DETTE ET LA NATURE

Les différents modes décrits par Descola caractérisent bien des types de discontinuités entre ce qu'il nomme humains et non-humains. Ces discontinuités sont elles-mêmes considérées comme ontologiques dans la mesure où elles ne peuvent se distinguer de l'existence même du groupe social considéré. Elles génèrent aussitôt des types de relations entre ces existants, qu'ils appartiennent à la même identité ou que chacun soit d'un côté de la discontinuité ontologique. On parlera de modes relationnels.

Arrêtons-nous sur le don dont procèdent tous les autres modes relationnels. Il est intéressant de noter que le don prend sa valeur dans un travail de transformation de la nature. Dans les cas extrêmes, « risquer la pénurie en donnant confirme le caractère crucial du don[30] ». Encore faut-il reconnaître l'extrême diversité des formes que celui-ci peut prendre suivant les sociétés et leur rapport à l'environnement.

La dette, elle, prend dans les sociétés primitives une dimension infinie du fait de la permanence de la dynamique de don et de contre-don. Elle ne saurait être tout à fait remboursée sans risquer l'effondrement de la structure sociale, mais elle ne peut non plus s'étendre au-delà de certaines contraintes et normes sociales, de sorte que le remboursement peut aussi parfois être exigé.

Dès lors, les monnaies primitives sont bien plutôt des substituts imparfaits, représentant ce même caractère infini de la dette, qu'un vecteur de remboursement qui l'éteindrait définitivement. Continuant ce va-et-vient sans doute audacieux entre anthropologie et préhistoire, on peut prendre l'exemple de la *kula*. L'anthropologue Malinowski a le premier étudié la *kula*, cycle d'échanges qu'il a observé dans les îles Trobriand, appartenant au mode totémique. Commerçants et navigateurs de ces îles s'engageaient périodiquement dans de longs voyages au cours desquels certaines choses précieuses, des *vaygu'a*, circulaient toujours dans le même sens : les *mwali*, des bracelets, circulaient d'ouest en est, tandis que les *soulava*, des colliers, voyagaient d'est en ouest. Tout au long de la circulation d'un *vaygu'a*, il semble que son donateur puisse exiger de recevoir une contrepartie en retour.

Pour autant, la *kula* n'est pas un échange monétaire marchand. Une forme de marché fonctionnait parallèlement et de manière relativement étanche sous le nom de *gimwali*. Mais la *kula* est avant tout une institution sociale et écologique, permettant de maintenir dans la durée des relations entre sociétés géographiquement éloignées qui se caractérisaient aussi par des formes d'échanges marchands.

Ainsi, la monnaie ne saurait provenir d'une quelconque insuffisance du troc, comme l'a déjà abondamment développé David Graeber[31]. Ici, la *kula* socialise les individus sur de très longues distances, organise la vie économique au sein de ces circulations sociales. Surtout, en mettant au second plan la question de la propriété par rapport au prestige associé à l'échange, la *kula* organisait dans le temps long un régime de viabilité des sociétés de ces archipels du Pacifique ; ce que Polanyi a appelé avec admiration un « système compliqué de temps-espace-personne[32] ».

Un autre exemple fameux et déjà évoqué plus haut est le potlatch, institution observée d'abord dans des sociétés indiennes du Nord-Ouest américain et étudiée à la fin du XIXe siècle par l'anthropologue américain Franz Boas. Ces sociétés, elles aussi totémiques, sont par ailleurs caractérisées par la différence sociale profonde entre leur vie d'hiver (où elles sont concentrées dans des villes et connaissent une vie sociale intense) et leur vie d'été (où elles sont dispersées). La saisonnalité est ainsi une dimension centrale de la vie sociale en même temps que de l'usage du rituel. Un potlatch est une immense fête qui rassemble toute une tribu, même plusieurs, pour des échanges de cadeaux qui vont jusqu'à la destruction des richesses, et dont le principe est la rivalité et la lutte entre les chefs. Le but poursuivi au cours de cette lutte de générosité est d'établir la hiérarchie entre différents groupes et leurs représentants : le plus fort sera celui qui aura offert, y compris en les détruisant, le plus de richesses[33].

On a montré depuis que les potlatchs étudiés par Franz Boas représentaient une sorte de perversion d'un système précédent, liée à la soudaine richesse de ces pêcheurs qui commercèrent avec plusieurs puissances coloniales et qui, du fait de la raréfaction des biens qu'ils prélevaient, connurent un soudain enrichissement en produits de prestige[34]. Là où il s'agissait autrefois de témoigner de sa place dans la hiérarchie sociale au travers du sacrifice d'un surplus durement acquis, le maintien de cette tradition dans un contexte temporaire d'abondance déstabilisait les hiérarchies sociales, en même temps qu'il encourageait l'exploitation effrénée de ressources écologiques limitées. Le potlatch serait dans ce sens une forme pervertie du don totémique, une explosion incontrôlée de la dette écologique, dans un cadre capitaliste naissant et de prédation accélérée de ressources écologiques.

On peut trouver des formes ressemblantes au potlatch dans les endroits les plus inattendus du naturalisme contemporain. Les dons faramineux faits simultanément et de manière ostensiblement rivale par Bernard Arnault et François Pinault pour la rénovation de la cathédrale Notre-Dame ressemblent à s'y méprendre à un jeu de potlatch entre deux personnages cherchant à obtenir une position hiérarchique prééminente au sein même du capitalisme français. À tout le moins, dans les sociétés naturalistes contemporaines, l'impôt progressif sur la fortune pourrait théoriquement permettre de rétablir des relations de réciprocité apaisées par ailleurs écologiquement viables. La proposition de taxation assise sur le patrimoine financier des ménages les plus aisés au sein du rapport au Premier ministre mené par Jean Pisani-Ferry et Selma Mahfouz, *Les Incidences économiques de l'action pour le climat*, mobilise ainsi la notion de dette climatique pour justifier la pertinence d'une telle mesure.

Ce que l'on apprend des sociétés non marchandes, qu'elles soient issues du Paléolithique ou du passé récent, c'est que les êtres humains régulent principalement leurs relations matérielles et sociales par le biais de dons, de cadeaux et d'actions symboliques, tandis que l'échange marchand est second et très encadré par les premiers. Quand échange marchand il y a, il concerne souvent des étrangers avec lesquels on n'entretient pas de relations sociales particulièrement étroites ni ne désire en nouer. Ces formes sociales, enfin, intégrant des éléments de la nature, en rejetant d'autres, ou répliquant des structures observées dans la nature, créent la nécessité de relations de dons et de contre-dons spécifiques de part et d'autre de la discontinuité de ce qui est considéré comme faisant nature. Ces relations peuvent être vues comme autant de formes de dettes infinies qui assurent la perpétuation du régime de viabilité de ces sociétés. La relation de dette écologique connaîtra des bouleversements profonds avec l'invention du stockage et l'arrivée progressive de l'agriculture. Nous nous tournons maintenant vers cette nouvelle ère.

Écologie des premières mégamachines

STOCKAGE, SÉDENTARISATION ET AGRICULTURE

La sédentarité est préalable à l'agriculture et non l'inverse. La capacité d'entreposer des denrées alimentaires était une condition préalable au processus de sédentarisation, qui lui-même était un préalable à l'agriculture[35]. Le stockage conduit aussi à une augmentation de la densité de population, permettant un transfert des productions de la chasse, de la pêche ou de la collecte issues des périodes de forte abondance vers les périodes de forte pénurie. Le stockage permet surtout le développement d'une différenciation entre riches et pauvres. La constitution d'une réserve alimentaire implique, en effet, qu'une part importante de la production devienne non périssable, donc échangeable, et fortement valorisée pendant les périodes de pénurie.

Entre la fin du Paléolithique et le début du Néolithique, tout un spectre de possibilités d'organisation sociale existait entre les deux extrêmes des chasseurs-cueilleurs purement nomades et des agriculteurs-éleveurs totalement sédentaires. Malgré la possibilité de coutumes de partage, chaque famille ou clan constituait ses propres réserves en les entreposant dans un lieu réservé à cette fin. Les réserves étant du domaine privé entraînent automatiquement l'apparition d'inégalités durables de richesse. Si les organisations politiques hiérarchiques et inégalitaires pouvaient déjà exister au Paléolithique, comme le mentionnent Graeber et Wengrow, ces dernières étaient forcément temporaires, car associées à des événements épisodiques liés à la variabilité des saisons. Les inégalités existaient mais étaient plutôt instables, car elles n'étaient pas transférables d'une génération à l'autre. Tel n'était plus le cas au Néolithique.

L'émergence des pratiques agricoles a eu des répercussions importantes sur les humains et sur leurs modes d'organisation, mais aussi sur les plantes et les animaux sauvages ayant subi le processus de domestication. La sélection naturelle qui s'exerce sur les plantes sauvages favorise un ensemble de caractéristiques hostiles à leur mise en culture. Les agriculteurs ont dû ainsi réaliser un travail progressif de contre-sélection naturelle des plantes. Similairement, les animaux domestiqués échappent à de nombreuses pressions sélectives : la prédation, qui pousse à être constamment sur le qui-vive, ainsi que les rivalités alimentaires et sexuelles.

En permettant des expériences spontanées ou délibérées d'horticulture, la capacité de stockage associée à la sédentarité semble avoir été une condition nécessaire à l'établissement de l'agriculture, mais non une condition suffisante. Certains chasseurs-collecteurs ont pu devenir agriculteurs, d'autres ont pu trouver leur organisation sédentaire basée sur la chasse et la collecte tout à fait optimale, et d'autres encore, sous l'influence d'un changement du climat ou d'une autre cause, ont pu choisir de redevenir nomades. D'autres facteurs que la sédentarité doivent ainsi être trouvés pour expliquer l'apparition du complexe agriculture-élevage.

Il semblerait que le refroidissement survenu entre 10 500 et 9700 avant notre ère, c'est-à-dire à la toute fin de la dernière période glaciaire dite de Würm, ait réduit la disponibilité de certaines plantes sauvages. Dans le même temps, la disponibilité du gros gibier a pu être réduite par la croissance globale de la population. Ces deux éléments ont pu être suffisamment importants pour diminuer le rendement énergétique de la chasse cueillette et encourager les pratiques horticoles. Il faut sans doute ajouter à cela de nouvelles prédispositions sociales et psychologiques.

Descola[36] montre que beaucoup de sociétés d'Amazonie n'ont jamais domestiqué les animaux qui vivaient autour d'elles en raison de leurs croyances animistes. Dans ces communautés, les plantes et les animaux vivaient en tant qu'égaux spirituels des humains, si bien qu'il était tout simplement inconcevable de se mettre à exercer une domination sur eux. Si les sociétés qui se sont mises à pratiquer l'élevage il y a plusieurs milliers d'années étaient auparavant animistes, il a donc fallu qu'un changement profond de leur spiritualité s'opère. Là où l'environnement était constellé de formes de relations symboliques et religieuses, la pratique agricole oblige, au contraire, à chasser en partie ces divinités de la nature afin de pouvoir cultiver. Ce faisant, elle génère une culpabilité d'avoir ainsi outrepassé les interdits de la période précédente. Certains groupes auraient cessé d'attribuer une dimension spirituelle aux plantes et aux animaux sauvages. Cela s'est parfois fait en même temps que la diffusion du procédé du sacrifice, notamment en Inde, en Chine et au Japon[37], forme objective de remboursement d'une dette de vie que l'on peut aussi qualifier d'écologique.

LE CONTRECOUP DE LA RÉVOLUTION AGRICOLE

La domestication de convertisseurs énergétiques végétaux et animaux a pris des formes extrêmement diverses d'un bout à l'autre du monde. De nouvelles pressions sélectives se firent sentir sur les humains des premières sociétés agricoles, auxquelles s'ajoutèrent les impacts de la faible diversité des régimes alimentaires (dents et os plus petits que les chasseurs-cueilleurs), une augmentation du temps de travail répétitif, une moins bonne santé individuelle, et même un taux de mortalité accru.

L'agriculture ne porte en elle un caractère révolutionnaire que du fait du taux de natalité démultiplié, qui compense largement ses effets négatifs pour préserver la viabilité du système. *In fine* se produit une coévolution des plantes-animaux et des humains, qui constitue aussi en elle-même une grande transition énergétique. Une partie de notre espèce est passée graduellement d'un système de collecte directe de l'énergie à un système demandant un investissement préalable, en temps et en énergie, pour pouvoir moissonner ensuite les fruits de son travail. La notion de dette écologique prend ici un aspect matériel à travers le décalage temporel induit entre production et consommation. Cette évolution s'est accompagnée d'une intensification de la division du travail, et surtout du renforcement de la hiérarchisation politique des sociétés.

Cette nouvelle forme d'organisation a permis l'apparition de ce que l'historien Lewis Mumford a appelé des mégamachines[38], c'est-à-dire des sociétés semblables à des machines, composées de rouages humains. Dans un premier temps, les agriculteurs ont su tirer parti des plus puissants animaux domestiques comme bêtes de somme. Puis l'invention de la roue au IVe millénaire avant notre ère, entre le Proche-Orient et les steppes asiatiques, a permis le transport de charges plus lourdes. La roue à rayons apparue quelque 2 000 ans plus tard engendra l'utilisation de chars de guerre tirés par des chevaux, en Asie, en Europe, et dans le nord de l'Afrique[39].

Mais ce sont surtout les innovations permettant d'utiliser les ressources métalliques minières emprisonnées sous terre, telles que le cuivre, le bronze et le fer, qui ont entraîné la naissance des premiers complexes militaro-industriels. Certains villages néolithiques se sont dotés de nouvelles constructions, menhirs, plateformes, pyramides de terre, tumulus, à vocation cérémonielle et rituelle. Alors que, précédemment, le rapport au surnaturel était essentiellement géré dans l'habitat familial avec une prédominance des représentations féminines[40], ces édifices collectifs témoignent d'organisations sociales capables de planifier et de mettre en commun le travail de centaines, voire de milliers d'individus.

Le Néolithique fut aussi une période d'intensification des échanges entre communautés, jusqu'à de très longues distances. Des matières premières, des poteries et des supports monétaires ont circulé de l'Inde à la Mésopotamie. Cette mondialisation des échanges de surplus s'est accompagnée d'une intensification des conflits entre communautés et du renforcement du concept de propriété. La hiérarchie s'est renforcée aussi au sein des communautés agricoles, permettant de gérer les tensions internes au groupe, mais aussi de résoudre d'autres problèmes tels que les conséquences des catastrophes naturelles (inondations, tremblements de terre, éruptions volcaniques), les famines (mauvaises récoltes, sécheresses ou invasions d'insectes), les épidémies de maladies infectieuses ou les attaques ennemies.

Cette autorité nouvelle n'a plus eu un statut éphémère comme dans les sociétés de la première moitié du Néolithique, mais est devenue permanente et héréditaire. Avec Alain Testart[41], il semble donc que la maîtrise des techniques de stockage de grande ampleur ait été un premier jalon dans l'amorce d'une pérennisation des inégalités sociales, lesquelles étaient auparavant temporaires et instables.

LA NICHE ÉCOLOGIQUE DE L'ÉTAT

La sédentarité et l'agriculture n'étaient néanmoins pas suffisantes en elles-mêmes pour faire émerger des hiérarchies permanentes, puis les villes et finalement l'État. Le complexe néolithique de l'agriculture-élevage a certes constitué un préalable qui a rendu possible l'émergence de ces structures, mais cela n'était pas inéluctable. Toutes sortes d'arrangements sociaux furent tentés[42], ne recourant pas nécessairement à une forme de gouvernement centralisé et autoritaire.

Mais, si l'État n'est pas né naturellement du complexe agriculture-ville, la question de son origine reste entière. Les théories du *Léviathan* de Hobbes[43] (éviter la guerre de tous contre tous) ou de *Du contrat social*[44] de Jean-Jacques Rousseau (contrat social entre les citoyens) se heurtent à l'absence d'exemple historique d'une telle évolution. L'idée voisine du despotisme oriental, expliquant l'émergence de l'État en Asie par une alliance volontaire pour mieux gérer collectivement l'eau et faire face à l'aridité en entretenant de grands projets d'irrigation, se heurte elle aussi, semble-t-il, à des erreurs de chronologie. Une autre théorie développée par l'anthropologue et politologue américain James Scott[45] lie l'apparition des États à la céréaliculture, que ce soit l'orge ou le blé, en Mésopotamie, en Égypte et dans la vallée de l'Indus, ou le millet au nord de la Chine, et plus tard le riz irrigué dans le sud-est de l'Asie, le maïs ou le quinoa dans le Nouveau Monde. Et il est vrai qu'aucun des premiers États ne reposait sur l'exploitation d'une légumineuse ou d'un tubercule qui peuvent pourtant offrir des avantages énergétiques et nutritifs comparables.

L'explication donnée par James Scott porte sur le fait que les céréales peuvent facilement servir de base à l'impôt, en raison de leurs cinq propriétés suivantes : la simultanéité (des récoltes), la visibilité (pousse au-dessus du sol), la stockabilité (sur de longues périodes), la transportabilité (en raison du moindre volume) et la divisibilité (permettant d'établir des étalons de poids et de volume). Toutes les autres formes de subsistance, comme la chasse, la cueillette, le pastoralisme ou l'horticulture, étaient fiscalement stériles pour l'État. Une condition supplémentaire a probablement aidé à l'émergence de l'État, en l'occurrence l'augmentation de l'aridité de l'environnement local, qui s'est produite entre 3500 et 2500 avant notre ère en Mésopotamie, et qui a eu pour conséquence de concentrer les populations sur les sites les plus arrosés par la pluie et les plus facilement irrigables entre le Tigre et l'Euphrate.

Cette première niche écologique des États a dans un second temps été systématiquement renforcée par un aménagement du territoire propice à la centralisation de l'autorité, par exemple sous forme de grands travaux de terrassement et d'irrigation. Par ailleurs, les premiers États devaient importer de nombreuses matières premières et de nombreux biens fabriqués qui ne pouvaient pas se trouver dans les plaines inondables sur lesquelles ils étaient installés (cuivre, étain, bois, pierre, argent, or…). Ces importations étaient fournies par les sociétés non étatiques en échange d'une part non négligeable de leurs céréales et productions artisanales. Ces zones périphériques « barbares » furent longtemps placées en dehors du contrôle des États et restèrent le lieu d'alliances politiques et économiques. Ces « barbares » menèrent des raids contre les États, parfois institutionnalisés en tributs afin de permettre la poursuite des échanges commerciaux. Nous reviendrons en deuxième partie de ce livre sur le rôle particulier joué par la *Pax Mongolica* dans la mise en contact du bloc eurasiatique et le déclenchement du capitalisme. Mais détaillons maintenant les évolutions de la dette écologique permises par l'invention de l'État.

ÉCRITURE, DETTE ET TRAVAIL FORCÉ

L'écriture émergea de cette nécessité nouvelle de pouvoir dresser des inventaires des ressources disponibles et échangées, en même temps que comptabiliser des montants de dettes. C'est en Mésopotamie et en Égypte que les anciens empires se sont constitués avec l'invention de l'écriture. Au IIIe millénaire, en Mésopotamie, deux empires se sont partagé le territoire, les Sumériens dominants dans la partie méridionale et les Akkadiens dominants dans la partie septentrionale. Il semblerait que les Sumériens aient été les premiers créateurs de l'écriture. La période d'essor de Babylone sur les rives de l'Euphrate et sous le règne d'Hammourabi est plus tardive et connue pour son code de lois (1792-1750). Ce règne est considéré comme l'âge d'or de la civilisation babylonienne, prestigieux par l'ampleur de l'œuvre politique accomplie. La souveraineté d'un ordre politique centralisé s'est manifestée par l'unification et la codification du rapport d'appartenance sociale dans l'écriture et dans la loi (Sumer de 3550 à 3000, Ancien Empire en Égypte de 3000 à 2700).

Le travail forcé généralisé est aussi une caractéristique de l'État, visant à maximiser l'excédent énergétique et à le détourner en faveur de la classe dirigeante. La richesse et la puissance des sociétés antiques se mesurent ainsi à la taille des populations plutôt qu'à celle des territoires. Les États semblaient passer leur temps à intégrer par la force de nouveaux sujets parmi les populations non taxées et non réglementées, faisant face à de nombreuses défections. Les murs d'enceinte entourant les cités-États et plus tard les murailles situées aux limites des zones d'influence visaient autant à maintenir l'ennemi à l'extérieur qu'à confiner les contribuables à l'intérieur afin de faire perdurer leur exploitation.

Enfin, la religion antique justifiait dans un ordre supposé naturel l'ordre inégalitaire, les rois assurant un rôle d'intermédiaire entre les humains et les dieux, quand ils n'étaient pas directement d'essence divine. Les constructions monumentales matérialisant le pouvoir religieux contribuaient à la cohésion sociale tout en inspirant crainte, respect, humilité, contemplation et charité. La révolution des premières formations urbaines dotées d'un État était plus d'ordre idéologique qu'énergétique, au travers de l'idée du triomphe de l'humanité sur l'environnement. Après la création des premiers empires en Mésopotamie, en Égypte, puis en Perse et dans le sous-continent indien, ensuite en Chine et dans l'Europe méditerranéenne, et enfin en Mésoamérique et dans la cordillère des Andes, des vagues d'expansion impériale suivies de désagrégation se sont succédé dans les cinq mille dernières années.

Monnaie et premiers empires

L'empire est une société dotée d'un État qui a réussi à projeter sa puissance vers l'extérieur et à imposer sa domination sur des espaces additionnels. Cette expansion territoriale est essentiellement portée par une religion ou une philosophie à vocation universelle. L'appareil étatique doit assurer les fonctions militaire, idéologique, administrative et enfin fiscale. Mais l'empire est travaillé par des forces d'instabilité, tant les populations incorporées n'ont pas besoin de lui pour vivre en société. Des stratégies subtiles de délégation de pouvoir doivent ainsi se mettre en place, avec des positions locales suffisamment précaires pour qu'elles dépendent entièrement du bon vouloir de l'empereur, et suffisamment en concurrence les unes avec les autres pour empêcher les coalitions de se nouer de manière durable.

Les leviers financiers des empires face à ces situations de tension étaient généralement de multiplier les prélèvements sur les marchandises, d'initier une inflation de la monnaie pour spolier les créanciers et fournisseurs, d'étendre les formes de fiscalité existantes ou d'imposer des monopoles publics. Comme le mentionne Victor Court, chacune de ces options peut générer des problèmes propres, comme une baisse des échanges, une perte de contrôle de l'inflation, une évasion fiscale accrue ou une augmentation des prix. « Il suffit de jeter un coup d'œil au traité de Kautilya, l'Arthasastra, au cercle de souveraineté sassanide ou au discours sur le sel et le fer chinois, pour constater que la plupart des monarques antiques passaient beaucoup de temps à réfléchir sur la relation entre mines, soldats, impôts et denrées alimentaires. » Selon David Graeber[46], toutes les économies de grande échelle, reposant sur les produits de la nature, ont été d'abord gérées à l'aide du principe de redistribution, c'est-à-dire de l'impôt en nature approvisionné dans de gigantesques entrepôts.

Le royaume des Hammourabi, en Babylonie, et, tout particulièrement, le nouvel empire d'Égypte étaient des despotismes centralisés de type bureaucratique, fondés sur une économie de ce genre. Les dynamiques d'endettement devenaient vite incontrôlables, mettant en esclavage ou en prostitution une partie de la population pour payer les intérêts de l'autre partie de la population. Les jubilés de dette que Graeber mentionne dans son ouvrage sur l'histoire de la dette intervenaient pour permettre au souverain d'éviter une explosion sociale qu'il ne saurait éviter par les moyens de violence dont il pouvait disposer à l'époque. Ce faisant, ce sont les ressources naturelles transformées et utilisées pour la puissance ou la magnificence des empires, matérialisées dans ces relations de dettes, qui faisaient l'objet de redistributions subites.

Fabian Scheidler mentionne l'importance de l'introduction des impôts et taxes sous forme monétaire[47], qui permettent de maintenir une armée permanente de soldats professionnels. La plus ancienne pièce de monnaie lydienne valait ainsi douze moutons, ce qui correspondait au salaire d'un mercenaire. Monnaies antiques, guerres et États semblent ainsi être étroitement liés, et reposer sur la nécessité absolue de contrôler la source ultime d'émission de monnaie, à savoir les mines d'or et d'argent. Les troupes militaires sont devenues les premières personnes salariées, obligeant les États à créer de toutes pièces des marchés pour subvenir à leurs besoins et générer les revenus permettant de les payer. Or le meilleur moyen de créer l'offre pour répondre aux besoins d'une armée professionnelle est de demander à la population de payer l'impôt dans la monnaie avec laquelle on paie les soldats. Dès lors, tout le monde se retrouvait dans l'obligation de se procurer les moyens de paiement de l'impôt en offrant tout ce qui pourrait être demandé par la troupe.

LE SYSTÈME HELLÉNISTIQUE : GRANDEUR ET DÉCLIN[48]

L'invention du monnayage a eu des implications politiques énormes. D'une part le monopole sur l'émission de monnaie renforçait l'identité collective. Les cités-États de la Grèce antique ont frappé des monnaies de différents types. Dans leur rivalité avec l'Empire perse, les cités grecques conclurent une alliance, la ligue de Délos à partir de 477 avant J.-C. La plupart des cités grecques se rallièrent au système politique et monétaire d'Athènes. Une union monétaire fut établie dont le pivot était le tétradrachme argent. Le numéraire athénien était *dokimon* dans toutes les cités liguées, c'est-à-dire qu'il y avait cours légal. Cela veut dire que la monnaie faisait partie intégrante du système politique. Son garant était la loi. Dans la constitution politique athénienne, la monnaie était l'institution de l'État de droit qui garantissait l'uniformité des rapports d'échange entre les citoyens. Grâce à la confiance qu'elle inspirait, la cité pouvait faire des réformes monétaires tant que le cours fixé par la loi était accepté par les citoyens.

Toutefois, le système athénien n'était pas immunisé contre l'ambivalence de la monnaie. Lorsque l'ordre monétaire facilitait l'essor d'échanges commerciaux et financiers internationaux, il était corrodé par la force destructrice du désir privé de richesse. Cette contradiction préoccupait au plus haut point Aristote. Il appelait chrématistique l'accumulation insatiable de monnaie. Car la monnaie doit être pure loi. La chrématistique pervertissait l'autorité de la loi, donc le réseau de solidarités réciproques constituant la cité[49].

Le politique doit diriger la vie civile. La souveraineté est en surplomb car elle inspire la loi. La monnaie *dokima* est indissociable des finances publiques dans l'ordre politique. Cela s'est produit dans la longue guerre du Péloponnèse (431-404) qui a opposé les régimes politiques oligarchiques conduits par Sparte et alliés aux Perses aux régimes démocratiques de la ligue de Délos menés par Athènes. La démocratie athénienne dut capituler en mars 404. Mais le coup d'État sous tutelle lacédémonienne fut un régime de terreur qui déclencha un mouvement insurrectionnel. Avec le rétablissement de la démocratie, Athènes parvint à renverser les alliances en devenant alliée des Perses. En 377, le redressement fut suffisant pour établir la deuxième ligue de Délos.

Les pièces de monnaie à l'époque athénienne provenaient des mines de Laurion, où travaillaient 20 000 esclaves du Ve siècle jusqu'à l'époque moderne. Avec le système de Laurion, Athènes payait la flotte lui permettant de repousser les frontières de son influence, et ainsi de faire des prisonniers qu'elle réduisait en esclavage afin d'extraire encore plus d'argent dans les mines, afin de financer des guerres toujours plus lointaines... Ce système triangulaire, articulant argent, esclavage et guerre, fut au cœur de la première économie de marché, que les campagnes d'Alexandre le Grand ont ensuite diffusée dans tout l'est du Bassin méditerranéen. Les guerres de conquête d'Alexandre ont ainsi refoulé l'économie de subsistance et l'économie communautaire, remplacées par des marchés où les soldats pouvaient échanger leur paie contre des biens.

Le basculement du système fiscal du prélèvement en nature à la ponction monétaire a été ici le levier décisif afin de contraindre les paysans à fournir ces marchés. À partir de ce moment, les remises de dettes (ou jubilés), évoquées par Graeber dans son fameux ouvrage *Dette. 5 000 ans d'histoire,* furent beaucoup plus difficilement imposées aux peuples face à des armées professionnelles permanentes. Le complexe militaro-monétaire et le despotisme économique se sont intensifiés dans le Bassin méditerranéen au fur et à mesure du déploiement du complexe marché/État/armée. L'énorme flambée de violence dans le Bassin méditerranéen correspondrait donc à la diffusion de l'économie monétaire et marchande.

DE LA RÉPUBLIQUE ROMAINE TARDIVE À L'EMPIRE

Les lois romaines ne s'appliquaient pas aux non-citoyens romains d'Italie. Ces échappatoires favorisaient les prises de risque excessives, les transactions douteuses et le surendettement ; d'où la récurrence des crises d'endettement privé. Bien que privées, ces crises d'endettement exigeaient les interventions de l'État parce qu'elles pouvaient dérégler les systèmes de paiements. Pour maîtriser les crises d'endettement, l'État avait une panoplie de moyens exceptionnels et temporaires, dont l'usage dépendait d'options politiques. Le scénario extrême consistait à ne rien faire. C'est ce que choisit Cicéron, consul en 63 avant J.-C. Hormis cette politique désastreuse, il était possible de réduire l'excès d'endettement en rééchelonnant les échéances et en diminuant l'en-cours ou les intérêts versés, d'organiser sous contrôle public la vente d'éléments de patrimoine des débiteurs, de verser des fonds publics en dons ou en prêts à intérêt nul ou réduit pour injecter de la liquidité[50].

La République romaine décadente était devenue une société d'héritiers. Il fallait hériter d'un patrimoine substantiel pour devenir sénateur. Celui qui perdait ce patrimoine dans cette logique ploutocratique était exclu de l'élite. Une telle société, fondée exclusivement sur l'argent et l'aristocratie, rendait impossible la mobilité ascendante et glissait nécessairement vers la sclérose. Dans les années 49 à 47 avant J.-C., la guerre civile éclata entre César et Pompée à la suite d'une nouvelle tension aiguë entre débiteurs et créanciers. Le prix des terres baissa, et le numéraire disparut. Mais César en position de consul n'agit pas comme Cicéron. Il fit estimer les biens à leur valeur d'avant-guerre pour que les débiteurs puissent payer leurs dettes sans être spoliés. En outre, il instaura l'abolition d'une partie des dettes et interdit à quiconque de posséder plus de 60 000 sesterces en liquide. Enfin, il réquisitionna le trésor du Sénat et des sanctuaires et fit frapper de la monnaie or et argent.

DE L'EMPIRE EN PLEINE PUISSANCE À L'EMPIRE TARDIF

L'Empire romain a défini un principe de souveraineté centralisé et unifié. Il n'avait pas de dettes et ne connaissait pas les monnaies étrangères. Tout le Iᵉʳ siècle a été une époque de stabilité et d'essor de l'Empire. À partir du IIᵉ siècle se sont produites des crises de dépréciation monétaire à la fois lentes et de longue durée[51]. La cause principale a été l'extension de l'Empire. Les coûts de pacification des régions conquises, de défense des frontières dilatées et éloignées, requirent des dépenses militaires, de logistique et de mise en valeur des terres conquises qui dépassèrent le tribut tiré des nouveaux espaces conquis. Les finances publiques se détériorèrent continûment à partir des années 190. En 215, l'empereur Caracalla introduisit l'*antoninianus*, qui a circulé dans les provinces où il fallait financer des opérations militaires. En conséquence, la circulation monétaire de l'Empire devenait segmentée. En 258, l'effondrement de l'*antoninianus* a provoqué la désintégration de la hiérarchie monétaire. En 274, l'empereur Aurélien a fait une réforme monétaire qui a provoqué une Grande Crise inflationniste (274-361). Voulant rétablir l'*antoninianus* dans les conditions précédant 258, alors que la pièce ne contenait presque plus d'argent, il déclencha une gigantesque inflation nominale des biens. En cinquante-sept ans, l'inflation nominale est allée de 1 à 1 000 pour la pièce d'argent, de 60 000 à 22,5 millions pour la livre d'or.

La sortie de la spirale inflationniste s'effectua en plusieurs temps : d'abord par un système fiscal plus efficace pour collecter les impôts, ensuite parce que les dépenses militaires furent mieux maîtrisées, enfin et surtout par la conversion de l'empereur Constantin au christianisme. En changeant le principe de souveraineté politique, il a pu reconstituer un système monétaire sur base or. À l'époque de l'Empire romain, l'argent provenait des mines de Lyon, de Carthage et d'Espagne. La crise impériale du IIIe siècle montre à quel point la frappe d'argent était cruciale dans le maintien de l'Empire militaire romain. L'Empire romain créa aussi les sociétés publicaines, qui représentaient des premières ébauches de sociétés par action. L'État romain affermait ainsi la gestion des sociétés minières, les contrats de fourniture militaire et la collecte des impôts dans les provinces impériales à des entrepreneurs privés (les publicains). Ce furent les premiers acteurs marchands de l'histoire mondiale qui se sont voués au principe de l'accumulation sans fin du capital. Les sociétés publicaines n'ont néanmoins pas pu devenir les cellules germinales d'un système capitaliste moderne. L'empereur romain Auguste a en effet restreint massivement leur champ de manœuvre et remis la collecte des impôts aux mains de fonctionnaires publics. Les révoltes provoquées par les procédés brutaux des publicains et les pertes de revenus pour le fisc avaient fini par menacer l'existence même de l'Empire.

Les causes de l'effondrement de l'Empire sont l'objet de controverses nombreuses. Le facteur climatique a été particulièrement développé par l'historien Kyle Harper[52]. Ce dernier met en avant la fin progressive de ce qu'il nomme l'optimum climatique romain, correspondant à une phase d'activité solaire importante et stable et une activité volcanique de faible ampleur, génératrice d'un climat chaud visible dans les fontes de glaces de l'époque. La fin de cet optimum enclencha un ensemble d'épidémies accélérées par le réseau très étendu de l'Empire. Après l'effondrement de l'appareil militaire romain, l'ordre social fondé sur cette idée de la propriété s'est lui aussi écroulé. Faute de métaux précieux et d'armées permanentes, le pouvoir de disposition sur les humains et les terres était au Moyen Âge bien plus restreint. L'esclavage a disparu en grande partie d'Europe, la terre ne pouvait plus être vendue librement, mais seulement attribuée en fief, c'est-à-dire louée. Le dernier empereur qui régna sur l'Empire unifié fut Théodose (392-395). À sa mort, l'Empire se divisa entre un Occident et un Orient romain. La disparition de l'Empire romain d'Occident est conventionnellement située en 476, année où Rome fut pillée par les « barbares ». Il est convenu que cette date ouvre le début d'une nouvelle ère de l'histoire de l'Europe : le Moyen Âge. Seul subsista l'Empire romain d'Orient, appelé Empire byzantin, jusqu'à la conquête de Constantinople par les Ottomans en 1453.

Pour en finir avec le mythe de la tragédie des communs

La dette écologique, telle que nous avons tenté d'en dégager des formes concrètes grâce à l'anthropologie et à l'histoire antique au fil de ce rapide panorama, est sans aucun doute un mythe. Nous avons tenté d'en définir les contours au travers de la diversité des relations de don, d'échange et de dette impliquant des formes matérielles ou des perceptions de ce qu'est la nature à une époque donnée. Peu de choses communes *a priori* entre les relations de dons et d'échange propres aux ontologies prénaturalistes dont on peut supposer qu'elles dominaient au Paléolithique, ou l'émergence de la dette comme outil de contrôle et de contrainte propre aux premiers États dominant les systèmes agricoles taxables, ou encore les facilités générées par l'invention de la monnaie et des sociétés par action de l'Empire romain tardif pour assurer un contrôle et une légitimation élargie du souverain. Mais toutes ces formes de relation de dette témoignent d'une façon d'appréhender l'espace, les ressources naturelles ou les croyances dans des divinités protectrices de certaines catégories de non-humains.

En ce sens bien précis, ce mythe de la dette écologique pose au moins deux questions qui peuvent éclairer notre temps. Qui doit payer la dette écologique, et sous quelle forme celle-ci doit-elle éventuellement être payée ? Formulé autrement, il est permis de se demander quelle est l'institution de validation du remboursement de la dette écologique, si tant est qu'un tel remboursement soit possible. En dernière instance, c'est bien le système de paiements qui va valider socialement la destruction (ou la restauration) d'un écosystème, d'un habitat ou d'un dépassement d'émissions ou de pollutions. Mais le mythe de la dette écologique questionne la légitimité des acteurs habilités à trancher le conflit inhérent à cette validation sociale ultime dans un sens ou dans un autre. Les sociétés précapitalistes que nous avons évoquées dans ce chapitre ont résolu ce conflit de différentes manières, mais avec toujours en leur cœur la question de leur relation à la nature. La notion de dette écologique ne soulève ainsi rien de moins que la question d'une refonte de la politique de la monnaie en même temps que celle d'une sécurité sociale écologique[53].

Au début des années 1980, à l'heure où le courant conservateur et néolibéral a commencé à prendre le pouvoir aux États-Unis avec le président Reagan et en Grande-Bretagne avec Margaret Thatcher, le mythe de la tragédie des communs a pu enfin opérer dans toutes ses implications institutionnelles et politiques. Mais c'est aussi à ce moment précis qu'a émergé progressivement le contre-mythe de la dette écologique. Une première mention connue de l'idée de dette écologique provient d'un discours du président de Colombie, Virgilio Barco Vargas, lors de l'Assemblée générale annuelle des Nations unies de 1989 :

> En moins de deux siècles, les forêts d'Europe et d'Amérique du Nord ont été rasées et la production industrielle a entraîné la pollution, les pluies acides et l'érosion de la couche d'ozone. C'est là une dette écologique contractée à l'égard des générations futures de tous les pays, qui auront à subir les conséquences de l'exploitation irréfléchie des ressources naturelles par les pays développés.

Cette idée selon laquelle les pays occidentaux ont construit leur richesse sur l'usage effréné de leurs propres ressources naturelles, puis par un vaste mouvement d'extension des ressources des pays du Sud n'est certes pas nouvelle. Voilà une dénonciation fréquemment rencontrée dans les pays en développement, comme d'ailleurs dans les pays développés, reflétant un sentiment d'injustice partagé. Fidel Castro en 1997, à la même tribune de l'Assemblée générale de l'ONU[54], a poussé plus loin encore les conséquences de ce constat, illustrant une nouvelle forme de dette écologique, de type altermondialiste cette fois-ci :

> Le service de la dette extérieure représente plus du triple de l'aide publique au développement. Ainsi, en raison de l'échange inégal et de la fuite des capitaux, les pays pauvres financent l'opulence et le gaspillage des autres. [...] Pour ceux qui ont amassé leurs richesses en exploitant le tiers-monde, il ne s'agit pas véritablement de prêter mais de restituer une partie de ce qu'ils ont pillé. Ils ont l'obligation de payer leur dette écologique en tant que principaux responsables de la dégradation de l'environnement par leur mode irrationnel de consommation et de gaspillage. Il leur appartient de modifier radicalement ces modes au lieu d'essayer de les transférer, comme ils le font de manière irresponsable, aux minorités privilégiées des pays pauvres. Ce qu'ils doivent transférer aux pays en développement, ce sont des technologies écologiquement rationnelles selon les conditions préférentielles définies à Rio.

Par ce mythe de la dette écologique est contestée l'inéluctabilité de la privatisation du monde pour faire face aux catastrophes, déjà pressenties à cette époque. Par ce mythe ensuite est mis en évidence le caractère primordial des flux de financement et de la monnaie internationale dans les inégalités écologiques. Par ce mythe, enfin, est proposée une éthique de la solidarité qui s'oppose aux solutions individualistes avancées par Hardin. Comprendre la viabilité des régimes d'accumulation du Capitalocène requiert ainsi de révéler les fondements anthropologiques et historiques du mythe de la dette écologique, exercice délicat que nous avons entamé dans ce chapitre.

Ce faisant, la dette écologique devient pleinement un mythe fondateur en ce qu'elle peut justifier de bouleverser l'ordre des conventions qui régissent les sociétés et d'atteindre ainsi jusqu'à la forme du régime d'accumulation, au sein duquel l'institution monétaire joue un rôle central. C'est à l'institution monétaire, en tant qu'acteur clé de tout régime de viabilité, que nous nous intéressons maintenant.

CHAPITRE 3

L'institution monétaire au cœur de la viabilité

Capitalisme financiarisé et contraintes biophysiques

Si nous avons dégagé au chapitre précédent de possibles origines anthropologiques et historiques de la notion de dette écologique, dans les sociétés contemporaines, c'est l'État qui occupe la position verticale, garante des conséquences de l'imprévisibilité des interactions entre les communautés humaines et la biosphère à laquelle elles appartiennent. L'État, lui-même membre de la communauté internationale, est responsable de la sécurité, du bien-être transgénérationnel, de la préservation de la paix civile et de l'intégrité des milieux vitaux sur lesquels la permanence des sociétés est fondée.

Cette position de l'État, en tant que tiers de confiance sans lequel les liens d'appartenance sociale se dissolvent ou se fragmentent, laissant s'installer la violence, est à l'opposé de la conception néolibérale pour laquelle la seule vertu de l'État est de garantir le droit de propriété privée. Sur cette base, l'ordre spontané du marché est supposé s'établir de lui-même sur un mode plat, entièrement dépourvu de solidarité organisée. C'est cette idéologie qui a inspiré la contre-révolution néolibérale, menée par Reagan aux États-Unis et par Thatcher au Royaume-Uni dans les années 1980. Margaret Thatcher est allée jusqu'à déclarer : « La société n'existe pas ; il n'y a que des individus et des marchés. »

Cette philosophie s'est propagée sur la planète dans les années 1990, après l'effondrement de l'URSS, grâce au consensus de Washington prônant un marché global entre individus contractants. Elle a trouvé son expression la plus complète et la plus absurde dans l'ouvrage du philosophe américain Francis Fukuyama[1], annonçant et déclarant la fin de l'histoire ! La poursuite du gain monétaire, englobant l'appropriation privative de la terre et de ses ressources pour engendrer les rentes de la concentration du capital, est devenue un dogme insensible à toute critique. Il a fallu deux crises mondiales fulgurantes, la Grande Crise financière (GFC) de 2008 et la pandémie de Covid de 2020 et ses suites, pour que des interrogations sur les ravages provoqués par le néolibéralisme se fassent jour au cœur même de ce système[2].

La marchandisation de l'éducation et de la santé, l'explosion des inégalités, la prolifération de la pauvreté dans et entre les nations, sont quelques-unes des conséquences du démantèlement de l'État social par le programme néolibéral. Aussi, Alain Supiot[3] nous aide opportunément à définir ce que pourrait être un État social qu'il s'agit de reconstituer et de renouveler dans le cadre d'une écologie politique ; ce qui nous occupera dans ce chapitre. Un tel État social écologique comporte trois piliers que le néolibéralisme a sapés plus ou moins agressivement selon les pays.

Le premier pilier est le droit du travail qui s'est opposé aux effets destructeurs du capitalisme industriel sur l'exploitation sans limites du travail humain dénoncée par Marx. L'élaboration du droit du travail à travers les luttes sociales est une tâche collective toujours à poursuivre. Elle implique de prendre en compte le temps long de la vie humaine au sein des écosystèmes et de la succession des générations.

Le deuxième pilier est la Sécurité sociale qui procède de la même nécessité de protéger le temps long de la vie humaine contre la soumission aux marchés, en rendant les entreprises responsables des dommages que provoque leur activité tournée exclusivement vers la valorisation des propriétaires (actionnaires). La solidarité collective dans les entreprises à gouvernance partenariale doit relier les risques sociaux et les risques environnementaux dans l'élaboration de stratégies inspirées de l'écologie politique. C'est donc une sécurité sociale écologique qu'il nous faut aujourd'hui établir.

Le troisième pilier enfin est le service public qui doit s'étendre aux écosystèmes. Nous montrerons au prochain chapitre que le fondement théorique en est fourni par la théorie des biens premiers élaborée par le philosophe John Rawls dans une perspective d'éthique sociale.

Les services publics appartiennent aux biens premiers dont nul ne doit être privé pour que la société puisse être reconnue comme juste. Cette conception théorique est très exactement l'antagonique de celle de Hayek. Elle entraîne une logique politique à l'opposé du néolibéralisme. Les biens premiers sont la santé, l'éducation, l'énergie, les transports et le logement, mais aussi une nature vivable et donc, en particulier, la disponibilité de l'eau potable pour tous, qui doivent être mis à disposition des citoyens dans des conditions d'égalité, de continuité et d'accessibilité.

Les trois piliers de l'État social doivent être dotés d'une base juridique constitutionnelle pour les protéger des aléas politiques. Les ravages du néolibéralisme ont ainsi été plus prononcés dans les pays anglo-saxons qu'en Allemagne ou en France. Néanmoins, la privatisation de la production des services publics a eu des effets dévastateurs sur les territoires, l'hôpital public et les transports collectifs en Europe continentale. Cette situation place le secteur financier au centre des responsabilités en même temps que de l'enjeu d'un au-delà du Capitalocène.

Durant la dernière période, alors que le statut de monnaie mondiale du dollar était menacé par des tentatives individuelles de vendre du pétrole dans d'autres devises[4], la sauvegarde de l'hégémonie monétaire américaine sans une souveraineté énergétique sous-jacente nécessitait un tout nouveau paradigme pour remplacer l'énergie fossile de type « fordiste » qui prévalait depuis la fin de la Seconde Guerre mondiale[5]. En effet, pouvoir tarifer en dollars des matières premières essentielles telles que le pétrole est un privilège considérable en ce que cela implique qu'il ne peut y avoir une source insuffisante de dollars pour les importer, mais aussi en ce qu'une dépréciation du dollar n'a pas l'impact usuel d'une augmentation du prix des importations.

Dans ce contexte, la financiarisation du système économique mondial depuis les années 1980 n'était pas seulement le résultat de la dynamique inhérente au système financier – comme dans l'hypothèse d'instabilité financière de Minsky[6], mais aussi une réponse à des contraintes biophysiques plus fortes face à la poursuite sans fin de l'accumulation de capital au « cœur » du système mondial. En particulier, Jason Moore considère que la financiarisation du système économique mondial depuis la fin des années 1970 contient deux dimensions qui doivent être évaluées en symbiose. D'une part, la financiarisation a permis au secteur financier d'éviter les limites énergétiques à l'accumulation du capital en rétablissant les profits grâce à des activités spéculatives et à l'extraction de rentes – par exemple grâce à des privatisations dans des secteurs tels que l'éducation ou la santé. D'autre part, il a permis aux détenteurs de capitaux de bénéficier d'une plus grande mobilité des capitaux afin de pousser l'appropriation et l'épuisement de nouvelles ressources, comme le charbon chinois ou les « frontières pétrolières de la mer du Nord, de l'Afrique de l'Ouest et du golfe du Mexique ».

Le capitalisme financiarisé aurait donc « émergé, et se serait maintenu, en s'appropriant les dons gratuits qui restaient à prendre[7] ». Pour illustrer comment la financiarisation a pu être bénéfique pour le « capital fossile » américain, il a été avancé que l'innovation financière et la déréglementation ont permis aux détenteurs de capitaux de rétablir les niveaux antérieurs de taux de profit en bénéficiant de plus en plus du réinvestissement des bénéfices générés par les combustibles fossiles, des pétrodollars saoudiens dans les années 1970 aux « dollars du charbon » chinois depuis les années 2000[8]. Les pétrodollars déposés auprès des banques américaines[9] ont été partiellement réinvestis à l'étranger en contrepartie des dettes des pays « périphériques » depuis les années 1970[10] exportant du même coup la fragilité financière[11]. De plus, le recours accru au levier d'endettement et aux produits spéculatifs induit par le régime financiarisé du capitalisme[12] a peut-être permis aux sociétés pétrolières, à la pointe de l'innovation financière, de masquer le risque énergétique mondial en permettant la production de combustibles fossiles non conventionnels tels que l'huile de schiste.

Sager observe que le « fondamentalisme du marché » semble ascendant lorsque les ressources énergétiques, en particulier, deviennent contraintes. Cela ne signifie pas que la financiarisation était inéluctable, mais plutôt que les solutions alternatives à l'érosion du régime « fordiste-keynésien[13] » auraient dû accorder une grande attention aux dimensions physiques et géopolitiques des ressources naturelles. Galbraith fait figure d'exception en identifiant la rareté des ressources comme l'une des quatre principales causes de la tendance à long terme vers la fin des taux de croissance élevés aux États-Unis – avec l'ampleur massive de la fraude, la nature des innovations technologiques récentes et les avantages économiques décroissants de la supériorité militaire. Il en conclut que la base institutionnelle d'un renouveau keynésien n'existe plus, résumant son propos par un lapidaire : plus d'essence dans le moteur ne le fera pas fonctionner[14].

Si l'on tient compte de la nécessité de s'éloigner des combustibles fossiles, alors la notion keynésienne centrale selon laquelle le système économique est composé de flux monétaires a même sans doute contribué à neutraliser l'importance cruciale des flux biophysiques pour la compréhension des dynamiques macroéconomiques[15]. L'ère de la « démocratie du carbone » a sans doute façonné nos représentations mentales telles que notre vision de la réussite personnelle – largement mesurée par la propriété individuelle de biens fossiles tels que les voitures et les maisons personnelles[16] –, et même déterminé la structure même des démocraties occidentales[17].

La quête de la macroéconomie écologique pourrait être ainsi *in fine* beaucoup plus difficile qu'une simple réorientation des flux monétaires provenant d'investissements spéculatifs et à forte intensité fossile vers des investissements « réels » ou « verts ». La structure même et les fonctions du système monétaire et financier – y compris sa régulation – doivent être reconceptualisées en vue d'une transformation socio-écologique plus systémique. Cela appelle à développer une position qui puisse combiner les préoccupations sociales, environnementales et distributives[18], une position qui place la notion de dette écologique en son cœur. La section suivante suggère qu'en intégrant les perspectives institutionnalistes existantes sur la monnaie, des voies de recherche plus transdisciplinaires pourraient émerger, ouvrant ainsi potentiellement la voie à la réintégration des processus monétaires et financiers dans nos contraintes actuelles de viabilité.

Viabilité des investissements verts[19]

LIMITES TECHNIQUES ET INSTITUTIONNELLES AUX INVESTISSEMENTS VERTS

Le montant et la durée du financement nécessaire pour limiter l'augmentation des températures mondiales à 2 °C varient d'un rapport à l'autre, sans que les hypothèses sous-jacentes ni les choix politiques qu'elles impliquent ne soient particulièrement remis en cause. Par exemple, Emmanuele Campiglio utilise l'idée d'un « déficit d'investissement » avant d'identifier trois secteurs clés dans lesquels des investissements sont nécessaires pour passer à une économie à faible émission de carbone : la production d'énergie renouvelable, l'amélioration de l'efficacité énergétique, et « la conservation et l'utilisation du capital naturel[20] ». D'autres appellent plus largement à des « investissements pour le développement durable[21] » ou à « investir dans le capital naturel [pour] aider à améliorer la résilience, la santé et la productivité des économies nationales[22] ». Dans tous ces cas, il semble dans ces discours qu'une transition écologique puisse être réalisée par un flux spécifique d'investissements passant d'actifs « bruns » ou liés aux combustibles fossiles aux actifs « verts ». La seule question serait de trouver les ressources nécessaires pour financer ces investissements.

Malheureusement, l'histoire de l'énergie n'a jusqu'ici consisté qu'à ajouter de nouvelles sources d'énergie à celles existantes et non à passer d'une source à une autre[23]. Bien sûr les usages respectifs des différentes sources d'énergie sont modifiés au cours du temps, le bois passant ainsi de combustible à intrant essentiel du système minier du charbon et du développement du chemin de fer. Toujours est-il que, même aujourd'hui, le bois est plus utilisé que jamais, comme le sont le pétrole, le charbon, l'hydraulique ou le nucléaire.

En outre, les sources d'énergie alternatives peuvent ne pas compenser les combustibles fossiles en raison de leur faible ratio de retour d'énergie sur l'énergie investie (*energy return on investment* ou EROI)[24] et/ou en raison des usages difficilement substituables du pétrole dans des secteurs tels que l'agriculture, la construction, l'industrie, les transports et la guerre. Par exemple, la réduction prévue de la demande de pétrole par l'Agence internationale de l'énergie en raison des investissements dans les véhicules électriques, les énergies renouvelables et l'efficacité énergétique est largement compensée par l'augmentation prévue de la demande de produits pétrochimiques, d'aviation et de fret routier. De telles limitations biophysiques potentielles sont rarement discutées dans le domaine de la macroéconomie écologique, bien que certains auteurs dans le domaine, issus de l'économie écologique, aient clairement reconnu certains de ces problèmes[25].

En général, on pense que le processus schumpétérien de « destruction créatrice » peut devenir respectueux de l'environnement et agir comme le principal agent de changement vers un système socio-économique écologique[26]. Cette théorie du changement conduit à remettre en cause à la fois la faisabilité et l'opportunité des trajectoires de transition implicitement soutenues par la plupart des macroéconomistes écologiques. Par exemple, selon le GIEC, promouvoir les investissements « verts » implique le soutien au captage et au stockage du carbone (CSC) et à d'autres secteurs controversés répertoriés comme « verts ». Pourtant, de fortes inquiétudes technologiques et politiques existent autour de l'utilisation de cette technologie[27]. De tels investissements, quelles que soient leurs chances potentielles de succès, ont de fortes implications sociotechniques qui appellent un débat politique mais ont été éclipsés par le concept d'investissement « vert ».

Outre le survol des questions technologiques, l'approche consistant à envisager la transition sous l'angle des investissements omet également d'aborder la raréfaction de ressources critiques dans l'économie d'aujourd'hui – telles que l'eau, la terre, le ciment, le phosphate, les métaux ou les terres rares – et qui peuvent ne pas être disponibles en quantité suffisante pour accompagner une transition énergétique[28]. Par exemple, les surfaces nécessaires pour produire de l'énergie renouvelable sont considérablement plus importantes que celles requises pour les sources concentrées de combustibles fossiles ; cela pourrait potentiellement conduire à une augmentation des accaparements de terres, des conflits socio-environnementaux locaux, des préoccupations géopolitiques plus larges concernant la sécurité énergétique et alimentaire et la perte de biodiversité[29]. En effet, les investissements « verts » dans l'extraction des métaux des terres rares, au cœur des transitions énergies renouvelables, mobilité électrique et technologies de l'information et de la communication (TIC), ont déjà causé des dommages écologiques massifs et irréversibles dans plusieurs pays producteurs, principalement en Chine.

QUELS INVESTISSEMENTS « VERTS » ?

Chaque scénario de transition implique des trajectoires sociétales et des choix politiques différents qui restent indiscutés en raison de l'idée prédominante qu'un montant absolu d'investissements dits « verts » soutiendra le passage d'un système économique intensif en carbone à un système économique décarboné. En fait, la composition des financements supplémentaires nécessaires à chaque secteur varie d'un rapport « officiel » à l'autre, par exemple avec un accent plus fort sur le secteur des transports selon l'Agence internationale de l'énergie, sur l'efficacité énergétique dans les bâtiments selon le Forum économique mondial et sur les « technologies à faible émission de carbone » – y compris le CCS et le nucléaire. Ceux-ci montrent clairement qu'au-delà des paris technologiques incertains sur l'avenir des alternatives sociales divergentes ont également été envisagées pour atteindre cet avenir, consciemment ou non.

Dans cette dynamique, appréhender la question d'une transition écologique au strict prisme de l'investissement impose des logiques financières spécifiques aux schémas de la sphère biophysique, peu éloignées finalement de la focalisation néoclassique sur les prix et les mécanismes de marché. En d'autres termes, cela conduit à traiter la sphère biophysique comme si ses processus pouvaient fonctionner au même rythme, avec la même substituabilité et la même flexibilité que les processus financiers[30]. Il est vrai que la régulation de la finance et la promotion des investissements de long terme – ainsi que le développement de critères de filtrage des investissements ESG (environnementaux, sociaux et de gouvernance)[31] – peuvent sur le papier atténuer l'emprise des processus financiers sur les écosystèmes.

Mais l'hypothèse selon laquelle la gouvernance durable de la nature devrait fournir un rendement « décent » n'est pas fondamentalement remise en question. Par exemple, Grandjean et Martini[32] affirment que la réglementation financière est nécessaire pour réduire les exigences actuelles des investisseurs en actions en matière de taux de rendement interne élevés de 15 %, alors que les investissements dans les infrastructures fournissent historiquement des rendements plus proches de 2 ou 3 %. En fait, il est difficile de voir pourquoi un portefeuille d'investissements aussi « vert » devrait offrir un rendement acceptable, par exemple 2 à 3 % – dans un délai jugé acceptable pour un investisseur institutionnel –, tout en profitant aux générations futures et aux autres formes de vie. Jezabel Couppey-Soubeyran et Wojtek Kalinowski[33] énoncent différentes options pour se passer de cette exigence de rentabilité en mobilisant les banques centrales.

En réalité, le « portefeuille d'investissements verts » d'un système macroéconomique écologique consisterait en grande partie à construire et à entretenir des actifs d'où découlent des services économiques, tels que la nutrition, la santé, l'éducation ou la résilience écologique. Ainsi, « la fonction traditionnelle de l'investissement, axée sur l'augmentation de la productivité du travail, est susceptible de perdre de l'importance[34] » ; de nombreux investissements « verts » pourraient même « absorber » les revenus sans augmenter la production économique[35] et même « ralentir la croissance économique ». Autrement dit, la relation traditionnelle entre l'augmentation des investissements et la croissance de la production serait perdue. Par conséquent, la finalité même de l'investissement devrait changer dans un tel système socio-économique : il pourrait difficilement être justifié par l'attente d'un rendement financier privé, mais le secteur public pourrait également avoir du mal à justifier ses dépenses si celles-ci ne stimulent pas la croissance économique grâce à un multiplicateur budgétaire keynésien. Par conséquent, l'idée que les investissements publics « verts » vont naturellement « attirer » les investissements privés[36] ne peut être considérée comme assurée.

En allant plus loin, un problème majeur pour penser une transition à travers le prisme des investissements et des rendements qu'ils procurent est l'occultation d'approches alternatives qui entraîneraient au contraire une diminution des investissements agrégés par rapport aux scénarios de *statu quo*. À cet égard, Bihouix[37] soutient qu'un programme écologique de plein-emploi ne consisterait pas tant à investir dans de nouvelles infrastructures qu'à ralentir la productivité et la production économique grâce à des activités à plus forte intensité de main-d'œuvre. Par exemple, dans le secteur agricole, des emplois pourraient être créés en développant massivement l'agriculture biologique et les circuits courts alimentaires au détriment d'emplois plus capitalistiques dans la pétrochimie et l'agroalimentaire. De même, de nombreux investissements nécessaires, tels que l'isolation des bâtiments ou la restauration des écosystèmes, ont tendance à être à forte intensité de main-d'œuvre et n'offriront probablement que très peu d'augmentations de productivité.

De plus, bon nombre des investissements nécessaires devraient idéalement s'accompagner de désinvestissements ailleurs. Par exemple, une meilleure isolation des bâtiments n'aurait pleinement de sens que si d'autres mesures telles que la réduction des investissements dans les nouvelles constructions non essentielles étaient également mises en œuvre, afin d'éviter plus de consommation d'énergie dans l'ensemble mais aussi d'autres problèmes tels que l'artificialisation des terres[38]. En ce sens, taxer les logements vacants pour favoriser un taux d'occupation plus élevé peut être beaucoup plus « vert » qu'investir dans de nouveaux logements équipés de panneaux solaires. Dans l'ensemble, la forte augmentation des secteurs à forte intensité de main-d'œuvre et l'exclusion de certaines catégories d'investissements peuvent entraîner une diminution des investissements globaux et moins d'opportunités de rendement financier.

En résumé, trop se focaliser sur le concept d'investissements « verts » peut fournir des outils biaisés pour envisager une transition écologique, pouvant conduire à des solutions privilégiant les investisseurs mais qui ne sont pas optimales d'un point de vue socio-écologique. Certes, toute voie de transition nécessitera des investissements majeurs, mais ceux-ci peuvent être compris comme le résultat de débats politiques contradictoires quant à ce que devrait impliquer un système socio-économique durable, plutôt que comme une sorte de force autonome capable de nous faire passer d'une économie « brune » à une économie « verte ». Dans cette ligne de pensée, revisiter le concept même d'investissement, qui est au cœur de la théorie macroéconomique, apparaît indispensable. Georgescu-Roegen a soutenu que l'objectif de l'économie devrait être de minimiser les flux et les stocks du système économique tout en visant à maximiser « la plus grande quantité de vie possible[39] ».

À cet égard, le concept même d'« investissements » peut être compris comme une revendication humaine sur l'appropriation de la biosphère : plus on investit, plus on a tendance à extraire de la matière et de l'énergie, et plus on a tendance à générer des déchets. Par exemple, des niveaux élevés d'investissements dans les énergies renouvelables ne correspondent pas simplement à la quantité de flux solaires, éoliens ou hydrauliques « capturés » ; ils représentent la quantité de matériaux et d'énergie nécessaire pour installer et entretenir une nouvelle capacité, à l'exclusion des coûts de main-d'œuvre et des marges bénéficiaires des entreprises.

S'il serait vain de contester l'idée même d'investissement, il apparaît indispensable de reconceptualiser ses fonctions à la lumière de sa nature socio-écologique. Car il n'y a pas un montant optimal d'investissements dits « verts » à atteindre pour garantir le succès d'une transition vers un système socio-économique alternatif. Au lieu de cela, nos efforts devraient se concentrer sur les investissements qui seront nécessaires pour transformer notre relation sociale à notre environnement naturel. Jusqu'à présent, ces dimensions socio-écologiques du processus d'investissement restent voilées par le lexique du slogan *from billions to trillions*[40]. Elles engagent au contraire à repenser la valorisation de la nature, jusqu'aux formes de la comptabilité, comme nous le verrons au chapitre suivant.

Quelle théorie monétaire dans une planète finie ?

VERS UNE THÉORIE DE LA MONNAIE « VÉRITABLEMENT » ENDOGÈNE

La monnaie est endogène non seulement aux dynamiques économiques, mais aussi aux dynamiques sociales, comme le soulignent les perspectives institutionnelles sur la monnaie, y compris les régulationnistes bien qu'ils n'aient généralement pas lié leur travail monétaire aux questions écologiques. En effet, la monnaie est l'une des institutions les plus fondamentales qui façonnent les relations sociales, agissant comme un langage qui crée une commensurabilité et une comparabilité entre les différents biens et services qui existent[41] à l'intérieur mais aussi à l'extérieur du marché, comme nous l'avons vu au chapitre précédent. Par exemple les paiements pour assurer la fourniture de biens publics, tels que la santé et l'éducation, sont effectués dans la même unité de compte que celle utilisée pour les transactions commerciales[42]. Embrasser l'endogénéité de la monnaie permet donc non seulement une meilleure compréhension de la macroéconomie, mais aussi une meilleure compréhension de l'environnement social plus large dans lequel les systèmes monétaires existent et évoluent.

La monnaie est un construit social, incarné dans un médium commun, par lequel la communauté qui l'utilise récompense ses membres au niveau qu'elle estime avoir bénéficié de leur activité. Il s'ensuit que c'est à travers le langage de la monnaie que la valeur est créée et institutionnalisée[43]. La construction d'un ordre monétaire apparaît donc étroitement liée à la construction d'une forme d'autorité suprême gouvernant une entité politique, c'est-à-dire que les systèmes monétaires s'inscrivent dans des idéaux types de souveraineté. Dans cette perspective, il n'est pas surprenant que la monnaie apparaisse dans l'histoire à peu près au même moment que les premiers documents juridiques écrits dans l'ancienne Mésopotamie, lorsque les dirigeants ont commencé à affirmer leur souveraineté sur leurs sujets, comme nous l'avons vu au chapitre précédent.

Une fois qu'il est établi que la monnaie est ancrée dans des principes institutionnels et éthiques spécifiques de souveraineté, on est mieux disposé à reconnaître comment les ordres monétaires ont toujours évolué parallèlement à leur environnement économique, social et naturel plus large. En d'autres termes, les ordres monétaires émergent et évoluent comme des constructions sociales résultant de visions concurrentes sur ce qui représente la valeur[44].

Le concept de « contestations monétaires[45] » souligne à quel point les luttes pour remettre en cause les ordres monétaires existants au fil du temps ont été au premier plan des évolutions socio-économiques plus larges. Les origines de la monnaie bancaire commerciale à partir du XIIIe siècle avec la lettre de change[46] témoignent de l'institutionnalisation du capitalisme à travers la contestation d'un ordre monétaire antérieur, comme nous le verrons au chapitre 5. La généralisation de la monnaie-dette portant intérêt et du crédit transférable *via* le système bancaire représente un tournant historique dans l'histoire de la monnaie et de la société[47]. Nous y reviendrons en détail en deuxième partie de ce livre.

Alors que les États souverains et leurs institutions comme les banques centrales sont indispensables au maintien de la confiance dans les systèmes nationaux des paiements interconnectés au sein d'un système monétaire international, la grande majorité de la monnaie est en fait émise par des banques privées à des fins d'expansion commerciale et de profit[48]. De là naissent la nature ambivalente de la monnaie et sa double capacité de bien public et d'objet de désir illimité d'accumulation privée.

Au total, l'évaluation de l'interdépendance entre les flux biophysiques et monétaires n'en est qu'à ses balbutiements, et ce livre entend modestement contribuer à une vague de travaux beaucoup plus transdisciplinaires. Cependant, alors que nous nous rapprochons des points de bascule écologiques, mieux comprendre les multiples connexions en jeu semble essentiel. D'un côté, l'inaction face aux crises écologiques et l'engagement dans une transition incertaine poseront des risques importants pour la stabilité du système monétaire et financier actuel, comme le reconnaissent de plus en plus les banquiers centraux et les superviseurs[49]. Mais surtout, contrairement aux mesures qui pourraient être prises si une nouvelle crise financière se produisait, les écosystèmes dégradés resteront insensibles à l'injection de liquidités[50], qu'elle provienne de sources publiques ou privées.

QUELLES ALTERNATIVES MONÉTAIRES ?

Dans ce contexte, la tâche essentielle d'un point de vue institutionnaliste sur la monnaie est d'explorer quelles « contestations monétaires[51] » devraient être promues pour favoriser l'émergence d'un nouvel idéal-type de souveraineté pour une économie juste et « durable[52] ». En d'autres termes, la question est la suivante : quel type idéal d'ordre monétaire pourrait faciliter l'émergence de nouvelles institutions qui embrassent la substituabilité et l'incommensurabilité limitée entre le capital créé par l'homme et les processus de la nature ? De tels changements nécessitent de dépasser la vision dualiste d'une société composée d'États et de marchés[53]. L'efficacité de la gestion des ressources communes ne dépend pas tant du régime de propriété lui-même – public ou privé – que des règles formelles et informelles régissant leurs utilisations[54].

D'une importance particulière, le concept de biens communs souligne ainsi le droit d'usage d'une chose selon des normes spécifiques plutôt que les droits attachés à sa possession, c'est-à-dire à sa propriété[55]. Protéger les biens communs nécessite de penser à la fois au-delà de l'horizon des États-nations – par exemple gérer des problèmes mondiaux tels que le changement climatique – et tenir compte du fait que chaque écosystème nécessite une gouvernance différente.

Dans ce contexte, la recherche d'arrangements institutionnels qui pourraient recontextualiser la monnaie dans sa capacité à signifier la valeur pour servir la protection des biens communs est une tâche essentielle. Protéger les biens communs menacés nécessite de nouvelles approches de la création, de la circulation et de la destruction monétaires, c'est-à-dire de nouvelles « contestations monétaires[56] » qui transcenderaient la dialectique moderne de la monnaie entre accumulation privée et régulation publique. Dans cette recherche, plusieurs propositions ont commencé à émerger.

À l'échelle locale tout d'abord, de nombreuses expériences ont cherché à lier la création de valeur à des formes variées de souveraineté locale[57]. Jérôme Blanc[58] appelle à développer un troisième type de monnaie, au-delà des monnaies « publiques » et commerciales, fondé sur des finalités « associatives ». Cela place les monnaies locales, en reconnaissant leur variété, dans une position privilégiée pour construire une meilleure adéquation entre les enjeux monétaires et les enjeux territoriaux. Beaucoup de ces monnaies visent à soutenir la dynamique économique locale, tout en favorisant des relations plus durables avec l'environnement naturel de l'homme[59], en plus de favoriser différentes relations entre les humains. Par exemple, une monnaie fondante pour décourager la thésaurisation vise à favoriser la circulation de l'argent au sein de la communauté, même si elle pourrait également encourager des modes de consommation non durables s'ils ne sont pas gérés correctement.

À l'échelle nationale, les propositions de nationalisation du processus de création monétaire se retrouvent couramment dans l'économie écologique[60], bien que les avantages socio-écologiques précis de telles propositions restent flous. Notamment, on ne voit pas pourquoi les banques ne pourraient pas créer de monnaie en réponse à la demande des agents économiques, compte tenu des avantages de ce système[61]. Au lieu de cela, Fantacci suggère qu'afin d'éviter l'instabilité intrinsèque du système financier et de démarchandiser l'institution de la monnaie les banques devraient se voir interdire de titriser leurs prêts et revenir à l'ancien modèle du *originate and hold,* dans lequel elles doivent détenir leurs prêts jusqu'à leur échéance. Cependant, dans un tel système, les banques ne seraient plus en mesure de garantir l'accès des agents économiques à la liquidité, qui devrait donc être assuré par de nouveaux dispositifs institutionnels.

Cependant, compte tenu de la dimension mondiale de bon nombre des problèmes environnementaux - par exemple le changement climatique et la perte de biodiversité - et financière - par exemple le risque de crise systémique - des enjeux et de leur interdépendance croissante, rien de moins qu'une réforme écologique du système monétaire international (SMI) devrait également être explorée. À cet égard, des propositions vers un SMI écologique ont été proposées. En particulier, les droits de tirage spéciaux (DTS) pourraient jouer un rôle beaucoup plus actif[62]. Par exemple, au lieu d'imposer aux pays l'accumulation de réserves en dollars pour couvrir leur risque de change, le Fonds monétaire international (FMI) pourrait jouer le rôle de prêteur en dernier ressort par l'émission de DTS, qui serait conditionnée à la contribution aux réductions d'émissions[63]. Bien qu'ambitieux, ce type de mesure - conforme aux propositions plus anciennes concernant les monnaies internationales basées sur les matières premières[64] - pourrait aider à intégrer la question de la liquidité mondiale à la protection des biens publics mondiaux et des biens communs, y compris, mais pas nécessairement limités, au climat.

La nécessité de réforme du système monétaire international sur la base de l'émission de droits de tirages spéciaux et de la promotion du Fonds monétaire international en prêteur international en dernier ressort est notamment revenue sur le devant de la scène à l'issue de la crise du Covid et des crises subséquentes.

Des hiérarchies monétaires et écologiques révélées depuis la crise du Covid

CRISES DU SYSTÈME MONÉTAIRE INTERNATIONAL

Toute situation de crise d'ampleur comme celle du Covid-19 est propice à produire son lot de débats sur les transformations institutionnelles plus ou moins fondamentales à mener. Philippe Descola propose ainsi de considérer la crise qu'a été la pandémie comme un fait social total, c'est-à-dire un événement qui fait apparaître les fondements et les valeurs d'une société. Par son caractère mondial, la pandémie a condensé les traits du système capitaliste vis-à-vis de l'environnement. Comme dans bon nombre d'autres domaines, la pandémie de Covid-19 a ainsi agi comme un révélateur des fragilités et contradictions préexistantes du système monétaire et financier international (SMI). Le cycle financier de la décennie passée a sans doute permis aux économies développées une échappatoire facile mais fragile face à la menace de « stagnation séculaire[65] », tout en offrant à nombre de pays émergents et en développement l'occasion d'une croissance sous perfusion financière. Il a du même coup pérennisé un système international de devise clé qui révèle de plus en plus ses limites aujourd'hui, qu'il s'agisse de faire face aux besoins de liquidités d'une crise sans précédent comme de répondre aux besoins de financement pour la protection des communs globaux comme le climat, la santé ou la biodiversité.

L'irruption du Covid-19 dans ce système fragile a confronté les pays émergents à une triple crise mêlant fuite de capitaux, chute des taux de change et dévissement des cours des matières premières. Cette triple crise a rendu nécessaire la mise en place de dispositifs d'urgence qui n'ont pas pour autant résolu les déséquilibres structurels existants. Les pays dits développés ont, quant à eux, subi une altération accélérée de leur capacité et de leur légitimité politique à intervenir de manière décisive sur les formes institutionnelles de la coopération internationale, ouvrant une période de grande incertitude géopolitique encore accentuée par la guerre en Ukraine.

Les coûts sociaux et écologiques d'une dynamique de développement global trop déséquilibrée (extractivisme, dépendances multiples au charbon, pétrole et gaz) ont été trop souvent supportés par les populations les plus défavorisées des pays les plus pauvres et, parmi eux, par les populations les plus pauvres et les plus dépourvues d'expression politique du globe[66].

Or les pays en développement et émergents sont depuis la crise du Covid confrontés à une crise de triple nature.

Le retournement du cycle financier tout d'abord, matérialisé par le reflux massif des capitaux hors des pays émergents et en développement, génère dans ces pays une crise économique soudaine. La chute induite des taux de change des pays émergents et des pays en développement renchérit ensuite l'accès aux devises étrangères, et notamment au dollar et à l'euro, pour les importations ou le remboursement de crédits dans ces monnaies, avec des risques de défauts très fortement accrus. La chute des cours des matières premières, et du pétrole en particulier, a réduit encore l'espace d'autonomie politique de ces pays pour faire face à la crise. Enfin, la crise sanitaire, face à laquelle la réaction a souvent été bien plus rapide et plus efficace que dans de nombreux pays occidentaux, pourrait néanmoins générer des dégâts considérables dans des pays qui ont jusqu'à récemment encore été obligés de suivre des programmes de réduction des dépenses publiques dans le cadre du consensus de Washington.

Face à cette triple crise, les filets de sécurité financiers existants, ce que l'on appelle plus généralement le système monétaire international, se sont avérés peu efficients.

Pour faire face aux besoins les plus urgents en devises, de nombreux pays ont d'ores et déjà demandé à bénéficier de facilités de financement du FMI, avec ou sans conditionnalités. De leur côté, les États-Unis, *via* leur réserve fédérale (Fed), ont déployé un arsenal de lignes d'échange de devises, dites *swap lines*, avec les banques centrales de pays amis stratégiques, dans le but de fournir des dollars directement à ces pays, en échange de leur propre devise. Le Brésil et le Mexique sont les principaux pays émergents concernés.

Au-delà de ces *swap lines*, une facilité repo[67] a été également ouverte pour permettre à un plus grand nombre de pays de troquer leurs bons du Trésor américain contre des dollars. Des discussions sont ouvertes sur la possibilité d'une ligne d'échanges de devises entre le FMI et la Fed. Enfin, un accord a été conclu au G20 pour repousser les échéances de paiement des intérêts de la dette des pays les plus pauvres en 2020, sans que cela ne résolve la question de la renégociation des dettes elles-mêmes.

Le filet de sécurité financière mobilisable face à cette triple crise est sujet à un certain nombre de manques et de biais. C'est le cas de certaines conditionnalités des prêts du FMI au-delà des prêts d'urgence, liées à des fondamentaux macroéconomiques dits « solides » qui excluent de fait de nombreux pays émergents, voire tout pays visant une stratégie de transition bas-carbone par l'investissement public.

C'est aussi le cas des quantités de liquidités émises mais largement sous-évaluées par rapport aux enjeux, ou encore de la sélection des bénéficiaires sur la base de critères géopolitiques qui sont les critères de la puissance hégémonique[68] : sélection directe dans le cas des interventions de la Fed (l'Inde, la Turquie, la Thaïlande et l'Afrique du Sud ayant été jusqu'ici exclues des bénéficiaires des *swap lines*), indirecte *via* le jeu des quotes-parts au sein du FMI.

La persistance de ces déficiences invite à repenser le fonctionnement du SMI, notamment en utilisant le plein potentiel d'un instrument autrement minoritaire : les droits de tirage spéciaux (DTS). L'idée d'utiliser les DTS du FMI a émergé de diverses propositions comme une solution additionnelle pour permettre aux pays émergents et en développement de bénéficier d'un afflux gratuit de devises. L'enjeu immédiat pour ces États est, en effet, bien de bénéficier d'une liquidité quasi gratuite supplémentaire qui sera néanmoins limitée à la proportion de leurs quotes-parts au Fonds.

Ainsi, le Comité international monétaire et financier du FMI a décidé en 2021 de l'allocation de 600 milliards de dollars de nouveaux DTS. La création des DTS peut se faire *ex nihilo* à partir d'une décision à 85 % des votes du FMI (et un accord des Parlements des pays du panier de monnaies). Or les États-Unis détiennent 16,5 % des droits de vote du FMI et ont donc *de facto* un droit de veto sur ce choix.

Un usage élargi des DTS pour faire face aux besoins de liquidités actuels des pays en développement ou émergents[69], voire pour établir les modalités d'une création systématique de DTS pour faciliter leur développement endogène, serait néanmoins à lui seul très insuffisant. Les déséquilibres financiers consubstantiels à un système fondé sur une devise nationale, aujourd'hui le dollar, comme monnaie internationale créent les conditions d'une vulnérabilité structurelle des économies émergentes. Vulnérabilité qui les empêche de se lancer dans des stratégies de développement à long terme, tandis que les pays développés peuvent accumuler de larges déficits ou se concentrer sur des secteurs exportateurs à haute valeur ajoutée.

DES PROPOSITIONS ENTRE REFONTE GLOBALE ET POLITIQUES DE BLOCS

Il y a ainsi une hiérarchie implicite des économies dans ce système de « devise clé », et cette hiérarchie monétaire/financière reflète aussi une hiérarchie des écologies qui apparaît au grand jour dans la crise. La moindre liquidité des devises des pays en développement et émergents les oblige à proposer des taux d'intérêt plus élevés ou des taux de change plus attractifs pour maintenir un afflux de capitaux étrangers.

Cette pression extérieure tend à orienter ces pays vers une spécialisation sur les matières premières ou les produits énergétiques, car c'est le meilleur moyen (au moins le plus rapide) d'obtenir des devises sur les marchés financiers et d'attirer les capitaux dans la perspective d'une croissance par les exportations. Ce n'est pas, en revanche, le meilleur moyen de mettre en œuvre des stratégies de développement alignées avec les Objectifs de développement durable ou avec l'accord de Paris.

Sous ce prisme, la triple crise qui affecte les pays émergents et en développement a une cause commune dans le cadre du système monétaire international actuel. L'usage élargi de DTS, souhaitable en soi, devrait néanmoins idéalement se construire en parallèle d'une définition collective de ses usages. L'idée n'est pas nouvelle.

Avant la Seconde Guerre mondiale, John Maynard Keynes avait déjà avancé, dans son *Treatise on Money*[70], l'idée d'un régime de change fixe, mais ajustable, ancré à un indice de prix d'un panier de produits de base, donc relié au caractère matériel de l'économie réelle. L'idée était qu'un tel système serait beaucoup plus stable que le très procyclique étalon-or qui existait alors. Il aurait favorisé, par ailleurs, le développement plus harmonieux des pays fortement dépendants desdites matières premières. Keynes reprenait en partie cette idée en amont de la conférence de Bretton Woods en 1942, en suggérant l'instauration d'un système de stockage des matières premières, financé en « Bancor », cet ancêtre théorique des DTS[71].

La fin de l'usage du pétrole et des combustibles fossiles dans tous les secteurs d'activité est l'enjeu de la décennie qui s'ouvre. Or il semble difficile d'envisager la fin du pétrole et de l'extractivisme dans un système monétaire international qui nécessite structurellement leur perpétuation[72] pour répondre à un impératif de réserves de change. Les réductions d'émissions de gaz à effet de serre et la neutralité carbone constituent, au contraire, une valeur commune à laquelle a d'ores et déjà souscrit en droit la communauté internationale au travers de l'accord de Paris.

Au-delà des besoins immédiats de liquidités des pays émergents et en développement, l'enjeu est bien d'ancrer l'émission et l'usage à venir des DTS, tout comme les renégociations de dettes publiques à venir, dans cet horizon de neutralité carbone, et de l'articuler avec les actions de refinancement et de garanties des banques centrales nationales, et de financement de stratégies de développement des banques publiques de financement et de développement.

ENCADRÉ 3.1. DES DROITS DE TIRAGE SPÉCIAUX ET DE LEURS POSSIBLES USAGES

Les émissions nouvelles de DTS pourraient être utilisées de la manière suivante :

- Le Network for Greening the Financial System (NGFS) est un important réseau de banques centrales et de superviseurs financiers, au sein duquel la Fed n'est qu'observatrice, créé pour faciliter la mise en œuvre de l'accord de Paris et notamment l'alignement des flux financiers sur les objectifs climatiques. Ses membres pourraient conditionner les liquidités et garanties apportées aux acteurs financiers pour répondre à la crise du Covid-19 à un alignement mesuré des prêts et positions financières de ces acteurs avec les objectifs climatiques. Cela entrerait intégralement dans le mandat du NGFS de réduire les risques de transition et les risques physiques face au changement climatique.
- Des formes de *green swap lines* pourraient voir le jour entre les membres du réseau et les pays émergents et en développement, par échange de DTS contre devises, ou facilités de repo aux pays s'engageant dans des plans de reprise d'activité alignés avec les objectifs

climatiques et de biodiversité. L'émission rendue régulière de DTS par le FMI viendrait garantir la pérennité de ces *swaps*. Les réseaux de banques de développement à mandat international pourraient apporter la garantie (sous surveillance) du respect des objectifs écologiques et sociaux des projets financés.

- Les pays ayant des surplus de DTS non utilisés pourraient encore les prêter aux banques multilatérales et bilatérales de développement dans le cadre de plans de soutien au financement des objectifs de la COP21 (climat) et de la COP15 (biodiversité). Parmi les institutions à financer figure le Fonds vert pour le climat, pour lequel l'usage des DTS[73] avait déjà été évoqué en interne au FMI dès 2010. Le Fonds vert prêterait selon des règles prioritaires aux pays en développement ou émergents qui auraient les plus grands besoins en matière de transfert de technologies vertes.
- Le FMI pourrait enfin transformer progressivement[74] le système de quotes-parts en un système d'allocation des DTS, suivant la contribution aux efforts de réductions d'émissions des pays, en tenant compte du principe de responsabilité commune mais différenciée de la convention-cadre des Nations unies sur les changements climatiques dans la répartition des efforts. Ici, la réforme des statuts du FMI est bien sûr indispensable, dès lors que l'usage dit budgétaire[75] des DTS actuellement en vigueur requiert l'approbation des Parlements de tous les pays.

La période actuelle offre sans nul doute une opportunité historique de se ressaisir de cette question de la liquidité internationale et de l'élargissement des émissions et de l'usage des DTS ou de la conditionnalité à apporter aux remises de dettes à venir, à un moment où tous les acteurs majeurs du système monétaire international pourraient y avoir intérêt. L'enjeu est immense : garantir un accès aux moyens de l'échange, respectueux de modes de développement beaucoup plus endogènes pour les pays émergents et en développement et beaucoup plus sobres pour toute la communauté internationale. Cela passe par une double remise en cause des hiérarchies monétaires et écologiques consolidées par le système monétaire international actuel. Cette remise en cause affecte les fondations de la macroéconomie.

La réflexion sur une réforme fondamentale de notre système monétaire et financier adaptée à une nouvelle gouvernance de ces communs reste négligée, même par les promoteurs d'une finance régulée au service de la transition vers une économie décarbonée.

Pour éclairer une telle réforme, il est nécessaire de saisir la coévolution entre systèmes monétaires et relations entre humains et nature dans son épaisseur historique. Cette marchandisation se diffusera sans fléchir au fil des diverses formes institutionnelles que prendra le capitalisme. Elle mutera finalement en s'intégrant aux outils de représentation du monde que sont le droit, la science politique et l'économie, mais aussi le système monétaire et financier dont nous héritons.

L'institution monétaire au cœur de la viabilité

Ce chapitre a constaté que les dimensions biophysiques sont partie intégrante des processus tels que l'accumulation de capital[76] qui engendrent les inégalités socio-économiques et écologiques mondiales et l'instabilité financière. Une perspective institutionnaliste peut contribuer à développer des idées concernant les institutions qui pourraient assurer la durabilité dans ses différentes dimensions, c'est-à-dire environnementale, économique et sociale, tout en apportant une clarification sur le « type » d'économie écologique que l'on souhaite développer. Nous avons souligné comment une telle approche institutionnaliste peut être appliquée aux questions monétaires. La monnaie n'est pas endogène seulement d'un point de vue économique, mais aussi d'un point de vue social et naturel. Les ordres monétaires sont des arrangements institutionnels qui reflètent une dynamique de pouvoir plus large, que nous avons synthétisée au chapitre précédent sous le vocable de « dette écologique », mais aussi des visions du monde et des principes éthiques qui façonnent la vie dans la société, et l'ordre monétaire existant semble incompatible avec l'émergence d'une nouvelle éthique des relations homme-nature.

En particulier, l'impossibilité pour l'investissement vert d'agir comme unique instrument de transformation de notre rapport social à l'environnement suggère qu'il faut transcender la dialectique moderne de la monnaie entre accumulation privée et régulation publique. De telles considérations sont un défi lancé à la macroéconomie écologique. En définitive, c'est la nature de la monnaie endogène qu'il s'agit de revisiter à la lumière de nouveaux idéaux types de souveraineté qui devront peut-être dépasser ou du moins apprivoiser radicalement le rêve capitaliste d'accumulation perpétuelle. Nous nous penchons maintenant sur les linéaments d'une telle écologie politique au-delà du Capitalocène.

CHAPITRE 4

Linéaments d'une écologie politique au-delà du Capitalocène

La croissance : en sortir certes, mais comment ?

La crise du Covid-19, avec ses multiples ramifications environnementales, sociales et financières, devrait nous inviter à reconsidérer les sources du progrès et les formes de la valeur économique, et à reprendre enfin le travail entamé dans l'immédiat après-crise de 2008 avec le rapport Sen-Stiglitz-Fitoussi[1] et bien imprudemment laissé en plan depuis lors. Il s'agit cette fois-ci d'en déployer toutes les implications concrètes[2].

La généalogie des critiques de l'indicateur est déjà longue, qu'elle provienne des partisans de la décroissance[3], de l'économie écologique[4] ou des historiens de l'environnement[5], voire de l'inventeur du PIB lui-même, Simon Kuznets[6]. Les manières d'agir aux différents échelons de l'entreprise, des territoires, aux niveaux national et européen pour institutionnaliser de nouveaux indicateurs, plus aptes à répondre aux défis du XXIe siècle, ont notamment été abordées par Timothée Parrique[7].

Le PIB, construit initialement pour répondre aux défis de la crise de 1929 puis de l'économie de guerre américaine, est très rapidement devenu *lingua franca* pour l'ensemble des pays de la planète, traversant indemne des formes très diverses de capitalisme, du fordisme au capitalisme néolibéral ou à la version étatique planifiée chinoise. Le PIB s'est ainsi montré particulièrement résilient aux différents modèles de développement comme à leurs crises, et il conviendrait d'analyser les conditions politiques d'une remise en cause structurelle de son usage. La tradition française des économistes de la décroissance ou d'un au-delà de la croissance est auguste[8], mais se heurte aussi sans doute aux mêmes apories que ses prédécesseurs.

L'Union européenne, dont le processus historique de construction a été contemporain de la diffusion de l'usage du PIB, se trouve ainsi être, par le hasard de l'histoire, le plus emblématique représentant d'un gouvernement par les nombres. Gouvernée par le PIB, l'Union européenne se délite aussi progressivement par lui, tant cette prééminence tend à négliger tout autre objectif social légitime. Décortiquer les conséquences de cet ordre empirique matérialisé par le PIB revient en miroir à insister sur son inadéquation aux enjeux du XXIe siècle, autrement dit sur tout ce qu'il ne mesure pas et qui cause aujourd'hui des crises politiques toujours plus aiguës.

De ce point de vue, le PIB ne donne aucune (ou très peu) d'information sur le bien-être, la soutenabilité et la résilience, voire tend toujours plus à s'opposer à ces trois horizons. Les points aveugles de la croissance du PIB incluent notamment les inégalités, les formes et la qualité du travail, de la santé, du bonheur, de la démocratie et enfin les dégradations écologiques.

Ainsi, la croissance du PIB ne dit rien sur l'état ni sur la dynamique des inégalités, qui pourtant minent la coopération entre les individus et la confiance dans les institutions. La croissance du PIB ne dit rien non plus sur les modifications du marché du travail et des formes de loisirs accessibles. Le contenu en emploi de la croissance est ainsi devenu particulièrement pauvre dans la plupart des pays occidentaux. Il ne s'accroît éventuellement qu'au prix bien trop souvent d'un appauvrissement des travailleurs et d'une détérioration des conditions de travail, à l'image des dérégulations accélérées aux États-Unis durant le mandat de Donald Trump ou des conséquences des lois « Travail » lors des mandats de François Hollande et d'Emmanuel Macron en France. Les formes du travail façonnées par les nouvelles technologies et la crise sanitaire actuelle tendent par ailleurs à rendre moins lisibles les limites entre travail et temps libre. En ne rémunérant pas l'entièreté du temps de travail (partages d'informations privées ou temps des travailleurs des plateformes), elles rendent plus aléatoire également la mesure d'une productivité qui, dans le modèle économique canonique, sert à mesurer sa juste rémunération.

L'état de santé des citoyens est le troisième domaine clé sur lequel la croissance du PIB ne dit rien[9]. La croissance du PIB a semble-t-il de plus en plus un impact négatif sur la santé. Tandis que l'espérance de vie en bonne santé stagne, voire régresse dans certains pays occidentaux, les écosystèmes, toujours plus sollicités pour nourrir un extractivisme aveugle aux externalités environnementales ou sociales, mais aussi les pollutions urbaines massives ou encore la consommation médicamenteuse, toutes sources de croissance du PIB, altèrent massivement la santé.

La transformation des modes de vie, incluant la numérisation des habitudes et des contacts sociaux, est un quatrième point aveugle de l'indicateur. Les liens sociaux de l'*Homo numericus* deviennent de plus en plus des marchandises par l'extension des plateformes numériques, marchandisation qui génère paradoxalement des situations de solitude accrue et donc un effet négatif sur le bien-être. La croissance générée par le capitalisme numérique tendrait ainsi *in fine* à diminuer le bien-être.

Finalement, c'est la démocratie même qui pâtît de la recherche de croissance à tout prix. Point de convergence politique ultime de toutes les tendances précédentes, le processus démocratique est directement transformé par la hausse des inégalités, un travail et une santé dégradés ou encore un accroissement de l'isolement social, loin des discours entendus sur la croissance économique comme facteur d'émancipation et de liberté politique. Les phénomènes de polarisation démocratique sont observables à l'échelle mondiale, de l'Amérique de Donald Trump au Brésil de Jair Bolsonaro, en passant par les démocraties européennes.

Les dépendances matérielles des dynamiques de croissance, qui relient directement l'augmentation du PIB à un flux de matières entrantes et de déchets ou pollutions sortants, sont essentielles. L'exemple paradigmatique de cette dépendance est celui de la croissance chinoise, mais il convient de remarquer qu'aucune forme de capitalisme n'échappe véritablement à cette loi d'une dépendance matérielle[10]. Surtout, il semble difficile de prendre pour exemple un pays isolément dans le contexte d'une économie mondialisée et interdépendante à l'extrême.

Nous pouvons développer le riche tableau de recommandations et d'expériences récentes d'indicateurs brossé aux niveaux européen, national, territorial ou de l'entreprise par Éloi Laurent. Mais, même si les indicateurs se structurent et se consolident à ces différents niveaux, force est de constater la difficulté de les intégrer à la décision publique, de les institutionnaliser au cœur des enjeux budgétaires et stratégiques publics ou privés. Les indicateurs alternatifs seuls seront assez peu susceptibles de modifier la croissance[11], tant que le PIB restera un indicateur raisonnable de la puissance d'un pays et de ses dirigeants politiques.

Nous voici donc pris dans les rets de l'économie et de l'écologie politiques. Il nous faut déceler les forces sociales susceptibles de porter cet agenda d'une sortie de la croissance. Ces forces sociales sont-elles générationnelles, comme pourraient nous le faire croire les grèves du climat des lycéens ? Sont-elles alignées avec la contestation portée par les gilets jaunes ou, au contraire, avec la majorité présidentielle qui voulait augmenter la taxe carbone ? Sont-elles propres aux pays développés qui auraient une préoccupation plus grande pour l'environnement selon la fameuse courbe de Kuznets environnementale, ou touchent-elles plutôt les pays en développement ou émergents, *a priori* les plus directement impactés par les dommages collatéraux liés à la croissance ? Des dirigeants, même éclairés, sont assez peu susceptibles de porter à eux seuls un tel agenda, s'ils n'y sont pas poussés par une polarisation spécifique de la société.

Dans ce chapitre, nous tentons d'ouvrir la question de l'écologie politique propre à permettre de dépasser les contradictions du Capitalocène. Une politique de la planète Terre comme maison commune, dont l'usage n'est plus réservé aux seuls humains, implique une révolution de la pensée politique, de même ampleur que la révolution des Lumières ou que l'émergence de la pensée socialiste. Quels peuvent en être les fondements ? Pierre Charbonnier[12] avertit des difficultés à penser les rapports entre écologie et progrès social. L'écologie politique doit pouvoir nous conduire à reposer les questions des libertés collectives, du droit et de l'égalité, c'est-à-dire à repenser les fondamentaux des sociétés dans un espace social qui reste lourd de différentes possibilités. Nous développons d'abord brièvement les contraintes de viabilité qui marquent le XXIe siècle à l'intérieur desquelles nous avancerons quelques éléments de philosophie politique propres à maintenir vivantes des perspectives de progrès social. Nous reviendrons finalement sur la question fondamentale de la valorisation du climat et de la biodiversité, et de la transformation nécessaire de la comptabilité et des normes de gouvernance.

Les contraintes de viabilité au XXIe siècle

RETOUR SUR LES LINÉAMENTS DE LA THÉORIE DE LA VIABILITÉ

Aucune société ne peut transformer des structures de production, des modes de vie et des territoires par des investissements massifs, à longue portée et poursuivis pendant plusieurs décennies, en affrontant des risques à caractère systémique, sans adhésion des populations, donc sans *principe de justice sociale garantissant l'équité des efforts à accomplir*. Or, comme on l'a déjà indiqué, la crise pandémique a montré l'incapacité de la plupart des États dits avancés de protéger leurs citoyens les plus vulnérables et encore plus d'aider les pays pauvres. La violence de la crise a exacerbé les inégalités et fait basculer dans la pauvreté des catégories de population qui en étaient sorties. Le pire, parmi les pays dits avancés, s'est produit aux États-Unis, pays dépourvu de système public de protection sociale.

Rappelons que le rapport Brundtland[13] en 1987 a défini le développement durable comme un ensemble de trajectoires qui satisfont le bien-être des générations présentes sans mettre en péril celui des générations futures. Le bien-être social ne doit donc décroître en aucun point du temps. Cette définition est compatible avec les objectifs de développement durable des Nations unies. Or, s'il y a une caractéristique majeure des problèmes environnementaux, c'est leur extraordinaire hétérogénéité, donc les énormes différences et iniquités qu'ils entraînent sur les populations, tant territorialement que socialement[14].

Les liens entre changement climatique, dégradation des écosystèmes et inégalités sociales sont multiples : inégalités d'exposition et de vulnérabilité, inégalités en retour dans les contributions aux émissions de GES entre pays, groupes sociaux et individus. Ceux qui subissent le plus les conséquences du changement climatique sont ceux qui y contribuent le moins. De manière générale, les moins riches sont les plus vulnérables aux risques physiques dus aux événements extrêmes. En effet, les communautés de ménages pauvres sont localisées dans les zones à plus forts risques climatiques à cause de la discrimination par le prix du foncier : zones inondables, habitats informels dans les mégacités. Entre pays, les pays pauvres en Afrique et en Asie du Sud-Est sont les plus exposés au stress hydrique, à l'intensité des sécheresses, aux vagues de chaleur, aux pertes de rendements agricoles et à la dégradation des habitats naturels.

De plus, les mêmes impacts physiques n'entraînent pas les mêmes dommages selon les différences dans les capacités d'adaptation. Celles-ci sont bien plus faibles dans les pays à faibles revenus à cause de l'importance de l'agriculture, des pêcheries et des forêts dans leurs économies. De manière générale, *la vulnérabilité est d'autant plus forte que la sensibilité au capital naturel est plus grande.*

Il faut donc s'appuyer sur une théorie traitant les interdépendances entre environnement et société comme un fait social total. Est viable une trajectoire environnementale, sociale et économique qui respecte en tout point du temps les limites planétaires du système Terre, contraintes définies scientifiquement, que l'on explicitera dans la section suivante. Rappelons que l'ensemble de ces trajectoires est appelé *noyau de viabilité.* Le noyau de viabilité est modifiable par des contrôles adaptés et conditionnés par des normes sociales. Ne recourant à aucun critère d'optimalité, la théorie de la viabilité a l'avantage de ne pas avoir à spécifier de taux d'actualisation social ; ce qui reviendrait à mettre une valeur monétaire unique à la vie humaine ; ce qui est théoriquement et éthiquement injustifiable, car les vies ne sont pas commensurables, donc non agrégeables conformément au théorème d'Arrow[15].

Philosophiquement, la viabilité (ou la durabilité) exprime la capacité d'une entité à survivre. Pour chaque évolution du système, il s'agit de déterminer les suites de contrôles qui permettent à cette évolution de satisfaire les contraintes de viabilité de manière persistante. Si de telles évolutions existent, elles appartiennent au noyau de viabilité. Le noyau de viabilité est donc l'ensemble des situations initiales pour lesquelles il est possible de trouver une évolution qui soit solution dynamique d'un système contrôlé demeurant dans l'ensemble des contraintes. Si le noyau de viabilité est vide, il est nécessaire de relâcher les contraintes ou de modifier la dynamique du système par des changements structurels.

LES LIMITES PLANÉTAIRES

Les limites planétaires sont les limites que l'humanité ne doit pas dépasser pour ne pas compromettre les conditions environnementales dans lesquelles un écosystème sûr a permis de se développer, en évitant les ruptures brutales et incertaines dans le système planétaire. Ce sont donc des contraintes de viabilité écologique. Le rapport de base d'identification et d'évaluation de ces limites a été élaboré en 2009 par vingt-six chercheurs sous la direction de Johan Rockström[16] puis régulièrement actualisé depuis. Ce sont des plafonds concernant neuf processus naturels interactifs, les cycles biogéochimiques, permettant ensemble de réguler la stabilité de la biosphère. De son côté, l'économiste Kate Raworth a proposé de leur associer des planchers constitutifs des conditions minimales du bien-être[17]. Ils concernent les besoins humains essentiels dont nul ne doit être privé dans une société équitable. L'ensemble constitué par les limites planétaires et les bases minimales d'équité sociale forme une grille d'analyse pour une écologie politique compatible avec la problématique de la viabilité.

La logique des limites planétaires a été prise en compte par les Nations unies en 2012, d'abord par la création d'un groupe de haut niveau sur la durabilité mondiale à l'initiative du directeur général Ban Ki-moon, puis par l'incorporation du concept à la conférence de Rio sur le développement durable. La conférence a instauré trois objectifs planétaires : éradiquer la pauvreté et réduire les inégalités pour rendre la croissance inclusive ; faire évoluer les productions et les modes de consommation vers des structures plus durables ; respecter ou réintégrer les limites planétaires[18].

Ces limites participent aux contraintes selon lesquelles le développement durable peut être défini à l'échelle globale. Le rapport de 2009 identifie d'abord sept limites planétaires quantifiables :

- Changement climatique : concentration en ~ $CO_2 < 350$ ppm.
- Érosion de la biodiversité : taux annuel < 10 extinctions par million d'espèces.
- Perturbation du cycle biogéochimique de l'azote (N) : limite de la fixation industrielle et agricole d'azote $N_2 = 35 TgNyr^{-1}$.

- Perturbation du cycle biogéochimique du phosphore (P) : apport annuel de P dans les océans ≤ 10 fois l'apport naturel dû aux précipitations.
- Changement d'utilisation des sols : < 15 % de la surface cultivable libre de glace.
- Utilisation mondiale d'eau douce : < 4 000 km^3 par an.
- Appauvrissement de la couche d'ozone atmosphérique : < 5 % de la concentration en O_3 par rapport au niveau préindustriel de 290 unités Dobson.

Deux autres limites planétaires ne peuvent pas être quantifiées : la pollution chimique et l'aérosol atmosphérique.

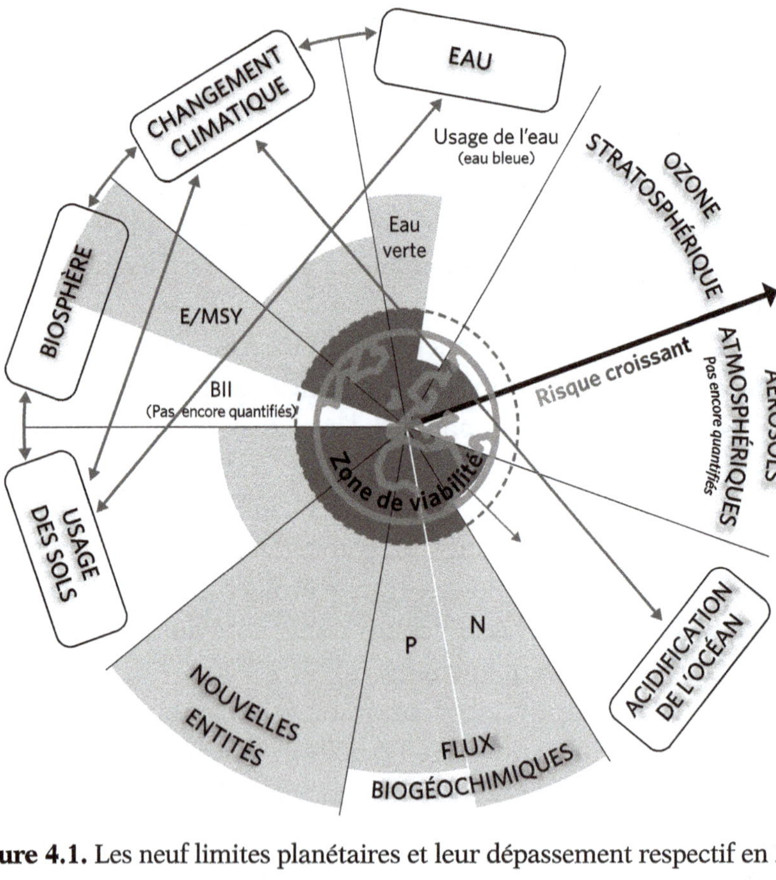

Figure 4.1. Les neuf limites planétaires et leur dépassement respectif en 2022.

Source : adapté du Stockholm Resilience Centre, basé sur Persson et al. *(2022) et sur Steffen* et al. *(2015). Interprétation : le gris clair indique si la limite planétaire a été dépassée ou si le processus reste dans la zone de viabilité. Les flèches symbolisent les interactions entre les processus terrestres et océaniques. Légende : P = phosphore, N = azote ; E/MSY est le taux d'extinction (extinctions par million d'espèces-années) ; BII est l'indice d'intégrité de la biodiversité.*

Concernant le changement climatique, selon que le réchauffement doit être limité à 1,5 ou 2 °C, la concentration atmosphérique de CO_2 ne doit pas dépasser 350 à 450 ppm. La concentration actuelle a dépassé 400 ppm. Au rythme actuel d'augmentation des émissions de GES, les 450 ppm seront dépassées d'ici à 2040. Depuis quatre décennies, chacune a été plus chaude que la précédente. La hausse de la température moyenne du globe entre la période 1850-1900 et 2010-2019 s'inscrit très probablement dans l'intervalle 0,8 et 1,3 °C avec la meilleure estimation proche de 1,1 °C. Il est extrêmement probable que les émissions de GES aient exercé la principale poussée du réchauffement stratosphérique depuis quatre décennies avec la fonte massive des glaciers dans l'Arctique. Il est virtuellement certain que la hausse du niveau des mers et l'acidification de la surface des océans proviennent du CO_2 produit par les activités économiques et sociales.

En considérant des scénarios dont les émissions de CO_2 augmentent systématiquement, les puits de carbone terrestres et maritimes deviennent moins efficaces pour ralentir l'accumulation de CO_2 dans l'atmosphère. La proportion des émissions éliminées dans les puits de carbone terrestres et maritimes diminue au fur et à mesure que le CO_2 s'accumule dans l'atmosphère. La relation n'est pas linéaire. Les queues de distribution du côté des dommages augmentent plus que proportionnellement à la hausse de la température moyenne. Il peut en résulter des points de bifurcation irréversibles (*tipping points*). Il s'ensuit que l'incertitude sur la concentration de CO_2 dans l'atmosphère en 2100 est dominée par la différence cumulée des émissions de GES entre les scénarios. Ceux qui ont un cumul d'émissions plus élevées sont ceux dont les puits de carbone sont les plus dégradés. Selon le GIEC, l'acidification des océans et l'élévation de leur niveau seront irréversibles pour des millénaires.

Le GIEC considère comme virtuellement certain que le niveau des océans va monter de manière irréversible selon les scénarios. La hausse pourrait atteindre 5 mètres en 2150 dans le pire scénario. Les glaciers sur les montagnes et dans les zones polaires vont se réduire considérablement, et la fonte du permafrost est irréversible pour des centaines d'années.

Concernant la modification de l'usage des sols, l'analyse a été recentrée sur les processus de régulation naturelle du climat, *via* les échanges d'énergie, d'eau et de CO_2 entre les sols et l'atmosphère.

Le rôle des forêts dans cette régulation est crucial. Il faudrait augmenter la superficie des forêts tropicales, alors que la forêt amazonienne a été fortement détruite sous l'effet de la collusion du gouvernement brésilien de Jair Bolsonaro, des multinationales de l'agroalimentaire et jusqu'à récemment de l'Union européenne et de la Chine qui continuent d'accepter l'importation de ces produits.

Le bilan est donc de plus en plus sombre : deux limites franchies dès 2009, l'érosion de la biodiversité dont procède la crise pandémique SARS-CoV-2, la perturbation du cycle de l'azote ; puis plus récemment quatre autres, dont celle du phosphore avec des différences selon les régions, le changement climatique pour une limite à 1,5 °C de réchauffement, le cycle de l'eau et les nouvelles pollutions chimiques.

Les deux limites cruciales du changement climatique et de l'érosion de la biodiversité peuvent, si leur dépassement est persistant, entraîner le système Terre vers un état destructeur de la vie humaine. En outre, il ne faut pas oublier que les limites planétaires sont interdépendantes. Les perturbations que le franchissement des limites provoque peuvent s'étendre sur de longues périodes. Les impacts sociaux de ces transgressions sont fonction de la résilience des sociétés affectées.

Ces travaux sur les limites planétaires étudient en détail la quantification de chaque limite, qu'elles soient liées aux phénomènes globaux de circulation des flux, aux caractéristiques de la biodiversité dont dépend la capacité d'autorégulation des écosystèmes, ou à la pollution chimique due aux pratiques de l'agriculture intensive et de l'industrie qui n'a aucune obligation environnementale concernant le traitement de ses déchets. Dans le cas des écosystèmes locaux ou régionaux (lacs, forêts, coraux), la dégradation graduelle de leurs variables de contrôle (biodiversité, qualité des sols, raréfaction de l'eau douce, cycles des nutriments) peut déclencher des effondrements abrupts lorsque des seuils critiques sont franchis. Des problèmes locaux peuvent s'étendre à de multiples localisations, voire devenir globaux par interactions des limites planétaires de différentes catégories.

La méconnaissance de ces seuils doit conduire les États à préconiser une démarche de précaution, en déterminant des *plafonds écologiques* à ne pas dépasser à une distance suffisante des limites planétaires présumées, parce que la mesure des seuils est altérée par la complexité et l'incertitude des interactions croisées entre les processus biogéochimiques concernés.

ÉCONOMIES DE LA BIODIVERSITÉ

Le rapport Dasgupta[19] s'inscrit dans la perspective de soutenabilité des Nations unies, en adoptant le concept de richesse inclusive et en rejetant le PIB comme grandeur économique pertinente pour relier l'économie et l'environnement naturel.

Dès son introduction, Dasgupta pose que la nature est un capital, donc une composante de la richesse appelée inclusive selon l'appellation des Nations unies, aux côtés du capital productif qui est aliénable et du capital humain qui est intangible et inaliénable. Dans le capital naturel, une partie est renouvelable, donc autorégénératrice, et une partie est non renouvelable. Le capital naturel et les services qu'il produit n'ont pas de prix de marché, mais leur rareté sociale peut s'exprimer dans des valeurs comptables (*shadow prices*). Encore faut-il en comprendre le sens. Tout en écartant les marchés, Dasgupta tient à ce que son capital naturel ait une valeur intrinsèque pour pouvoir appliquer la condition d'arbitrage dans la gestion de portefeuille, c'est-à-dire l'égalisation des rendements marginaux des différentes catégories d'actifs composant la richesse inclusive pour maximiser celle-ci. Or la maximisation de la richesse inclusive est équivalente à l'optimisation du bien-être intertemporel d'un *agent représentatif*. C'est pourquoi Dasgupta retombe dans l'utilitarisme.

Le point essentiel est que, même lorsque les biens et services de la nature ont des prix de marché, ils ne reflètent pas leur valeur sociale. Comme pour le carbone évité dans le cas du changement climatique, pour lequel les investissements requièrent une valeur comptable (*shadow price*), les divers types de capital naturel requièrent une diversité de valeurs comptables qui arbitrent entre ce qui est socialement désirable et ce qui est écologiquement possible.

L'agrégation des trois grandes formes de capital (productif, humain et naturel) constitue la richesse inclusive. Là où Dasgupta rejoint la logique néoclassique, c'est dans l'établissement de son théorème d'équivalence qui requiert un ou de multiples taux d'actualisation sociaux. La maximisation de la richesse inclusive égalise les rendements sociaux des différents types de capital. Elle est équivalente à l'optimisation intergénérationnelle du bien-être social. Elle exprime donc une approche de soutenabilité faible, puisqu'elle présuppose une substituabilité entre les différentes formes de capital, y compris les composantes du capital naturel qui est considéré par Dasgupta comme un actif plus ou moins substituable aux deux autres actifs, le capital productif et le capital humain, dans une fonction de production unifiée. Nous verrons plus loin que cette approche diffère de celle qui est fondée sur la théorie de la viabilité, laquelle ne requiert pas de taux d'actualisation pour déterminer le noyau de viabilité d'un ensemble de trajectoires dynamiques.

Le problème théorique est que les valeurs comptables de ces trois actifs oscillent entre valeur intrinsèque et valeur instrumentale dans l'approche de Dasgupta. C'est la critique[20] que proposent Clive Spash et Frédéric Hache. Les auteurs pensent que Dasgupta recherche une solution économique orthodoxe à la perte de biodiversité, en faisant de la richesse inclusive une extension de la comptabilité nationale. Considérer l'environnement comme un ensemble d'actifs conduit à rechercher des valorisations pour mener les politiques environnementales car, dans cette conception, la maximisation de la richesse inclusive est la ligne directrice pour rechercher le développement soutenable.

Qu'est-ce qui est problématique dans la démarche de Dasgupta ? Clive Spash et Frédéric Hache reviennent à l'ancienne controverse de Cambridge qui rejette la théorie de la productivité marginale du capital, faisant du profit l'enjeu d'un conflit social. Mais la question de l'irruption des biens communs de la planète, à la fois par le changement climatique et par la dégradation de la biodiversité, pose un problème de régulation globale, inconnu ou délibérément considéré comme hors de propos au XXe siècle. Ne s'agit-il pas de concevoir une régulation nouvelle pour gérer les biens communs de la planète ? On en est aux balbutiements de ce nouveau mode de régulation car les déterminants de la biodiversité et leurs impacts sur le fonctionnement des écosystèmes sont encore mal connus.

La valorisation du capital naturel dans les mêmes termes que le capital productif et le capital humain pour aboutir à une fonction de bien-être social à maximiser, comme le fait Dasgupta, est largement illusoire. Est-ce le défaut majeur du rapport Dasgupta ou un sujet mineur de débat ? Le problème n'est pas tant d'appliquer la théorie individualiste de la valeur utilité, il est de faire advenir les interactions sociales et les institutions par lesquelles une collectivité menacée par la dégradation d'un bien environnemental peut s'accorder sur une capacité collective à le sauvegarder ou à le reconstituer. N'est-ce pas la recherche d'une amélioration de la richesse inclusive ? Différentes évaluations du rendement social de l'investissement projeté ne sont-elles pas les bases rationnelles du débat ?

Les valeurs instrumentales vont nous conduire à la conception de la viabilité. Ce sont les intentions de payer ou les capacités à payer, y compris au travers de régulations, qu'une collectivité décide après délibération pour réparer un écosystème dégradé ou pour entretenir un environnement naturel (zones humides, sources d'eau douce dont rivières et lacs, coraux, forêts, estuaires, terres agricoles, pêcheries), donc tout ce qui préserve un territoire comme espace de vie. Il ne saurait y avoir de mesure englobante de la biodiversité.

D'ailleurs, Dasgupta est obligé de reconnaître qu'il ne peut pas englober toute la biodiversité dans ce qu'il appelle le capital naturel. Les écosystèmes et les services qu'ils rendent sont des « actifs d'activation » (*enabling assets*). Les sociétés ne sont pas des entités qui surplombent la nature, elles y sont immergées. Nous verrons que les liens multiformes tissés par les sociétés avec les espaces naturels procèdent de la résilience, c'est-à-dire de la diversité fonctionnelle, résultant de la dépendance mutuelle des espèces vivantes. L'effondrement d'espèces essentielles peut provoquer des bifurcations irréversibles (*tipping points*) vers des régimes provoquant des risques de catastrophes récurrentes. Les services de régulation, dont ceux assurés par le climat, participent du problème de soutenabilité forte, résultant de l'imbrication de la nature et des activités humaines. La soutenabilité d'un régime socio-économique dépend donc de la manière dont ces activités sont organisées.

POINTS DE BASCULE ET THÉORIE DE LA VIABILITÉ

Maintenir la concentration de gaz à effet de serre (GES) en dessous d'un certain seuil est une contrainte de viabilité.

Il en est de même des autres limites planétaires soumises à des limites physiques. L'existence de zones dangereuses, où les dynamiques peuvent s'emballer (*tipping points*), entraînant le système hors du domaine de viabilité, aboutit à un principe de précaution consistant à fixer des limites en deçà de la frontière incertaine du domaine de viabilité. Pour préserver le noyau de viabilité, il faut modifier le système évolutionnaire par de nouveaux régulons. Comment sélectionner les régulons ? Changer les régulons est un processus socio-économico-politique complexe. Comme on le verra en étudiant les principes de régulation, ce peut être un processus institutionnel dirigé par l'action publique. Mais ce peut être aussi un processus social plus complexe engageant des communautés de citoyens, des entreprises, des associations s'accordant pour restaurer des communs. Les actions collectives qui en découlent créent de nouveaux liens d'appartenance sociale qui sont eux-mêmes des changements de régulons.

Chaque tranche de temps dans laquelle les régulons sont constants est un régime de viabilité. Si le système est peu persistant, on peut aboutir à une évolution ponctuée, c'est-à-dire formée d'un enchaînement d'évolutions dont chacune est à régulons constants. Les solutions viables ne sont pas toujours équitables. Il faut que le caractère épuisable des ressources soit perçu collectivement pour qu'une prise de conscience d'investir pour les générations futures se produise, car trop tarder détériore leur bien-être en restreignant le noyau de viabilité. Il faut donc rechercher parmi les solutions viables celles qui sont les plus équitables, c'est-à-dire celles qui offrent les plus justes répartitions des choix de consommation et des investissements en fonction des dotations et des capacités de chaque génération. Indiquons tout de suite que, pour réduire les inégalités, il faut disposer d'une mesure d'équité pour tenir compte de l'intérêt de chaque génération.

Quelques éléments de philosophie politique pour comprendre ce qui nous arrive

ÉTHIQUE DU CATASTROPHISME ÉCLAIRÉ, ENTRE EFFONDREMENT ET TECHNO-OPTIMISME

Le changement climatique et la dégradation de la biodiversité ne sont pas la fin de la politique. Il faut donc se méfier de la thématique de l'effondrement. Il est certes avéré que les dynamiques écologiques sont non linéaires. Les événements catastrophiques se produisent par franchissements de seuils. Ils déterminent des espaces de possibilités biophysiques au sein desquels l'espace social se trouve contraint. Mais il faut se garder de toute eschatologie pour penser le catastrophisme éclairé, conçu comme un principe généralisé de précaution.

Jean-Pierre Dupuy insiste sur une dimension essentielle des catastrophes écologiques qui conduit à privilégier l'éthique pour redéfinir les fondements philosophiques de l'économie politique[21]. Comme nous le verrons plus loin, limiter le changement climatique à une externalité unique, représentée par une fonction de dommage linéaire, pour laquelle il suffit d'instaurer un prix du carbone pour que le marché fasse son œuvre de découverte de l'optimalité, est hautement contestable. C'est pourtant cette interprétation qui a valu l'équivalent d'un prix Nobel à un économiste, William Nordhaus, qui a affirmé que l'optimum de réchauffement se trouve entre 4 et 4,5 °C par rapport aux temps préindustriels, alors que les simulations climatiques, s'appuyant sur la connaissance scientifique accumulée depuis trente ans, montrent qu'à cette hauteur de réchauffement la civilisation telle qu'on la connaît est en danger de disparaître.

Jean-Pierre Dupuy met l'accent sur la contingence des catastrophes environnementales, c'est-à-dire sur l'incertitude radicale qui doit promouvoir une attitude de catastrophisme éclairé. Cela veut dire que les experts qui conseillent les gouvernements doivent jouer le rôle du prophète de malheur. C'est celui qui annonce le malheur à venir, afin que ceux qui l'écoutent agissent pour que ce malheur ne se produise pas finalement. Le prophète de malheur vise à ce que sa parole soit démentie par les effets qu'elle produit. Malheureusement, pour le Covid-19, la catastrophe s'est produite. Cela montre le chemin à parcourir pour changer les mentalités des décideurs politiques et de leurs conseillers.

Sous incertitude radicale il faut accepter que la question des causes n'ait pas de réponse. Il y a une connaissance scientifique qualitative des limites planétaires, mais une incertitude radicale de leurs interactions, d'où l'importance du principe de précaution qui implique de définir politiquement des plafonds écologiques à ne pas dépasser, impliquant donc des politiques publiques pour les faire respecter.

En incertitude radicale, la contagion est une transmission horizontale sans responsable. Il y a un processus de rétroaction. Les économistes de l'équilibre connaissent la rétroaction négative selon laquelle l'économie perturbée par un choc fortuit retourne à l'équilibre. C'est le fonctionnement des systèmes cybernétiques. Ils ont beaucoup plus de mal à accepter la rétroaction positive : une réaction en chaîne où l'effet devient cause par la propagation mimétique. La beauté de l'incertitude radicale est que la dynamique peut aussi bien exploser que s'éteindre, lorsque la contingence devient facteur causal.

Le vecteur de cette logique est donc le *mimétisme* qui opère aussi bien en finance que dans l'agglomération spatiale. C'est pourquoi les fameux *clusters* (rassemblements) sont de superpropagateurs dans la diffusion du virus. C'est la fonction exponentielle qui formalise ce processus. L'accroissement d'une mesure par unité de temps (ici le nombre de contaminés) est proportionnel au niveau déjà atteint. Il en résulte que plus la vitesse de propagation déjà atteinte est grande, plus grande est l'accélération. Une dynamique explosive est possible à partir d'une contingence minime qui devient un point de bifurcation de la dynamique (*tipping point*).

La sobriété, que l'on peut appeler démocratique, est une attitude où chacun comprend que le changement des modes de consommation fait partie du bien commun de tous face à l'urgence écologique. La sobriété est donc une attitude collective pour le bien commun à l'opposé de l'individualisme qui caractérise la conception économiciste de l'utilité dans la représentation dite néoclassique de l'économie. Cette transformation des modes de vie a une incidence directe sur le mode de production. Elle implique une réforme des infrastructures dans l'énergie, l'usage des sols et les systèmes agraires, la réorganisation des villes et des transports pour maîtriser les territoires repensés comme espaces de vie collective. On peut appeler écosocialisme pour le développement inclusif et soutenable cette prise de conscience collective de la nécessaire transformation des modes de vie incluse dans l'attitude de sobriété qui exprime une convergence entre la justice écologique et la justice économique.

Le territoire national est toujours un espace de références juridiques et culturelles. Mais il faut aussi donner une base juridique à l'empreinte écologique. Le territoire doit acquérir un statut juridique au sens géo-écologique, capable de soumettre l'utilisation de l'espace à des règles juridiques. En effet, le changement climatique est un phénomène universel et différencié, global et local. Les réponses à y apporter le sont aussi. Pour que l'écologie devienne un enjeu démocratique fondamental, engendrant une nouvelle grande transformation, capable de supporter l'existence collective sous forme égalitaire, l'élaboration d'un droit environnemental à ces différentes échelles doit être soutenue sous l'égide des Nations unies.

INTERDÉPENDANCES ENTRE LES CYCLES BIOGÉOCHIMIQUES ET LES IMPACTS SOCIAUX

Le capitalisme a instauré la prédominance de l'activité humaine sur le système Terre. Il l'a renforcé depuis quarante ans dans sa version néolibérale. L'énorme concentration de capital qui en a résulté a engendré la domination politique de ce qu'on doit appeler le lobby du carbone. Il s'agit d'un réseau très puissant, constitué de dirigeants d'entreprise, d'investisseurs financiers et de conseillers. Leur enjeu est de mettre en doute les connaissances scientifiques accumulées sur les détériorations environnementales et sur l'urgence climatique pour poursuivre la logique unidimensionnelle du capitalisme néolibéral : faire de l'argent avec l'argent. Cette domination déstabilise les processus biophysiques critiques et entraîne les sociétés vers des catastrophes renouvelées, en provoquant des changements environnementaux abrupts et irréversibles. Il y a donc une contradiction irréductible entre le paradigme capitaliste consistant à faire de l'argent avec l'argent et la reproduction viable des processus de la nature.

Les limites planétaires définies ci-dessus sont établies selon un principe de précaution, en deçà de seuils dont le franchissement incertain peut affaiblir des fonctions écologiques au point de susciter leur effondrement. Il faut donc bien comprendre que les limites planétaires sont des variables de contrôle dans une régulation politique consistant à maintenir un noyau de viabilité non vide. La difficulté vient de l'interdépendance des cycles biogéochimiques. Certains seuils sont d'emblée liés à des processus systémiques globaux. D'autres ont des échelles locales ou régionales et deviennent des problèmes globaux lorsqu'ils sont franchis en de multiples localisations ou qu'ils interagissent avec des seuils qui sont d'emblée planétaires.

Ainsi, la concentration de CO_2 dans l'atmosphère interagit avec la fonte de calottes glaciaires qui élève le niveau des océans et avec la fonte du permafrost qui libère d'énormes quantités de méthane, un gaz à effet de serre beaucoup plus polluant que le CO_2, mais qui reste bien moins longtemps dans l'atmosphère. En ignorant complètement les interactions biogéochimiques, les modèles macroéconomiques du climat sous-estiment grossièrement le danger du réchauffement climatique. L'acidification des océans affecte gravement la biodiversité marine et affaiblit la capacité des océans à remplir leur rôle de puits de carbone. Or, d'après les géologues, le taux d'acidification est cent fois plus rapide qu'à toute autre époque dans les vingt derniers millions d'années. En outre, de nombreux organismes marins sécrètent du carbonate de calcium sous forme d'aragonite produit par les coraux et par les mollusques. Or l'acidité croissante des océans dissout les coquilles d'aragonite. Un doublement de la concentration de CO_2 dans les océans arctique et antarctique rend l'eau corrosive à l'aragonite, détruisant ainsi les barrières de corail en empêchant la calcification des organismes marins.

La perte de la biodiversité est, selon les paléontologues, la sixième extinction de la vie sur Terre, mais la première provoquée par l'impact de l'activité humaine. Elle a accru la vulnérabilité des écosystèmes terrestres et aquatiques aux changements dans le climat et dans l'acidité des océans. La perte de la biodiversité à grande échelle a des conséquences non linéaires et irréversibles, parce que la biodiversité soutient les services fournis par les écosystèmes. Ceux-ci peuvent bifurquer dans des états où ils deviennent incapables de remplir leurs services fonctionnels. Des écosystèmes dont la biodiversité est faible, par perte de diversité dans des groupes fonctionnels, sont vulnérables à des perturbations telles que les zoonoses.

La raréfaction des ressources en eau douce affecte directement la biodiversité, la nourriture, la sécurité sanitaire, les habitats naturels, la séquestration du carbone et la régulation du climat. C'est une menace directe pour les modes de vie humains. La raréfaction d'eau douce est liée à la perte d'humidité des sols due à leur dégradation avec leur artificialisation et à la déforestation. L'assèchement des sols diminue les flux de vapeur d'eau dans l'atmosphère, réduit les précipitations et élève les températures estivales. La persistance de ce phénomène s'inscrit profondément dans le sol en asséchant les nappes phréatiques. En retour, cela contribue à l'effondrement des écosystèmes biologiques. C'est ainsi que la forêt amazonienne menace de se transformer en savane. La raréfaction de l'eau courante dans les grands fleuves de la planète peut devenir assez vite une cause de guerres.

De son côté, la concentration en aérosols influence directement le climat et a des conséquences néfastes sur la santé humaine, ainsi que la pollution chimique aux niveaux local et régional, phénomènes qui se propagent globalement. Il y aurait de 80 000 à 100 000 substances chimiques sur la planète : ce qui rend impossible d'agréger les effets et de définir une seule limite planétaire. Cela affecte toutes les autres limites planétaires, en l'absence d'une sérieuse régulation des déchets par responsabilisation des pollueurs et obligation de recyclage.

La sensibilité à l'interaction des limites planétaires, et donc aux menaces qui pèsent sur la soutenabilité du système Terre dans la préservation de la vie humaine, devrait être l'enjeu de l'écologie politique. Mais cela implique des mouvements sociaux de grande ampleur dans le monde entier pour promouvoir des élites politiques qui y soient dédiées[22]. Une telle mutation politique n'est possible que si se développe la conscience sociale d'une imbrication de l'urgence écologique et de la lutte pour l'équité. Cette complémentarité est la prise de conscience que l'écologie, en tant que fait social total, doit transformer les principes fondateurs de la vie en commun pour le XXIe siècle.

En effet, le changement climatique et les autres dégradations environnementales créent des inégalités d'exposition à ces dommages entre pays et entre groupes sociaux à l'intérieur des pays. De leur côté, les actions pour lutter contre le changement climatique peuvent aggraver les inégalités et la pauvreté si elles ne sont pas perçues comme des réponses à un fait social total.

D'une part, ce sont les émissions dues à la consommation des populations les plus riches qui contribuent le plus, dans les pays dits avancés, à l'augmentation des émissions de GES ; d'autre part, les moins riches sont les plus vulnérables aux effets de la pollution. De manière générale, ceux qui subissent le plus les conséquences du changement climatique sont ceux qui y contribuent le moins[23]. Mesurées au niveau de la consommation, non pas de la production, les émissions de GES par habitant et par an entre les pays sont de 20 tonnes de CO_2eq aux États-Unis, de 8 tonnes en Chine et en Europe, de 2 tonnes en Inde et de 1 à 2 tonnes en Afrique subsaharienne. Il est bien évident que c'est l'*American way of life* qui doit disparaître si la civilisation humaine doit survivre. En outre, il faut aller au-delà des flux. C'est l'accumulation des stocks de GES dans la longue durée qui compte. À cette aune, la responsabilité des pays occidentaux est écrasante.

Par ailleurs, les pays d'Asie du Sud-Est et d'Afrique, principalement, sont les plus exposés au stress hydrique, à l'intensité et à la persistance des sécheresses, aux vagues de chaleur, aux pertes de rendement agricole et à la dégradation des habitats naturels. Les écosystèmes tropicaux sont menacés de sortir de leur noyau de viabilité pour de plus faibles variations de température.

Au sein des pays, les communautés de ménages pauvres sont localisées dans des zones et des types d'habitats les plus exposés au risque climatique et à toutes les formes de pollution, à cause de la discrimination spatiale exercée par le prix du foncier : zones inondables, habitats informels bondés dans les mégacités, logements insalubres. Ainsi, en France le rapport de l'empreinte carbone par ménage du décile le plus élevé de la répartition des revenus au décile le plus bas serait de l'ordre de trois[24]. Les mêmes impacts physiques n'entraînent pas les mêmes dommages à cause des différentes capacités d'adaptation.

Les politiques d'atténuation et d'adaptation au changement climatique doivent donc prendre en compte les effets sur les inégalités présentes et futures. Elles doivent avoir pour cobénéfices la réduction des inégalités. Dans un ouvrage collectif précédent sur la régulation du capitalisme en ce siècle, nous avons interrogé la philosophie politique pour énoncer le principe d'équité dans l'appartenance sociale. Rappelons-en les résultats majeurs, avant d'exprimer leur symbiose avec les limites planétaires dans les termes de la viabilité[25].

LA CONCEPTION DU CHOIX SOCIAL : APPROCHE NORMATIVE DE RAWLS ET MÉTHODE POSITIVE DE SEN

Ces deux auteurs dépassent radicalement l'économie du bien-être, fondée sur la prépondérance des droits de propriété liés par les marchés concurrentiels.

Rawls[26] a révolutionné l'approche de la justice sociale en poursuivant une critique radicale du néolibéralisme économique. Il a critiqué la concentration des richesses et du pouvoir qui lui est associé. Le pouvoir des lobbies détruit l'égalité des droits politiques et met des barrières insurmontables à l'égalité des chances. On peut donc dire que Rawls est l'anti-Hayek.

À l'opposé des principes utilitaristes, de Bentham à Pareto, Rawls pose que *l'équité est à la racine de la justice.* C'est donc le socle des droits humains, à l'encontre de la conception purement formelle des « droits de l'homme » qui a cours dans les sociétés dites démocratiques, avant tout la société américaine qui pousse à l'extrême les discriminations et étend la pauvreté sous l'étendard du néolibéralisme.

En conformité avec les exigences du GIEC, Rawls met l'éthique collective au-dessus de l'utilitarisme individualiste ; ce qui permet d'interpréter la volonté générale comme un point de vue sur la justice politique, résultant d'une position dans laquelle chacun est conduit à choisir pour tous. Car, dans un cadre déontologique se référant à Kant, les êtres humains ont des facultés morales qui définissent le sens du bien commun. Les principes rawlsiens de la justice comme équité s'en déduisent. Ils s'appliquent à la distribution de ce que Rawls appelle les *biens premiers.*

Les biens premiers sont des biens fondamentaux dont nul ne doit être privé pour qu'une société puisse être déclarée juste : logement décent, accès égal à une éducation de base, qui peut impliquer des discriminations positives pour compenser des carences du milieu familial dues à la pauvreté, accès aux services de santé publique, à la sécurité, environnement sain et autres biens publics qui correspondent à l'état de développement de la société. Les biens premiers sont donc des *biens communs réels* qui structurent l'appartenance à la collectivité. Leur production implique l'action publique au premier chef. Ce sont les bases collectives d'une société juste.

Le premier principe de justice comme équité est donc le droit égal à un système le plus étendu possible de libertés fondamentales. Ces libertés sont réelles et non pas seulement formelles, car elles sont intrinsèquement attachées à la jouissance des *biens premiers* dont la préservation de la nature fait partie puisque les sociétés humaines sont insérées dans la nature. L'exercice de la liberté réelle implique l'éradication de la pauvreté, qui doit être le premier objectif des politiques publiques dans une perspective de justice comme équité. Produire et développer les biens premiers est le premier enjeu du choix social pour faire advenir une société d'individus qui soient réellement libres.

Le second principe de justice concerne la définition des inégalités légitimes qui doivent satisfaire deux conditions. La première est la juste égalité des chances, offrant des positions et des fonctions sociales ouvertes à tous. La seconde stipule que les inégalités sociales qui subsistent ne sont légitimes que si elles procurent les plus grands bénéfices aux membres les plus désavantagés de la société. Il s'agit d'une équité distributive, non pas seulement redistributive.

Pour transformer les institutions de manière à faire avancer la justice, Amartya Sen[27] a choisi de considérer le choix social comme une méthode. Il prend en compte la primauté des biens premiers, tout en leur donnant une signification dynamique en forgeant la notion de « capabilités » (*capabilities*). Cette notion veut expliciter comment des biens communs, c'est-à-dire les biens premiers, renforcent les libertés en développant les capacités des individus à conduire des projets de vie en relation avec autrui.

Les capabilités sont les libertés réelles d'accomplissement : capacités à transformer les ressources dont on dispose en liberté réelle de choisir le projet de vie que l'on a des raisons de valoriser. Ces transformations sont des fonctionnements qui font partie de l'existence des personnes. La gamme possible de fonctionnements qu'une personne peut réaliser au cours de sa vie est sa liberté réelle, c'est-à-dire sa capabilité. Sen ne s'en tient donc pas aux biens premiers. Il met l'accent sur les facteurs de conversion des ressources, dont nul ne doit être privé, en réalisations de vie. Or l'acquisition des capabilités rencontre l'obstacle des relations sociales dans le capitalisme, c'est-à-dire discriminations, rôles sociaux sexués, relations de pouvoirs.

Pour dépasser les règles du vote majoritaire, comme base du jugement sur le bien-être social, il faut développer considérablement l'information et éviter de la compartimenter. C'est le cas des interactions entre la justice sociale et les dégradations environnementales. Le surgissement des dégradations environnementales doit être considéré comme une dégradation de biens premiers. La détérioration de l'environnement, et en particulier le changement climatique, peut, en effet, restreindre les biens premiers disponibles et modifier leur répartition, au détriment des plus démunis. S'inscrire dans une perspective de biens premiers a donc des conséquences sur la manière dont la lutte contre le changement climatique doit être conduite. *Les biens premiers environnementaux doivent donc être préservés ou augmentés au bénéfice des plus démunis.* La lutte contre le changement climatique ne doit pas être l'occasion d'ajouter aux prérogatives des puissants. Il faut donc veiller à la participation aux décisions, comme le demandent les mouvements de justice climatique.

Il nous faut poursuivre dans cette voie, en associant les limites planétaires et les principes d'équité sociale par la prise en compte des biens premiers dans les critères de viabilité. Puisque les biens premiers sont des biens dont nul ne doit être privé dans une société équitable, ce sont des biens communs qui ne doivent pas être transformés en marchandises. La viabilité dépend donc de la régulation des communs.

ENTRE PLAFONDS ÉCOLOGIQUES ET BIENS PREMIERS, RÉTABLIR LA PRÉPONDÉRANCE DES BIENS COMMUNS

Fonder une écologie politique comme base de la régulation sociale et environnementale a pour socle la restauration de la prépondérance des biens communs que la marchandisation capitaliste annihile nécessairement dans sa logique d'appropriation gratuite de la nature. Elinor Ostrom[28] a passé une vie de recherche à étudier et à combattre la « tragédie des communs ».

Elle adopte une démarche transdisciplinaire dans un cadre d'analyse qui est une critique radicale de la théorie néoclassique. Dans la logique du marché, la tragédie des communs est inévitable, puisque toute ressource commune ne peut être qu'exploitée jusqu'à l'épuisement, sauf si c'est une propriété publique ou celle d'un monopole[29].

Ostrom a changé la perspective en prenant en compte la dimension collective des droits associés aux communs. Il s'agit de déterminer des droits d'accès et de prélèvement de manière que l'usage partagé de la ressource ne compromette pas sa préservation à long terme. Le bien commun est donc associé à l'appartenance sociale, formalisée par l'élaboration de règles d'usage. La régulation qui en découle est celle d'une coopération institutionnalisée qui s'inscrit dans l'écologie politique. Les communs peuvent aller du local au global. Ainsi le climat est-il un commun global. Il doit être sauvegardé par le droit en vue de la préservation des générations futures.

Selon Elinor Ostrom, les communs sont des systèmes polycentriques par la multiplicité des centres de décision formellement indépendants qu'ils rassemblent sans relations hiérarchiques, comme le sont les communautés locales autonomes. Les partenaires dans l'usage de la ressource commune surmontent le dilemme des jeux non coopératifs par auto-organisation. Ils établissent une connaissance commune sur les limites de la ressource et négocient des règles d'usage, assorties de supervision et de sanctions à l'échelle locale en cas de déviance de certains participants.

Les règles qui organisent le faisceau des droits sur la régulation des ressources communes couvrent l'ensemble des fonctions de la gouvernance : l'accès, le retrait, la gestion, l'exclusion. Les études de terrain montrent que l'adoption de systèmes de sanctions par les utilisateurs eux-mêmes, plutôt que par un tiers hiérarchique, permet une plus grande efficacité collective dans l'usage des ressources communes. Si les participants peuvent communiquer entre eux, ils se mettent plus facilement d'accord sur les stratégies conjointes et tiennent leurs promesses, réduisant les opportunités des passagers clandestins. Ce sont les spécificités écologiques locales, reconnues dans des règles évolutives et acceptées par les utilisateurs, qui sont efficaces.

Au-delà du rassemblement des expériences à travers le monde, les développements théoriques actuels aident-ils à comprendre et à prédire dans quelles circonstances les individus impliqués dans un dilemme de ressources communes parviennent à s'organiser ? Les nouvelles approches s'attachent à prendre en compte l'interaction stratégique d'individus à rationalité limitée, en situation d'incertitude et obéissant à des normes sociales hétérogènes.

Dans de nombreuses situations, Elinor Ostrom met en évidence l'importance des heuristiques par apprentissage sur les processus à prendre en compte pour décider. Les interactions répétées améliorent les décisions, sauf en présence de changements rapides ou de chocs soudains. C'est la confiance qui joue le rôle central dans la résolution des dilemmes. Elle renforce la probabilité de coopération par la connaissance de la réputation d'autrui. Or celle-ci s'établit dans les expressions des participants au cours de leur face-à-face. On en tire la conclusion que la conciliation entre la conservation des systèmes écologiques et la résolution des dilemmes sociaux passe par l'établissement d'une confiance mutuelle associée à des règles institutionnelles dont l'élaboration tire parti d'empathies réciproques.

Les institutions polycentriques, par lesquelles les biens communs sont préservés ou reconstitués, sont des tiers médiateurs vis-à-vis de l'opposition bipolaire entre les deux modèles du marché prétendument concurrentiel et de l'autorité publique hiérarchique. Ces institutions polycentriques prennent en compte la complexité du social à la recherche du développement équitable et durable.

Dans son discours de Stockholm du 8 décembre 2009, Elinor Ostrom a dépassé la dualité de Samuelson entre biens privés et biens publics, marché et État. Elle a ouvert l'analyse aux réservoirs communs de ressources. C'est le cas de nombreux biens écologiques (forêts, pêcheries, systèmes hydrauliques, atmosphère et d'autres biens communs). Que sont les droits de propriété appliqués aux réservoirs communs de ressources ? Ce sont des faisceaux de droits portant sur l'accès, le retrait, la gestion selon des schémas d'usage interne, l'exclusion et l'aliénation et donc la transformation en droit privé.

Les multiples études de terrain montrent que la bonne gouvernance dépend de la possibilité des participants de communiquer entre eux. Le collectif doit se constituer de manière endogène pour surmonter l'hubris individualiste. Lorsque les participants ont la possibilité de communiquer, ils parviennent à se mettre d'accord sur les stratégies conjointes et tiennent leurs promesses.

Pour conclure sur la gouvernance des réservoirs communs de ressources, construire un climat de confiance et développer des règles institutionnelles adaptées aux systèmes écologiques concernés est crucial pour surmonter les dilemmes sociaux. Cela implique la mise en évidence de motivations complexes qui vont bien au-delà du choix rationnel. Pour atteindre des résultats efficaces et durables à différentes échelles d'organisation collective, la complexité doit être prise en compte.

POLITIQUES MACROÉCONOMIQUES ET ÉCOLOGIE POLITIQUE

L'économiste Kate Raworth[30] considère que le domaine de viabilité doit prendre en compte deux types de limites constitutives des contraintes de viabilité : d'un côté, les limites planétaires de l'environnement énoncées par le groupe de scientifiques rassemblés par Rockström ; d'un autre côté, les planchers sociaux inhérents aux biens premiers qui constituent le socle réel d'une société juste, selon les principes d'équité de Rawls. On peut dégager quelques lignes directrices de ces interactions.

La réduction des inégalités est cruciale, puisque c'est la concentration des revenus dans les tranches les plus élevées qui soutient le mode de consommation produisant le plus d'émissions de GES. Certes, les trois quarts de la population en dessous du seuil de pauvreté défini par les Nations unies vivent dans les pays émergents et en développement. Si cette population a diminué de manière significative depuis 1980, avant la crise pandémique qui a fait remonter très fortement les inégalités sociales, 80 % des populations arrachées à l'extrême pauvreté étaient en Chine. Par ailleurs, l'extrême pauvreté est toujours bien présente dans les pays avancés. C'est ainsi que 20 % des enfants vivent en dessous du seuil de pauvreté aux États-Unis, pays dépourvu d'un système public de protection sociale.

La pauvreté étant privation de liberté réelle, comme nous le rappelle Rawls, et des formes de croissance étant nécessaires à la réduction de la pauvreté monétaire, comme le rappelle l'expérience de la Chine, le problème est de parvenir à un découplage de ces formes bénéfiques de croissance et des émissions polluantes[31]. Le consumérisme individualiste est une dimension cruciale du problème, notamment parce qu'il engendre l'étalement urbain et induit l'usage exacerbé des véhicules individuels, notamment à énergie fossile. Pour maintenir les sociétés dans les limites de la biosphère, il faut parvenir à revitaliser le collectif contre les excès de l'individualisme, en luttant contre la marchandisation des biens premiers par la réhabilitation des communs avec la participation des citoyens.

Or nous avons vu ci-dessus que la régulation des communs crée du lien social horizontal par débat et compromis entre les parties prenantes. Il est donc distinct à la fois du mécanisme anonyme du marché et de la verticalité de la politique publique. Du point de vue de la position de l'économiste, son activité pour assumer les doubles limites écologiques et sociales ne doit pas être celle du technicien mais celle du jardinier, selon l'image de Pierre Bourdieu. L'action du jardinage économique est celle de l'adaptation évolutive des communs qui maintiennent le système dans les contraintes environnementales et sociales. Les institutions polycentriques, qui s'adaptent aux processus à prendre en compte par apprentissage évolutif, sont des producteurs de régulons pour maintenir les trajectoires évolutives des communs dans leur noyau de viabilité.

D'ailleurs le jardinage économique est fondé sur une conception évolutionnaire de l'économie en tant que science sociale. Il énonce qu'il faut continuellement tester une variété d'interventions, en se gardant de tout dogmatisme et en adoptant ce qui fonctionne pour un temps donné, car personne ne peut savoir *a priori* ce qui est efficace. C'est l'attitude conforme à la théorie de la viabilité : modifier les régulons en interaction avec l'évolution du système pour le maintenir dans le noyau de viabilité. L'économie de jardinage produit une diversité et une redondance de moyens d'action macroéconomique pour renforcer la résilience des systèmes devant l'incertitude.

Ces indications sur la recomposition du lien social par des actions collectives, recherchant la réhabilitation des communs, font partie des principes de régulation de l'écologie politique. Il importe auparavant de comprendre comment la résilience économique et financière est mise à l'épreuve du franchissement des limites planétaires.

Quels principes de régulation économique doivent devenir prépondérants pour une croissance qui soit régénérative par conception ? Kate Raworth enjoint de se méfier des hypothèses de linéarité qui vont des matières premières aux déchets dans les processus de production. Cette logique, qui structure le mode de production capitaliste, est dégénérative vis-à-vis des processus écologiques. Le paradigme qui peut transformer le mode de production vers la civilisation écologique est, au contraire, l'*économie circulaire*. Il peut être aidé au niveau national par les taxes, les quotas et la valorisation du carbone évité.

Mais, fondamentalement, le changement structurel ne peut provenir que d'une conception élargie de la valeur, traduite dans une révolution comptable et une transformation induite de la gouvernance des entreprises, comme on va le voir dans la prochaine section de ce chapitre. Les critères de soutenabilité sociaux et de gouvernance doivent être traduits en valeurs comptables.

Le rôle de l'État dans la continuité de la planification stratégique à long terme est inhérent à la démarche visant un nouveau mode de régulation adapté aux conditions écologiques de ce siècle et au soutien de la société civile. Cela veut dire une réforme fiscale internationale pour éliminer les rentes provenant des niches fiscales, des paradis fiscaux, des exemptions fiscales des multinationales et des déplacements financiers des profits. Inventer un nouveau mode de régulation, c'est mettre en mouvement un processus de longue durée pour sortir d'un monde d'économies segmentées et de plus en plus inégales pour construire les principes d'un monde viable. Cette ambition implique une transformation radicale de la gouvernance des entreprises, une complémentarité des investissements productifs publics et privés, et une réforme complète de la comptabilité que nous aborderons en dernière partie.

L'ÉCONOMIE CIRCULAIRE ET LA RÉNOVATION DES TERRITOIRES

Jean-Claude Lévy a donné une définition générale de l'économie circulaire[32]. L'économie circulaire est un principe intégrateur qui s'applique à tous les acteurs et à tous les niveaux d'organisation des territoires. Elle participe d'une stratégie visant à développer des dynamiques d'écologie industrielle, d'écoconception et de fonctionnalité. Elle s'exprime dans une aptitude à maîtriser la production énergétique et la production de l'espace, à recycler les flux de matières dans le cadre de politiques socio-économiques et territoriales.

L'économie circulaire est en liaison étroite avec les écosystèmes. Elle se préoccupe de la valeur d'usage des ressources naturelles, organiques et inorganiques. Au XXIe siècle, elle s'inscrit dans un système urbain ravagé par la métropolisation avancée qui détruit la nature qui l'héberge. L'économie circulaire est une économie de l'intelligence des limites planétaires. Elle s'oppose à l'économie linéaire conçue sur la logique produire → consommer → jeter jusqu'à l'anéantissement des ressources de la nature. Elle fait face à un monde métropolisé où, dès 2010, trente-deux villes dépassaient 10 millions d'habitants, rassemblant 18 % de la population urbaine mondiale et plus de 9 % de la population mondiale totale. La forme urbaine en expansion abrite l'économie souterraine qui soutient l'économie informelle. Celle-ci ferait 16 % du PIB en Europe et ferait vivre la moitié de la population de la planète. En 2050, c'est 70 % de la population mondiale qui vivra dans les métropoles. Comment faire pour que le système urbain cesse d'être prédateur de la nature ?

Dans les communautés rurales, une circularité existe dans la mise en culture avec les pratiques de la jachère, de l'assolement et de l'amendement. Dans les pays développés, il existe des zones spéciales et des parcs d'économie circulaire. Mais cela n'est pas à l'échelle de la crise environnementale, tant pour la dégradation de la biodiversité que pour l'épuisement des ressources rares. Pourtant, c'est bien à l'échelle des agents territoriaux, les plus proches de la production des espaces publics et dépositaires des biens communs, que des règles conformes à la protection des écosystèmes peuvent être définies.

Dresser une comptabilité environnementale est indispensable à une économie circulaire pour rétablir la protection des communs en réaffirmant le choix social dans le cadre de la démocratie participative. En effet, la réforme de la comptabilité est décisive pour que les entreprises incorporent les limites planétaires dans les calculs économiques.

Les démarches territoriales peuvent être diversifiées pour réduire la consommation des ressources naturelles, favoriser l'écoconception des biens produits grâce à des procédés d'écologie industrielle et à des procédures d'économie de fonctionnalité.

Territoire, complémentarité ville campagne, innovations et transition écologique

La concentration du capital dans le régime politique néolibéral a accentué les fractures sociales. Les politiques transformatrices doivent donc reconquérir les territoires comme espaces de vie commune. Les coûts sociaux engendrés par les mégapoles, *via* l'étalement de leurs banlieues, les villes-dortoirs et les transports alternés par automobiles individuelles à combustion fossile, sont largement dus au prix du foncier non maîtrisé. Ils provoquent la perte de bien-être par la congestion, le gaspillage de temps, la pollution, l'usure physique et mentale.

Trois axes de transformation peuvent être envisagés et combinés :

- Construire des *pôles de compétitivité territoriaux* comme bases de politiques d'innovations. Ce sont des réseaux de firmes sur un territoire qui intériorisent des effets externes par échanges tacites d'informations et de compétences, par mises en commun d'investissements de recherche et des fonctions support dédiées.
- Inventer un nouveau concept de *mobilité urbaine*. Définir et structurer la mobilité comme un bien commun implique un changement des modes de vie par rapport au modèle fondé sur la propriété des véhicules individuels. L'offre de transport multimodal sur un territoire requiert des entreprises qui soient des opérateurs de mobilité, capables d'optimiser l'intermodalité des moyens de transport pour minimiser l'émission des gaz à effets de serre. Cela implique une comptabilité carbone complète, prenant en compte les coûts indirects de l'investissement dans les nouveaux moyens de transport. Corrélativement, il faut inventer une mobilité partagée en élaborant des plans de mobilité : renforcer les transports en commun, développer les pistes cyclables et construire des parcs à vélos, apprendre à recourir aux véhicules partagés.
- Développer l'*économie circulaire* comme vecteur d'intégration des territoires. C'est un principe d'intégration de l'écologie et de l'économie qui accroît la productivité de l'usage des flux de matières par création de chaînes de valeur où les déchets deviennent des intrants. La réglementation est essentielle parce que les producteurs doivent porter la responsabilité de leurs déchets. Cela doit permettre d'évaluer les quantités de matières récupérées et recyclées pour être remises dans le circuit économique. Lorsque la valorisation du carbone évité aura enfin été établie, cela permettra de dresser le bilan carbone des entreprises, des villes et jusqu'à un pays entier.

La direction politique de cette triple transformation implique une vue stratégique de l'avenir au plus près des citoyens. C'est le sens d'une démocratie participative qui renforce la cohésion sociale. Pour mettre en œuvre les projets, un transfert de compétences de l'État aux collectivités locales est indispensable. Car, pour coordonner les projets décentralisés des acteurs de l'économie, la décision publique informée par le débat démocratique, au niveau d'organisation où doivent se faire les choix des projets, est cruciale. Il faut donc de nouvelles médiations entre l'État, les collectivités locales et les acteurs économiques et sociaux.

Comme nous allons le voir dans les prochaines sections de ce chapitre, les dispositifs de support doivent bénéficier d'une régulation des prix, tant pour la valorisation du carbone que pour la définition de valeurs instrumentales pour la biodiversité, de manière à réformer la gouvernance des entreprises dans le sens de la codétermination.

Le rôle des monnaies locales et complémentaires dans la transition écologique

Les monnaies locales et complémentaires[33], c'est-à-dire pleinement convertibles dans une monnaie officielle, peuvent-elles être directement ou indirectement des moyens de transition écologique et solidaire[34] ? Cette question introduit le problème du financement qui sera traité systématiquement dans la dernière section du présent chapitre.

Les difficultés de financement viennent de la nature des risques d'origine climatique. L'écart entre le rendement social à long terme des investissements écologiques et le rendement prospectif des entreprises qui les envisagent n'est pas évaluable par les marchés financiers car il est soumis à une incertitude radicale. En effet, le marché sous-produit les biens et services fournissant des externalités positives dont le rendement social est supérieur au rendement privé. Cela rend les entreprises privées réticentes à entreprendre de tels investissements. Or les dispositifs monétaires locaux peuvent être établis de telle sorte que la rentabilité des projets soit alignée sur le rendement social.

Le système de crédits mutuels finançant les échanges interentreprises de l'économie circulaire peut être porté par des monnaies locales finançant les porteurs de projets bénéficiant d'une garantie publique fournie par une autorité publique locale. Ces dispositifs de crédit ont l'avantage de permettre aux entreprises du réseau d'emprunter à des taux bas sous la contrainte de découverts limités. Ces monnaies locales, qui circulent sous forme de dettes réciproques, peuvent être convertibles en monnaie officielle.

L'autorité des pouvoirs publics locaux est indispensable à la préservation du système de paiements complémentaires, destiné à financer des politiques de développement social et environnemental. Les budgets publics locaux participent au circuit monétaire local en acceptant le paiement des impôts locaux et en fournissant des services dans ces monnaies locales. C'est ainsi que les monnaies locales peuvent contribuer à contenir les risques de fracture territoriale provoqués par la métropolisation en revitalisant les territoires. Ainsi, les monnaies locales et complémentaires ne circulent que sous des conditions qui vérifient une responsabilité sociale et environnementale. Si l'émission de ces monnaies repose sur des projets décidés par délibération collective, on peut parler de monnaies citoyennes.

Aussi les monnaies locales créent-elles des dynamiques territoriales positives à condition que soit reconnu aux gouvernements locaux le pouvoir de certification des services rémunérés en monnaies locales.

Les problèmes de la valorisation du climat et de la biodiversité

En étudiant le rapport Dasgupta et ses critiques, on a rencontré le problème de la valorisation de la nature. Il est temps de reprendre systématiquement ces questions parce qu'une réflexion théorique sur les approches de la valorisation va nous mener à la réforme de la comptabilité d'entreprise et à la gouvernance pour engager pleinement les entreprises dans les actions requises pour respecter les limites planétaires.

LES APPROCHES CONTRASTÉES DE LA VALORISATION

Le secrétariat de l'IPBES (Intergovernmental Science Policy Platform on Biodiversity and Ecosystem Services) a engagé une réflexion sur les approches méthodologiques de la valorisation[35].

Il y a une dichotomie entre la conception fondamentaliste ou intrinsèque de l'évaluation et la conception instrumentale et relationnelle.

La première est caractéristique de la démarche de Dasgupta analysée plus haut et plus généralement de l'approche néoclassique, dite coûts/bénéfices. Elle recherche l'optimisation des comportements face aux risques environnementaux. La notion de valeur fondamentale découle de cette conception utilitariste appliquée à la relation entre la nature et l'*Homo economicus*.

Tout autre est la conception pluraliste de l'écologie politique. Elle est instrumentale et relationnelle, car fondée sur l'interdépendance entre les collectivités et la nature, couplée à celle entre les individus et la société. Il en résulte une multiplicité d'approches, biophysique, sanitaire, socioculturelle ou holistique, et donc une multiplicité d'évaluations. C'est l'approche que nous suivons dans ce chapitre.

Le pluralisme d'évaluation instrumentale nourrit une perspective socio-écologique où les caractéristiques de la nature et leurs contributions à la qualité de la vie des êtres humains sont interdépendantes. Les délibérations au sein des collectifs sont indispensables pour surmonter les conflits sur les valeurs. C'est ainsi que les processus de décision bénéficient de la pluralité des évaluations instrumentales.

UNE UTILISATION INSTRUMENTALE DE LA VALORISATION DU CLIMAT[36]

Il s'agit, en premier lieu, de définir deux valeurs instrumentales différentes : celle du carbone émis et celle du carbone évité. Comme nous l'avons déjà remarqué, le climat est un bien collectif. Dans les conditions de sa préservation il y a une double externalité. D'une part, c'est la tragédie des communs et la tragédie des horizons vis-à-vis de la logique des marchés dans les collectivités au sein des nations. D'autre part, il y a une externalité mondiale que les pays riches ont imposée aux pays pauvres.

En outre, il y a une inertie de l'externalité climatique. Les trajectoires des stocks accumulés doivent respecter les limites planétaires. Enfin, il y a les incertitudes en cascade qui peuvent conduire à des basculements vers des trajectoires irréversibles non viables. C'est pourquoi une approche pluridisciplinaire est indispensable pour interpréter les conséquences du changement climatique sur les activités humaines.

C'est le sens de l'écologie politique qui doit incorporer un principe de précaution.

Un consensus a été atteint par la commission Stern-Stiglitz sous l'égide de la Banque mondiale en 2017[37]. Aucune politique d'atténuation du changement climatique n'est crédible si la pollution est gratuite et donc si chacun ignore les dommages qu'il inflige aux autres. Cela implique une tarification minimale du carbone. La question est donc : quelle valeur monétaire donner à une tonne de CO_2eq émis et une tonne évitée. Réponse : ces valeurs sont au-dessus de 100 dollars la tonne, très au-dessus des approches coûts bénéfices à la Nordhaus. La question adjacente est : quelles actions publiques doivent en résulter ?

Bien sûr, le niveau de la valeur carbone dépend du budget carbone, donc des plafonds d'émissions nettes cumulées pour atteindre la neutralité carbone et y rester. Ce budget carbone dépend en retour des techniques de décarbonation disponibles et des comportements acceptables des citoyens. Compte tenu de l'incertitude sur toutes ces variables, il faut recourir à une méthode de scénarios.

Selon Alain Quinet, les valeurs carbone doivent être revues à la hausse au fur et à mesure que le budget carbone se consomme. Selon les simulations du GIEC, il aurait fallu une valeur cible du carbone évité autour de 100 dollars la tonne en 2020, pour atteindre 250 en 2030 et s'envoler à 750 en 2050 pour atteindre et respecter la neutralité carbone.

Les autorités monétaires suggèrent aux entreprises qu'un prix de 100 dollars la tonne en 2030 est nécessaire pour déclencher une baisse rapide et soutenue des émissions carbone. Mais les valorisations qu'utilisent les entreprises dans leur comptabilité analytique ne dépassent pas 25 dollars la tonne ! Elles y voient un désastre pour leur compétitivité et donc pour leurs valeurs boursières, surtout dans le secteur énergétique, les transports et l'agriculture, si les entreprises doivent supporter le coût de leurs émissions.

LES DIFFICULTÉS D'ÉVALUATION DE LA BIODIVERSITÉ

Les limites de la croissance ne sont pas seulement énergétiques et mécanistes. Les écosystèmes y participent. Or ils sont complexes, et leurs évolutions sont mal connues. En économie, les services écosystémiques ne sont définis que par les bénéfices qu'ils apportent aux sociétés humaines et leurs dégradations, par les risques qu'elles font courir.

On distingue les services d'approvisionnement qui ont des prix de marché, les services de régulation qui sont difficiles à évaluer, les services culturels qui ont une valeur instrumentale exprimée par le consentement à payer de leurs utilisateurs, enfin les services d'appui qui ne sont la source d'aucun bénéfice direct et n'ont pas de liens étroits avec des écosystèmes particuliers.

Comme on l'a vu en étudiant le rapport Dasgupta, la marchandisation de la nature considère celle-ci comme un stock d'actifs à valoriser, accru d'un flux qui s'accumule. L'affirmation du marché comme forme indépassable du lien social fait de la nature un flux d'actifs financiers producteurs de rentes, d'où la proposition d'une privatisation généralisée des services écosystémiques en tant qu'actifs à valoriser.

Tout autre est l'approche des écosystèmes dans la perspective de la viabilité. L'essentiel est la résilience en tant que capacité des écosystèmes à préserver leur viabilité en dépit des changements d'état caractéristiques des systèmes complexes. Il faut un cadre analytique pour représenter la dynamique des risques financiers liés à la biodiversité, comme on l'a fait pour les risques d'origine climatique, avec toutes les difficultés des empreintes multiformes et mal connues des dégradations des écosystèmes. Pour cette évocation on utilisera les évaluations effectuées en France par la Banque de France et le Trésor[38]. Comme l'a souligné l'IPBES, la multidimensionnalité des phénomènes rend très difficile une évaluation globale des impacts économiques et financiers de la biodiversité.

Comme pour le changement climatique, il existe des risques physiques et des risques de transition. Mais le haut degré d'hétérogénéité de la biodiversité et des services écosystémiques qui lui sont liés ne permet pas à ce jour simplement de définir une base commune pour agréger ces risques.

Toutes ces tentatives d'évaluation sont des défis pour la politique économique, bien que la perte de biodiversité soit indubitable. Néanmoins, la conclusion essentielle est que des limites strictes doivent être imposées à l'appropriation du sol pour préserver ou, mieux, pour reconstituer la valeur des services écosystémiques, même si la croissance du PIB doit en souffrir. Car les risques d'irréversibilité dans la dégradation des écosystèmes sont les plus graves concernant les forêts primaires et les coraux. Des réglementations fortes s'imposent qui doivent être coordonnées au niveau international.

PROMOUVOIR LA GOUVERNANCE PARTENARIALE

Au sein des économies capitalistes, la comptabilité se présente comme une logique rigoureuse, alors qu'elle est truffée de conventions qui sont autant de compromis entre des intérêts contradictoires. La contre-révolution néolibérale a engendré le principe comptable dit « de la juste valeur » qui a asservi les entreprises aux intérêts exclusifs des actionnaires et des professions juridiques et financières qui leur sont associées.

Rappelons que la valeur des objets économiques ne préexiste pas aux échanges. Elle résulte de la finalité des paiements qui leur confèrent leurs valeurs sociales. Il s'ensuit que la comptabilité, après la réforme néolibérale conçue pour imposer la domination de la valeur actionnariale sur les stratégies d'entreprise renferme nécessairement une tension irréductible entre deux aspects de la réalité : les valeurs avérées par les échanges monétaires réalisés d'une part, les promesses de valeur supputées d'autre part. Seules les valeurs réalisées sont incontestables. Or les normes comptables dites IFRS (International Financial Reporting Standards) prétendent donner une légitimité à ces valeurs supputées. Elles font surtout confiance au *mark-to-market*, c'est-à-dire à des valeurs liquidatives instantanées sur les marchés financiers secondaires qui sont placées sous l'emprise du mimétisme. Aucun point de vue englobant ne peut surmonter cette pluralité contradictoire.

La pluralité contradictoire des intérêts découle des rapports économiques. Les actionnaires sont préoccupés par l'analyse subjective des opportunités futures, les créanciers par les évaluations de la solvabilité, les dirigeants par leurs rémunérations gonflées par leurs stock-options, les salariés par le degré de protection du contrat de travail. Ces intérêts contradictoires entraînent l'incompatibilité des qualités exigées de l'information comptable : pertinence par rapport à la réalité économique, fiabilité contre les manipulations, comparabilité dans le temps pour l'allocation des capitaux. Or pertinence et fiabilité vont de moins en moins ensemble, au fur et à mesure que la rentabilité des entreprises dépend plus des actifs immatériels à effets de réseaux et environnementaux capturés sans valeur marchande (*cheap nature*). Pertinence et comparabilité dans le temps posent un dilemme insoluble parce que la valeur instantanée de marché n'a aucune pertinence pour des entités financières (fonds souverains, fonds de pension, assurances-vie) qui capitalisent des droits sociaux sur de longues périodes. Enfin, comparabilité et fiabilité sont d'autant moins conciliables que l'extension de la comparabilité prétend devenir mondiale.

Seul l'univers imaginaire de la concurrence parfaite avec un seul agent représentatif, muni d'une information parfaite jusqu'à l'infini qui abolit le temps, réalise le principe de la juste valeur (*fair value*). Corrélativement la monnaie devient neutre ; le système de paiements n'est plus l'opérateur de la valeur qui est supposée préexistante aux échanges en son principe appelé utilité. Celle-ci, dans le monde éthéré de la concurrence parfaite, est purement individualiste, c'est-à-dire indépendante de tout lien social.

Bien sûr, cette prétention de dépasser l'ambiguïté de la comptabilité que le néolibéralisme veut imposer est sans fondement. Elle n'exprime rien d'autre qu'une sensibilité exacerbée aux intérêts exclusifs de la finance de marché. Or l'enjeu, devant l'impératif du respect des limites planétaires, est celui de l'établissement d'une gouvernance partenariale, conforme à l'essence de ce qu'est l'entreprise en tant que groupement humain impliquant la coopération de ses membres et non pas de ses seuls actionnaires. Cela requiert de définir un système d'évaluation de l'impact de l'entreprise sur son environnement économique, social et naturel, reflétant les objectifs de développement durable auxquels les entreprises doivent participer au premier chef[39].

La valeur actionnariale s'oppose frontalement à la responsabilité sociale de l'entreprise, car elle occulte deux réalités. D'une part, les enjeux sociaux ne sont pas adjacents mais cruciaux pour les entreprises. Les ignorer rend les entreprises vulnérables devant les mutations géopolitiques de notre temps. La légitimité des actions fait partie de leur validation sociale. D'autre part, les pressions sociales sont des révélateurs des facteurs qui influencent la profitabilité. Ces réalités influencent les perspectives de profits à long terme. Les ignorer conduit à faire des anticipations erronées, à cause de l'obsession du rendement boursier instantané.

Plus fondamentalement, la valeur actionnariale, présupposant que les actionnaires sont seuls légitimes pour exprimer les buts de l'entreprise, est inconsistante en termes d'économie industrielle. Le droit ne connaît pas l'entreprise, il ne connaît que la société privée. L'entreprise est une entité collective, un groupement humain dédié à la production de valeurs sociales, validées par les paiements. Un groupement humain ne peut appartenir à personne. En droit, la société privée est une entité juridique instituant une personne morale qui porte la finalité de l'entreprise. La propriété reconnue à la personne morale « société privée » est une propriété par destination. Cela veut dire que la société privée est responsable du but formel de l'entreprise dans le capitalisme. Elle doit accomplir la logique abstraite du capital qui est l'accumulation, donc l'autoaccroissement de la valeur monétaire.

En ce sens, la société privée est propriétaire de l'entreprise. C'est la société privée et elle seule qui prend des engagements au nom de l'entreprise. Parce que la société privée est une personne morale, elle délègue son pouvoir à une instance de direction qui est son conseil d'administration (CA), lequel mandate un exécutif, lui-même hiérarchisé. Il n'y a rien dans cet agencement juridique qui puisse ressembler à une relation entre les actionnaires et l'entreprise.

Les ayants droit de la société privée sont tous les apporteurs des actifs qui permettent à la société privée de réaliser sa mission, c'est-à-dire l'accumulation de la valeur. Les actionnaires apportent un type d'actifs ; c'est pourquoi ils sont propriétaires de parts de capital de la société privée. Mais d'autres partenaires de l'entreprise apportent d'autres actifs, essentiels à son efficacité, même s'ils ne sont pas reconnus comme des droits de propriété négociables sur les marchés financiers. En conséquence, l'entreprise est essentiellement une équipe. Ce qui la rend efficace, c'est la coopération et la complémentarité de ses talents. Corrélativement, la valeur boursière de la société n'est pas adéquate à l'utilité sociale créée par l'entreprise. La tension entre entreprise et société privée pourrait donc fonder une autre répartition du pouvoir, celle de l'*entreprise partenariale*, et un lieu d'exercice du pouvoir qui est le conseil d'administration (CA). Celui-ci est l'organe politique de la direction de l'entreprise, au sens fort celui qui décide de ses finalités par délibération. Il a donc une visée stratégique qui est codifiée dans une norme de gouvernance.

La mission du CA est de contrôler la gestion, donc la technostructure de l'entreprise, pour que la gestion soit conforme à la norme de gouvernance. Puisque la société privée assigne à son représentant, le CA, les droits à organiser l'entreprise, la gouvernance, par laquelle celui-ci interagit avec l'ensemble de la structure, doit éviter que la coordination des parties prenantes ne soit confisquée dans l'intérêt des seuls managers ou des seuls actionnaires. La gouvernance partenariale implique donc l'organisation de contre-pouvoirs : séparation du président du conseil et du P-DG, comités de contrôle interne sous l'autorité du CA et séparés de la gestion, critères objectifs et instruments de mesure des performances de gestion, agenda sous la responsabilité de la présidence du conseil.

Parce qu'elle mobilise la créativité des ressources humaines rassemblées dans l'entreprise, la gouvernance partenariale est la principale source de productivité. Celle-ci résulte essentiellement de l'apprentissage collectif : savoir tacite par circulation des compétences qui valorise les capacités individuelles, interactions informelles entre employés au sein de structures horizontales, motivation des salariés en tant que partenaires. Seule la gouvernance partenariale par participation effective des salariés au CA peut créer les contre-pouvoirs nécessaires pour garantir la formation de compétences collectives en tant que facteurs de production.

Le développement passe par la valorisation et la reconnaissance du patrimoine humain collectif. Il est essentiel de le considérer comme un investissement dans la formation, l'accompagnement des mobilités et les pratiques managériales. Les politiques qui décident de cet investissement ne sont efficaces que si elles sont intégrées dans la planification stratégique de l'entreprise. La source principale de la productivité dans l'économie de la connaissance repose sur l'interaction et l'implication de tous les porteurs de « capabilités ». Étant parties prenantes à la création de valeur d'une manière qui ne peut être complètement contractualisée, les capacités humaines sont des actifs intangibles dont les porteurs sont des ayants droit résiduels sur la valeur totale de la firme. En conséquence, les salariés deviennent des parties prenantes de l'entreprise, des *stakeholders*[40].

À l'échelle mondiale, les entreprises familiales font plus de 90 % des entreprises dans le monde entier, non seulement des petites entreprises, mais des entreprises de toutes tailles[41]. Elles transmettent la richesse héritée et le statut aux générations futures. Elles sont dominantes en Asie où les quinze premières familles contrôlent une richesse équivalente à 84 % du PIB à Hong Kong, 76 % en Malaisie et 48 % à Singapour. Si l'on inclut les entreprises de taille moyenne, l'Europe a une majorité d'entreprises familiales, surtout les deux tiers dans le *Mittelstand* incluant des leaders mondiaux. Il faut bien comprendre que la structure de leur propriété est aux antipodes du modèle anglo-saxon de l'actionnaire de marché et de l'entreprise comme agent. Cette différence est cruciale pour les stratégies des entreprises.

La propriété familiale ignore totalement le court-termisme et les relations d'agence. Les propriétaires d'entreprises familiales considèrent leurs actions comme des investissements à long terme et gardent une surveillance étroite sur la gestion. Leur problème majeur est celui de la succession entre les générations. On peut en déduire les avantages et les inconvénients de ce mode de gouvernance.

L'avantage majeur est la vision de long terme pour les investissements innovants. Penser sur un horizon pluridécennal est bien différent du fait de penser sur un horizon trimestriel. Ainsi, le P-DG d'une entreprise du *Mittelstand* reste en moyenne vingt ans dans sa position. Trois avantages interconnectés en découlent : une base stable d'employés grâce à de meilleures relations de travail, une solide culture interne d'entreprise, la confiance des collaborateurs extérieurs.

Les inconvénients se produisent lorsque les rivalités éclosent au sein de la famille. Celles-ci apparaissent sur les questions de succession, surtout si elles sont non anticipées, par exemple à l'occasion d'un décès prématuré du fondateur. Les performances de l'entreprise peuvent s'effondrer. Dans le *Mittelstand*, une manière de les combattre est de s'ancrer dans des niches spécifiques qui établissent des positions fortes vis-à-vis de la concurrence hors prix. Établir une relation étroite avec une banque locale consolide cette position dans une conjoncture macroéconomique défavorable.

Une solution plus efficace pour des groupes de grande taille est le contrôle pyramidal. Cela permet d'attirer des financements externes sans crainte de perte de contrôle. Une technique financière annexe est d'émettre des actions duales entre une catégorie supérieure portant des droits de vote et une catégorie d'actions subordonnées sans droits de vote. On peut ainsi sauvegarder le contrôle, tout en ayant accès au marché des capitaux. Une autre méthode bien connue est de mettre la propriété de l'entreprise dans une fondation.

Plus généralement, la codétermination est un mode de gouvernance[42] dans lequel les actionnaires et les salariés sont égaux au conseil d'administration (CA) ou de surveillance en Allemagne. C'est donc la condition d'une gouvernance pluraliste entre les parties constituantes de l'entreprise (actionnaires, managers, salariés) vis-à-vis des parties prenantes extérieures. Il faut un tiers pour organiser et réguler l'apprentissage collectif. C'est le rôle des institutions internes que sont les conseils d'établissement qui reconnaissent des pouvoirs de décision aux salariés pour l'organisation du travail.

Concentrons-nous sur les liens entre codétermination et transition écologique. L'entreprise à gouvernance actionnariale maltraite l'environnement, comme elle maltraite le travail par l'éclatement des types de contrats de travail à la recherche d'une flexisécurité régressive. Pour dépasser cette exploitation, la gouvernance selon le principe de codétermination introduit un principe de responsabilité. De même que la codétermination surmonte le conflit inhérent au contrat de travail par la responsabilité commune des parties constituantes de l'entreprise, de même la responsabilité environnementale de l'entreprise doit être tournée vers les générations futures. Cela implique de donner la priorité à la croissance qualitative en révisant le langage comptable des entreprises.

La codétermination insère l'avantage individuel dans l'avantage social, ce qui conduit à mettre sur le même plan le respect de la personne humaine et celui de la protection de la nature en tant qu'intersubjectivité qui introduit un devoir éthique dans la gouvernance, en conformité avec les principes rawlsiens. En opposition à l'*Homo economicus*, les participants à la gouvernance de l'entreprise par codétermination ont une identité sociale. Il s'ensuit que l'entreprise codéterminée peut devenir une entreprise à mission vis-à-vis de l'exigence de la neutralité carbone. On peut alors parler d'un mode de gouvernance par écodétermination comme issue à la crise de la gouvernance néolibérale. Quelle pourrait être la réforme comptable qui en découle ?

LA RÉFORME DE LA COMPTABILITÉ D'ENTREPRISE

La comptabilité est un enjeu politique sous un masque technique, un bien commun à des utilisateurs dont les points de vue et les intérêts diffèrent, s'ils ne sont pas rassemblés par la codétermination. On vient de montrer que la mesure des facteurs de production immatériels, conçus comme des actifs interagissant dans le collectif de l'entreprise structurée comme une équipe, conduisait à une conception partenariale de l'entreprise, dégageant une valeur collective (*goodwil intrinsèque*) qui n'appartient pas aux seuls actionnaires. Le postulat de la *fair value*, qui inciterait les entreprises à produire l'information pertinente pour un contrôle anonyme par le marché boursier, est une idéologie sans consistance théorique vis-à-vis du collectif qu'est l'entreprise.

L'entreprise, en tant qu'organisation de compétences spécifiques et coordonnées dans une continuité temporelle (*going concern*), ne saurait être représentée par la valeur liquidative instantanée du marché boursier. La participation des compétences complémentaires aux flux de revenus produits par l'entreprise dans la continuité temporelle ne peut être attribuée à tel ou tel partenaire que par la comptabilité analytique interne. Les cours boursiers ne font que refléter le mimétisme des croyances des acteurs financiers sur les marchés secondaires. La comptabilité *fair value* n'est qu'une prise en compte d'instantanés dans lesquels la mesure des performances des entreprises pour l'ensemble des partenaires se dissout.

La comptabilité d'entreprise partenariale doit reconnaître les actifs immatériels, comme le fait la comptabilité nationale : information numérisée (software, bases de données), propriété intellectuelle (R&D, design, patentes, copyright), compétences humaines (compétences spécifiques et structures d'organisation). Toutes les formes de capital doivent être traitées symétriquement. Les problèmes de mesure et de traitement comptables découlent de ce que ces formes de capital sont internes aux firmes et ne sont pas des actifs séparables. Elles impliquent une conception dynamique de la création de valeur par l'entreprise. Une tentative d'intégration a été réalisée par le modèle CARE.

Le modèle comptable CARE (Comprehensive Accounting in Respect of Ecology)-TDL (Triple Depreciation Line), élaboré par Jacques Richard et Alexandre Rambaud, adapte les normes comptables, et donc la théorie comptable sous-jacente, aux enjeux sociaux et environnementaux, en les intégrant dans le bilan et le compte de résultat de la comptabilité générale[43].

Les parties prenantes, humaines et environnementales, étant des ayants droit sur l'entreprise sont enregistrées à son passif. Elles ne sont pas considérées comme des actifs ou des charges d'exploitation. Là est le saut qualitatif de la prise en compte des multiples parties prenantes liées par la codétermination. En effet, la comptabilité a pour rôle d'articuler les moyens (les actifs) aux obligations (les passifs) d'une entreprise. En adoptant une logique de passif, on peut concevoir l'usage fait des contributions des parties prenantes comme des emprunts, donc des dettes sociales et écologiques qu'il faut rembourser. Ce sont des bases de l'activité des entreprises lorsqu'elles sont traitées comme un collectif. La mission de l'entreprise repose sur le maintien de l'ensemble des capitaux apportés.

Il y a donc trois ensembles de lignes de dépréciation pour les capitaux productifs matériels, pour les capitaux immatériels et pour les capitaux environnementaux. Outre la solvabilité financière pour faire face aux obligations vis-à-vis des passifs financiers, il y a une solvabilité sociale et une solvabilité écologique. Pour les trois types d'ayants droit, il y a différents types d'actifs qui sont les usages des ressources des passifs. Les évaluations monétaires sont indispensables pour évaluer les coûts des maintiens de tous les types d'apport à l'entreprise. On peut appréhender les dégradations des forces de travail et des entités environnementales comme des amortissements pour reconstituer les passifs à maintenir.

Le résultat de l'entreprise est le surplus au-delà du maintien de tous les types d'apports. On aboutit à une définition rigoureuse des critères ESG (environnementaux, sociaux et de gouvernance) qui sont inhérents à la gouvernance partenariale. Il s'agit d'une codétermination effective par la participation à la gouvernance des représentants des capitaux humains et environnementaux dans le cadre d'une démocratie participative, ancrée dans le cœur de l'activité économique : l'entreprise.

L'investissement socialement responsable (ISR) rigoureusement défini intègre dans les choix d'investissement du secteur financier des critères extrafinanciers qui révèlent la responsabilité sociale des entreprises (RSE). C'est donc le lien entre la gouvernance partenariale des entreprises conforme au principe de la double détermination et la mise de la finance en état de promouvoir les investissements liés au développement durable.

Nous avons vu plus haut les enjeux de valorisation instrumentale, dont au premier chef une valorisation des investissements de carbone évité, mais aussi de l'ensemble des indicateurs liés à la responsabilité sociale des entreprises. Ces enjeux font du bien-être des générations futures un impératif économique, parce que les tendances lourdes du réchauffement climatique, de l'aggravation des inégalités et des menaces sur les ressources en eau, énergie et sol détériorent le rendement social marginal des investissements.

Comment les enjeux financiers, éthiques et juridiques interagissent-ils ? On retrouve la tension entre la logique capitaliste de la recherche de l'argent pour lui-même en tant que vecteur du pouvoir sur autrui et celle de la monnaie en tant que lien social pour le bien-être commun qui soutient l'investissement socialement responsable.

Vers un retour aux origines de la valeur

Nous nous sommes appuyés sur la théorie de la viabilité en opposition radicale avec la conception individualiste de l'*Homo economicus*, dite néoclassique, qui recherche un optimum de bien-être dans un équilibre général des marchés.

La théorie de la viabilité décrit les évolutions dynamiques d'un système de contraintes socio-économiques et environnementales. Des institutions sociales appelées régulons permettent de préserver ou de rétablir l'évolution des contraintes dans un noyau de viabilité qui garantit la soutenabilité des évolutions. Parmi ces institutions sociales la monnaie joue un rôle prépondérant.

Ces contraintes socio-environnementales sont les limites planétaires et les seuils minimaux d'équité sociale qui sont inhérents à l'écologie politique et qui doivent être respectés pour engager les sociétés dans une transition écologique. Le Capitalocène exprime les contradictions entre la logique de l'accumulation capitaliste prétendument illimitée et l'évolution des contraintes socio-environnementales.

Sur ces fondements théoriques et méthodologiques, un rapide panorama anthropologique et historique a permis d'ancrer le mythe de la dette écologique, existant dès les sociétés dites primitives et antiques, et de situer la spécificité de l'émergence du capitalisme dans son interaction avec l'écologie politique, c'est-à-dire le Capitalocène.

Nous montrons finalement qu'intégrer étroitement l'atténuation climatique et l'adaptation dans les programmes de protection sociale pour garantir que les politiques d'adaptation respectent les principes rawlsiens d'équité sociale est un socle essentiel des politiques climatiques.

La mise en œuvre de ces objectifs, rappelés par le GIEC, implique le retour d'une planification stratégique sous l'égide de la puissance publique pour engager la participation citoyenne, allant de programmations territoriales sous l'égide de l'économie circulaire à des coopérations internationales. En Europe, l'enjeu est de coordonner les politiques climatiques des États participants de manière à créer une valeur ajoutée européenne, c'est-à-dire des gains supérieurs dans la transition vers la neutralité carbone à ceux que chaque pays membres de l'UE pourrait atteindre séparément.

Dans le cadre de la planification territoriale, la promotion d'une gouvernance partenariale au sein de la démocratie participative est efficace en insistant sur l'importance des enjeux sociaux pour les entreprises. Ce mode de gouvernance, appelé codétermination, peut conduire à une transformation de la finance dans le sens de l'investissement (véritablement) socialement responsable.

Avant de développer les politiques concrètes permettant de commencer de mettre en œuvre ce programme dans le monde « tel qu'il est », nous faisons un détour essentiel vers les régimes historiques de viabilité du Capitalocène. Comment le Capitalocène a-t-il émergé ? Comment est-il régulé ? Comment les sources d'énergie fossile ont-elles évolué du charbon au pétrole ? Comment est-on parvenu au néolibéralisme, puis à l'épuisement de cette approche, ouvrant la voie à la troisième partie du livre consacrée à la planification écologique pour le XXIe siècle ?

L'émergence du capitalisme est étudiée dans son rapport avec les dynamiques socio-écologiques globales en combinant l'histoire environnementale et l'histoire globale. L'étude des dynamiques croisées entre les aires géographiques permet de faire émerger des phases et des formes institutionnelles du Capitalocène parcourant plusieurs siècles et les différentes régions du monde. Elle détermine surtout les origines socio-écologiques de la valeur et les formes institutionnelles par lesquelles celle-ci circule au sein du capitalisme. Ce détour s'avérera fondamental pour ensuite apprécier en troisième partie de ce livre les causes de la non-viabilité du régime actuel et discuter les formes concrètement possibles de la planification écologique au XXIe siècle.

PARTIE 2

Régimes historiques de viabilité du Capitalocène

CHAPITRE 5

Les circonstances internationales de l'émergence du Capitalocène

Le Capitalocène comme phénomène global, un peu de méthode

Cette deuxième partie entend analyser ensemble l'émergence des formes capitalistes et les dynamiques socio-écologiques globales. Cela soulève des difficultés méthodologiques qui rejoignent pour l'essentiel celles rencontrées par l'analyse historique dans la longue durée. Il s'agit notamment de définir l'espace pertinent pour l'analyse.

Une première approche, que l'on pourrait qualifier d'internalisme méthodologique, visera à expliquer par des facteurs internes (européens ou même britanniques en l'occurrence) l'origine du déploiement du premier capitalisme et l'entrée dans le Capitalocène. La révolution industrielle s'est construite sur deux siècles à partir des découvertes de la Renaissance jusqu'à la mobilisation d'une nouvelle source d'énergie, le charbon. Pourquoi à ce moment-là ? Pourquoi en Angleterre, puis en Europe continentale ?

L'internalisme méthodologique répond à ces questions en cherchant comment les Lumières européennes ont progressivement élaboré la notion de progrès en rompant avec le sacré et comment l'émergence de la science a progressivement rencontré celle d'une classe bourgeoise en lutte contre l'aristocratie. Toutes ces causes sont indéniables, mais elles semblent ici constituer des formes institutionnelles *sui generis*, sans que jamais ne soient expliquées les conditions de leur émergence en Europe.

En faisant trop peu de cas des dynamiques internationales, en considérant le monde non européen comme passif et périphérique, cette approche se coupe de facteurs explicatifs plus profonds, qui redonnent à l'émergence de l'Europe une forme de contingence historique et évitent tout écueil d'une priorité historique européenne immanente.

Cette approche se coupe aussi de ce qui lie justement ensemble capitalismes et Capitalocène, autrement dit ce processus d'emblée globalisé d'exploitation de systèmes socio-écologiques sur une grande échelle, alors même que les territoires exploités ne se définissent pas comme capitalistes à proprement parler. Ainsi les interactions entre les pays européens et les différentes économies, structurées par des institutions politiques radicalement différentes, sont-elles déterminantes pour l'établissement des conditions du capitalisme en Europe du Nord.

La deuxième approche est celle du comparatisme. Si elle peut apporter de riches informations au travers de larges coupes temporelles, elle revient souvent *in fine* à une hypothèse de développement linéaire, à l'idée d'un temps cumulatif qui impliquerait que l'expérience européenne de la modernité et les stades successifs de changements sociaux qu'elle a connus soient des stades universels par lesquels devraient passer toutes les sociétés du monde, à une époque ou à une autre. Tout ce qui n'est pas similaire à l'Angleterre de la révolution industrielle est ainsi considéré peu ou prou comme un indice de retard d'entrée dans le capitalisme, une faiblesse de développement.

Cette hypothèse d'un développement linéaire évalue *in fine* dans les pays non européens ce qui les différencie de l'Europe de la première révolution industrielle comme un retard de développement.

L'approche comparatiste ne peut réellement donner de sens à des dynamiques différenciées, car elle ne les met pas en relation sur la durée. Une version écologiste de l'approche comparatiste consiste à chercher dans les différences de dotations en ressources naturelles une source d'explication des différentes vitesses de développement entre pays (implicitement par rapport au pays pionnier). À l'image de Kenneth Pomeranz, cette approche a ainsi tenté de donner un fondement écologique aux trajectoires différenciées de la Chine et de l'Europe, en considérant l'éloignement du charbon des centres urbains en Chine par rapport à leur relative accessibilité en Angleterre. Cette différence écologique ne saurait pourtant être la seule cause de la « Grande Divergence[1] ».

Une troisième approche enfin, que nous privilégierons ici, tend à dépasser les deux premières en les combinant. S'il ne s'agit certainement pas de nier les facteurs sociopolitiques internes à l'établissement d'une forme de capitalisme, il s'agit avant tout de rendre compte de la manière dont ces facteurs sont eux-mêmes souvent impulsés du dehors. Cela revient à une analyse des dynamiques croisées, actives entre différentes aires géographiques. Cette approche révèle aussi un ensemble de facteurs matériels (naturels, énergétiques, de ressources, de travail) qui, quoique hors de la sphère directe des pays européens, ont déterminé fortement les trajectoires de ces derniers[2].

Les caractéristiques spécifiques de l'Europe ne sont pas nées de sources purement internes, ni ne sont dues exclusivement à quelque situation écologique particulièrement favorable. Dans ce cadre, il n'est pas possible d'attribuer aux processus de développement une quelconque flèche du temps logique, selon laquelle l'Inde suivra les étapes de développement de l'Angleterre et encore moins normative, selon laquelle l'Inde doit suivre les étapes de développement de l'Angleterre. Seule une philosophie morale et politique[3] peut fournir de telles directions. Il sera possible en revanche de comprendre ce que les connexions et dépendances historiques de l'Inde et du Royaume-Uni expliquent des formes de capitalismes de chacun des deux pays et de la forme de Capitalocène que l'Empire britannique a contribué à forger.

Afin de catégoriser ces dynamiques de développement, inégales et sans cesse recombinées[4], qui déterminent la dynamique du Capitalocène aujourd'hui, notre objectif n'est en aucun cas ici de procéder à une histoire des phases d'évolution du capitalisme, chaque étape présentant son lot de controverses historiographiques autorisant une multiplicité de lectures. Il est plutôt de faire émerger des phases *dans le temps* et des formes *dans l'espace* institutionnel du Capitalocène en nous appuyant sur les champs foisonnants de l'histoire environnementale et de l'histoire globale. Il ne s'agit pas de substituer à une explication marxiste de l'histoire par les rapports de production une nouvelle explication par la nature, mais plutôt de réintroduire la nature dans l'équation marxiste. Cela permet d'éviter tout déterminisme climatique ou environnemental simpliste, tout en réintroduisant les limites de la biosphère comme facteur déterminant dans les trajectoires des sociétés.

Ce chapitre parcourt ce que nous appellerons la période du pré-Capitalocène jusqu'à celle du premier Capitalocène (ou Capitalocène I). Dans l'approche de développement inégal et combiné que nous retenons, nous définissons la période du pré-Capitalocène par la période (exceptionnelle dans l'histoire) de contact direct entre la Chine et l'Europe permise par l'expansion de l'Empire mongol. Cette longue période de *Pax Mongolica* court du début du XIIIe siècle jusqu'au milieu du XIVe siècle, générant pour l'Europe un « vent venu de l'est » sous la forme de contacts commerciaux, technologiques et culturels inédits, et facilitant aussi plus tard la très rapide propagation rapide de la peste noire qui ébranlera les fondations du système féodal.

Un événement en apparence fortuit du point de vue de l'environnement comme de celui des développements technologiques mettra un terme à cette période du pré-Capitalocène : la prise de Constantinople en 1453 par les troupes de l'empereur ottoman Mehmed II. Par la prise de Constantinople, puis la menace permanente portée sur l'empire des Habsbourg, l'Empire ottoman détruisit, en effet, au XVe siècle l'unité chrétienne, entraînant une série de réactions profondes qui feront émerger le Capitalocène I par l'enclenchement d'une dynamique de destruction des communs.

Un vent venu de l'est

LA *PAX MONGOLICA* ET LA GRANDE CONVERGENCE

À la fin du Moyen Âge, les proto-États européens sont relativement arriérés sur les plans des mathématiques, de l'art de la navigation ou des technologies militaires par rapport à l'est du continent eurasiatique. Cette relative arriération a pu représenter *in fine* un atout en permettant aux sociétés européennes d'acquérir les technologies les plus avancées et les formes organisationnelles déjà testées par d'autres sans commencer à zéro. Anievas et Nişancıoğlu[5] parlent même du privilège de l'arriération historique, phénomène que l'on retrouve au fil des développements ultérieurs du capitalisme. Toujours est-il que cette dynamique de rattrapage est soudainement facilitée par la mise en contact direct des deux sociétés par l'expansion au XIIIe siècle de l'Empire mongol dans toute l'Europe et l'Asie centrale, elle-même permise par les spécificités du mode de production nomadique.

Comme le relèvent Anievas et Nişancıoğlu[6], le mode nomadique de production se caractérise par un mécanisme tripartite de reproduction de la vie sociale : tout d'abord la nécessité constante de trouver des terres pour permettre aux hardes d'animaux de pâturer, entraînant un besoin permanent de migrations ; ensuite le besoin structurel d'incursions dans les communautés sédentaires pour accéder à des grains, des biens manufacturés ou des biens de luxe ; enfin par ces migrations permanentes la facilitation des relations commerciales entre sociétés sédentaires extrêmement éloignées les unes des autres. Les fameuses routes de la soie émergent de cette globalisation eurasiatique permise par l'Empire mongol, facilitant une forme de grande convergence eurasiatique.

Le mode nomadique de production n'est donc pas un régime d'accumulation, même s'il a permis par son existence même le déclenchement d'un tel régime en Europe. La mobilité des migrations signifiait également que le rapport des nomades à la terre n'était pas un rapport de propriété, et la nature limitée de l'élevage pastoral extensif signifiait que l'accumulation des excédents était limitée par le manque de fiabilité du climat. Le nomadisme s'opposait à la centralisation du pouvoir et des ressources, donc à une base essentielle de toute propriété privée de la terre et de toute forme d'autorité souveraine. Il se caractérisait, au contraire, par des relations sociales horizontales et désagrégées entre les membres de la société.

Le rôle de la *Pax Mongolica* dans le déclenchement du capitalisme aura été de trois ordres. Tout d'abord, les sociétés sédentaires auprès desquelles vivaient les Mongols étaient fortement incitées à générer des surplus et à concentrer leur pouvoir pour résister aux raids permanents. Ensuite les routes de la soie et le commerce facilité entre la Chine et l'Europe ont entretenu une dynamique intense de convergence d'un Occident arriéré sur de nombreux plans, en même temps qu'ils ont créé une première globalisation financière par des transferts de métaux précieux vers la Chine. Enfin, cette globalisation eurasiatique a facilité la propagation rapide de la peste noire à l'Europe, déclenchant par l'ampleur de sa mortalité un bouleversement profond des relations sociales de type féodal.

COMMERCE, POUVOIR ET ENVIRONNEMENT EN CHINE

La Chine est imprégnée de la doctrine confucéenne (551-479 av. J.-C.) au sein de l'époque des Printemps et Automnes (770-404 av. J.-C.). C'est une philosophie moraliste dont le concept fondamental est le *ren* (le sens de l'humain) qui régit la relation à autrui par le respect des rites. Cette doctrine a décliné à l'époque des Royaumes combattants (403-221 av. J.-C.) jusqu'à l'unification par la dynastie Qin en (221-206 av. J.-C.) à laquelle a succédé la dynastie des Han (202 av. J.-C. - 220). Ainsi est née très tôt une identité chinoise unifiée, en même temps qu'une structure politique centralisée.

Ce contexte sociopolitique permit à la Chine de développer des outils et des pratiques qui ne furent adoptés qu'avec plusieurs siècles de décalage au Moyen-Orient, et même en retard de plus de mille ans en Europe. La langue écrite, les poids, les mesures, la monnaie et la longueur des essieux des chariots furent standardisés. Les Han maîtrisèrent très tôt l'extraction et l'utilisation de la houille, permettant le travail de la fonte. Ils apprirent aussi à mouler cette fonte et ainsi à produire des pièces à grande échelle[7]. En conséquence, des densités de population beaucoup plus élevées que celle des autres grands États de l'époque ont pu émerger.

Le mode asiatique de production est usuellement caractérisé par l'usage précoce du commerce et une centralisation politique qui passe par une maîtrise aiguë des techniques d'irrigation. Une première révolution commerciale survint sous la dynastie des Song (960-1279), générant un doublement de la population chinoise (de 50 à 100 millions d'habitants) et une forte augmentation de la production agricole, notamment grâce à une promotion à large échelle de l'irrigation et des garanties sur la propriété des terres. Les contrats commerciaux avec le reste du monde se multiplièrent, des marchands engageant des investissements en direction de nombreux ports d'Afrique orientale et d'Asie du Sud-Est notamment. Sous cette dynastie furent également expérimentés les billets papier à grande échelle, le *jiaozi*. C'est pourtant sous la dynastie ultérieure des Ming, lors d'une seconde révolution commerciale, que se situe généralement le débat sur la possibilité de l'émergence d'un capitalisme en Chine et le constat d'une grande divergence avec l'Europe dont les causes ont donné lieu à d'intenses débats d'historiens[8].

Ce mode se distingue aussi du système européen hérité du droit romain par une attention très différente portée aux contrats comme à l'utilisation de la finance. Comme l'indique François Gipouloux, « la société chinoise est structurée par le rite d'inspiration confucéenne qui unit, qui favorise l'harmonie, tandis que les sociétés européennes sont réglées par la loi qui divise, qui distingue les responsabilités que l'individualisme a dessinées[9] ». De même, tandis que le droit commercial privé est en Europe occidentale un héritage du monde romain, la Chine invente un art des relations, le *guanxi*, qui diffère en termes de structure, d'objectifs et de fonctionnement concret, avec des effets également différents à long terme. Malgré la très grande efficacité des systèmes chinois de mobilisation des capitaux, l'absence de définition claire des responsabilités et les mécanismes d'exécution des contrats semblent avoir fait particulièrement défaut et empêché des dynamiques de réelle accumulation.

Ce caractère holiste de la société chinoise et plus largement de beaucoup de sociétés asiatiques se retrouve dans la relation qu'établit le pouvoir avec la nature. La culture chinoise classique confucéenne a développé des conceptions et des théories sur le climat et ses influences sur l'homme et la société. Dans cette cosmologie confucéenne classique, les calamités météorologiques étaient interprétées comme des signaux de perturbations dans le cosmos, et donc comme des signes de remise en cause du mandat du Ciel (天命) dont le souverain était investi pour assurer l'harmonie sur Terre. Ainsi, les calamités climatiques constituent un double défi pour le pouvoir politique : elles plongent le peuple dans la misère (avec tous les risques de révolte contre le pouvoir qui en découlent), mais elles remettent aussi directement en cause la légitimité du pouvoir, qui peut être soupçonné d'être immoral[10]. Mark Elvin décrit ainsi le pouvoir impérial chinois sur le climat comme une « météorologie morale[11] ».

Il est intéressant d'analyser plus spécifiquement le cas du Vietnam dans la relation entre pouvoir politique et environnement qui s'y établit au fil des siècles et particulièrement durant notre période du pré-Capitalocène. Tout d'abord, le Vietnam a été pendant près de mille ans directement partie intégrante de la Chine avant de s'autonomiser progressivement à partir du XIe siècle de la tutelle chinoise, tout en continuant de payer un tribut et de lutter à plusieurs reprises contre les incursions mongoles. S'établit ainsi une relation exemplaire de développement inégal et combiné[12].

DIGUES ET DRAGONS : LES POLITIQUES DU CLIMAT DANS LE CAS DU VIETNAM[13]

Nous reprenons dans cette partie des éléments importants du rapport spécial sur le changement climatique au Vietnam produit par le projet GEMMES Vietnam et sorti à l'occasion de la COP26 à Glasgow[14]. Le chapitre historique de ce rapport, dirigé par l'historien des sciences Frédéric Thomas, est le fruit d'une série de séminaires conjoints au ministère de l'Environnement du Vietnam (MoNRE), de l'Agence française de développement (AFD), de l'Institut de recherche sur le développement (IRD) et de l'École française d'Extrême-Orient (EFEO) sur une approche interdisciplinaire de la question des impacts du changement climatique au Vietnam et de possibles stratégies d'adaptation. Un projet de reconstruction de séries climatiques pour le Vietnam à partir d'archives historiques en est résulté entre l'IRD, l'AFD et l'Université des sciences et technologies de Hanoï (USTH), représentant un exemple emblématique de collaboration interdisciplinaire pour éclairer sous un jour nouveau les questions climatiques.

Au croisement des influences taoïstes et confucéennes chinoises, le pouvoir impérial vietnamien a développé très tôt ce que l'on pourrait appeler une politique climatique. Les souverains vietnamiens ont même créé des bâtiments dédiés, comme la tour astrale nommée « Cinq Phénix » (Ngũ Phượng) à Thang Long (Hanoï). Au cours du XIIIe siècle, un Service astrologique fut créé[15], tout comme le poste de commissaire royal des digues[16] : c'est à partir de cette date que les *Annales impériales vietnamiennes* devinrent une source précieuse pour les historiens du climat, puisque les inondations et les sécheresses y sont soigneusement mentionnées.

Ces événements étaient un phénomène récurrent, et leur impact sur les cultures était si grave que la gestion des inondations par un système de digues devint une préoccupation importante pour le pouvoir impérial. La récurrence d'événements climatiques violents a joué un rôle important dans les rébellions paysannes de la fin du XIIIe siècle et le renversement de la dynastie Tran en 1400. Les mauvaises récoltes consécutives à ces inondations régulières expliquent aussi que des locataires et métayers affamés aient pillé et incendié Hanoï à plusieurs reprises à la fin du XIVe siècle. Lorsqu'un nouvel État émergea avec la dynastie Ho (1400-1407), il dut abandonner le delta du fleuve Rouge en déplaçant la capitale à 180 kilomètres au sud de Hanoï (l'actuelle Thanh Hoa).

La montée du néoconfucianisme à la cour impériale, à partir du XVe siècle[17] et de la dynastie Lê, généra un ensemble de références confucéennes reliant la justice politique et l'harmonie du ciel. Par exemple, en réponse à la sécheresse de 1438, les *Annales impériales* rapportent que le souverain lui-même a proclamé un décret dans lequel la responsabilité morale du souverain et de son administration était clairement engagée pour expliquer une calamité climatique. Les bureaucrates croyaient en leur capacité à ajuster la situation politique courante en observant attentivement et en réagissant avec succès aux présages météorologiques[18]. Dès les années 1460, les empereurs Lê ont également instauré le rituel *nam giao* : un sacrifice réalisé par l'empereur lui-même au début d'un nouveau cycle de culture, afin d'obtenir les auspices du Ciel pour une bonne récolte. Au fil des siècles, le même cadre cosmologique et les mêmes cérémonies ont été maintenus[19].

Au Vietnam, ce pouvoir du souverain sur le ciel n'a pas seulement donné lieu à des rites religieux comme le *nam giao*, ou à la recherche d'une plus grande probité morale afin d'éviter la colère du Ciel. Elle se traduisait aussi par des actions matérielles, comme la construction de digues à partir du milieu du XIIIe siècle, et qui visaient à limiter et à contenir les inondations[20]. En fait, l'action climatique de l'empereur était à la fois morale et matérielle, sans réelle séparation des deux modes opératoires. Ainsi, le décret de 1438 mentionné plus haut prévoyait également la construction de digues pour détourner les inondations des grandes zones rizicoles.

Les travaux menés par Hiêu Phung, sur le recensement des événements climatiques, telluriques et astronomiques exceptionnels consignés dans les *Annales impériales* au XVe siècle permettent d'analyser plus profondément encore le cadre cosmologique et la rationalité des actions climatiques de l'empereur vietnamien[21]. La diversité des événements recensés révèle la pensée analogique de l'époque[22]. Sécheresses, inondations, tempêtes et typhons, tremblements de terre, invasions d'insectes, épidémies et famines, éclipses et phénomènes astronomiques divers, apparitions de dragons se côtoyaient, comme si tous ces phénomènes et manifestations partageaient une sorte d'identité que l'on pouvait mettre en lumière en enregistrant leurs récurrences.

Ainsi doit-on garder à l'esprit avec Frédéric Thomas que la pensée analogique en Chine et au Vietnam a conduit à observer les phénomènes naturels avec des approches rationalistes et empiriques, moins éloignées que ce qui peut paraître au premier abord de celles de la révolution scientifique de la Renaissance européenne. Cette pensée a donné lieu à des observations empiriques des phénomènes climatiques et à des actions concrètes pour les gouverner, notamment au travers de travaux gigantesques de maîtrise de l'eau. Cette forme politique que certains ont pu appeler hydrocratie[23] perdure jusqu'à aujourd'hui, que ce soit en Chine avec des projets comme le barrage des Trois-Gorges, ou au Vietnam avec les plans de transformation du delta du Mékong pour s'adapter au changement climatique et aux autres bouleversements environnementaux[24].

BREF RETOUR SUR UNE GRANDE DIVERGENCE

Kenneth Pomeranz[25] montre comment à la veille de la révolution industrielle l'Asie et l'Europe disposaient de caractéristiques de développement très voisines. Une caractéristique commune centrale était l'existence de centres économiques très dynamiques dont la croissance dépendait de l'acquisition de produits intensifs en terres, qu'il s'agisse de l'alimentation, du textile, des matériaux de construction ou du combustible, produits que pouvaient leur fournir des régions périphériques. Or la découverte puis la colonisation du Nouveau Monde ont profondément modifié ce relatif équilibre en mettant à la disposition de l'Europe et surtout de l'Angleterre une nouvelle région périphérique très étendue et écologiquement riche. L'Asie et notamment la Chine ne disposaient alors pas de périphérie similaire, laissant ainsi à l'Europe un avantage comparatif lui permettant de réaliser son démarrage industriel. Pomeranz souligne ainsi l'absence de charbon de qualité dans la région du bas Yangzi. Ce ne serait finalement qu'au tournant des XVIIIe et XIXe siècles que la divergence serait apparue, en raison de facteurs contingents et essentiellement externes.

On sait que les Chinois réalisèrent l'exploration de l'océan Indien avec l'amiral Zheng He dans le premier tiers du XVe siècle. L'amiral parvint jusqu'aux côtes orientales de l'Afrique. Mais, dès 1424, l'empereur Hongxi interdit les voyages en bateau sur longue distance et tenta de diminuer le pouvoir des marchands. À la fin du XVe siècle, la Chine ne disposait en réalité plus des moyens techniques pour répéter les voyages océaniques de longue distance qui avaient cours quelques dizaines d'années auparavant. À la même époque, les monarques d'Espagne et du Portugal prirent la voie exactement inverse en finançant des voyages au long cours. Le projet de Christophe Colomb fut tout d'abord refusé par le roi du Portugal, puis par la cour de Castille, qui finalement accepta en 1491. L'interconnexion entre l'Ancien et le Nouveau Monde allait totalement changer la face du monde, produisant l'étincelle qui allait déclencher la révolution industrielle.

Cette thèse est pourtant aujourd'hui contestée en ce qu'elle néglige les facteurs internes, souvent beaucoup plus anciens, propres à l'Europe et à la Chine. François Gipouloux[26] souligne ainsi l'importance des institutions économiques et financières chinoises (et notamment les méthodes de gestion et de comptabilité), beaucoup plus fragiles que celles des marchands étrangers. Angus Maddison[27] convoque quant à lui la fin de la période médiévale en Europe comme moment clé de l'émergence du capitalisme, avec la séparation de l'économique et du politique, la formalisation du statut juridique de l'entreprise ou encore l'idée d'innovation technique couplée à l'émergence de la ville comme lieu du changement institutionnel et social. En Chine, au contraire, l'absence de séparation entre le religieux et le séculier comme entre le moral et le matériel, le rôle du pouvoir impérial assurant l'adéquation de l'ordre humain et de l'ordre cosmique, a pu rendre le développement économique secondaire même en l'absence de facteurs d'explication externes et contingents. Sans prétendre trancher cette querelle d'historiens, nous nous tournons maintenant vers les spécificités de ce second Moyen Âge européen.

Systèmes technologiques et monétaires d'un « monde sans ressources[28] » (pré-Capitalocène)

SPÉCIALISATION DES ÉCHANGES ET ÉMERGENCE DE LA FINANCE EN EUROPE

De manière fondamentalement différente, le système féodal s'est construit en Europe sur les ruines de l'Empire romain d'Occident, puis de la fin du VIIIe siècle à la fin du Xe siècle en réaction aux menaces des différents peuples vikings, mais aussi à celles des Sarrasins, toujours présents en Espagne, et à celles d'autres envahisseurs. La faiblesse des États rendait impossible l'entretien de troupes qui auraient requis un système de taxation efficace. La solution a consisté à accorder à l'aristocratie les revenus de grands territoires en échange de leur service militaire. Plus précisément, on confiait aux seigneurs et chevaliers la charge de maintenir l'ordre et d'administrer la justice sur leur domaine. À bien des égards, le Moyen Âge européen représente une étape fondamentale de ce pré-Capitalocène, au point que le médiéviste américain Lynn Townsend White[29] a pu avancer l'idée qu'en changeant le regard de l'homme européen sur la nature le christianisme médiéval aurait été à l'origine de la crise écologique contemporaine.

Sur le plan technologique d'abord, de nombreuses innovations agricoles virent le jour, de sorte qu'une pression accrue se fit sentir sur les ressources forestières et minières, ainsi qu'une gestion plus intensive de l'environnement et des aléas climatiques notamment du XIIIe siècle à la première moitié du XIVe siècle. Le captage de l'énergie hydraulique des cours d'eau par des roues à aubes et l'arrivée des moulins à vent permirent une utilisation généralisée de ces outils pour le broyage des minerais, l'activation des soufflets de forge, le pompage de l'eau dans les mines... L'apport énergétique des moulins à eau et à vent créa des gains de productivité et sans doute aussi une moindre acceptation sociale du travail forcé.

Dans l'espace ensuite, les villes européennes s'organisèrent sous la forme d'un réseau hiérarchisé, composé de connexions terrestres, fluviales et maritimes, laissant émerger de grands pôles commerciaux, financiers et culturels. La finance globale de l'Europe était constituée par le réseau des villes de foires, coordonné par les marchands banquiers italiens à travers la circulation des lettres de change[30]. Ce capitalisme financier interagissait avec l'empire des Habsbourg et avec les États-nations en formation en France et en Angleterre. Un cycle financier était rythmé par les alternances de largesse et d'étroitesse monétaires provoquées par le crédit des expéditions commerciales vers l'Orient[31].

Ce dynamisme européen de l'époque médiévale doit ainsi être mis en relation avec celui de la totalité de l'Eurasie et de l'Afrique. Les flux de marchandises étaient majoritairement orientés dans le sens est-ouest, les élites européennes raffolant des produits de luxe en provenance de la Chine et de l'Inde. Certaines régions de ces pays se spécialisèrent tellement autour de quelques produits (soie, porcelaine, poivre, coton) qu'elles se mirent à importer des denrées alimentaires pour subvenir aux besoins de leurs populations.

La particularité du second Moyen Âge a été de permettre la concentration des pouvoirs économique et politique dans les mains de quelques marchands. Ainsi Venise concentra-t-elle deux modes de développement jusqu'ici exclusifs, à savoir un développement par l'extension des territoires et un mode de développement priorisant l'accumulation de richesses. La république de Gênes s'est développée sur le même principe qui a été étendu ensuite aux Provinces-Unies des Pays-Bas, puis à l'Angleterre et finalement à l'ensemble du monde. Il y a bien eu à ce titre une particularité européenne dans cette concentration spécifique de capitaux en un point particulier de territoires et entre quelques mains.

PÉNURIES MÉTALLIQUES ET ESSOR DU SYSTÈME DUALISTE (XIe-XVe SIÈCLE)[32]

Les économies de l'Europe étaient étroitement dépendantes des monnaies métalliques pour les paiements au détail et pour les règlements des dettes. Or les métaux précieux étaient drainés hors de l'Europe pour financer la balance commerciale structurellement déficitaire avec l'Orient. Plus massif encore fut le coût des croisades. Les mines européennes ne parvenaient pas à un rendement suffisant pour combler l'ampleur des sorties de métal hors d'Europe et les pertes dues aux guerres continuelles entre les monarques européens. La pénurie atteignit son paroxysme à la fin du XIVe siècle, inaugurant la grande déflation du XVe siècle : hausse des prix des métaux précieux, baisse des prix des marchandises, dévaluation des monnaies courantes par dépréciation de leur contenu métallique.

La pénurie des métaux précieux, tantôt latente, tantôt aiguë, provoqua une innovation monétaire des monarques, qui cherchaient à affirmer leur souveraineté les uns contre les autres en préservant leur stock d'espèces monétaires. Ce fut l'invention d'unités de compte abstraites, c'est-à-dire non définies sur un support métallique, en lesquelles les dettes étaient définies. Les plus célèbres furent la livre tournois en France, la livre sterling en Angleterre, le maravédis en Espagne. Après cette invention, les monnaies métalliques se définirent en unités de compte qui furent les pivots des systèmes monétaires dans les monarchies d'Europe. Ces systèmes devinrent donc dualistes : unités de compte abstraites et moyens de règlement métalliques.

Le pouvoir d'achat de la masse monétaire pouvait augmenter globalement sans que sa structure ne soit modifiée, tant que les prix n'augmentaient pas au point d'annuler le gain de la mutation. Lorsque le roi décidait que l'écu d'or était rehaussé de 20 % (la livre tournois abaissée), toute la constellation des pièces venait s'aligner sur la nouvelle définition de la monnaie de compte en fonction de leurs valeurs relatives.

Pendant plusieurs siècles, les mutations monétaires ont été l'instrument des politiques royales consistant à dévaluer (la plupart du temps) ou à réévaluer (exceptionnellement) l'unité de compte selon les intérêts financiers de l'État qui était à la fois débiteur et créancier[33]. En France le système dualiste dura jusqu'à la Révolution. Cette politique était efficace dans un environnement déflationniste. Dans la déflation du XVe siècle, cette politique était approuvée par les corporations marchandes et par la population. Elle permettait de relancer les dépenses en insufflant des moyens de paiements de plus grand pouvoir d'achat sur les biens. Cela permettait de soutenir les prix des marchandises et freinait donc les forces déflationnistes.

Au XVIe siècle, au contraire, avec l'arrivée des métaux monnayables d'Amérique, la dépréciation de la monnaie de compte amplifia les effets inflationnistes de l'abondance monétaire. La dévaluation de la livre tournois révélait la contradiction entre la régulation de la monnaie et les besoins financiers de l'État. La dévaluation de la livre tournois devint l'enjeu de conflits sociaux aigus.

RÉVOLUTION DANS LA TECHNOLOGIE DES PAIEMENTS : LA LETTRE DE CHANGE ET LES TITRES DE CRÉANCES

La lettre de change est une invention monétaire privée qui fut mise en circulation par les marchands banquiers italiens au XIIIe siècle.

Sur le plan monétaire proprement dit, la possibilité de monnaies privées autonomes, et pas seulement de dettes privées incessibles comme dans la république romaine, passe par leur expression dans des unités de compte abstraites. Le transfert de dettes a été rendu possible par l'instauration du système dualiste. En même temps que l'unité de compte se séparait de la marque monétaire souveraine, rendant possible la création d'unités de compte abstraites par des communautés marchandes, la lettre de change acquérait une autonomie à l'égard des moyens de paiements métalliques.

La lettre de change est un instrument monétaire dont l'origine se trouve à Gênes au XIIIe siècle. Son essor a été fulgurant au XIVe siècle avec le développement du commerce de longue distance[34]. Elle devint le moyen de paiement international privé dans toute l'Europe au XVe siècle. La lettre de change était adaptée au commerce intra-européen qui avait besoin de fonds disponibles en des lieux différents. Pendant trois siècles elle a surmonté le morcellement des espaces monétaires publics en créant un réseau bancaire privé, homogène à l'échelle européenne. La lettre de change est donc le véhicule de la première époque de la finance capitaliste globale, dans laquelle les flux internationaux de capitaux reliaient les espaces monétaires séparés.

La lettre de change amalgame des lieux, des temps et des unités de compte différents. Elle combine du crédit et du change sans espèces. En effet, le change par lettre fournit de la monnaie en un lieu A contre un document (la lettre) qui donne lieu à une remise de monnaie en B sur présentation du document. Il s'agit d'un contrat de change d'une monnaie présente contre une monnaie absente. Le change est aussi la conversion d'une monnaie de compte en une autre monnaie de compte. Enfin, le change par lettre est indissolublement un acte de crédit. Le temps qui sépare l'émission de la lettre de sa présentation est le temps d'usance. Quatre agents économiques sont donc reliés par ce document. En A, le donneur de monnaie (bailleur à change) remet une somme de monnaie A (monnaie métallique) à un preneur (ou tireur) qui lui remet une lettre de change. Le preneur tire la lettre sur un agent économique de son choix (le payeur ou tiré) qui est son correspondant en B. Le bénéficiaire reçoit par courrier la lettre du donneur. Il la remet au tiré qui l'accepte après vérification contre remise de la somme stipulée dans la monnaie utilisée par le bénéficiaire. Les agents donneur et bénéficiaire peuvent être n'importe quel agent économique, des commerçants comme des agents pontificaux. Les intermédiaires sont des banquiers qui font partie d'un réseau de correspondants (*correspondent banking*) dont les membres sont liés par la confiance réciproque qui s'alimente de la répétition des contrats de crédit dans le temps, c'est-à-dire sont liés par la confiance méthodique (figure 5.1).

Comme le paiement stipulé par la lettre de change doit être effectué dans un lieu situé dans un autre espace monétaire que celui du tireur, c'est un instrument de change entre banquiers. L'usage de la lettre de change est donc lié au commerce à grande distance dont il permet l'essor. Lorsque le commerce est suffisamment intense et diversifié, des sociétés de commerce ont des fonds disponibles dans certains centres et des paiements à faire dans d'autres. C'est l'origine des relations de correspondants entre banquiers. Lorsque l'interdépendance ainsi tissée devient multilatérale, il se pose des problèmes de compensation des lettres de change. L'organisation de cette compensation par les marchands banquiers est la méthode par laquelle ils s'affranchissent le plus possible du règlement en monnaie métallique et de l'arbitraire des mutations officielles décrétées par les rois.

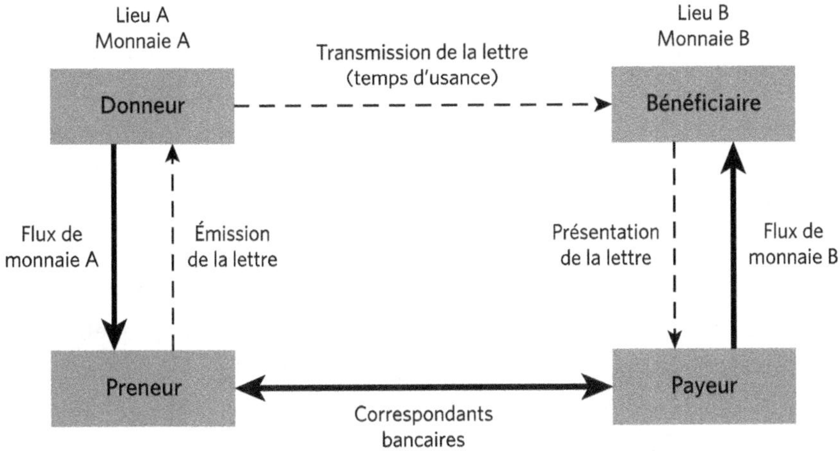

Figure 5.1. Principe de la lettre de change.

Pour faire cette compensation, les corporations de marchands banquiers ont inventé des unités de compte privées pour évaluer les lettres de change acceptées à la compensation et pour calculer les positions nettes. Tant que les relations de correspondants n'étaient pas suffisamment denses et stables de place en place, la compensation était périodique. Elle se faisait dans le réseau des villes de foires. Ce fut la première organisation d'un marché international de la monnaie où se pratiquait l'évaluation de lettres de change de différentes qualités, la conversion entre ces instruments de paiements libellés dans des unités de compte différentes, l'arbitrage, le report dans le temps (jusqu'à la prochaine foire) des soldes nets de compensation ou leur règlement en monnaies métalliques.

VIABILITÉS DU MOYEN ÂGE EUROPÉEN

La grande peste noire qui survint au XIVe siècle témoigne de cette intensité des échanges commerciaux durant le second Moyen Âge. Sans doute née sur les contreforts de l'Himalaya, elle s'est étendue d'abord en Chine dans les années 1330, a atteint la Crimée en 1346, puis très rapidement ensuite Constantinople, la Sicile, l'Égypte, la Syrie et enfin l'ensemble de l'Europe. Elle a tué environ un tiers de la population européenne entre 1348 et la fin du XIVe siècle. Les populations ne retrouvèrent leurs tailles d'avant-pandémie que plusieurs siècles plus tard, suivant les pays. La contraction de l'activité a été cependant moins ample que la diminution de la population, de sorte que la richesse par habitant a eu tendance à augmenter, les loyers et les taux d'intérêt, à diminuer, en valeur absolue et relativement aux salaires. La rareté de la main-d'œuvre et son coût relatif élevé incitèrent à développer des outils plus performants. La peste noire témoigne aussi du fait que la suppression de l'esclavage dans l'Europe médiévale n'était pas irréversible. Ainsi, le commerce des esclaves reprit de l'essor en Europe au XIVe siècle en raison du déclin démographique et du manque de main-d'œuvre dus à la grande peste noire de 1348. Enfin, à partir du XVIe siècle, l'esclavage fut réinstauré à large échelle par le commerce triangulaire entre l'Europe, l'Afrique subsaharienne et l'Amérique du Nord.

Le Moyen Âge européen fut plus largement traversé de moments de catastrophes naturelles, relatés par les chroniqueurs de l'époque, qui offrent une vision des perceptions de la nature d'un monde en transition vers le capitalisme. Thomas Labbé analyse les récits de l'effondrement du mont Granier en 1248, de l'inondation de l'Arno en 1333 ou encore du tremblement de terre de 1456 à Naples[35]. Il montre le rôle purificateur de la catastrophe, témoignage d'une Providence vengeresse sanctionnant les péchés de l'humanité, référence évidente au Déluge dans la Bible. Mais la catastrophe naturelle a aussi une fonction d'augure, annonçant un fait social à venir. L'épidémie fait partie de ces événements typiquement annonciateurs de grands bouleversements sociaux. La réflexivité environnementale dans le Moyen Âge européen emprunte au registre animiste, mélange de références bibliques à la vanité des choses terrestres et de croyances en des forces occultes, plutôt qu'au témoignage de désordre d'un mandat reçu du ciel comme dans le cas de l'Asie. Cette période a été par ailleurs témoin de véritables changements dans le climat, que les sources historiques permettent aussi de reconstituer (encadré 5.1).

ENCADRÉ 5.1. CHAMPS ET MÉTHODES DE L'HISTOIRE ENVIRONNEMENTALE

L'histoire environnementale sert de matrice à cette deuxième partie de notre ouvrage, et il est utile de revenir brièvement sur ses origines multiples, entre creuset états-unien, héritage de l'École des Annales, histoire urbaine et *subaltern studies*[36].

Emmanuel Le Roy Ladurie fait souvent figure de premier historien de l'environnement, tout en s'inscrivant dans une longue tradition des sciences sociales françaises qui rejettent les explications trop simplistes des phénomènes sociaux par des causes naturelles. La définition toujours assez floue de l'environnement se rapproche d'une variable agissant sur les constantes anthropologiques. L'écologie de *Montaillou, village occitan*[37] est ainsi celle très large des facteurs et conditions qui entourent les hommes. Ladurie démontre, dans son *Histoire du climat depuis l'an mil* à partir des archives de l'abbaye de Saint-Denis, que l'abandon des vignes est lié à une pénurie de main-d'œuvre après la grande peste, qui rend l'exploitation des vignes très coûteuse et économiquement non viable. Il souligne ensuite la remarquable stabilité du climat au cours des trois derniers millénaires et conclut que la faible amplitude des variations a eu « peu d'importance pour l'évolution humaine ». Cet argument sera plus tard contesté par de nombreux historiens de l'environnement. Geoffrey Parker, en abordant à nouveau la question de l'explication climatique de la crise mondiale tout au long du XVIIe siècle dans le monde entier, a critiqué la position excessivement modeste de Ladurie, tout en reconnaissant qu'elle était justifiée au vu des données de l'époque où Le Roy Ladurie a publié son *Histoire du climat depuis l'an mil*[38]. L'*Histoire de la France rurale*, parue en 1975, propose sous la plume de Georges Bertrand un chapitre programmatique, « Pour une histoire écologique de la France rurale[39] », qui ouvre une voie interdisciplinaire d'approche de l'environnement, entre sciences de la nature et sciences de la société, d'où l'histoire se trouve quasi absente.

Ce sont les historiens américains qui développent finalement l'héritage de Braudel en une histoire urbaine (et du capitalisme) insistant sur le recours extensif à l'*hinterland* rural[40], puis en une histoire globale donnant aux éléments naturels une quasi-agentivité[41] ou encore une histoire de la colonisation élargie à sa dimension écologique[42]. Une tendance générale de cette nouvelle approche sera de considérer l'homme comme « une entité biologique avant d'être un catholique ou un capitaliste ou quoi que ce soit d'autre[43] ».

Les décennies 2000 et 2010 sont le temps d'une expansion considérable du champ de l'histoire environnementale. L'histoire environnementale a encore trouvé de nombreux échos dans l'histoire « par en bas » tentée par les *subaltern studies* sur des cas de colonisation en Asie du Sud et en Asie du Sud-Est. Citons aussi une histoire des changements environnementaux élargie bien au-delà de la période du capitalisme[44], une histoire des perceptions environnementales et des politiques de contrôle de l'environnement et du climat[45], une histoire sociale élargie aux conflits environnementaux[46], ou encore une histoire de la propriété et notamment des communs[47]. En 2010, l'historien Dipesh Chakrabarty, dans un article amplement commenté depuis[48], invite à repenser les fondements de la discipline historique à l'ère de l'entrée dans l'Anthropocène. Il invite notamment à renoncer à la distinction entre histoire humaine et histoire naturelle, à réviser profondément les histoires existantes de la modernité, à refaire de l'espèce humaine le personnage central de l'histoire, et enfin à acter les limites d'une histoire centrée sur la compréhension de l'expérience des acteurs. Ce programme ouvre des convergences disciplinaires qui posent de nombreuses questions méthodologiques. Le climat, phénomène naturel, reste en même temps un fait social, économique et politique que l'histoire continuera d'appréhender.

La connexion entre l'Ancien et le Nouveau Monde a certes été réalisée dès l'an 1000 lorsque des descendants de Vikings norvégiens établis en Islande sont allés vers le Groenland, atteignant ensuite l'île de Terre-Neuve. Mais cette interaction n'est pas allée plus loin, et il a fallu la maîtrise de la captation de l'énergie cinétique du vent en même temps que la construction de navires de plus en plus imposants, ainsi que d'instruments de navigation perfectionnés, pour parvenir à recréer les conditions d'une véritable interconnexion. En Europe, les Portugais et les Espagnols surclassaient tous les autres pays, les Portugais parcourant notamment les côtes de l'Afrique dès la première moitié du XVe siècle. Ils s'installèrent à Madère, puis aux Açores et dans l'archipel du Cap-Vert. L'arrivée de Christophe Colomb sur l'île des Guanahis (futures Bahamas) marque symboliquement l'entrée dans ce que nous appelons le Capitalocène I.

Interconnexion des mondes, destruction des communs (Capitalocène I)

STRATÉGIE INTERNE DE DESTRUCTION DES COMMUNS

Le Capitalocène I se caractérise par la mise en place d'un triple processus de destruction des communs. La première grande destruction des communs fut d'abord un processus interne à l'Europe, affectant les populations agricoles et les femmes en premier. Une révolution agricole en Hollande, due à l'utilisation de nouvelles technologies (moulins à vent, polders, déforestation...), provoqua un début de prolétarisation de la population et une circulation marchande avec la France, l'Allemagne et la Pologne pour importer les grains devenus trop peu rentables pour les paysans hollandais. Cette nouvelle circulation a entraîné à son tour une déforestation massive dans ces pays pour gagner de nouvelles terres agricoles, ainsi qu'un vaste mouvement d'appropriation privée de ressources autrefois considérées comme communes (guerre des paysans allemands en 1525, que décrit déjà Engels[49]). Le rapide déclin de la qualité des terres en Pologne a été compensé par une production agricole anglaise qui s'est accrue tout au long du XVIIe siècle.

Le premier Capitalocène émergea en Angleterre dans un contexte international et interne favorable à l'émergence d'une classe de capitalistes, avec les fameuses *enclosures*[50]. Elle s'étendit ensuite en Europe continentale dans des contextes sociaux différents, entraînant notamment une répression inédite et un basculement du rôle des femmes au sein du ménage et de la société. Ce premier Capitalocène façonna une nature hiérarchisée. Tel fut le basculement du monde rapidement stabilisé par de nouvelles pratiques monétaires et financières.

Le système de l'*openfield* permettait une certaine résilience pour les communautés paysannes face aux chocs climatiques, dans la mesure où elles pouvaient avoir accès à différentes sources de revenu. Ce système permettait aussi un contrôle du temps passé au travail dans la mesure où la variété des pratiques lissait le travail tout au long de l'année. Enfin, il favorisait des communautés plutôt autonomes, reposant sur des valeurs d'échange et de décision collectives que l'on pourrait qualifier de démocratiques. Silvia Federici montre dans son ouvrage *Caliban ou la Sorcière*[51] comment les révoltes menées par des serfs ont entraîné la commutation des services de travail en paiement en argent. *De facto*, cela signifia la fin du servage, mais aussi les débuts d'une prolétarisation.

Une accumulation primitive, à base sociale et écologique, commença, s'appuyant sur des séries de législations visant à constituer un marché national du travail[52]. Cette accumulation primitive se diffusa ensuite rapidement dans le reste de l'Europe, mais en faisant face à des résistances sociales encore plus importantes, dans des sociétés où n'avait pu encore véritablement émerger une classe marchande, et où la militarisation générale était bien supérieure. Les femmes furent spécifiquement visées comme un obstacle à ce processus. Une stratégie impitoyable de contrôle des corps au travers notamment des chasses aux sorcières se répandit dans toute l'Europe, et particulièrement en Allemagne, en Italie et en France, afin de confiner le rôle des femmes à une fonction exclusivement reproductrice de la force de travail.

FEMMES, SORCIÈRES ET ACCUMULATION PRIMITIVE PAR DIFFÉRENCIATION

En même temps que la fin des communs, la seconde stratégie de viabilité du Capitalocène reposa donc sur la différenciation accrue (et violente) entre les sexes. À l'enclosure physique répondit l'enclosure sociale. À la fin du Moyen Âge, le prolétariat naissant représenta la base sociale de mouvements millénaristes qui mobilisèrent des dizaines, voire des centaines de milliers de personnes. Ces mouvements millénaristes propageaient « une conception nouvelle, révolutionnaire, de la société qui, pour la première fois au Moyen Âge, redéfinissait tous les aspects de la vie quotidienne (travail, propriété, reproduction sexuelle, et la position des femmes), posant la question de l'émancipation en des termes vraiment universels[53] ».

Malgré la répression particulièrement féroce[54] que connurent ces mouvements, les ouvriers et les paysans vécurent tout de même une période plutôt faste vers la fin du XIVe siècle, notamment « grâce » à la peste noire. Celle-ci produisit en effet, outre un certain nivellement social (les riches comme les pauvres étaient touchés) et une libération éphémère des mœurs (risquant de mourir d'un jour à l'autre, on voulait profiter des plaisirs de la vie tout de suite), une énorme pénurie de main-d'œuvre, en ville comme à la campagne. Ainsi les travailleurs purent-ils s'émanciper un tant soit peu de la tutelle des employeurs. Mais, dans le même temps, une contre-révolution se dessina à tous les niveaux de la vie politique et sociale, avec notamment la décriminalisation du viol et l'encouragement systématique à la prostitution[55]. Ce fut aussi le contexte idéologique de la chasse aux sorcières, et plus généralement de l'offensive contre la conception animiste de la nature héritée du Moyen Âge.

Les pratiques magiques furent progressivement proscrites et assimilées à de la sorcellerie. C'est vers le milieu du XVe siècle seulement que se sont tenus les premiers procès de sorcellerie. Silvia Federici insiste sur le fait que la chasse aux sorcières ne fut pas le résultat d'un mouvement spontané, d'une panique des populations à laquelle auraient répondu les autorités. Au contraire, « l'accumulation primitive n'était donc pas seulement une accumulation et une concentration de travailleurs exploitables et de capital. Elle fut aussi une accumulation de différences et de divisions dans la classe ouvrière, au sein de laquelle les hiérarchies reposant sur le genre, tout comme la "race" et l'âge, devinrent partie prenante de la domination de classe et de la formation du prolétariat moderne ». Nous nous tournons maintenant vers ce troisième pan, celui de la création d'une hiérarchie de « races », de la construction d'un premier Capitalocène.

SUCRE ET ESCLAVES

Dès la « découverte » du Nouveau Monde, le changement à la fois qualitatif et quantitatif dans l'utilisation de ressources naturelles et sociales, considérées comme gratuites, fut massif. L'échelle du bouleversement induit est telle qu'elle est visible dans la mesure des concentrations de CO_2 et peut servir de référence au déclenchement géologique d'un premier Capitalocène. Des formes de vie séparées pendant 200 millions d'années se retrouvèrent soudainement brassées. De nouvelles espèces végétales furent implantées dans le Nouveau Monde[56] : olivier, vigne, pêcher, bananier, caféier et, surtout, canne à sucre et blé. Les animaux importés d'Europe changèrent aussi massivement la biosphère américaine. Dans l'autre sens, les transferts concernèrent surtout les plantes : pomme de terre et maïs, très fortement générateurs de calories, mais aussi tomate, avocat, ananas, courge, tournesol, quinoa, cacao, arachide, tabac et hévéa.

Après le partage du Nouveau Monde en 1494 par le traité de Tordesillas, les Pays-Bas, la France et le Royaume-Uni se dotèrent rapidement de flottes assez puissantes pour rivaliser avec la puissance hispano-portugaise. L'écologie-monde capitaliste[57] doubla de taille et conquit en même temps le pouvoir de mobiliser du travail pour exploiter économiquement ces surfaces. En 1500, l'Espagne colonisa 2 millions de kilomètres carrés de terre, et 25 millions d'indigènes pour les faire travailler. En 1602 surtout, la Compagnie néerlandaise des Indes orientales (ou VOC, pour Vereenigde Oost-Indische Compagnie) devint la première société par actions, forme juridique primordiale pour faciliter l'expansion du capitalisme moderne. À durée de vie théoriquement illimitée, la société par actions offre aux actionnaires une responsabilité limitée à la valeur de leur investissement. Les actionnaires ne furent par ailleurs pas tenus pour responsables des crimes commis par la VOC. Au cours du XVIIe siècle, la VOC eut jusqu'au droit de constituer sa propre armée, de battre sa propre monnaie et d'exercer la pleine juridiction au pénal comme au civil. À la suite des Pays-Bas, l'Estado da India portugais, la East India Company britannique et la Compagnie française pour le commerce des Indes orientales furent créés pour l'Inde et l'Asie du Sud-Est. En Amérique, on compta notamment la Hudson's Bay Company anglaise et la Compagnie française des Indes occidentales. Ces nouveaux lieux de pouvoirs limitaient d'autant celui des gouvernements, notamment en Angleterre et aux Pays-Bas qui possédaient déjà des régimes parlementaires.

L'industrie du sucre dévasta littéralement des régions entières d'Afrique (Madère, puis São Tomé), puis d'Amérique du Sud (Brésil) et du Nord (Virginie...). L'esclavage, initialement propre à l'Afrique de l'Ouest, fut transformé et amplifié pour nourrir les besoins de main-d'œuvre des plantations sucrières américaines. L'esclave faisait d'ailleurs partie de la nature, n'étant pas considéré comme humain à l'époque. Les marchands devinrent des acteurs clés de cette domination du capital sur le travail, en intervenant directement dans le processus productif dans les colonies, mais aussi en réimportant des techniques dans des espaces européens moins contrôlés par les guildes. Ces marchands des Amériques constituèrent progressivement une force politique relativement autonome vis-à-vis de la Couronne britannique ; ce qui devait nourrir plus tard la révolution de Cromwell.

Pour autant, le changement institutionnel principal généré en Europe par le commerce transatlantique fut certainement l'arrivée d'or et d'argent à travers les mines de Potosí ouvertes dès 1545. Ce flot d'argent arrivant en Europe fut aspiré par l'économie chinoise, la plus étendue et la plus dynamique du monde à l'époque, et qui exportait en Europe soies, cotonnades, épices et thés. L'or et l'argent de l'Amérique nourrirent aussi les guerres entre États européens, qui contribuèrent elles-mêmes à consolider les institutions de ces États au travers d'impôts, de bureaucraties chargées de les collecter, de systèmes de dettes nationales, d'assemblées représentatives exigées par les sujets imposés. Par ailleurs, une consommation moderne surgit, beaucoup plus dépendante du marché que du travail domestique.

Le fameux triangle entre les capitaux anglais, le travail des esclaves africains, les terres américaines, libérées par les colons dans le génocide des autochtones, créa un processus nouveau dans la sphère de la circulation européenne à partir du XVIIe siècle qui a été identifié depuis bien longtemps. Ce triangle recomposa le processus productif. L'esclavage et le commerce triangulaire ne sont pas des facteurs marginaux dans l'essor du capitalisme, mais en sont bien des prémisses essentielles[58]. L'annihilation des populations indigènes du continent américain, créant un immense gisement de terres « vierges », et l'utilisation, puis la transformation complète des pratiques d'esclavage en Afrique de l'Ouest, façonnant une main-d'œuvre gratuite pour mettre ces terres en valeur, constituèrent une opportunité unique pour la classe dirigeante anglaise d'échapper aux limites d'un proto-capitalisme agraire domestique et d'assurer sa propre reproduction.

Ce premier colonialisme ainsi que le commerce et les conflits qu'il a générés impliquèrent par ailleurs la mise en eau de flottes très importantes dont la construction nécessita l'utilisation stratégique du bois. L'Italie, l'Espagne et le Portugal contribuèrent ainsi fortement à la déforestation du pourtour méditerranéen avant de devoir relocaliser la construction de leur flotte à Cuba (Espagne) ou Salvador de Bahia et Goa (Portugal), comme le mentionne justement Jason Moore. Les besoins matériels et écologiques du colonialisme nourrirent ainsi la nécessité d'accéder à de nouvelles terres comme à de nouvelles sources d'énergie.

VIABILITÉS DU PREMIER CAPITALOCÈNE

Il est intéressant de se pencher sur le volet monétaire de ce commerce triangulaire, à la fois en Afrique et en Amérique. En effet, ce commerce a longtemps reposé sur une monnaie internationale bien particulière, à savoir le cauri, soit un petit coquillage pêché dans la mer des Maldives et utilisé à travers le continent africain. L'histoire des cauris a été retracée par Jan Hogendorn et Marion Johnson[59]. Ces cauris ont été la principale monnaie de la traite des esclaves. Des centaines de millions de ces petits coquillages ont fourni une monnaie d'échange quasi inépuisable dans ce sinistre trafic. Ils arrivaient sur les côtes d'Afrique après un voyage d'une année ou plus. Transportés par les marchands arabes jusqu'en Afrique du Nord d'où ils transitaient à travers le Sahara vers l'Afrique noire, réservoir de la main-d'œuvre servile, ils ont été plus tard embarqués par les compagnies européennes de commerce maritime, qui s'en servaient en tout premier lieu pour lester les cales des navires, jusqu'à Lisbonne, Amsterdam ou Londres. Ils y étaient mis en tonneaux et reprenaient la mer dans les soutes des bateaux en direction de l'Afrique de l'Ouest. C'est là et seulement là qu'ils devenaient monnaie internationale pour l'achat d'esclaves.

La première mention des cauris est due au voyageur géographe arabe Al-Bakri, à propos de Gao, en 1067. Ce fut une monnaie usuelle dans la vaste région du Niger, haut lieu de ponction des captifs convertis en esclaves à partir du XIe siècle, sans doute en raison de ses propriétés d'homogénéité, de durabilité, de portabilité et surtout l'impossibilité de contrefaçon. La traite négrière transsaharienne est attestée dès le IXe siècle. Le commerce par les Européens est venu plus tard, au XVIe siècle avec les Portugais, au XVIIe siècle avec les Hollandais, au XVIIIe siècle avec les Anglais, puissance commerciale devenue hégémonique. L'interdiction de la traite négrière au XIXe siècle, puis les abolitions successives des esclavages dans les colonies d'outre-Atlantique entraînèrent un dépérissement du commerce du cauri, qui a entretemps connu un franc succès en Afrique subsaharienne. L'aire d'expansion des cauris allait ainsi du Congo (depuis Luanda) jusqu'aux royaumes de la savane au nord (approvisionnés depuis l'Afrique du Nord), et de la région de l'Ouganda à l'est (approvisionnée à partir de la côte Swahili) jusqu'au Sénégal à l'ouest (approvisionné par les puissances esclavagistes occidentales).

Du côté du Nouveau Monde, le besoin toujours plus pressant d'or et d'argent conduisit la couronne d'Espagne à durcir encore l'exploitation des populations indigènes contraintes à travailler dans les mines. Mais une résistance à la colonisation commença à prendre forme. C'est pour briser cette résistance que fut déclarée la guerre aux cultures indigènes du Mexique et du Pérou. Au Mexique, en 1562, le supérieur jésuite de la province lança une campagne contre l'idolâtrie dans la péninsule du Yucatán : plus de 4 500 personnes furent capturées et torturées sous l'inculpation de pratique du sacrifice humain. Beaucoup en moururent ou restèrent invalides. À peu près au même moment, au Pérou, les persécutions se déchaînèrent en réponse au mouvement Taki Ongoy, un mouvement millénariste indigène qui prônait l'opposition à la collaboration avec les Européens et la poursuite des cultes rendus aux dieux traditionnels (les *huacas*). L'objectif poursuivi, comme en Europe, était la destruction des liens qui reliaient les gens entre eux et avec leur environnement naturel[60].

La crise structurelle du système dualiste et les transformations du capitalisme

Fernand Braudel aboutit à la conclusion que le capitalisme est né en Europe entre le XIIIe et le XVIe siècle. Nous y distinguons quant à nous un pré-Capitalocène, et un premier régime de viabilité du Capitalocène (Capitalocène I). Les prémices technologiques et financières du Capitalocène, telles qu'on peut les observer dès le haut Moyen Âge, donnent à voir un vent technologique, financier et culturel venu de l'est grâce à l'interconnexion directe avec la Chine permise par la *Pax Mongolica*. Le Moyen Âge européen était certes un monde alors « sans ressources », ou à tout le moins fonctionnant de manière entièrement renouvelable, pour paraphraser Mathieux Arnoux[61]. Mais c'était surtout un monde dans lequel le mode nomadique de production permet le rattrapage rapide de l'Europe vis-à-vis d'une Chine nettement prééminente.

À partir de 1453 et de la prise de Constantinople, la menace militaire devint prépondérante sur le flan est de l'Empire des Habsbourg. La Réforme eut les mains libres pour s'imposer au nord de l'Europe, brisant l'hégémonie des Habsbourg, tandis que l'Angleterre put vivre cette période dans un relatif isolement protecteur. La forte démilitarisation de l'Angleterre tout au long du XVe siècle, du fait de cet isolement des affaires européennes, façonna progressivement des formes de domination de la classe aristocratique qui se sont éloignées de l'exploitation féodale directe ou de la centralisation étatique qui servait encore de modèle à tout le reste du continent. Relativement peu armée, la classe aristocratique anglaise dut ainsi s'accommoder du développement de marchés et de leur contrôle partagé avec une classe émergente de riches marchands pour pouvoir maintenir son emprise sur la classe laborieuse, inaugurant l'entrée dans le Capitalocène I.

Ce premier Capitalocène a été pleinement international. Le réseau des lettres de change entre les villes italiennes autonomes (Gênes, Florence, Venise) et l'Europe du Nord (Anvers, Amsterdam et les ports hanséatiques) a été la circulation financière dominante[62]. Ce système est entré en crise lorsque les apports d'argent du Potosí se déversèrent à Séville et gagnèrent toute l'Europe, car l'inflation remplaça la déflation. Les mutations des unités de compte rencontrèrent l'hostilité des guildes marchandes par les effets de répartition qu'elles sécrétaient. Ces effets étaient devenus dommageables à la poursuite du développement du capitalisme, parce que les mutations mettaient dans des camps opposés les prêteurs, dont les créances étaient libellées en unités de compte, et les thésauriseurs, dont les encaisses étaient en monnaie métallique. Lorsqu'elles dévaluaient l'unité de compte, les mutations favorisaient les seconds au détriment des premiers. Par conséquent, au fur et à mesure que le crédit privé se développait, la défiance par rapport à la monnaie de compte, suscitée par les mutations dans un contexte inflationniste, était une entrave à la mobilisation productive des épargnes.

Comme on l'a montré plus haut, les monarques cherchèrent à consolider les États-nations à partir de la seconde moitié du XVIe siècle en territorialisant le capitalisme. Car les inventions techniques de la Renaissance ouvraient l'ère du capitalisme manufacturier. Celui-ci allait développer une forme de richesse qui bouleversait les équilibres sociaux antérieurs. La base de la richesse devenait l'accumulation productive par la subordination du travail, en lieu et place de la richesse foncière et de la richesse financière découlant de l'intermédiation du change. Or la forme d'accumulation du capital liée aux affaires industrielles est très différente des anciennes. Il faut investir du capital dans la durée sous des formes illiquides et il faut concentrer des masses considérables d'épargne. Lorsque l'État devient manufacturier ou promoteur d'entreprises manufacturières, il doit lutter contre la thésaurisation stérile de la richesse, contre la stérilisation des terres et la capture de la rente foncière par l'aristocratie et contre l'instabilité monétaire permanente. Il doit favoriser l'essor d'une classe bourgeoise. Il faut à l'État manufacturier une monnaie nationale unifiée et donc l'abolition du dualisme, la prohibition de la circulation des espèces étrangères, une banque ayant pour mission de stabiliser le change et l'attraction des métaux précieux par l'adoption de la *doctrine mercantiliste*.

Ainsi se termine cette trop brève excursion dans les transformations profondes ayant présidé à l'émergence d'un régime de viabilité du premier Capitalocène. Se dessine une hiérarchie nouvelle de la production et de la reproduction qui évoque en creux différents niveaux d'exploitation, de la production salariée capitaliste au centre, elle-même alimentée par deux autres espaces, celui de la reproduction de la force de travail, essentiellement par les femmes, et un espace périphérique de type colonial. Différentes formes monétaires activèrent cette circulation entre ces espaces, de l'or extrait des mines du Potosí pour irriguer l'Espagne puis l'Europe, jusqu'au cauri, monnaie endogène africaine, détournée de ses usages initiaux pour accélérer la mise en esclavage de sa population, en passant par le réseau des lettres de change en Europe. À la suite de la longue crise du XVIIe siècle, ce premier Capitalocène a trouvé dans les ressources en charbon et l'expansion planétaire du colonialisme sa métamorphose dans le Capitalocène fossile sous hégémonie britannique. Nous abordons maintenant les caractéristiques propres à ce Capitalocène II.

CHAPITRE 6

Modes de régulation du capitalisme fossile (Capitalocène II)

L'entrée progressive dans l'ère du charbon

Tout au long du XVIIe siècle, la relation entre la Hollande et l'Angleterre fut celle d'un développement inégal combiné[1]. Outre l'énergie éolienne dont il fut précurseur, le capitalisme hollandais utilisa de manière importante la tourbe[2]. Il s'agit là déjà d'une forme première de combustible fossile dont les ressources déclinèrent dès le milieu du XVIIe siècle avant de s'éteindre complètement après 1750. La ressource fut néanmoins essentielle à la Hollande pour produire de l'énergie thermique et favoriser l'urbanisation déclenchée par sa révolution agraire et sa prolétarisation précoce. Cette révolution agraire anglaise prit pour la Hollande le relais de sols polonais épuisés. La Bourse d'Amsterdam devint l'épicentre du commerce mondial, en même temps que le cœur d'une restructuration environnementale globale. À titre d'exemple, le maintien d'un monopole sur le commerce (à haute valeur) des clous de girofle produits en Asie du Sud-Est entraîna des expéditions de relocalisation forcée des arbres et des cultivateurs, et le massacre de populations en Indonésie.

L'Angleterre était fortement dépendante pour sa révolution agricole des importations de fer en provenance notamment de Scandinavie et commercialisées par la Hollande. Le développement du coton se fit initialement en Angleterre au travers de l'énergie hydraulique. La raison du choix d'un basculement de l'hydraulique vers le charbon n'a rien d'immédiat. Andreas Malm[3] témoigne de la persistance des avantages de l'hydraulique sur l'utilisation de la vapeur et de la machine de Watt jusque loin dans la première moitié du XIXe siècle, de sorte que la raison principale du choix du charbon semble être la possibilité d'abstraire le processus d'accumulation du capital d'une double contrainte spatiale (l'énergie hydraulique n'est pas transportable) et temporelle (le flux hydraulique dépend du courant) qui donnait un pouvoir de négociation relativement plus important aux travailleurs, tout en favorisant une gestion commune de la ressource. Paradoxalement, les premières lois sociales anglaises limitant la durée du travail achevèrent de faire basculer l'avantage en faveur du charbon, tant ce dernier permet d'intensifier la production horaire, tout en mettant en concurrence les travailleurs dans les grands centres urbains.

L'Angleterre représentait 80 % des émissions de CO_2 en 1825, et encore plus de la moitié en 1850. Le Capitalocène est dès lors discernable à un second niveau, après celui marqué par la découverte du Nouveau Monde et le massacre des populations autochtones. Mais les causes de ce deuxième Capitalocène trouvent leur origine dans des institutions préalablement établies, favorisant les combustibles fossiles en ce qu'ils permettaient la consolidation de la propriété privée et la mise en concurrence des producteurs comme des travailleurs.

Modes de régulation du Capitalocène au XIXe siècle (1830-1914)

LA CONCURRENCE CAPITALISTE ET LA COURSE À LA RENTE ENVIRONNEMENTALE

Comme nous l'avons vu au chapitre précédent, l'appropriation privée du sol détruisit les modes d'usage communaux de la terre et créa un rapport de classes capitalistes-salariés. C'était l'accès à la monnaie qui rendait ce rapport fonctionnel et autoentretenu. Les salariés sont ceux qui ont accès à la monnaie en louant l'usage de leur force de travail pour un temps donné. La colonisation au XIXe siècle, portée avant tout par l'Angleterre et la France, a joué ici un rôle fondamental pour la baisse du coût réel du travail au XIXe siècle en Angleterre, de la grande stabilisation déflationniste de 1821 à la découverte de l'or californien en 1848. Une nature toujours plus élargie (incluant toujours, mais de manière de plus en plus limitée, l'esclavage) fut mise au travail et refaçonnée en même temps, ce qui permit l'expansion de la relation salariale en Europe.

L'exemple de Madagascar, donné par David Graeber[4], illustre les moyens monétaires employés pour cette mise en culture des colonies. Quand la conquête de l'île fut achevée à la toute fin du XIXe siècle, la première mesure a été d'imposer un impôt personnel très élevé, uniquement payable en francs malgaches, la monnaie qui venait d'être émise. Cet « impôt moralisateur » visait à inculquer aux indigènes la valeur du travail ; un impôt pédagogique, exigible peu après la récolte au moment où le prix du riz sur le marché est au plus bas, donnait aux paysans malgaches le choix entre vendre une trop grande partie de leur récolte et ne pas en avoir assez pour nourrir leur famille jusqu'à la récolte suivante, ou être contraints de racheter leur propre riz aux marchands plus tard dans l'année, à une période où les prix étaient beaucoup plus élevés.

Pour rembourser leurs dettes, ils étaient dans l'obligation de trouver une culture commercialisable (café ou ananas), et d'envoyer leurs enfants travailler pour un salaire en ville ou sur une plantation que possédaient et géraient les Français. Le système monétaire et de dettes joua ainsi un rôle actif dans la réorientation des activités endogènes vers des activités extraverties et surtout utiles au colonisateur. L'idée du marché a été ainsi radicalement intériorisée par la population[5].

LE CONFLIT CAPITAL-TRAVAIL ET SA DÉPENDANCE À L'APPROPRIATION DES RESSOURCES NATURELLES

Les transformations du travail et les conditions d'existence des travailleurs dans le Capitalocène du XIXe siècle étaient structurellement liées aux relations de travail dans le secteur du charbon. C'est en effet ce secteur qui portait l'ensemble des autres développements industriels au XIXe siècle. Nous avons déjà vu, grâce à Andres Malm[6], que la relation capital-travail avait pu jouer un rôle dans le choix du charbon par rapport à l'hydraulique.

Les enjeux d'une entrée toujours plus rapide dans ce qui était déjà appelé la révolution industrielle étaient la transformation des procédures de l'Ancien Régime concernant l'environnement, relativement favorables aux victimes des pollutions, en un véritable droit à polluer. Un exemple paradigmatique en est le décret du 15 octobre 1810 en France sur les « manufactures ou ateliers qui répandent une odeur insalubre ou incommode[7] ». Ce dernier décret transforma un délit en une simple amende monétaire, introduisant pour la première fois sans doute l'idée d'une gestion optimale des externalités négatives par une monétarisation des pollutions.

Médecins et hygiénistes tentèrent de réconcilier la préservation de la santé publique et les impératifs de la production. Mais la stratégie porta sur une culpabilisation des classes laborieuses, suspectes de vivre dans de mauvaises conditions d'hygiène, tandis que les émanations industrielles furent longtemps considérées comme désinfectantes, voire bénéfiques pour les populations. Une véritable science des pollutions ne devait naître qu'à la toute fin du XIXe siècle.

Les tensions sociales qui ont jalonné le XIXe siècle européen furent liées à plus d'un titre aux facteurs environnementaux. L'industrie du charbon favorisa tout d'abord l'émergence objective d'une classe relativement homogène de travailleurs ayant des intérêts proches, sur laquelle purent se construire les myriades d'utopies et contestations socialistes ou anarchistes[8]. Les penseurs de ces contestations ne firent pas abstraction d'une relation avec la nature, contrairement à l'idée reçue d'un socialisme d'emblée productiviste. Les ouvriers, quant à eux, se mobilisèrent au nom de l'hygiène, des risques d'empoisonnement, voire des beautés naturelles du littoral provençal[9]. Mais l'industrialisme dominait la période, et les premières régulations environnementales furent essentiellement locales, permettant de préserver des activités de loisir (pêche) pour la bourgeoisie urbaine.

Ces premières régulations furent insuffisantes pour faire vaciller le rapport entre capital et travail, et ce fut la création des grands partis ouvriers qui permit, à la fin du XIXe siècle, de voir émerger une première crise des espérances industrialistes[10] de la part de ses plus ardents défenseurs avec notamment des économistes tels que John Stuart Mill ou Stanley Jevons. Le premier pensait un avenir positif qui ne dépendrait plus de la compulsion de croissance[11]. Le second théorisa les limites intrinsèques à la croissance, liées aux ressources finies de charbon pour l'Angleterre[12]. Aucune des analyses contemporaines ne semble néanmoins relier cette écologie du rapport capital/travail avec les spécificités du système monétaire et financier britannique.

LA RÉGULATION MONÉTAIRE INTERNATIONALE À L'ÂGE CLASSIQUE : DEVISE CLÉ ET HÉGÉMONIE ANGLAISE

Les Pays-Bas furent les pionniers dans l'exploration du principe bancaire avec la création de la Banque d'Amsterdam en 1609 à la suite d'une crise monétaire aiguë provoquée par la guerre d'indépendance contre l'Espagne. Celle-ci avait détérioré la confiance dans la monnaie espagnole en vigueur, au point qu'on en était revenu aux paiements en poids de métal. Pour empêcher l'enrichissement largement frauduleux des changeurs, le conseil municipal d'Amsterdam décida en 1609 d'interdire le change privé dans la ville. Une ordonnance municipale centralisa le change auprès d'un opérateur unique, la Banque du Change d'Amsterdam. Les transactions avec l'étranger devaient être payées par virements entre comptes tenus dans cette banque. La mission de cette banque était de stabiliser le change entre la nouvelle monnaie, le florin, et les monnaies étrangères.

En 1689, Guillaume d'Orange Nassau, venu des Pays-Bas, s'empara de la couronne d'Angleterre. En 1694 la Banque d'Angleterre fut créée en tant que banque centrale du Royaume-Uni. L'originalité de la Banque d'Angleterre était de ne pas être une banque de dépôts. La couverture des billets émis était très faible (3 % à l'origine), contrairement à la Banque d'Amsterdam. Ce sont ses billets, contrepartie de ses prêts à l'État, qui ont remplacé les lettres de change et sont devenus les moyens de paiements nationaux et internationaux pour les clients de la Banque. Les billets de la Banque n'avaient pas cours légal, mais les titres émis par la Banque et portant intérêt de la dette publique ont acquis cours légal pour tout paiement au gouvernement dès 1697. C'est ainsi que la Banque d'Angleterre a inauguré le principe bancaire (voir encadré 6.1).

Le crédit qu'elle faisait au secteur privé était autoréférentiel. En effet, sa crédibilité était exclusivement fondée sur la confiance dans les institutions politiques issues du nouveau principe de souveraineté et sur la perspective de l'enrichissement de la nation. Étant banque de l'État, la Banque d'Angleterre bénéficiait du contrôle parlementaire sur les finances publiques qui allait de pair avec l'instauration d'une monarchie constitutionnelle. L'imbrication du politique, du monétaire et de l'économique est devenue complète.

ENCADRÉ 6.1. LA MONNAIE BANCAIRE, LA LOI DU REFLUX ET LES SYSTÈMES DE COMPENSATION MULTILATÉRALE

L'adéquation entre le principe bancaire de division des risques et le principe de la convertibilité monétaire s'exprime par *la loi du reflux*. Toute émission de *real bills*, c'est-à-dire de crédits qui portent des signatures authentifiant qu'ils finançaient la vente de biens existants, devait être remboursée dans un délai donné. La monnaie émise en contrepartie de ces crédits refluait vers l'émetteur. Elle était donc détruite par le remboursement du crédit.

Les banques pouvaient donc émettre, avec des risques minimes, des billets ou des dépôts en contrepartie de leurs créances en sus de leurs réserves en espèces si ces créances étaient bien des *real bills*. Les billets de banque circulaient comme moyens de paiements. Billets et dépôts étaient convertibles à la demande dans l'encaisse métallique qui était la monnaie de base. Si la logique bancaire fonctionnait à l'état pur (*free banking*), la quantité de monnaie de base n'était pas contrôlée par l'autorité monétaire. Le gouvernement se contentait de définir l'unité de compte en déclarant un prix officiel pour un poids de métal choisi comme support des espèces. La convertibilité était la règle de validation des monnaies bancaires. La loi du reflux est le processus selon lequel la convertibilité limite l'émission des monnaies bancaires concurrentielles. Il économise les espèces et vérifie la qualité des billets tout à la fois.

La difficulté théorique ne se trouve pas dans l'énoncé de la loi du reflux. Elle se trouve dans la compréhension des caractéristiques propres du principe bancaire au sein de la finance. Ces caractéristiques font que la loi du reflux se réalise dans la centralisation des relations de correspondants interbancaires au sein de systèmes de compensation multilatérale. Les banques sont des institutions qui offrent des crédits non négociables combinés à la fourniture de services de paiements. Elles investissent dans des informations spécifiques dont les déposants ne peuvent évaluer la qualité. Cette structure d'information asymétrique, jointe aux effets de réseau dans le système des paiements, implique, comme étant le rapport le plus efficace, que les dépôts soient évalués au pair en unités de compte et donc convertibles au pair en monnaie de base. Cette relation connut un grand essor dans la seconde moitié du XIXe siècle lorsque les dépôts devinrent transférables par chèques. Les paiements par chèques transfèrent des dépôts d'une banque à l'autre et créent des positions interbancaires. La loi du reflux est le processus selon lequel ces positions sont compensées et réglées entre les banques sous l'égide de la banque centrale.

L'Angleterre institua donc l'étalon-or et créa la Banque d'Angleterre par la réforme monétaire de 1694 à la suite de l'instauration de la Maison Orange dans la monarchie britannique Cette révolution politique mit un terme aux guerres civiles et aux troubles monétaires du XVIIe siècle. Elle établit un mode de financement de l'État pour financer la guerre contre la France (guerre de succession d'Espagne), unifié et contrôlé par le Parlement. Cette monarchie constitutionnelle fut le régime politique qui encadra le développement du capitalisme anglais au XVIIIe siècle et qui permit à l'Angleterre d'établir sa prépondérance économique.

Cet avantage de la précocité financière anglaise, fruit d'une conjonction de l'autorité politique monarchique, d'une classe bourgeoise en expansion et de scientifiques soutenant l'autorité royale, fut maintenu dans le temps long du XIXe siècle par le déploiement d'une puissance de mobilisation des ressources à l'échelle mondiale qu'autorisa *in fine* l'utilisation massive d'un charbon essentiellement produit de manière domestique. La France a suivi cette trajectoire colonisatrice et charbonnée, semblant même parfois parvenir à supplanter la place de Londres[13]. Les puissances européennes purent maintenir un coût salarial réel domestique faible par des stratégies de mobilisation des ressources coloniales (produits agricoles, biens alimentaires, textile), au prix parfois de désastres sociaux et écologiques[14].

LES CYCLES FINANCIERS DE LONG TERME ET LA GESTION DES CRISES FINANCIÈRES À L'ÂGE CLASSIQUE

Les années 1865-1870 virent la victoire nordiste dans la guerre de Sécession américaine et l'unification économique du pays, l'unification allemande et l'expansion industrielle du Reich sous Bismarck, la révolution Meiji et l'instauration d'un capitalisme asiatique au Japon. L'Allemagne voulait se faire une place dans l'expansion coloniale en Afrique pour mettre la main sur ses ressources naturelles. L'Allemagne unifiée développa ainsi un capitalisme d'État en opposition à l'ordre naturel cher à Locke sur lequel s'était construit le capitalisme britannique. La division internationale du travail se transforma consécutivement aux crises financières du début du XXe siècle. L'essor des grands capitaines d'industrie aux États-Unis (*tycoons*) entraîna le développement de l'industrie lourde : pétrole, métallurgie, chimie.

Finalement, la mise en cause de l'hégémonie britannique apparut clairement dès la veille du premier conflit mondial, entraînant des contradictions fortes dans la régulation monétaire internationale, et une ère d'incertitude. Aux États-Unis, déjà hégémoniques au plan industriel, la démocratie lutta contre la concentration du capital par les lois *antitrust*, tandis que l'extrême fragilité financière, due à la fragmentation du système bancaire et à l'absence de banque centrale, entraîna une dépendance de Wall Street vis-à-vis de la finance anglaise.

Si de nombreuses irréversibilités furent franchies durant cette période d'un point de vue énergétique, les structures économiques maintenaient un certain aspect renouvelable. En effet, l'industrialisme du XIXe siècle, ancré fortement sur le charbon, n'en était pas exclusivement dépendant. L'hydraulique conserva une importance cruciale, la force humaine également, encastrés dans des techniques de pointe (roulement à billes pour le vélo par exemple). Les villes américaines et européennes développèrent ainsi très tôt des systèmes de transport collectif en tram. Ce fut l'âge d'or du train en Europe comme aux États-Unis[15]. Pourtant, la trajectoire de la Standard Oil est venue bouleverser cette (encore) relative sobriété énergétique.

Les crises financières prirent une importance majeure après la découverte de l'or en Californie, permettant de financer les investissements massifs des chemins de fer traversant le continent américain. L'expansion de la production pétrolière et le développement des transports lancèrent l'urbanisation après la fin de la guerre civile. La crise financière systémique de 1873 se traduisit par l'effondrement d'une spéculation immobilière qui balaya l'Europe centrale et occidentale et se répandit aux États-Unis.

Cette crise majeure mit en évidence l'impact de la globalisation financière liée aux flux de capitaux de long terme alternés entre l'Angleterre et les zones de peuplement sur le continent américain qui dépendaient de l'appropriation des ressources naturelles. Jusqu'à la fin du XIXe siècle (1873-1896), l'Angleterre parvint à gérer l'étalon-or et ainsi à maintenir les régulations monétaires de l'orientation alternée des flux de capitaux. Mais le tournant du XXe siècle fit surgir la rivalité des grandes puissances ; ce que Lénine[16] a appelé le stade de l'impérialisme, étudié par Hilferding[17] et Rosa Luxemburg[18].

La construction écologique de l'étalon-or

LA NATURALITÉ DE L'ÉTALON-OR...

Avec les étalons argent et or, le XIXe siècle a pu donner l'illusion scientiste d'une naturalité de l'ordre monétaire fondé sur les seuls rapports objectifs de prix d'une certaine quantité (poids et titre) de métal et au-delà d'un rapport de valeur, déterminé par les conditions relatives de l'approvisionnement en différents métaux précieux ou semi-précieux. Les Européens ont largement voulu imposer au reste du monde cette vision réifiée de la monnaie et des valeurs. Dans cette vision, la confiance serait alors celle que les acteurs économiques portent notamment aux cours relatifs de l'or et de l'argent. En fait, ceux-ci dépendent bien évidemment des conventions humaines d'ordre politique, qui instituent ces métaux comme monnaie.

Dès les années 1870 se propagea une grave crise du capitalisme, une grande dépression qui dura jusqu'à la fin du siècle. Une réaction d'autoprotection des capitalismes nationaux fut de s'assurer de la meilleure exploitation financière possible des colonies, tout en protégeant les marchés domestiques. L'adoption britannique de l'étalon-or généra une pression accrue pour l'instauration de systèmes d'étalon-or un peu partout, afin de consolider la position de plus en plus contestée de la Grande-Bretagne dans le système financier international mondial.

L'étalon-or sterling n'était pas automatique mais hautement géré. La Banque d'Angleterre gérait la valeur de la livre sterling et des sorties d'or en augmentant ou en diminuant le taux d'intérêt. Le mécanisme fonctionnait grâce aux prêts à court terme accordés par Londres aux institutions financières britanniques. Celles-ci laissaient simplement une plus grande partie de leurs dépôts à Londres lorsque les taux d'intérêt augmentaient. D'autres pays, en particulier les concurrents de la Grande-Bretagne dont la production était supérieure et dont le système financier était axé sur les prêts à long terme pour la production, ne disposaient pas de systèmes financiers dotés de tels mécanismes de détente assurant des entrées et des sorties d'or à court terme. Ils ont dû accumuler des réserves d'or considérables pour défendre la valeur en or de leurs monnaies. Plus généralement, les gouvernements et les banques centrales ont décidé comment trouver un équilibre entre la transmission des effets disciplinaires des mouvements de prix internationaux à leurs économies nationales et la protection de ces dernières contre ces mêmes mouvements[19]. Lorsque ces choix s'avéraient trop difficiles, les gouvernements pouvaient également abandonner l'ancrage à l'or.

De très nombreux pays d'Amérique latine, d'Afrique ou d'Asie, déjà souvent sous une forme ou une autre d'emprise coloniale, devinrent ainsi des satellites des économies européennes, achetant leurs excédents et leurs biens monopolistiques, et ouvrant leurs marchés de capitaux aux investissements européens. L'ouverture des marchés des capitaux a permis aux capitalistes des pays dominants de posséder et de contrôler leurs secteurs les plus lucratifs, en particulier ceux liés aux produits de base et aux monopoles d'infrastructures publiques, en obtenant des rendements sur leurs capitaux supérieurs à ceux dont ils auraient bénéficié chez eux. Que ces pays soient des colonies ou des pays formellement indépendants, leur liberté d'agir autrement était sévèrement limitée. Nous nous penchons maintenant plus particulièrement sur ces systèmes financiers coloniaux.

... RÉVÉLÉE PAR LES SYSTÈMES MONÉTAIRES COLONIAUX

La manipulation britannique (et française) des monnaies coloniales témoigne de la nature profondément politique de la monnaie. Progressivement, ces monnaies coloniales sont devenues des instruments puissants de contrôle monétaire destiné à favoriser les échanges entre les colonies et la métropole. Jean-François Ponsot[20] a identifié deux grands types de besoins auxquels devaient répondre les systèmes monétaires coloniaux. Premièrement, des besoins d'ordre macroéconomique : la mise en valeur des colonies a impliqué le recours à des unités de compte locales permettant de fournir une évaluation numérique des richesses créées (mesure de la production sociale), ainsi que la mise en circulation de moyens de paiement spécifiques à chacun de ces systèmes productifs mis au service de la puissance impériale. Deuxièmement, des besoins d'ordre politique : l'esprit de conquête impériale a encouragé le marquage monétaire des territoires ; avec ce dernier, les puissances coloniales ont trouvé, en effet, le moyen d'affirmer leur autorité auprès des populations colonisées, tout en signifiant clairement aux puissances rivales quelles étaient leurs zones d'influence et de domination.

Les colonies, comme l'Inde britannique, ont été entraînées dans l'étalon sterling à leur grand désavantage. L'engagement et les motivations des autres pays ont varié. Alors que l'or s'appréciait, certains pays, comme les exportateurs de matières premières, l'Autriche-Hongrie et la Russie, sont restés avec l'argent qui se dépréciait. Les pays qui ont adopté l'étalon-or l'ont fait pour diverses raisons : pour échapper à la dépréciation de l'argent, pour obtenir des crédits ou, dans le cas des compétiteurs industriels comme l'Allemagne, pour obtenir l'acceptation internationale de leur propre monnaie dans le cadre d'une campagne visant à accroître leur part de marché et à contester le contrôle de la Grande-Bretagne sur les flux financiers internationaux.

D'autres puissances impériales comme les Hollandais, les Français et les Américains, mais aussi les Japonais, ont également établi des systèmes monétaires coloniaux similaires à celui des Britanniques, ainsi que dans des zones de contrôle informelles en Égypte, en Indochine, aux Indes orientales, aux Philippines, en Mandchourie et en Chine. Après 1914, la Grande-Bretagne a également imposé des devises en argent et essentiellement des systèmes de caisse d'émission en Irak. Nous allons maintenant étudier en particulier le cas de la France.

LES BANQUES COLONIALES FRANÇAISES

La création des premières banques d'émission dans les colonies françaises fut une conséquence indirecte de l'abolition de l'esclavage en 1848[21]. L'exigence d'indemnisation des colons a été résolue en leur offrant des participations dans ces nouvelles entités bancaires, parfois pourvues de monopoles d'émission de billets. Dès lors, la suppression de l'esclavage et l'adoption du travail salarié se sont accompagnées de la création d'une domination économique et financière totalement garantie aux anciens propriétaires. L'exemple paradigmatique en est certainement Haïti (voir encadré 6.2). Mais c'est aussi sur ce principe général que furent créées des banques d'émission à la Guadeloupe, à la Martinique et à la Réunion en 1851, puis à la Guyane et au Sénégal deux ans plus tard.

Le champ des opérations de ces banques d'émissions était beaucoup plus large que celui des caisses d'émission des colonies britanniques et soutenait ainsi le financement des colonies françaises : crédits aux exploitants agricoles, escompte des effets de commerce, opérations de change, dépôts en comptes courants. Cette relative autonomie monétaire a entraîné des crises bancaires et de change comme la crise du sucre brun de 1884, aux Antilles, dont l'issue n'a pu être trouvée qu'après l'intervention financière de la métropole.

La Banque de l'Indochine fut construite exactement sur le même modèle que celui qui fut retenu quelques années plus tard pour Haïti (voir encadré 6.2), avec dans un cas comme dans l'autre un siège à Paris. Elle jouissait d'un privilège d'émission de la monnaie dans toutes les colonies françaises d'Extrême-Orient. D'autres banques coloniales peuvent être encore citées, comme la Banque internationale pour l'Afrique occidentale (BIAO), héritière de la Banque du Sénégal créée par Napoléon III en 1853.

ENCADRÉ 6.2. LA DETTE D'HAÏTI ET LE CRÉDIT INDUSTRIEL ET COMMERCIAL[22]

L'histoire de la dette d'Haïti commence par la création, le 7 mai 1859, par un décret impérial de Napoléon III, de la Société générale de crédit industriel et commercial (CIC). En 1875, le CIC a octroyé à Haïti un prêt de 36 millions de francs, soit environ 174 millions de dollars actuels. Outre le financement d'infrastructures, le contrat du prêt indiquait que 20 % des sommes seraient dévolus au remboursement du restant des dettes liées aux anciens esclavagistes français[23].

Dès le début, les banquiers français conservent 40 % du montant du prêt en commissions et frais divers. Bien après que les familles d'anciens esclavagistes eurent été remboursées, Haïti a continué à payer – cette fois-ci, auprès du CIC.

Surtout, le prêt obligeait le gouvernement haïtien à verser au CIC et à son partenaire financier près de la moitié des taxes gouvernementales

sur les exportations, comme celles sur le café, jusqu'à ce que la dette soit remboursée, étouffant ainsi la principale source de revenus du pays.
L'opération se prolongea par la création, en 1880, de la Banque nationale d'Haïti, qui n'avait de « nationale » que le nom, puisque c'était le CIC qui l'avait créée, installant son siège à Paris, dans les locaux mêmes de la banque française, présidé par Henri Durrieu (1821-1890). Les paiements d'intérêts ne seront complètement remboursés, eux, que dans les années 1950.

L'autonomie des banques d'émission coloniales fut remise en question vers 1910, les organes de surveillance des Banques coloniales préconisant l'unification de ces établissements. Les troubles occasionnés par l'autonomie monétaire incitèrent les autorités de la métropole à renforcer leur contrôle sur les activités des instituts d'émission d'outre-mer. Les exigences de la Grande Guerre orientèrent les réformes coloniales dans cette voie. L'intégration monétaire des colonies à la métropole fut finalement renforcée, à l'instar du système monétaire colonial britannique, pour constituer à terme la zone franc.

LE VOLET INFORMEL DE L'EMPIRE FINANCIER FRANÇAIS

La France a eu au XIXe siècle une propension particulière à exporter ses capitaux, ce qui s'est poursuivi jusque dans les années 1970. Comme le montre David Todd[24], l'économie politique du Second Empire favorise les emprunts de gouvernements étrangers, dans un but économique, mais aussi d'influence politique. Cette capacité de projection à l'étranger s'explique par deux facteurs macroéconomiques propres à la France. La baisse précoce de la natalité française doublée d'une espérance de vie inférieure à la moyenne de l'Europe occidentale lui vaut *de facto* un taux d'épargne relativement élevé. Cette explication démographique se doublait d'une explication industrielle au travers d'une spécialisation sur des biens de luxe ou de demi-luxe nécessitant un investissement en capital relativement limité.

L'expédition du Mexique sous Napoléon III (1862-1867) fut ainsi financée *via* des émissions de titres au nom du Mexique gérées par une

« commission des finances du Mexique » sise à Paris et entièrement sous le contrôle du Trésor français. La commission rédigea même les statuts d'une Banque impériale du Mexique qui n'a finalement pas vu le jour. Le Crédit industriel et commercial, cité plus haut à propos d'Haïti, a participé plus tard à la création de la Banque nationale du Mexique (1881) et de la Banque générale de Madrid (1881)[25]. On pourrait encore évoquer la Banque impériale ottomane, créée par deux des plus fidèles soutiens de Napoléon III, les frères Pereire, en association avec des investisseurs britanniques. De 1863 à 1924, l'établissement remplit les fonctions de banque centrale, au terme d'un protocole signé avec le pouvoir ottoman de Constantinople.

Le rôle de cet empire financier informel français dans le recyclage de l'épargne du pays au XIXe siècle donne à voir une forme de porosité entre le colonialisme (qu'il s'agisse des colonies de peuplement ou d'exploitation) et les dynamiques de dépendances financières qui peuvent atteindre des géographies bien plus larges sans pour autant recourir à un arsenal militaire et administratif équivalent. Il nous reste maintenant à caractériser plus largement les formes de la viabilité de ce régime du Capitalocène II, marqué par les dynamiques coloniales et impériales et ainsi la question du rôle de la terre dans sa dynamique.

Viabilité du Capitalocène à l'âge classique

THÉORIE ET PRATIQUE DES HECTARES FANTÔMES

Dès la fin du XVIIIe siècle, l'idée s'est imposée au sein des élites britanniques que les terres du royaume étaient insuffisantes pour nourrir la population, tout en accompagnant sa croissance commerciale et industrielle. En 1798, Thomas Malthus formalisa les principes essentiels de cette réflexion dans son *Essai sur le principe de population*. Il s'agissait, à partir d'un raisonnement démographique, de pointer l'avenir sombre qui attendait le pays si des réformes urgentes n'étaient pas engagées. Dans un contexte de révolution conservatrice, marquée par la réorganisation impériale et le renouveau religieux, le constat du manque de terre servait à justifier la mobilisation conjointe des

Églises qui promouvaient le contrôle des naissances et de la flotte impériale, qui organisait la bonne circulation des ressources manquant à la métropole à travers la colonisation. À partir des années 1820, le spectre de catastrophes malthusiennes s'éloigna progressivement[26], marquant une reconfiguration des discours économiques sur la terre.

Ce phénomène trouvait une partie de ses origines dans l'essor spectaculaire de la marine à voile qui, liée à l'essor des échanges commerciaux après 1815, a rendu possible une croissance sans précédent de l'émigration britannique et irlandaise. Cette « révolution non industrielle[27] », comme l'appelle James Belich, aurait favorisé l'affirmation d'une idéologie de l'émigration incorporant, outre cette marine à voile, des affects, des flux de capitaux, des dispositifs administratifs et des idées économiques postmalthusiennes. Nous avons vu en particulier dans ce chapitre les dispositifs monétaires et financiers mis en œuvre par les puissances coloniales pour orienter la production des colonies vers les besoins des capitales coloniales.

En parallèle de cette destruction des communs dans les tropiques, la théorie des avantages comparatifs développée par l'économiste Ricardo a construit un cadre théorique pour rendre invisible l'origine des inégalités des pays. Ainsi les dotations initiales en facteurs (terre, capital, travail) déterminent-elles les formes de l'intérêt au commerce, sans que la dynamique institutionnelle qui a pu conduire à ces dotations ne soit jamais questionnée. Comme le mentionne Christopher Olk[28], on peut se demander s'il existe quelque part une justification stipulant que le fleuve Gambie devait hériter de la culture de l'arachide, tandis que le fleuve Clyde (en Écosse) devait devenir un foyer de construction navale. En revanche, c'est au nom de ces avantages comparatifs que furent imposées des ouvertures commerciales forcées à de nombreux pays subordonnés aux empires coloniaux.

Or le commerce transatlantique et celui avec l'Asie ont engendré des quantités très importantes de capitaux financiers qui pouvaient par la suite être investis dans les industries naissantes de l'Europe de l'Ouest. Le rôle des capitaux financiers accumulés grâce au commerce triangulaire dans le processus d'industrialisation semble établi. Le commerce maritime international fut aussi un catalyseur des activités financières intérieures de la Grande-Bretagne. L'usage des lettres de change et du crédit commercial s'est systématisé, et les institutions financières se sont développées sous un jour nouveau. C'est ainsi que sont apparus les principes de l'assurance maritime (la Lloyds fut fondée en 1688) et de l'assurance incendie. Le commerce colonial a édifié les milieux bancaires de Bristol, de Glasgow et de Liverpool, qui devinrent ensuite primordiaux pour financer les manufactures et les usines de ces régions.

À la nature tropicale sauvage des peuples autochtones répondait le projet civilisateur des monnaies coloniales. Les images les plus courantes sur les billets de banque dans l'espace colonial étaient celles dans lesquelles les portraits des monarques britanniques présidaient à des paysages étrangers exotiques, chaque paysage étant distinct de la région dans laquelle la monnaie était émise. Ces images soulignaient bien l'universalité de l'empire et la particularité de chaque colonie. Elles renforçaient les idéologies coloniales de conquête, souvent de manière subtile. On trouve également de plus en plus souvent des images plus détaillées d'habitants locaux engagés avec bonheur dans les activités économiques orientées vers l'exportation que les Britanniques tentaient d'encourager.

Ainsi, sous couvert de projet civilisateur, des institutions monétaires coloniales nées de la transition hors de l'esclavage ont institutionnalisé une relation de dépendance entre les colonies et les puissances coloniales, garantissant un contrôle de leur dynamique de développement. L'introduction des systèmes monétaires coloniaux a en effet joué un rôle déterminant dans l'orientation des colonies vers les productions à destination des marchés internationaux. Ainsi, la Compagnie britannique des Indes orientales percevait les impôts en monnaie et non pas en riz ou en coton, ce qui forçait les paysans à se tourner vers des cultures d'exportation comme l'indigo, la canne à sucre, le coton ou encore le pavot servant à fabriquer l'opium à destination de la Chine. Au début du XIXe siècle, 40 millions de Chinois étaient dépendants de cette drogue importée par la Grande-Bretagne[29].

Inde et Chine étaient ainsi mises de force à contribution selon les principes du libre-échange. En se spécialisant dans les productions de matières premières destinées à l'Occident, les populations devinrent plus vulnérables aux aléas de la vie, notamment d'origine météorologique. À la fin du XIXe siècle, alors que le phénomène

El Niño s'intensifiait, des sécheresses très sévères dans de vastes parties de l'Asie provoquèrent des famines tuant de 30 à 50 millions de personnes. L'historien Mike Davis[30] montre comment les dirigeants coloniaux britanniques de l'Inde ont été plus soucieux du bon fonctionnement du marché et de leurs revenus que des ravages des famines. De la même manière, les sociétés en Angola, en Égypte, en Algérie, en Corée, au Vietnam, en Éthiopie, au Soudan, au Brésil se retrouvèrent très affaiblies par la période, ouvrant la voie à de nouvelles vagues d'expansion et de consolidation des puissances coloniales et ce que nous appellerons le Capitalocène III. Toujours est-il que le XIXe siècle fut en même temps le siècle des abolitions de l'esclavage, sans que l'on puisse déterminer si l'industrialisation a plutôt retardé ou au contraire conduit à ce mouvement d'abolition.

LE DÉBAT SUR LE BILAN ÉCONOMIQUE DE LA COLONISATION

La question du bilan économique de la colonisation revient à se poser la question de savoir ce qu'il serait advenu au Royaume-Uni et à la France si ces pays n'avaient pas eu de débouchés ni de sources d'approvisionnement en provenance de leurs colonies, et inversement quelle aurait été la trajectoire économique des pays ou peuples colonisés en l'absence de colonisation. L'investissement dans l'empire peut servir la métropole. Les intérêts et dividendes reçus contribuent à rendre excédentaire la balance des paiements de la métropole, condition de viabilité du système mondial de règlements multilatéraux en place durant la seconde moitié du XIXe siècle et le premier tiers du XXe siècle. C'est en effet cet excédent qui permit à la Grande-Bretagne de payer ses dettes aux pays industriels occidentaux.

Surtout, le commerce transatlantique a été important pour stimuler la production de matières premières des îles britanniques. Les mines de Cornouailles assurèrent l'approvisionnement en cuivre du secteur de la construction navale. Le commerce maritime généra une demande en produits manufacturés déterminante pour le décollage de l'industrie anglaise à la fin du XVIIIe siècle. Cette demande exponentielle était due à l'explosion démographique en Amérique du Nord. L'Amérique absorba 60 % de la production textile du Lancashire en 1800, tandis que la migration de millions de Britanniques vers l'Amérique du Nord et l'Australie permit de diminuer la pression qui s'exerçait au Royaume-Uni sur les ressources naturelles et les salaires.

En retour, le Nouveau Monde a fourni au Royaume-Uni et à l'Europe un apport en calories non négligeable à travers le sucre consommé. La Grande-Bretagne importa aussi des cendres alcalines d'Amérique du Nord, représentant une combustion de bois supérieure à la combustion annuelle de bois britannique. Guano et nitrate de sodium furent également importés du Chili, de la Bolivie et du Pérou pour fertiliser les terres. Enfin le coton produit dans le Sud esclavagiste des États-Unis constitua la matière première principale de l'industrie britannique.

Ce furent au total près de 10 millions d'hectares fantômes[31] qui alimentaient l'économie britannique du début du XIXe siècle, soit environ les deux tiers de la surface agricole utile de l'Angleterre et du pays de Galles. Sans ces importations massives, la Grande-Bretagne et l'Europe de l'Ouest auraient fait face au cours du XIXe siècle à un goulet d'étranglement écologique qui aurait bloqué la poursuite de leur industrialisation.

Dans le cas de la France, le marché colonial servit de débouché de produits industriels et de source d'approvisionnement de produits tropicaux. Les exportations françaises vers les colonies s'accrurent à un rythme plus rapide que celui des ventes à destination de l'étranger, l'empire devenant le premier partenaire commercial de la France à partir de 1920[32]. Le marché colonial joua un rôle clé pour des branches importantes de l'industrie métropolitaine comme les cotonnades ou les produits métallurgiques, et ainsi plus largement pour la croissance économique du pays[33].

Inversement, comme le remarque Denis Cogneau[34] sur la base de données inédites, le coût du colonialisme français a été particulièrement peu élevé pour la métropole. Les dépenses publiques de la métropole en direction des colonies ont gravité, pour les dépenses militaires, autour de 0,5 % du PIB français entre 1833 et jusqu'à 1940, et pour les dépenses civiles autour 0,1 % du PIB. Le fonctionnement des États coloniaux a été principalement financé par les impôts prélevés sur les populations locales, et sur les colons et expatriés européens présents sur place. De ce fait, l'écart béant de richesse entre la France et ses colonies n'a pas été réduit. Le revenu des habitants des colonies, rapporté à celui des Français, a passé de 25-30 % suivant les régions à la fin du XIXe siècle à 5-15 % au milieu du XXe siècle.

UNE VISION PARADOXALE DE LA NATURE COMME MILIEU

De manière assez paradoxale, dans ce contexte d'empires coloniaux induisant des transformations planétaires, la nature était essentiellement perçue par le prisme des changements locaux dans la qualité de l'environnement. À partir du début du XIXe siècle, les activités industrielles devinrent prépondérantes, souvent au cœur même des villes, engendrant des pollutions et désagréments importants pour les riverains. En France, nous l'avons déjà mentionné, priorité fut donnée à l'industrialisation du pays quand le décret impérial du 15 octobre 1810 garantit aux industriels la possibilité de compenser financièrement les riverains des dommages résultant de leurs activités, alors que la législation précédente faisait relever ce type de litige de la police locale et du droit pénal. L'Allemagne du XIXe siècle connut aussi une progressive disparition des anciens droits des paysans sur certains produits des forêts. De son côté, l'Angleterre connut la fin rapide des communs.

Dépourvues de leurs anciens droits locaux, les populations durent intégrer par leur activité une circulation plus large de valeur et contribuer à la production de biens valorisés à cette échelle géographique plus large. Les conséquences sanitaires se sont fait néanmoins rapidement sentir, auxquelles a répondu la notion nouvelle d'hygiène publique. Chaptal, à la fois président de la Société d'encouragement de l'industrie nationale et de la Commission de santé publique, a exemplifié l'idée que les activités industrielles sont compatibles avec l'intérêt général, tant que des politiques d'hygiène publique peuvent traiter les conséquences locales[35].

Cet élargissement géographique a conduit néanmoins à rendre progressivement caduque la pertinence de la notion de nature comme milieu. Des ruptures métaboliques apparurent, qui furent observées très tôt[36]. Ces ruptures matérialisaient souvent des changements rapides de localisation des rentes financières. On peut prendre l'exemple des fertilisants du sol : d'organiques et locaux, ils devinrent exclusivement produits à partir du guano du Pérou dans l'Empire britannique. Cet élargissement géographique fut en même temps une forme de réponse aux protestations contre les pollutions locales, comme une forme de contre-mouvement polanyien.

Le mouvement de colonisation vint finalement concentrer les destructions environnementales dans les pays nouvellement colonisés, reliés aux pays du centre par des liens financiers étroits et stables, dont l'emblème est certainement l'étalon-or britannique.

Vers l'oubli de la limite

L'approche de la nature comme limite à ne pas franchir, ou impossible à franchir, apparut assez tôt dans l'analyse économique, au travers notamment des débats sur les origines de la valeur. Antonin Pottier[37] a bien résumé cette évolution de la notion de limite naturelle dans les modèles économiques depuis les classiques jusqu'à aujourd'hui. Les physiocrates du XVIIIe siècle, en pensant que toute richesse provenait de l'agriculture, virent ainsi en creux, dans les limites productives de l'agriculture, la finitude de la croissance économique possible.

Les économistes classiques se sont éloignés de ces prémisses, tout en retenant l'idée d'une limite naturelle à la croissance. Chez David Ricardo, celle-ci prit la forme de la valeur marginale de la terre la moins productive. Chez Thomas Malthus, ce fut la contradiction entre les lois d'évolution des populations et des ressources qui devait conduire inévitablement à l'effondrement économique. John Stuart Mill apporta une vision plus nuancée, dans laquelle la croissance matérielle semblait limitée, mais où cette limite justifiait des politiques progressistes redistributives.

Plus tard encore, Stanley Jevons apporta, avec *The Coal Question*[38], la première interrogation sur les conséquences pour l'activité économique de ressources limitées en charbon. Jevons fut en même temps le premier des marginalistes, école de pensée économique qui affranchit *de facto* pour au moins un demi-siècle l'économie standard de toute réflexion sur les limites matérielles à l'activité économique. Il n'est pas étonnant de constater que la monnaie ait été en même temps écartée de toutes leurs analyses.

C'est cette nouvelle phase du Capitalocène, qui oublie dans sa pratique sa dépendance systémique aux combustibles fossiles, en particulier au pétrole, que nous allons maintenant analyser au prochain chapitre.

CHAPITRE 7

De l'étalon charbon à l'étalon pétrole (Capitalocène III)

Les impensés impérialistes du système de Bretton Woods

Le système monétaire international à partir du dernier quart du XIXe siècle reposait implicitement sur une très forte hiérarchisation des économies. Il s'appuyait sur une idée coloniale/impériale du monde, qui rendait invisibles à dessein le travail et la nature bon marché offerts par les pays des colonies, idée que nous avons décrite au chapitre précédent.

En accroissant radicalement le métabolisme économique des pays industriels, le charbon amplifia d'autant la consommation de matières premières provenant du reste du monde. Les processus fondant leur prospérité dépendaient de certains produits clés situés dans les pays périphériques : étain de Malaisie pour les boîtes de conserve et les barils de pétrole, cuivre des Andes et du Congo nécessaires à l'électrification, huile des graines oléagineuses tropicales ou graisse de baleine pour l'éclairage et la lubrification des machines, caoutchouc issu de l'hévéa pour les courroies de transmission et les joints d'étanchéité, phosphates d'Afrique du Nord pour maintenir la fertilité des sols à des niveaux acceptables[1].

En contrepartie, le capitalisme fossile s'est progressivement étendu au monde entier, avec des conséquences écologiques souvent dramatiques. La ruée vers le caoutchouc (ou hévéa) s'accompagna en Amazonie du massacre de très nombreux Amérindiens et d'une déforestation sauvage. L'hévéa fut ensuite transféré au début du XXe siècle en Afrique[2] et en Asie du Sud-Est[3], causant déforestation, épuisement des sols et introduction de la malaria. Au Congo notamment, le développement des plantations de caoutchouc, de l'exploitation minière et des chemins de fer provoqua une première dissémination régionale du virus de l'immunodéficience humaine (VIH).

Au cours de la première décennie du XXe siècle, John Maynard Keynes écrivit *Indian Currency and Finance*, un de ses premiers ouvrages sur la monnaie et le système monétaire[4]. Le système monétaire indien était très dépendant de l'économie britannique et de ses relations commerciales avec la City de Londres, comme nous l'avons vu au chapitre précédent. L'Inde avait en permanence une balance commerciale excédentaire vis-à-vis de l'Angleterre. Elle vendait des produits agricoles et achetait des produits manufacturés à l'Angleterre. Les revenus financiers nets générés servaient en grande partie à rembourser une dette en sterling, des achats d'équipement et des dépenses militaires. Ces paiements obligeaient ainsi le gouvernement indien à posséder des dépôts importants en sterling à Londres, tandis que ses revenus étaient générés en roupies.

La dépréciation de la roupie indienne dans les années 1870, liée notamment à l'abandon du bimétallisme, était un sujet brûlant des économistes britanniques. La position de l'Empire britannique était de rétablir une forme d'étalon-or pour garantir la valeur des remboursements effectués par l'Inde. La position des groupes d'influence économique indiens était, elle, plutôt favorable à une dépréciation de la roupie qui permettait d'alléger le fardeau des remboursements, tout en favorisant l'activité économique coloniale. Keynes intervint dans ce débat pour prendre la défense de la mise en œuvre d'un étalon de change or, limitant l'usage de l'or aux transactions internationales et préfigurant ainsi les systèmes monétaires européens qui allaient voir le jour à la suite de la Première Guerre mondiale.

Mais ce qui nous intéresse ici est surtout la position de Keynes par rapport à une économie coloniale, sans qu'il soit jamais fait mention des possibles intérêts divergents de la Grande-Bretagne et de l'Inde et que le développement économique de cette dernière était retardé par la politique impériale. Le maintien d'un excédent commercial avec l'Inde constituait en effet un moyen pour la Grande-Bretagne (qui connaissait dans ce dernier tiers du XIXe siècle un déclin relatif de sa productivité mais un niveau élevé de consommation) de financer les déficits qu'elle avait contractés notamment avec les États-Unis, l'Allemagne, le Canada et l'Australie.

Ces réflexions du plus éminent économiste britannique du XXe siècle illustrent bien toutes les ambiguïtés de la période qui a couru de la fin du XIXe siècle à la seconde moitié du XXe siècle, conduisant de l'expansion maximale des impérialismes coloniaux à la stabilisation apparente d'un régime fordiste qui semblait répondre aux préoccupations sociales et économiques des populations occidentales du New Deal rooseveltien comme de la social-démocratie européenne. Des productions d'exportation à destination de la métropole ont été imposées aux producteurs indiens, alors que des famines sévissaient, qui sont abondamment décrites dans l'article « Génocides tropicaux » de Mike Davis[5]. Tandis que, de 1875 à 1900, les exportations de céréales passèrent de 3 millions à 10 millions de tonnes par an, l'Inde connut une série de phénomènes climatiques dus à El Niño et responsables de famines catastrophiques.

Ces ambiguïtés sont saisies de manière frappante si l'on met en regard le discours de Keynes sur le système monétaire indien et ces génocides tropicaux menés quasiment au même moment par la puissance britannique au nom même des principes du libre marché. Ce sont ces ambiguïtés que nous voulons éclairer dans ce chapitre en ce qu'elles définissent un régime bien particulier de viabilité du Capitalocène, institutionnalisé au travers d'arrangements monétaires figeant des hiérarchies aussi bien économiques qu'écologiques, établies violemment lors de la période précédente.

L'ère des instabilités (d'une guerre mondiale à l'autre)

LES BOULEVERSEMENTS TECHNOLOGIQUES D'UNE NOUVELLE ÈRE DU CAPITALOCÈNE

Le pétrole a des origines anciennes. Il fit son entrée dans les processus industriels à partir de 1853, lorsque le kérosène vint progressivement remplacer la houille dans l'éclairage des villes.

L'éclairage connut une autre révolution avec l'invention de l'ampoule électrique par Thomas Edison. Néanmoins, la demande de pétrole ne baissa pas, l'essentiel de la demande portant désormais sur le domaine des transports. Il apparut en effet rapidement que le pétrole permettait de convertir efficacement l'énergie thermique en mouvement. Les moteurs à combustion se développèrent rapidement à la fin du XIXe siècle sous l'impulsion d'ingénieurs notamment allemands, Gottlieb Daimler, Wilhelm Maybach, Carl Benz ou Rudolf Diesel. La voiture ne se démocratisa néanmoins qu'avec le déploiement des concepts de l'organisation scientifique du travail, formulés par Frederick Taylor, et appliqués par Henry Ford. En 1914, ce dernier décida de doubler le salaire de ses ouvriers, étape cruciale dans l'émergence d'une classe moyenne et d'une société de consommation de masse aux États-Unis.

Le moteur à combustion interne fut rapidement appliqué au développement de l'aviation, à la suite du succès initial des frères Wright en 1903. Enfin, le moteur fut également installé sur les navires, les sous-marins, puis sur toutes les machines agricoles. Il devint au XXe siècle le convertisseur énergétique le plus influent de la planète.

ENCADRÉ 7.1. LES THÉORIES DES TRANSITIONS TECHNOLOGIQUES

La question de l'origine des vagues d'innovations traversant l'histoire du capitalisme traverse en même temps l'histoire de la pensée économique. Elle prend une importance nouvelle avec l'urgence de la transition écologique. La théorie économique de la croissance endogène développée notamment par Paul Romer[6] a été adaptée par Philippe Aghion[7] dans le cadre d'un modèle simple pour introduire l'idée d'un progrès technique dirigé vers des secteurs verts, que permettraient des subventions à des chercheurs ou innovateurs mus par le désir schumpétérien d'innover.

Les conséquences en termes de politiques publiques qui en découlent sont néanmoins particulièrement faibles, tant la vision de l'économie qui émane du modèle est incorporelle[8], ignorant les phases successives des processus d'innovation, se refusant à l'analyse technologique qu'imposerait un discours davantage prescripteur, ou encore négligeant les processus de financement de ces différentes phases.

Une seconde approche de l'innovation lie essentiellement l'origine de la croissance capitaliste à des formes plus efficaces d'utilisation de l'énergie. C'est l'approche retenue, à la suite des travaux d'Odum[9] ou de Georgescu-Roegen[10], souvent par des ingénieurs[11] ou des historiens des sciences[12], à partir de l'observation de ratios comme le taux de retour énergétique (*energy return on investment*, ou EROI en anglais) des secteurs économiques, voire des sociétés dans leur ensemble. Ces approches négligent cependant les normes sociales ou les structures institutionnelles qui façonnent la direction que peut prendre la technique. La technique répond à des normes culturelles ou symboliques, à des contraintes liées à l'environnement, tout autant qu'à la pression de la demande ou à la structure de l'offre. C'est ce que l'on pourrait appeler un régime sociotechnique[13] ou un paradigme technologique[14]. Cette approche multiniveau permet de comprendre, suivant le régime sociotechnique en place, le passage ou non d'un marché de niche à un usage élargi, pouvant lui-même faire éventuellement naître une nouvelle trajectoire sociotechnique. Certaines tentatives de quantification et de simulations de ce type de processus technologique évolutionnaires ont été menées, notamment dans le cadre du modèle FTT (Future Technology Transformations)[15]. Ces théories rejoignent le groupe des théories sur les vagues d'innovations longues de Kondratiev[16], celles sur les ondes longues du développement capitaliste d'Ernest Mandel[17], d'inspiration plus marxiste.

Dans ce bouleversement technologique inédit, le dernier tiers du XIXe siècle a vu en même temps l'hégémonie britannique bousculée par l'émergence de puissances rivales, telles que les États-Unis, l'Allemagne, la France et le Japon. L'intensification de la compétition entre ces États-nations accéléra les projets impériaux. Alors qu'en 1800 les puissances européennes contrôlaient 35 % de la surface terrestre, elles en contrôlaient 85 % en 1914. Seuls l'Iran, l'Empire ottoman, le Siam, l'Éthiopie et le Liberia étaient encore indépendants à la veille de la Première Guerre mondiale, la Chine étant en partie occupée.

Cette ère des instabilités s'est ouverte sur le premier conflit mondial. L'engrenage des alliances qui y a conduit s'est construit dans la première décennie du XXe siècle en réaction aux déséquilibres de la mondialisation sous hégémonie britannique. La croissance extrêmement rapide de la puissance industrielle de l'Allemagne a favorisé l'Entente cordiale entre l'Angleterre et la France. Cette dernière cherchait à équilibrer le rapport de force militaire avec son voisin d'outre-Rhin en opérant un rapprochement politique et financier avec la Russie tsariste. Le développement militaire de l'Allemagne, opéré après 1871 sous l'égide d'une alliance de l'aristocratie prussienne de l'Est et de la bourgeoisie industrielle de l'Ouest, cherchait à conjurer un sentiment d'encerclement. Aucune des nations européennes ne souhaitait réellement la guerre. Son déclenchement fut *in fine* l'œuvre de politiques somnambules[18].

LE CRÉPUSCULE DE LA LIVRE STERLING

Le caractère impérial de l'étalon sterling ne le protégeait plus de l'instabilité du système international dans son ensemble. La fin de l'étalon-or a en fait été accélérée par une concurrence industrielle et impériale aiguë, de nouvelles puissances industrielles s'élevant pour contester la prééminence de la Grande-Bretagne et menant à la Première Guerre mondiale[19]. Les pays qui ont réussi à s'industrialiser derrière des murs protectionnistes ont adopté l'étalon-or non pas pour se soumettre à sa discipline, mais pour défier le système de la livre sterling de la Grande-Bretagne, comme ils avaient défié sa domination sur le marché mondial. Ce faisant, la Banque d'Angleterre a constaté à son grand dam que, lorsqu'elle augmentait le taux d'escompte, l'or ne rentrait pas aussi facilement qu'auparavant ; ce qui la forçait à relever bien plus son taux directeur. Les effets négatifs sur l'économie sont devenus substantiels et ont été remarqués par le public et par la classe financière et politique[20].

Le système de la livre sterling a également ruiné des pays non occidentaux, nominalement indépendants, comme la Perse et l'Égypte. Seules les colonies britanniques ont permis de prolonger la suprématie de la livre sterling face au déclin industriel. Elles absorbaient les exportations de moins en moins compétitives de la Grande-Bretagne, généraient des excédents d'exportation qui compensaient le déficit commercial croissant de la Grande-Bretagne, tout en augmentant les exportations de capitaux de la Grande-Bretagne. Ces pays constituaient le socle réduit du système sterling qui s'est affaibli bien avant que la guerre n'éclate en août 1914[21].

Les rapports de force coloniaux de la mondialisation britannique furent irrémédiablement ébranlés par le conflit mondial, tandis que de nouvelles dynamiques scientifiques et industrielles furent impulsées sur une échelle inédite. Alors que la décolonisation aurait pu amorcer de nouvelles dynamiques plus favorables au financement du développement, il n'en fut rien. Dans les années 1930, les administrateurs impériaux britanniques reconnaissaient explicitement les limites du système de développement colonial, mais ils ont finalement cédé aux priorités impériales et se sont activement opposés à toute réforme en raison de l'impact négatif probable sur les intérêts impériaux. La fin formelle, politique, de l'impérialisme britannique ne doit donc pas être considérée comme celle du système impérial dans ses dimensions économique et monétaire. Malgré la détermination des nouveaux États indépendants d'affirmer leur souveraineté monétaire, la substitution de banques centrales indépendantes aux *currency boards* coloniaux fut moins radicale que ne pouvaient le laisser penser les prétentions affichées.

L'inertie des dispositions monétaires coloniales a pesé sur les nouvelles régulations monétaires et conforté le primat de la convertibilité et de la stabilité monétaire de l'ex-empire colonial britannique. Dans les anciennes colonies françaises, comme le mentionne Jean-François Ponsot[22], on s'est rallié également à ces principes en généralisant les mécanismes rigides de la zone franc. Les dynamiques monétaires postcoloniales restèrent orientées vers les intérêts des anciennes puissances coloniales, au détriment de systèmes monétaires et financiers plus favorables à la croissance et au développement des anciennes colonies. L'existence d'alternatives pratiques aux trajectoires coloniales fut renforcée par les expériences contrastées des colonies de peuplement, des premiers temps de la colonisation au XXe siècle. Leur utilisation active et innovante par les banques centrales pour réguler le secteur bancaire et favoriser le développement économique les a conduites à se détacher de la livre sterling.

LE BASCULEMENT DE LA HIÉRARCHIE DES DETTES

La Première Guerre mondiale a mis un terme à la conception de l'ordre naturel comme fondement de la souveraineté et donc à l'ordre international de l'étalon-or. La tentative de le restaurer, alors que ses bases morales avaient définitivement disparu, fut une cause éminente de la crise économique et financière menant à la Grande Dépression des années 1930 et à l'essor des États totalitaires qui a conduit à la Seconde Guerre mondiale.

L'élément clé était l'insistance des États-Unis pour que la Grande-Bretagne, la France et les autres Alliés paient les dettes qu'ils avaient contractées pour financer la guerre. Cette exigence a conduit les Alliés à demander à leur tour des réparations à l'Allemagne vaincue. De nombreux chefs d'entreprise américains ont compris les dangers inhérents aux demandes de remboursement d'une telle dette impayable, utilisée pour la destruction et non pour la production, et ont demandé une annulation au moins partielle. Les Britanniques rappelèrent aux États-Unis qu'ils avaient effacé les dettes autrichiennes qui leur étaient dues après les guerres napoléoniennes. Keynes, conscient des limites de la capacité de l'Europe, fatiguée par la guerre, à payer et de la capacité des États-Unis à absorber les exportations qu'un tel remboursement entraînerait, appela à une « bonification générale » des « vastes enchevêtrements de papier[23] ».

Cependant, les demandes de paiement du gouvernement américain ont prévalu. Cela a permis d'accomplir deux choses. Premièrement, la finance gouvernementale a remplacé les flux financiers privés présidés par la livre sterling. Deuxièmement, le principe orienté vers les créanciers selon lequel toutes les dettes doivent être payées, quelles que soient les conséquences socialement déstabilisantes, a été établi dans les finances publiques comme dans les finances privées.

Les spéculations financières américaines de l'entre-deux-guerres ont contribué au krach de 1929 et à la Grande Dépression qui s'est ensuivie. Étant donné que leurs demandes de remboursement de la dette et de réparations n'étaient pas fondées, les États-Unis ont dû organiser un véritable Meccano financier pour les faire durer. L'Allemagne a payé des réparations aux alliés européens, qui ont payé leurs dettes de guerre aux États-Unis, et les banques américaines, à leur tour, ont prêté à l'Allemagne, principalement aux municipalités allemandes. La Réserve fédérale américaine a maintenu des taux d'intérêt bas grâce à une forme précoce d'assouplissement quantitatif afin d'encourager ce flux circulaire et d'aider les Britanniques à raccrocher la livre sur l'or.

Cependant, un effet secondaire des faibles taux d'intérêt américains a été la spéculation à effet de levier sur le marché boursier américain, qui a augmenté encore plus rapidement lorsque les prêts étrangers ont ralenti. Les États-Unis ont augmenté les taux d'intérêt pour l'endiguer, ce qui a déclenché le krach de 1929. Le ralentissement de l'économie, dû en fin de compte à l'affaiblissement des marchés sur lesquels les États-Unis comptaient pour maintenir l'expansion de leur économie gonflée par la guerre, s'est mué en Grande Dépression. En l'absence de marchés coloniaux protégés, les États-Unis en furent les plus grandes victimes.

Les partisans de l'hégémonie américaine, comme Kindleberger en 1973, déplorèrent l'échec des États-Unis à assurer le leadership international dans l'entre-deux-guerres. Ce qu'ils n'ont pas compris, c'est que la quête de la puissance mondiale par les États-Unis était nécessairement un jeu à somme nulle. La dernière chose que Roosevelt et ses conseillers voulaient, c'était le genre de leadership internationaliste ou même de redressement mondial qui réhabiliterait les économies britanniques, françaises et européennes, permettant à leurs gouvernements d'agir sur un pied d'égalité.

L'objectif des États-Unis était de subordonner les intérêts étrangers aux demandes de leurs créanciers, tout en augmentant les tarifs douaniers et les quotas de protection américains afin de rendre plus difficile le remboursement de ces gouvernements. L'administration Roosevelt justifia ses actions par l'argument que libérer l'Europe de l'obligation de payer ses dettes de guerre aux États-Unis ne ferait que laisser à ces gouvernements plus d'argent pour se réarmer et menacer le monde, une fois de plus, par la guerre. En réalité, les actions des États-Unis à partir de Versailles rendaient déjà la Seconde Guerre mondiale inévitable.

Les choix techniques, aux buts initialement guerriers, de la motorisation ou de l'aéronautique furent propulsés dans des débouchés civils après la guerre. Pourtant l'entre-deux-guerres ne permit pas de produire un mode de régulation stable. Il a rencontré une crise des débouchés. Le capitalisme américain s'est heurté à des limites internes face aux révolutions technologiques de la production des biens de consommation, par incapacité du rapport salarial à promouvoir une demande effective compatible. La situation a été pire encore en France avec les politiques déflationnistes menées par la chambre bleu horizon, ou encore en Angleterre avec la volonté d'un retour à l'étalon-or à même parité qu'avant guerre.

Les contradictions du système britannique de l'étalon-or se sont exacerbées, tout en laissant croire à la possible continuation de l'âge classique. Les empires coloniaux se sont perpétués pour l'essentiel, moyennant quelques renégociations consécutives au traité de Versailles, et la redénomination juridique sous le titre de protectorat pour contenter des Américains opportunément anticolonialistes. La crise de 1929 a semblé frapper comme un coup de tonnerre dans un ciel d'azur, alors qu'elle fut précédée par une terrible crise immobilière en 1926 en Floride. La réponse catastrophique des démocraties européenne et américaine dévoile toutes les fragilités d'un système financier international sans coordination et sans règles communes. La sortie de l'Allemagne nazie de l'ordre libéral en 1933 a semé les germes du second conflit mondial. Ce dernier a contribué plus encore que le premier à forger la matrice d'un nouveau régime de viabilité du Capitalocène.

L'ÉMERGENCE DE L'ÂGE DU PÉTROLE

L'âge des extrêmes[24] qui s'est ouvert avec le premier conflit mondial sanglant fut aussi l'âge de la désinhibition énergétique et chimique[25]. La guerre de 1914-1918 propulsa littéralement la production de pétrole de 40 millions de tonnes en 1910 à 100 millions en 1921, en même temps qu'elle multiplia par quatre les dividendes de la Royal Dutch Shell. Le pétrole devint essentiel à la guerre mécanisée, et il poussa ainsi les puissances belligérantes à accroître leur contrôle sur les ressources du Proche-Orient. L'union sacrée imposa par ailleurs un consensus ultraproductiviste et une modernisation techno-industrielle qui ne se soucia pas de sobriété énergétique. La consommation de charbon ne baissa pas pour autant ; au contraire, les réglementations existantes sur la pollution et les fumées ont été mises entre parenthèses.

Plus tard, la création d'un complexe militaro-industriel sous contrôle de l'État, de programmes scientifiques massifs alliant État, chercheurs et industrie au service de projets affectant de multiples manières l'environnement à la suite du projet Manhattan et une hégémonie incontestée des États-Unis en Occident, matérialisée par plusieurs milliers de bases militaires réparties dans le monde entier, ont constitué le fondement de l'ordre international post-1945. Ces évolutions traduisirent un nouveau rapport beaucoup plus violent à la nature, dans la mesure où l'exceptionnel justifié en temps de guerre a ensuite été normalisé en temps de paix.

Après la Seconde Guerre mondiale, cette même industrie chimique a répandu en quelques décennies des dizaines de milliers de substances sans évaluation préalable de leur dangerosité par les administrations. Les insecticides issus des gaz de combat ou le DTT furent reconvertis dans des usages civils, servant à lutter contre les animaux nuisibles ou à épandre les cultures. Enfin, la Seconde Guerre mondiale a ouvert le troisième temps du Capitalocène (ou Capitalocène III), avec la perspective d'une destruction de l'humanité par le feu nucléaire. C'est pourtant sous la menace de ces perspectives sombres que s'est ouverte pour l'Europe et les États-Unis une période d'accroissement inédit de la prospérité matérielle des populations.

Les deux conflits mondiaux furent nourris des technologies de l'énergie fossile. L'approvisionnement en pétrole est une des dimensions clés des stratégies des forces en présence. Alors que l'armée nazie échoua à accéder au bassin de la mer Caspienne, le pétrole des États-Unis pourvut à tous les besoins des Alliés.

Le monde qui émergea de ces conflits ouvrit la voie du démantèlement des empires coloniaux et à une consolidation en deux sphères d'influence mondiale, qui formèrent deux écoles pour un même extractivisme. Du côté soviétique, une planification financée par les recettes du pétrole permit d'investir dans le complexe militaro-industriel, les technologies spatiales, mais aussi des programmes sociaux d'habitation, de santé ou d'éducation[26]. L'offre de biens de consommation était limitée. Les pollutions et la protection de l'environnement ne firent que peu l'objet de régulations, et entraînèrent des catastrophes écologiques comme l'assèchement de la mer d'Aral ou l'explosion de la centrale de Tchernobyl[27]. Du côté occidental, la société de consommation s'est renforcée à la suite de la Seconde Guerre mondiale, sous dépendance pétrolière, et dans le cadre d'une crise de débouchés de l'industrie de guerre.

Parmi les tendances qui ont bouleversé l'ordre social au second XXe siècle, la plus importante est venue de l'intérieur du capitalisme : développement du salariat, luttes sociales de reconnaissance et avènement après la Seconde Guerre mondiale d'institutions régulatrices de *sociétés salariales* procédant de la souveraineté des États-nations. L'avènement des sociétés salariales a transformé de manière conjointe la dette sociale et la monnaie, avec la promotion d'une idée entièrement nouvelle dans le registre politique : le *progrès social.* Celle-là a coupé définitivement tout lien avec ses supports métalliques pour devenir totalement une *monnaie fiduciaire* sous l'égide des banques centrales, poussant l'abstraction monétaire à sa limite.

Le progrès social du second XXe siècle, en tant qu'enjeu politique, est resté confiné au monde occidental, principalement à l'Europe où se sont déployées des politiques de redistribution après la Seconde Guerre mondiale, mais aussi d'investissements publics pour reconstruire, puis moderniser les infrastructures. En France l'orientation a été donnée par la planification quinquennale dont l'élaboration rassemblait les acteurs sociaux dans les Commissions du Plan. Ce furent les Trente Glorieuses qui promurent une progression considérable des niveaux de vie.

L'avènement puis l'essor de la voiture individuelle en furent un symbole. Il se fit au travers de la publicité promouvant l'imaginaire de la réussite sociale associée à la voiture, le crédit à la consommation, l'obsolescence programmée, mais aussi la mise en faillite active des transports en commun (tramways et trolleybus) existant dans les centres urbains. Aux États-Unis, la nouvelle menace de conflit nucléaire encouragea un maillage du territoire étendu et orienta la décision du président Eisenhower de construire 70 000 kilomètres d'autoroutes. Des ravages environnementaux en résultèrent, de la pollution des grandes villes aux déforestations accélérées, en passant par le déversement de produits chimiques dans les écosystèmes.

Alors que le charbon jouait un rôle crucial dans le mouvement de démocratisation des nations occidentales, en raison principalement de la capacité de sabotage des travailleurs du secteur, dont ont émergé des syndicats puissants et des partis pour défendre ces droits, le pétrole semblait jouer à l'inverse dans le sens d'une érosion démocratique[28]. Les journées de travail réduites, les programmes d'assurance sociale, le versement de pensions de retraite, l'extension du droit de vote furent directement attaqués à partir du tournant néolibéral pris par l'Occident dans les années 1980. La diminution du pouvoir de négociation des classes populaires vis-à-vis des classes bourgeoises avait en réalité commencé plus tôt, dès lors que le pétrole était devenu plus fondamental que le charbon dans le fonctionnement des sociétés industrielles.

Les travailleurs du pétrole sont en effet à la fois moins nombreux, plus qualifiés, et sous supervision directe, contrairement aux travailleurs du charbon. Les modes de transport exigent aussi beaucoup moins de main-d'œuvre en raison de son caractère liquide, qui permet de le transporter sur des distances planétaires au moyen d'oléoducs ou de bateaux transocéaniques. Le charbon circule dans des réseaux en forme dendritique qui favorisent les points d'étranglement, alors que le pétrole s'écoule dans des réseaux en forme de grille, favorisant la multiplicité de chemins possibles pour les flux d'énergie. Alors que la capacité du monde ouvrier à perturber les flux d'énergie s'en trouvait réduite, ce furent les grandes compagnies pétrolières qui se trouvèrent en position de dicter la politique des pays dans lesquels elles opéraient, notamment pour ce qui concerne les affaires étrangères.

Le Moyen-Orient est devenu un enjeu pour ces majors pétrolières, le contrôle des concessions, les retards multiples, voire la subvention à la non-production d'un côté permirent de limiter l'offre. De l'autre côté, il s'agissait du soutien à la production de véhicules extrêmement consommateurs en essence, ou de décisions essentiellement politiques pour créer davantage de demande. Churchill décida ainsi d'équiper la Navy de moteurs diesel à l'orée de la Première Guerre mondiale, explicitement pour contrer les revendications démocratiques des classes populaires. Le plan Marshall a aussi eu pour but explicite de réduire l'influence des syndicats et des partis communistes, très présents chez les cheminots et les mineurs, tout en orientant les échanges européens vers l'industrie américaine.

La désintégration de l'Empire ottoman permit au Royaume-Uni et à la France de mettre la main sur le Moyen-Orient dans le cadre de leurs mandats. À la suite de la décolonisation après la Seconde Guerre mondiale, les gouvernements occidentaux se retirèrent en façade, alors que les compagnies pétrolières prenaient plus d'importance encore. La création de l'OPEP en 1961 vint progressivement redonner un poids politique aux pays nouvellement indépendants, forçant les Occidentaux à des stratégies moins frontales.

Atours et revers du modèle fordiste

PROGRÈS SOCIAL, SYSTÈME DE BRETTON WOODS ET NOUVELLE RÉGULATION DU CAPITALOCÈNE

En 1944, alors que la fin de la guerre était imminente, la planification de l'ordre international d'après-guerre fut lancée. Les États-Unis profitèrent des négociations de Bretton Woods pour relancer leurs projets de domination mondiale en faisant accepter la position du dollar comme devise clé, c'est-à-dire comme monnaie dominante dans les transactions internationales. Cette organisation du système monétaire international donnait au Trésor des États-Unis une prévalence renforcée par la disparition des marchés internationaux de capitaux et par l'incapacité des pays européens à assumer la convertibilité de leurs monnaies. La prépondérance monétaire du dollar sous l'égide du Trésor des États-Unis fut renforcée dès 1947 par l'aide Marshall.

Cette organisation monétaire qui prévalut à Bretton Woods s'opposait théoriquement et politiquement à la proposition de Keynes pour envisager un monde postcrise fondé sur un système monétaire international symétrique, sous la forme d'un dispositif de crédits entre pays excédentaires et pays déficitaires, muni de règles mettant des limites aux excédents et déficits, autorisant des dévaluations et réévaluations concertées et généralisant au niveau international le principe bancaire. Cela veut dire que la hiérarchie bancaire des systèmes de paiements qui réalise le règlement des dettes bancaires sur les livres de la banque centrale au niveau national aurait été prolongée à l'étage supérieur du système de crédit international par l'instauration d'un moyen de règlement ultime que Keynes appelait bancor. L'organisation monétaire internationale, appelée Fonds monétaire international (FMI), a bien été créée. Mais elle a été dépouillée de la position supérieure que Keynes avait envisagée dans le système monétaire international. Que la devise clé soit le dollar est la contrepartie de la dette d'un seul pays.

Toutefois le monde d'après-guerre fut très vite celui des rivalités géopolitiques dominées par l'antagonisme entre les États-Unis et l'URSS que la guerre de Corée (1950-1952) a exacerbé, tout en provoquant l'irruption de la République populaire de Chine sur la scène internationale. Dans l'espace occidental, le capitalisme américain a largement bénéficié de la reconstruction de l'Europe à partir de l'instauration des premières institutions européennes telles que la CECA (communauté européenne du charbon et de l'acier) jusqu'au traité de Rome de 1958 qui a fondé la Communauté européenne.

Dans le contexte géopolitique des années 1950, les responsables américains ont utilisé leur puissance financière comme un levier pour ouvrir les marchés étrangers aux exportateurs et aux investisseurs américains. Enfin, ils ont veillé à ce que les institutions de gouvernance économique internationale nouvellement créées, principalement le FMI et la Banque mondiale, soient conçues pour imposer le libre-échange et l'ouverture aux flux financiers, qui devaient tous deux profiter essentiellement aux entreprises américaines. Cependant, ces arrangements ne pouvaient être imposés à d'autres économies capitalistes, affaiblies par la guerre. Afin d'exercer une pression sur la Grande-Bretagne, les États-Unis cessèrent brusquement de lui prêter de l'argent par le biais du prêt-bail dès la fin des hostilités.

Les États-Unis ont pu s'emparer de ce qui restait des actifs britanniques à l'étranger, privés et publics, en obligeant la Grande-Bretagne à les vendre pour payer le crédit-bail, à ouvrir le système de préférences impériales de la Grande-Bretagne et à obtenir le soutien britannique pour la conception du FMI et de la Banque mondiale[29]. Dans le cadre des accords coloniaux et du système de préférence impérial existants, la Grande-Bretagne avait effectivement gelé près de 10 milliards de dollars de dépôts en livres sterling de grands exportateurs tels que l'Inde ou l'Égypte à Londres pour s'assurer qu'ils seraient dépensés pour les exportations britanniques par le biais d'accords tarifaires préférentiels.

Les États-Unis souhaitaient ouvrir les ressources en matières premières et les marchés coloniaux de la Grande-Bretagne et de l'Europe continentale aux entreprises américaines, afin que les crédits en livres sterling bloqués puissent être consacrés aux exportations américaines au lieu d'être limités aux produits britanniques. L'objectif des États-Unis était d'obtenir l'accès des entreprises américaines aux marchés mondiaux, une condition préalable à la réalisation du plein-emploi dans le pays. Dans l'immédiat après-guerre, cela a eu pour effet de concentrer entre les mains du gouvernement américain la plupart des grandes décisions concernant les pays qui pouvaient emprunter.

LA SOCIÉTÉ SALARIALE DE L'APRÈS-GUERRE : UNE FORME INÉDITE DU RAPPORT CAPITAL-TRAVAIL PERMISE PAR... LE PÉTROLE

La tendance la plus fondamentale du capitalisme consiste à éliminer les autres modes de production en développant le salariat. Au XXe siècle, ce processus a pris une dimension nouvelle. De bourgeoises qu'elles étaient au XIXe siècle, les nations capitalistes sont devenues des sociétés salariales dans la seconde moitié du XXe siècle, après des décennies de convulsions où des nations se recommandant de principes contradictoires de souveraineté se sont affrontées dans des guerres sans merci.

La société salariale a transformé complètement le système des dettes qui est la matrice des liens sociaux. En conséquence, elle a changé radicalement les règles monétaires qui avaient cours dans l'étalon-or. À l'âge classique les dettes prépondérantes étaient des dettes privées. Au contraire, les dettes prépondérantes dans les sociétés salariales étaient les dettes sociales. Elles résultaient du besoin de protection des membres de la société séparés de leurs conditions d'existence. C'est pourquoi l'État social (*welfare State*) est devenu une institution prédominante de la cohésion sociale.

Cette institution complexe rassemble les règles d'un droit social, des syndicats représentatifs des intérêts collectifs des salariés et des employeurs, des procédures de négociation et des contrats collectifs. Elle est donc essentiellement politique et, par conséquent, distincte d'une nation à l'autre. C'est ainsi que le libéralisme social anglo-saxon, la social-démocratie scandinave, l'ordo-libéralisme allemand et le corporatisme social français sont des variétés de capitalisme différentes du point de vue de la répartition des revenus et de la production des biens publics[30]. Mais toutes ont en commun une énorme progression de la dette sociale, sous la forme de la dette de l'État et (ou) d'organismes de sécurité sociale, selon les modalités de financement.

L'unité des relations internationales était réalisée par l'hégémonie du dollar dans le système monétaire international de Bretton Woods et par la prépondérance du pétrole dans les matières premières de base. L'expansion du pétrole participait, selon Timothy Mitchell[31], d'un ample projet géopolitique de contrôle social et de suprématie sur le mouvement ouvrier particulièrement dynamique à la sortie des deux conflits mondiaux. Toujours est-il que, de quelques dizaines de pays producteurs de pétrole en 1914, leur nombre est passé à cent à la fin des fameuses Trente Glorieuses. La suprématie des États-Unis était absolue en 1945, avec une production comptant pour 65 % de la consommation mondiale, part qui s'est maintenue à 64 % en 1960. La dépendance des pays européens à l'égard du pétrole fut façonnée dans l'immédiat après-guerre, au travers du plan Marshall, qui assurait un débouché à l'immense système productif américain. Le pétrole représentait alors jusqu'à 40 % de la consommation totale d'énergie.

Comme indiqué ci-dessus, toute la thèse de l'école de la régulation sur la période fordiste[32] portait sur l'institutionnalisation du rapport salarial qui stabilisait le taux de plus-value et engendrait la demande sociale compatible avec une stabilité du taux d'accumulation sur le long terme, perpétuant ce taux de plus-value. Selon Matt Huber[33], cette relation salariale de production de masse pour une consommation de masse était très dépendante d'une économie hautement énergétique. La mobilité permise par le pétrole est sans précédent, et autorise une séparation plus grande du lieu de vie et du lieu de travail. Cette nouvelle géographie du pétrole, fondée sur un développement périurbain très extensif des activités familiales aussi bien qu'industrielles et un développement autoroutier considérable, a créé la demande forcée (une norme sociale de consommation), qui manquait encore dans la période d'après-guerre, pour offrir un débouché aux gains de productivité du côté de l'offre. Les plastiques, pesticides et fertilisants, tous dérivés du pétrole, ont façonné la production d'une nourriture de masse. La centralité du pétrole s'exprime même pour les produits qui n'en dépendent pas, par le fait même qu'ils doivent, à un moment ou à un autre, être déplacés du lieu de production au lieu de consommation.

La stabilisation du système fordiste reposait donc en grande partie sur celle du prix du pétrole lui-même, qui avait connu de fortes fluctuations jusque dans les années 1930. À la suite de la crise économique de 1929, le prix du pétrole avait plongé, entraînant le reste de l'économie dans une spirale récessive. Le secrétaire d'État à l'Intérieur du président Roosevelt recommandait alors l'instauration d'un « dictateur du pétrole » pour contrôler la production et instaurer des prix plancher et plafond. Le Bureau des mines du département de l'Intérieur fut alors chargé de produire des évaluations de la « demande de marché raisonnable » de pétrole par l'État fédéral américain. Après quoi, chaque État producteur s'engageait à fournir une offre qui n'excédait pas la demande raisonnable de marché. Le prix du pétrole qui a émergé de cette construction institutionnelle fut, bien sûr, tout sauf un prix de marché. Il permit de préserver prioritairement les producteurs indépendants des effets ruineux d'une trop forte concurrence. Ce faisant, il garantissait l'expansion de la demande, avec des effets géopolitiques, écologiques et sociaux multiples.

Cette marge de manœuvre sociale offerte par le pétrole fut, dans un premier temps, régulée dans une forme de partage des gains de la croissance institutionnalisée au travers du système de Bretton Woods. Distribuée entre tous les pays de capitalisme avancé, elle permit aussi de créer la demande nécessaire aux industries américaines. Afin de garantir un contrôle des flux de capitaux, les ressources étrangères de pétrole furent régulées, de manière aussi étroite que possible, par la prospection de nouveaux champs au Moyen-Orient, ou par l'exclusion du marché[34].

ÉROSION DE BRETTON WOODS

L'asymétrie monétaire, induite par le fonctionnement du système de Bretton Woods sous hégémonie monétaire américaine, est connue sous le nom de dilemme de Triffin. Dès 1960 en effet, Robert Triffin avait énoncé ce dilemme. Forts de leur hégémonie monétaire et lancés dans une expansion de leurs entreprises à l'étranger, les États-Unis poursuivaient une croissance creusant le déficit de leur balance des paiements. Ils pouvaient agir contre leurs déficits des paiements sous la contrainte d'une conversion en or des réserves de change détenues par les banques centrales étrangères ; ils induisaient alors une rareté du dollar qui créait des pressions déflationnistes dans l'économie mondiale. Ou alors ils toléraient ce déficit en poursuivant leurs objectifs internes et le financement de leurs dépenses internationales pour promouvoir leur hégémonie politique et militaire grâce à la tolérance de leurs alliés. Mais ils minaient à terme la confiance dans la parité or du dollar. Le problème de la liquidité internationale était donc étroitement lié à celui de l'ajustement des balances de paiements permettant d'équilibrer la balance monétaire des États-Unis. Mais il n'existait aucun processus par lequel susciter un tel ajustement et le conformer aux besoins de dollars des non-résidents.

Dès 1960, la liquidité mondiale en dollars augmenta fortement. La spéculation sur l'or était le symptôme de l'inquiétude vis-à-vis du rôle pivot du dollar dans les règles de Bretton Woods. Elle se refléta dans la hausse des marchés privés de l'or qui montèrent à 40 dollars l'once. Ce dilemme a érodé progressivement l'avantage géostratégique et géologique américain. La consommation intérieure et extérieure a crû plus vite que les découvertes de gisements, surtout à partir de 1965 avec la concomitance de l'accélération de la croissance stimulée par le projet de Grande Société et par l'engagement des États-Unis dans la guerre du Vietnam, avant d'être stoppée par le pic de production du pétrole en 1970.

Le taux de production du Texas, qui servait d'indicateur mondial de la tension sur le marché du pétrole, a atteint 100 % pour la première fois depuis son suivi[35]. La création de l'Organisation des pays exportateurs de pétrole (OPEP) sur le modèle du cartel intérieur américain annonçait une perte d'accès des États-Unis aux ressources du Moyen-Orient. Le début des années 1970 a ainsi marqué le passage d'un pétrole bon marché et régulé par les États-Unis à des prix déterminés essentiellement hors des États-Unis, indépendamment même des chocs haussiers de la décennie.

ATOURS ET ENVERS DU DÉCOR FORDISTE

La période du fordisme a été celle d'une hausse du niveau de vie médian exceptionnelle, limitée à la période 1950-1990 en France, 1950-1973 aux États-Unis, avec intensification du travail dans les chaînes de production mécanisée de l'industrie manufacturière. L'État-providence keynésien devint un modèle dominant. La réduction des inégalités monétaires a été manifeste partout. La consommation frénétique de produits aux durées de vie limitées s'affirma comme un impératif, voire un devoir patriotique ou une liberté fondamentale, relayée et amplifiée par la publicité et le crédit.

Sur le plan environnemental, les fumées de charbon se sont superposées à l'expansion du pétrole et de ses dérivés énergétiques, du gaz, des centrales électriques et du nucléaire. Les mobilisations citoyennes se sont exprimées dès les années 1960 et se sont heurtées à une fabrique de l'incertitude de la part des réseaux d'expertise industrielle et de lobbying[36], et à un oubli généralisé de la part d'économistes concentrés sur les questions d'équilibre du sentier de croissance[37] et d'arbitrage entre inflation et chômage. Les inégalités face aux pollutions et aux dégâts environnementaux, fruits des reconfigurations spatiales et sociales de l'ère du pétrole, se sont amplifiées sans pour autant susciter d'analyse immédiate, ou seulement aux marges du débat public.

L'ouvrage *Silent Spring* de Rachel Carson[38] a marqué une première prise de conscience de la pollution générée par les choix techniques d'après-guerre. À la même époque, Ezra et Edward Mishan[39] ont analysé les méfaits environnementaux de la croissance économique. Kapp a étendu son analyse des coûts sociaux de l'entreprise privée aux pollutions environnementales[40]. Illich est parti à la recherche du temps gagné par l'automobile et a montré le caractère chronophage de ce moyen de transport[41]. Il faudrait en citer beaucoup d'autres, tant cette période a ouvert un espace de remise en cause critique, et de constructions plus ou moins utopiques de la société d'abondance nouvelle. C'est enfin le rapport Meadows[42] qui a imposé ces critiques dans le débat public en livrant ses prédictions sur les limites de la croissance. S'est ouvert alors pour la première fois depuis l'après-guerre un moment politique propice à une réorientation du Capitalocène hors des sentiers dangereux dans lesquels il s'était engagé.

Le dollar ne présidait pas à un système financier mondial mais servait uniquement à régler les déséquilibres entre les banques centrales, apex de leurs systèmes financiers respectifs, lourdement réglementés et fermés. Sans empire, dans un monde d'économies nationales toutes en quête de croissance et donc d'investissements, les États-Unis n'étaient pas en mesure d'exporter des capitaux. Au début du système de Bretton Woods, alors que les États-Unis enregistraient un excédent d'exportations et qu'ils absorbaient les dollars du monde entier, les moyens de paiement internationaux étaient insuffisants. Après 1958, lorsque les monnaies européennes sont devenues convertibles et ont pu servir aux paiements internationaux, pratiquement du jour au lendemain, la pénurie de dollars s'est transformée en une surabondance de dollars.

Le président américain Lyndon Johnson, pour sa part, a mis fin à la convertibilité de l'or national dans le cadre de « transactions spéciales » et a persuadé les alliés de rembourser par anticipation les dettes de guerre et celles du plan Marshall, d'acheter davantage de fournitures militaires américaines, de les payer par anticipation, de détenir leurs excédents de dollars sous forme de bons du Trésor américains non convertibles et, surtout, d'accepter un embargo *de facto* sur les ventes d'or américaines. Un peu plus de vingt-sept ans après avoir sabordé le plan de Keynes à Bretton Woods, l'échec de la réforme du système de Bretton Woods entre 1972 et 1974, actée par les accords de la Jamaïque en 1976, la communauté internationale avait échoué à établir un ordre international de coopération institutionnalisée sous l'égide du Fonds monétaire international (FMI). Le dollar devenait la devise clé en dehors de toute règle internationale et sous la prépondérance du développement de la finance privée.

Monnaies nationales, dette sociale, politiques économiques et systèmes de paiements hiérarchisés

Dans des nations où la dette sociale est prépondérante, les règles monétaires internes et les formes de la confiance dans la monnaie sont radicalement transformées par rapport à ce qu'elles sont dans des sociétés bourgeoises où le salariat n'est pas majoritaire, où la citoyenneté est celle du propriétaire et où des formes communautaires et familiales de solidarité prennent en partie en charge la protection sociale. La monnaie est complètement nationalisée, en ce sens que les objectifs nationaux de politique économique prennent le pas sur toute autre forme de légitimité. La première règle, qui est la mesure des prix, ne repose plus sur un étalon de valeur universel fourni par la convertibilité or, mais sur un étalon national.

L'unité monétaire nationale n'est plus l'équivalent d'un poids d'or. C'est le nom donné à l'unité du passif de la banque centrale émettrice. *Elle est donc purement autoréférentielle.* La mesure de la valeur devient entièrement conforme à son principe : un pur lien social. Couper le lien de convertibilité avec un contenu métallique, c'est admettre que les règles sociales, au premier chef les règles monétaires, sont entièrement politiques. La légitimité de la monnaie est purement politique, en dehors de tout ordre naturel. Son fondement se trouve dans la délibération démocratique. La monnaie est légitime si les politiques que les gouvernements mettent en œuvre, grâce à la capacité d'endettement qu'elle permet, ne poursuivent pas des buts arbitraires ou partisans. Elle conserve néanmoins une claire assise écologique héritée de la période précédente.

Pour être conforme aux normes collectives des nations démocratiques, donc pour que la monnaie bénéficie de la confiance éthique, la politique économique doit respecter trois principes : un *principe de garantie* maintient une double stabilité (du pouvoir d'achat de la monnaie et de la finance) ; un *principe de croissance* préserve le plein-emploi soutenable (croissance potentielle) ; un *principe de justice* établit une répartition des revenus, des risques et des conditions d'accès au crédit qui soient acceptables dans la nation. Ce difficile équilibre a pu être temporairement atteint pour les pays occidentaux durant la période du Capitalocène III, mais au prix d'une invisibilisation de l'infrastructure matérielle et naturelle dont il dépendait de manière ultime. Différentes failles, que nous analysons au chapitre suivant, ont finalement rendu visibles ces soubassements matériels du régime de viabilité des institutions de Bretton Woods.

CHAPITRE 8

La longue parenthèse néolibérale (Capitalocène IV)

L'épuisement du régime de viabilité des institutions de Bretton Woods

Une triple crise mit à mal le régime de viabilité du Capitalocène III. À la fin des années 1960, de multiples contestations ont éclaté dans les sphères politiques, étudiantes, féministes et écologistes, faisant resurgir pour l'essentiel les classes ou groupes sociaux rendus invisibles par les politiques du New Deal. Elles prirent une grande ampleur en Europe et aux États-Unis, et ont gagné le monde entier. Les événements de 1968 en France, mais aussi dans d'autres pays européens, mirent en cause la légitimité des syndicats comme des partis sociaux-démocrates de manière beaucoup plus radicale.

La contre-culture globale remit aussi en question les institutions de l'État et sa violence physique incarnée notamment par la guerre du Vietnam, du marché et son despotisme sur les ouvriers et les salariés, de l'idéologie officielle à l'école et dans les universités et d'une volonté de domination technocratique de la nature, y compris par l'industrie nucléaire. L'homme unidimensionnel[1], transformé en rouage d'une machine institutionnelle, fut ainsi remis en cause à tous les niveaux. La portée de cette contestation se mesura essentiellement à sa faculté à agglomérer des luttes jusque-là disparates de populations souvent marginalisées par les politiques du New Deal ou de la social-démocratie traditionnelle.

Le bloc social qui avait porté les progrès de la social-démocratie et le New Deal s'éroda ainsi par le bas en faisant resurgir sur le devant de la scène les femmes, les minorités raciales et les périphéries de la sphère capitaliste. La démocratie dirigée et les formes d'économie mixte furent aussi remises en cause. La violence répressive de l'État vis-à-vis des pays du Sud au nom de la défense de la démocratie et des libertés apparut insupportable à l'aune des révélations des massacres au Vietnam. La violence répressive vis-à-vis des étudiants (intervention militaire sur le campus de Berkeley, répressions militarisées au Mexique, au Japon, etc., des contestations étudiantes) témoignait de l'affaiblissement de la base sociale même du régime de viabilité. Comme en écho, le printemps de Prague, réprimé dans la sphère soviétique, montra l'absence d'alternative réelle dans le camp d'en face.

Les équilibres de pouvoirs semblaient tourner en faveur de ces luttes rassemblées, au point d'affecter la monnaie avec une série d'accommodements salariaux et monétaires destinés à calmer le volet le plus économique et le plus traditionnel de la contestation. Un activisme nouveau se développa en écho à cette impasse politique avec notamment des mouvements pacifistes et écologistes. Cette période marqua ainsi les premiers mouvements écologistes structurés, en même temps que la montée en puissance à un niveau politique des réflexions environnementales. Elles purent s'appuyer sur des travaux scientifiques nouveaux et médiatisés, tels que le rapport Meadows intitulé *Halte à la croissance* en 1972[2]. Cette montée en puissance conjointe de la science environnementale et de l'urgence politique d'agir se heurta paradoxalement à la désagrégation des institutions du New Deal qui l'avaient pourtant fait naître[3].

La contestation dans la sphère économique prit une autre tournure. La viabilité du régime s'éroda, en effet, « par le haut » en détachant progressivement la partie du capital qui adhérait au système rooseveltien et à la social-démocratie européenne. La volonté de faire émerger de nouvelles formes de vie collective et d'économie commune ne reçut pas l'assentiment du patronat qui y vit une volonté dangereuse de refaire le monde. L'emballement de la boucle prix-salaires, liée aux structures de prix et notamment de négociation salariale de la période fordiste entraîna une inflation galopante.

La viabilité économique du régime de croissance fut aussi érodée par une baisse effective des gains de productivité dans le cadre d'une saturation de la consommation de masse des pays occidentaux, sans relais à ce stade des pays de ce qui était appelé le tiers-monde. Elle fut affaiblie enfin par la hausse des prix des ressources, notamment du pétrole, qui exprima une renégociation des termes de l'échange avec les pays producteurs et plus largement avec tout le Sud global. Cette renégociation soudaine de la rente pétrolière représenta le signe le plus direct d'une sortie du régime de viabilité fordiste. En effet, comme développé plus haut, l'ordre social interne aux pays occidentaux, les formes de la négociation salariale, comme l'ordre externe vis-à-vis du reste du monde dépendaient pour l'essentiel d'un contrôle des prix du pétrole qui permettait d'assurer un taux de croissance relativement équilibré dans un cadre international stable et à peu près régulé, des mécanismes pour l'essentiel ignorés des sciences économiques.

Cette contestation de l'ordre économique ne se doubla pourtant pas d'une révolution de la pensée économique. Ainsi la réponse de Nordhaus[4] et de Solow[5] au modèle Meadows témoigna-t-elle d'une réelle incompréhension du fonctionnement d'un système qui ouvrait la possibilité d'équilibres économiques multiples, évacuée par la « science économique ». Selon les bases théoriques de cette « science », le progrès technique et le système des prix de marché qui lui sont associés sont supposés pouvoir résoudre la crise environnementale, sans qu'il soit besoin de s'intéresser à autre chose, comme les dynamiques biophysiques. Ainsi furent marginalisées toutes les tentatives d'énoncer des formes d'intégration d'une contrainte environnementale dure dans les dynamiques économiques.

Par ailleurs, les tentatives d'intégrer les destructions environnementales furent aussi contestées au Sud sur des bases de développement inégal et combiné. C'est le cas notamment de l'Amérique latine qui proposa d'intégrer de manière bien plus déterminante la question des inégalités dans le cadre d'une réponse au Club de Rome. Ainsi au rapport Meadows fit écho une série de travaux de la fondation Bariloche[6] minimisant la question démographique centrale au rapport Meadows pour insister sur les modes de développement. Dans le même temps, l'Amérique latine promut une école de pensée économique originale, structuraliste, qui donnait toute sa place aux nécessités de politiques industrielles pour sortir de situations de dépendances et aux contraintes financières, notamment externes, freinant les processus de développement.

Elle donna notamment corps, *via* des institutions comme la CEPAL (Commission économique pour l'Amérique latine) sous l'égide des Nations unies et de figures telles que Raúl Prebisch, aux politiques dites structuralistes, qui tentèrent de faciliter l'émergence économique des pays non alignés par des stratégies de protection des industries naissantes. Les succès furent néanmoins mitigés en termes de développement, tant ces politiques ne parvinrent pas à inverser les hiérarchies d'un système monétaire international trop contraignant, tandis que les dégâts écologiques de ces politiques ne se distinguaient pas fondamentalement de ceux du modèle New Deal. Car le système du New Deal n'était pas conçu pour permettre aux périphéries de bénéficier des avantages que connaissaient les pays occidentaux.

Enfin, et sans doute de manière déterminante, la contestation s'opéra dans la sphère internationale. Les pays du Sud global ne furent ainsi pas seulement passifs dans les transformations du capitalisme financier qui se développa dans un premier temps dans un contexte de fin de guerre froide. La guerre du Vietnam contribua à clore le régime fordiste pour les pays occidentaux, tout en façonnant déjà le mode de régulation du quatrième temps du Capitalocène (Capitalocène IV).

Techniquement, la guerre du Vietnam montra la possibilité en temps de guerre d'une logistique de transport mondialisée à bas coût grâce au conteneur, permettant l'expédition de troupes et de matériels à des milliers de kilomètres des États-Unis, sur laquelle allait s'appuyer l'éclatement des chaînes de valeur de la globalisation commerciale dans un monde de pétrole bon marché. Cette invention en apparence anecdotique du conteneur signifiait pourtant l'entrée dans un nouveau régime du Capitalocène. À partir des années 1980, en effet, le commerce mondial a crû deux fois plus vite que la croissance mondiale, et ce jusqu'à la fin des années 2000. Or ces chiffres doivent se comprendre dans leurs empreintes concrètes sur les modes de production. L'interopérabilité grâce au conteneur a été une pièce essentielle de ce dispositif et de cette expansion des routes commerciales, en même temps qu'elle fut permise par le maintien des prix des combustibles pour le transport maritime et aérien à des niveaux très bas par l'exemption quasi totale de taxes, notamment carbone.

Le déploiement du commerce mondial et l'éclatement concomitant des chaînes de production se sont ainsi faits sur le modèle d'une économie de guerre face à un ennemi idéologique absolu. Cette prolongation néolibérale des modes de transport de la guerre du Vietnam a permis l'externalisation massive des productions industrielles les plus coûteuses en main-d'œuvre, en même temps qu'un retour de gains de productivité par l'hyperspécialisation et le *clustering* industriel.

Écologiquement ensuite, la guerre du Vietnam fournit l'exemple d'une destruction socio-écologique volontaire sans précédent, qui fit naître le concept juridique d'écocide[7], plus tard appliqué au changement climatique. La guerre du Vietnam fut ainsi une guerre soutenue par des firmes multinationales de l'agrochimie, mêlant leurs intérêts à ceux de l'appareil militaire américain. L'agent orange déversé sur l'ensemble du Sud-Vietnam pendant plusieurs années constitue un test grandeur nature de la capacité humaine à façonner une nature qui obéisse à des objectifs militaires, mais aussi de profit. Là encore, une fois la sidération guerrière passée, cette utilisation massive de l'agrochimie à des fins civiles peut contribuer à générer le gigantesque appareil de production alimentaire mondial qui rend les paysans du monde entier dépendants de quelques semenciers et fournisseurs de pesticides. Les graines d'un système agricole mondial, contrôlé par les marchés financiers, ont été plantées durant cette guerre.

Financièrement enfin, comme indiqué ci-dessus, la guerre du Vietnam fut déterminante en conduisant à la disparition du système de Bretton Woods, entérinée par les accords de la Jamaïque de 1976. L'étalon dollar-or, fondement du principe de la devise clé, fut remplacé par un étalon dollar pur en voie de dégénérescence, qui suscita les multiples crises des années 1980 et 1990, jusqu'à la Grande Crise financière de 2008.

L'effondrement de Bretton Woods représente un relâchement d'un des régulons clés du régime de viabilité du New Deal. Ce régulon monétaire et celui qui maintenait les prix du pétrole bas sont d'ailleurs en partie liés, tant il est difficile de distinguer l'arrangement de Bretton Woods de son substrat de dépendance à une forme contrôlée de prix du pétrole. *In fine*, ce n'est pas tant la convertibilité en or qui compte que la convertibilité dans le combustible essentiel au bon fonctionnement des économies occidentales.

À partir du moment où ce lien s'est rompu, la monnaie internationale ne fut plus liée à aucune réalité matérielle tangible, et d'autres formes de relations de pouvoir s'y sont substituées pour la maintenir. Ne pouvant maîtriser directement le prix du pétrole, les États-Unis et dans une moindre mesure les autres nations occidentales ont fait porter leur effort sur le contrôle du recyclage des nouveaux excédents financiers des pays producteurs, donnant un rôle (et un pouvoir) inédit au secteur financier et aux places financières dans le recyclage de ces excédents.

C'est aussi une manne nouvelle pour le financement de dépenses militaires de ces pays producteurs qui vinrent accroître les tensions internationales de la guerre froide et soutenir l'organisation et la montée en puissance des mouvances les plus fondamentalistes de l'islam.

Enfin, cette rupture monétaire de l'ordre international créa des crises bancaires dans de nombreux pays occidentaux, en Angleterre notamment en 1977, et une montée insoutenable de l'endettement non seulement aux États-Unis où la ville de New York fut en banqueroute en 1975 et dont la résolution servit de prétexte à reformuler un régime de viabilité nouveau au profit d'une nouvelle coalition de classes.

La guerre en Afghanistan, menée par l'URSS dans les années 1980, marqua une alliance politique objective des États-Unis et des forces talibanes ou moudjahidin, alors appelés combattants de la liberté, opérant ainsi un premier lien entre extrémisme religieux, changement climatique par le pétrole et unilatéralisme américain.

La rupture des années 1970 au prisme des ressources et le rendez-vous manqué du climat

LE CHOC PÉTROLIER DE 1973-1974

Pour le sociologue et philosophe Hartmut Rosa, la modernité classique a émergé quand le changement social a été assez rapide pour qu'à la fois les gens remarquent que le passé était différent du présent et qu'ils s'attendent à ce que l'avenir soit lui aussi différent du présent.

Pendant cette période, qui débuta timidement au XVIe siècle avant de s'affirmer franchement aux XVIIIe et XIXe siècles, l'histoire paraissait avoir une direction, un sens, et les récits historiques ont très souvent pris la forme d'histoires du progrès. La modernité tardive se caractérise, quant à elle, par l'emballement de la vitesse avec laquelle les changements s'opèrent. Pour Rosa, les structures temporelles de notre époque sont marquées par une triple accélération, celle de la technique, du changement social et du rythme de la vie en général. Dans un tel monde, l'impression de changements aléatoires, épisodiques ou même frénétiques remplace la notion de progrès ou d'histoire dirigée. Cette modernité tardive serait survenue dans les années 1970, de manière concomitante aux deux chocs pétroliers.

Les États-Unis ont atteint en 1970 le pic de leur production pétrolière conventionnelle à 10 millions de barils extraits par jour. En revanche, la demande occidentale a continué de croître rapidement, de près de 20 % de 1970 à 1973 pour atteindre 17 millions de barils par jour. En conséquence, les importations américaines ont doublé sur la même période. La balance commerciale américaine est devenue négative en avril 1971. Quatre mois plus tard, le président Nixon mit fin à la convertibilité du dollar en or qui prévalait depuis 1944, tout en étant devenue illusoire, comme on l'a montré ci-dessus. Le dollar perdit alors de sa valeur, et la balance commerciale se rééquilibra.

Mais l'amorce du déclin pétrolier des États-Unis continua au-delà de cette première conséquence monétaire. Les États-Unis perdirent le contrôle physique de l'approvisionnement lorsque les extractions de l'Aramco (Saudi Arabian Oil Company) doublèrent entre 1970 et 1973 pour atteindre 8 millions de barils par jour. Les champs saoudiens devinrent alors la première source d'exportation de pétrole du monde. Les pays de l'OPEP comprirent qu'ils pouvaient renégocier avec les pays occidentaux le partage et le niveau de la rente pétrolière. L'accord de Téhéran du 14 février 1971 imposa une augmentation de 35 centimes du prix du baril à environ 2,15 dollars. Parallèlement, de nombreux membres du cartel, dont l'Algérie, le Venezuela, l'Irak, puis la Libye, nationalisèrent leur production. L'Arabie saoudite, le Koweït, le Qatar et Abou Dabi négocièrent avec les compagnies occidentales une montée de leur part.

En octobre 1973, en pleine guerre du Kippour, les membres de l'OPEP décidèrent d'un prix de 5,12 dollars au baril d'Arabian Light pour compenser la dépréciation du dollar et l'inflation des biens manufacturés importés des pays occidentaux. La réaction parut proportionnée et fut d'ailleurs anticipée par les États-Unis qui en débattirent tout au long de l'année 1973. Mais les membres de l'OPEP ajoutèrent à cette hausse une baisse de production de 5 % tous les mois tant que le conflit perdurerait. L'Arabie saoudite surenchérit même à 10 % de baisse et décida d'un arrêt (de façade) des livraisons à destination des États-Unis. Le choc fut en réalité beaucoup plus douloureux pour l'Europe et le Japon qui étaient très dépendants des pays de l'OPEP. La guerre du Kippour rapidement stoppée, l'embargo se poursuivit néanmoins et s'accentua même. Le 22 décembre 1973, le shah d'Iran fit savoir son souhait d'un baril à 14 dollars.

La question de l'origine de cette décision du shah d'Iran, elle-même suivie par les membres de l'OPEP, reste ouverte. Elle permit néanmoins de redonner aux compagnies pétrolières occidentales des perspectives de profit et l'exploration de nouveaux champs pétroliers, notamment en mer du Nord, en Alaska et dans les champs de schiste. Sans cette dernière hausse de prix, l'effort colossal d'investissements entrepris à partir de 1974 aurait été impossible.

LE PROCESSUS INFLATIONNISTE MONDIAL

Les contradictions entre la régulation de la valeur de l'énergie (pétrole) et la mobilisation de la devise clé au service exclusif de l'expansion du capitalisme américain dans un contexte de guerre froide (Grande Société de Johnson et entrée dans la guerre du Vietnam) touchent aux fondements de la reproduction dans le temps du système de Bretton Woods. La disparition de l'ordre monétaire de Bretton Woods en 1971, destiné à encadrer le multilatéralisme, fait apparaître ces contradictions au grand jour.

Le surgissement de la hausse des prix du pétrole à partir de 1973 a interagi avec la spirale inflationniste salaires-prix, qui exprimait le conflit salarial durant toute la période fordiste, plaçant en haut de l'agenda politique une alternative politique fondamentale : construire avec les outils de l'État-providence de l'après-guerre les politiques de sobriété vis-à-vis de l'énergie fossile et déployer de nouvelles perspectives technologiques permettant de créer un nouveau régime de croissance inédit ; ou placer la lutte immédiate contre l'inflation comme priorité absolue, en recentrant l'État dans les limites que les économistes de la tradition libérale lui attribuent et en laissant pour le reste la gestion des externalités au marché.

À bien des égards, la décennie 1970 témoigne du conflit entre ces deux visions. On peut l'illustrer par les réactions que le rapport Meadows issu du Club de Rome a suscitées. D'un côté, les économistes nord-américains considéraient que la substitution entre facteurs de production et le progrès technique, non représentés par le modèle d'ingénieurs de l'équipe de Meadows, garantissaient la croissance, même sans ressources naturelles ! De l'autre, les économistes « du Sud » ou structuralistes rejetaient les aspects les plus malthusiens du rapport et proposaient, en mettant la lutte contre les inégalités au centre des priorités de toute nouvelle société, de replacer la dynamique économique à l'intérieur de frontières environnementales viables.

Au niveau politique, chaque société a appréhendé cette alternative suivant son propre mode de régulation du capitalisme, bâtissant des institutions (agences et ministères de l'Environnement) et des politiques (de l'énergie, de l'eau...) propres. Dans une certaine mesure, le président américain Jimmy Carter a relayé ces inquiétudes en appuyant de nombreuses régulations environnementales et en avertissant le peuple américain d'un risque de perte de ses valeurs dans une frénésie de consommation et une perte des vertus de l'épargne[8]. La structuration de l'espace américain, entièrement bâti durant l'ère du pétrole bon marché, a résisté fortement à ces idéaux de sobriété. La France a fait rapidement le choix du nucléaire (plan Messmer de 1974), resserrant encore des dépendances économiques et politiques (et du même coup socio-écologiques) anciennes avec les pays africains exportateurs d'uranium[9], sans pour autant s'abstraire du pétrole, qui ne pouvait que partiellement être substituable à l'électricité dans ses usages.

PERSISTANCE DE L'HÉGÉMONIE DU DOLLAR PAR LA FINANCIARISATION DE L'ÉCONOMIE, ACCÉLÉRATION DE L'HORIZON DU CAPITALOCÈNE

Deux facteurs au moins ont fait basculer la fin des années 1970 vers le choix proposé par les libéraux. Économiquement, le mouvement de globalisation fut accéléré par l'expansion et la circulation des pétrodollars issus des deux chocs pétroliers. Le cœur de l'offre pétrolière mondiale se déplaça au Moyen-Orient. Les États-Unis n'en contrôlaient plus directement le prix, mais ils s'assuraient de pouvoir en contrôler les circuits financiers en préservant, y compris par la voie militaire, le rôle du dollar dans les échanges internationaux. De la sorte, les dollars servant à acheter le pétrole du Moyen-Orient fournissaient aux banques américaines des liquidités gratuites qu'elles réinvestissaient dans la dette des pays en développement importateurs de pétrole[10]. La fragilité financière du système était donc essentiellement portée par les pays importateurs non américains, qui voyaient leur dépendance financière au dollar s'accroître considérablement.

Politiquement, les victoires de Reagan aux États-Unis et de Thatcher en Angleterre ont marqué la fin d'un relatif consensus transpartisan sur la reproduction d'un régime d'accumulation fordiste désormais décrié. Les circonstances de ces victoires décisives de la pensée libérale ne sont elles-mêmes pas indépendantes de la question des ressources naturelles et du pétrole. Reagan a prolongé en sous-main la prise d'otages à l'ambassade américaine à Téhéran pendant la campagne présidentielle de 1980 pour pouvoir accuser Carter de faiblesse vis-à-vis des mollahs iraniens, et annoncer du même coup une militarisation sans précédent de la diplomatie américaine pour la décennie suivante. Il a fait aussi appel au rêve américain de la frontière, infinie, mais toujours à conquérir et à domestiquer, soutenu en cela par les rôles de cow-boy qu'il avait pu jouer au cinéma dans sa jeunesse. Cette posture était loin des appels à la frugalité et aux valeurs collectives teintées de protestantisme des derniers discours de la présidence Carter[11]. La victoire de Thatcher fut, quant à elle, concomitante de la découverte et de l'exploitation de gisements pétroliers en mer du Nord, qui ont fait de la livre sterling une nouvelle pétromonnaie et ont relancé la place de Londres dans ce néolibéralisme émergent.

Le maintien de l'hégémonie du dollar, en dépit de la perte de souveraineté énergétique, a requis la mise en œuvre d'un paradigme entièrement différent du système de Bretton Woods. L'innovation financière s'est accrue à cette époque. La mobilité des capitaux s'est répandue, permettant de maintenir les taux de profits aux États-Unis en exploitant le pétrole étranger[12]. La financiarisation des années 1970 et 1980 ne relève donc pas de dynamiques purement endogènes, mais aussi de contraintes biophysiques portant sur la poursuite d'une accumulation de capital dans les pays du cœur du processus d'accumulation. À certains égards, les bouleversements institutionnels de cette période révèlent un surgissement des dynamiques géologiques dans la recomposition des affaires humaines, surgissement vite assimilé à une remise en cause toujours plus forte de la sphère publique. Les pensées et politiques environnementales qui ont dominé durant les trois décennies suivantes ont accompagné cette dynamique. S'appuyant sur les résultats théoriques établis par Coase[13], les économistes ont achevé de réchauffer la planète[14] en réduisant l'environnement à une externalité soumise au marché.

LES ACCORDS DE LA JAMAÏQUE ET LEURS CONSÉQUENCES : LE CYCLE FINANCIER ET LES PERTURBATIONS DES RELATIONS MONÉTAIRES INTERNATIONALES

Les accords de la Jamaïque en 1976[15] ont sanctionné l'échec de la tentative de réformer le système de Bretton Woods entre 1972 et 1974. Concomitamment au choc pétrolier de 1973, ils ont installé la finance privée au poste de commande en formant un lobby international d'une puissance inouïe qui a altéré décisivement les souverainetés nationales. Il s'est ensuivi quatre décennies d'expansion des flux de capitaux internationaux s'inscrivant dans un cycle financier mondial mû par la dynamique du crédit. Au cours de ces décennies, les directions des flux de capitaux se sont modifiées au fur et à mesure que la globalisation s'étendait.

Le cycle financier, mis en évidence par la Banque des règlements internationaux (BRI), a profondément transformé la macroéconomie par rapport à ce qu'elle était sous le système de Bretton Woods. Le cycle financier a une durée bien plus longue que l'horizon de décision des participants aux marchés et des responsables de la politique économique. Il est au-delà de leur capacité à s'ajuster à l'instabilité financière. C'est pourquoi la macroéconomie est devenue spontanément procyclique. En effet, le trait majeur des dynamiques financières dans ces cycles est le *momentum*. Quand la dynamique est entraînée par le *momentum*, les déséquilibres s'accumulent dans les stocks d'actifs et dans l'endettement. Ils agissent sur les flux de crédit dans les phases haussières et baissières du cycle financier[16].

Le cycle financier est mesuré à partir de trois variables financières : le crédit total au secteur privé non financier, la part du crédit dans le PIB, le prix de l'immobilier. Trois enseignements peuvent être tirés de son analyse. En premier lieu, le cycle financier est devenu de plus en plus important au cours des quarante dernières années, en conséquence de la libéralisation financière engagée dans les années 1980. En deuxième lieu, le cycle financier n'est pas corrélé positivement au cycle macroéconomique conjoncturel. Dans la plupart des pays, il a une périodicité et une amplitude plus grandes. En troisième lieu, toutes les récessions du cycle des affaires ne s'expliquent pas par un retournement du cycle financier. Seules les crises les plus graves en termes de production connaissent en même temps un retournement du cycle financier. Cela permet de comprendre que l'éclatement de la bulle technologique à la fin des années 1990 a eu moins d'impact que la Grande Crise financière de 2008 où la bulle immobilière a été alimentée par le crédit. Il en résulte une phase de désendettement prolongé où les risques de stagnation séculaire sont les plus importants.

Le rôle du marché immobilier dans la dynamique de *momentum* qui entraîne le cycle financier ne saurait être sous-estimé. Le *momentum* veut dire que les trajectoires temporelles des prix sont les effets d'interactions autorenforçantes entre les anticipations des participants aux marchés et leurs attitudes face au risque. L'importance du secteur immobilier est d'autant plus grande qu'il est financé par l'endettement bancaire, lequel est ensuite largement transformé en titres obligataires dans des opérations financières dites de titrisation. L'endettement induit par le financement de ce secteur concerne un très grand nombre d'agents économiques, ménages et entreprises. Cela crée un lien étroit avec l'endettement des intermédiaires financiers qui amplifient leurs capacités de prêts grâce à des leviers très élevés sur leurs fonds propres. Avant la Grande Crise financière de 2008, ces leviers étaient couramment au-dessus de 30 et ont pu monter jusqu'à 50 ou 60. On peut donc conclure que le cycle financier résulte d'une interaction forte entre l'évolution de l'endettement privé et celle du prix des actifs.

Les grandes banques centrales ne se sont dotées d'outils macro-prudentiels pour incorporer la stabilité financière dans leurs politiques monétaires qu'après avoir perçu les désordres financiers prolongés qui ont été provoqués par la Grande Crise de 2008. Toutefois, la globalisation financière ouvre la possibilité de changements brutaux de direction aux mouvements de capitaux internationaux. La mise en œuvre d'une politique d'endiguement du risque systémique lié aux chaînes internationales de relations de contreparties internes à un système financier global, bien plus large que le système bancaire *stricto sensu*, ne saurait être efficace sans coopération monétaire organisée à l'échelle internationale. Or cette coopération a fait défaut dans les quarante années qui ont précédé la Grande Crise de 2008. Aussi les cycles financiers n'ont-ils pas été sans effets perturbateurs sur les relations monétaires internationales.

Par ailleurs, l'accroissement tendanciel des mouvements de capitaux internationaux n'a pas eu d'effet positif sur la croissance à long terme, contrairement au postulat de la théorie de l'efficience selon laquelle plus d'intégration financière veut dire automatiquement une meilleure efficacité d'allocation de l'épargne. À partir d'un large panel de pays développés et émergents, Dani Rodrik et Arvind Subramanian[17] ont montré empiriquement que l'ouverture financière internationale n'avait eu aucun effet positif sur la croissance sur une période vingt ans (1985-2005). Des travaux plus récents de la BRI menés par Cechetti et Kharroubi[18] ont même conclu à un impact négatif de l'ouverture financière sur la productivité globale. Ce qui se passe semble être une courbe en cloche. Partant d'une économie fermée, l'ouverture financière est bénéfique à la croissance jusqu'à un certain point. Passé ce seuil elle devient néfaste.

L'illusion unilatérale, du consensus de Washington au protocole de Kyoto

LE NÉOLIBÉRALISME FINANCIARISÉ OU L'ÉCONOMIE DE LA DÉPOSSESSION CAMOUFLÉE

Le capitalisme financiarisé s'est imposé dans les années 1980 en résolution de la crise inflationniste mondiale. Le désarmement économique et financier de l'État a été conduit au nom d'une efficience prétendue des marchés financiers dans l'allocation des capitaux. Le monétarisme a été introduit aux États-Unis par le coup de force de Paul Volcker, président du FOMC (Federal Open Market Committee) à l'époque. La politique monétaire s'est concentrée sur l'objectif d'une limitation de l'inflation à 2 %, compatible avec une définition du plein-emploi fondée sur la courbe de Phillips à partir d'un suivi de la masse monétaire au sens le plus strict possible[19] en abandonnant toute forme d'objectif politique susceptible d'altérer les anticipations d'agents économiques supposés parfaitement rationnels[20]. Le coup de force Volcker a été obtenu par un doublement du taux d'intérêt directeur à l'automne 1980. Il a entraîné deux années de récession et surtout une longue baisse des taux d'intérêt favorisée par le retrait des dépenses publiques, par la désindexation des salaires et par la politique fiscale très favorable au capital. Soutenu par la théorie des anticipations rationnelles et par la modélisation macroéconomique dynamique à agent représentatif unique, ce compendium néoclassique a prétendu exprimer la quintessence de la science économique.

Or la pratique économique s'éloigne sur de nombreux points de ce modèle standard. En particulier, là où règnent dans le monde de la science économique la libre concurrence et les profits rémunérant à leur juste contribution capitaux et travailleurs, la réalité témoigne d'une financiarisation à grande échelle des économies par différentes formes de dynamiques de dépossession.

L'accroissement de la valeur financière s'est déployé de manière interne par les politiques de privatisation des grandes entreprises publiques pourvoyeuses de services publics. Toutes les industries de réseaux (énergie, transport, distribution d'eau), mais aussi suivant les pays les systèmes de santé ou d'enseignement, qui avaient assuré dans la période précédente la reproduction sociale indispensable à la viabilité à long terme, furent transférées dans la sphère privée pour servir au recyclage de l'épargne de ménages progressivement privés des politiques de redistribution et de sécurité sociale.

La nécessité d'une efficacité dans l'allocation de cette épargne par le secteur financier a imposé une pression accrue et une transformation radicale des modes de gouvernance des entreprises privées, et notamment de la comptabilité (« entreprise liquidée »)[21], qui se transmet aux conditions de travail. Le rapport salarial s'est modifié plus ou moins vite suivant les pays, en défaveur des salariés la plupart du temps (augmentation généralisée du chômage, flexibilisation et individualisation des contrats de travail). Combattre les syndicats, comme l'ont fait Reagan et Thatcher dès leur arrivée au pouvoir, rendre insignifiants les salaires minimaux et les normes salariales, délocaliser la production dans les pays à bas salaire, développer un réseau de paradis fiscaux et en même temps réduire les charges fiscales sur les entreprises ont été les axes des politiques publiques pendant trois décennies jusqu'à la Grande Crise financière de 2008 qui a mis à bas les fondements de ce système.

En effet, la financiarisation des économies dépendantes de cette circulation accélérée et élargie d'épargne a créé des formes d'instabilités et des crises répétées que l'État, rendu pourtant théoriquement inutile par la théorie néoclassique, est venu soudainement renflouer au frais des contribuables. Le concept de prêteur en dernier ressort, né de la Grande Crise financière de 1873 sous l'influence de Walter Bagehot en réponse aux crises de liquidité bancaire, a dû se transformer plus d'un siècle plus tard avec l'essor des intermédiaires financiers non bancaires et l'instabilité corrélative de la finance de marché. Par leurs achats massifs de titres de dettes publiques et de dettes hypothécaires, les banques centrales sont devenues les sauveurs des marchés financiers en dernier ressort. « *Whatever it takes* », a déclaré Mario Draghi en juillet 2012, alors président de la BCE, pour éviter la désintégration de la zone euro. Mais les économies des pays émergents et en développement en sont les principales victimes.

L'accroissement de la valorisation financière se déploie en effet de manière externe pour les pays émergents et en développement par la dette extérieure en dollar, accompagnée par les aides financières procurées par le FMI et la Banque mondiale. Ces institutions publiques internationales ont déployé leurs interventions à l'occasion des crises des finances publiques en Amérique latine et en Afrique, dès août 1982, puis au Mexique en 1994[22].

Les contours du régime de viabilité de ce nouveau néolibéralisme financiarisé se caractérisent ainsi par une dynamique d'accaparement par privatisation, réduction des droits des travailleurs et optimisation internationale des contraintes de production. Les investissements directs à l'étranger mesurent plus souvent qu'à leur tour cette dynamique de kleptocratie autorisée du capital. Lorsque survint la chute de l'Union soviétique, puis celle du mur de Berlin, le démantèlement des industries et des richesses du bloc de l'Est put se faire dans un cadre institutionnel et idéologique qui l'a validé comme une victoire de la démocratie !

LE TRIOMPHE DU CONSENSUS DE WASHINGTON, L'ÉCHEC DES POLITIQUES ENVIRONNEMENTALES

Toute forme d'intervention de l'État a semblé définitivement abandonnée idéologiquement au moment de la chute de l'URSS. L'effondrement de l'Union soviétique à l'orée des années 1990 laissa entrevoir, du point de vue du cœur capitaliste, les résultats sociaux et écologiques néfastes d'une forme de capitalisme d'État[23]. Malgré une forme concurrentielle atténuée par un système de subventions et une régulation étatique des marchés et des prix, l'Union soviétique maintenait, en effet, des entreprises, du travail salarié, des échanges marchands et du capital ; ce qui la rapprochait plutôt d'une forme permanente de capitalisme de guerre[24] qui en faisait l'un des principaux producteurs de charbon, de pétrole et de gaz dans les années 1970-1980. Dès lors, les trajectoires écologiques des deux alter ego de la guerre froide se sont rapprochées sur un certain nombre de points[25] : utilisation abondante des ressources (haut régime énergétique), pollutions extensives (accidents nucléaires de Three Mile Island et de Tchernobyl), effets écologiques non anticipés malgré un ensemble de politiques de santé et de sécurité destinées à protéger le quotidien des populations (mer d'Aral et sécheresse californienne). La comparaison s'arrête néanmoins là. Il semble que les trajectoires se sont écartées pour des raisons liées d'abord aux difficultés institutionnelles bien plus grandes à faire entendre des protestations socio-environnementales dans les pays du bloc soviétique, ensuite en raison des difficultés géographiques à relier des territoires et des populations structurellement éloignés dans l'espace russe. Toujours est-il que l'effacement soudain d'un acteur majeur de la seconde moitié du XXe siècle a ouvert une période d'euphorie pour le capitalisme financiarisé sous hégémonie américaine.

Les années 1990 ont vu une accélération radicale de la mise en place du capitalisme financiarisé, encore freinée dans les années 1980 par la politique des blocs. Un nouveau consensus a émergé, issu des institutions héritières de Bretton Woods. Il structura les actions de la Banque mondiale et du FMI pour les années à venir. Ce consensus de Washington construisit progressivement l'infrastructure matérielle d'une mondialisation définie par la libre circulation des capitaux, la libéralisation du commerce, la privatisation des entreprises publiques et la baisse drastique de l'investissement public par des politiques de rigueur budgétaire (compensation par la promotion du partenariat public-privé, réformes fiscales visant à élargir les assiettes et à réduire la dispersion des taux marginaux, protection accrue de la propriété privée et notamment intellectuelle[26]). À la même époque néanmoins s'est déployée la réforme chinoise qui construisit ses institutions financières de marché entre 1994 et 2002[27].

En dépit de l'émergence du capitalisme en Chine avec ses caractéristiques originales, le philosophe Francis Fukuyama clama que le consensus de Washington annonçait la « fin de l'histoire » en 1992 ! Pour les États-Unis, ce fut incontestablement un intermède d'optimisme quant à la confirmation historique de la supériorité du modèle de la démocratie libérale à l'anglo-saxonne. Cet optimisme conduisit à appréhender les problèmes environnementaux dans un cadre multilatéral, hiérarchiquement dominé par les priorités données au libre-échange et à la libre circulation des capitaux, et en promouvant prioritairement les outils de marché. Ainsi le protocole de Montréal signé en 1987 et entrant en vigueur en 1989 réussit-il relativement bien à circonvenir la menace pour la couche d'ozone que faisaient porter les chlorofluorocarbures (ou gaz CFC). Mais la même approche, poursuivie pour le cas des gaz à effet de serre dans le cadre du protocole de Kyoto, aboutit à un semi-échec en 1997. Les pays en développement ne furent pas contraints dans leurs trajectoires, les pays développés le furent trop peu, la période de mise en œuvre fut bien trop courte, la Russie a obtenu des quotas sans rapport avec son niveau productif d'après-perestroïka, les États-Unis ne l'ont finalement pas ratifié. Cela aboutit à un échec total lors de la conférence de Copenhague de 2009 avec l'abandon de l'objectif théorique d'un prix unique mondial du carbone doublé de transferts financiers pour répondre aux enjeux d'équité.

L'optimisme du consensus de Washington s'expliquait par l'effondrement soviétique et l'idée naturelle d'avoir gagné un combat idéologique. Mais il s'expliquait aussi par l'émergence du numérique qui, d'abord accessible aux élites occidentales, leur tendait un miroir du monde comme un village global, favorisant les déplacements, les échanges économiques et culturels, les liens entre les humains. Les préoccupations environnementales y furent analysées comme naturelles aux économies développées. C'est la théorie de la courbe de Kuznets environnementale, qui veut que les économies valorisent davantage la qualité de l'environnement une fois un certain niveau de vie général dépassé. Dès lors, c'est aussi un environnementalisme extrêmement centré sur l'Occident et naïf, qui tend à prioriser la croissance par rapport à l'environnement dans la mesure où cette préoccupation environnementale est censée apparaître d'elle-même quelques points de PIB plus tard. Il faut agir selon ses épigones, mais sans se presser, et le marché est censé donner la bonne indication de la « préférence pour le présent » de l'humanité entière[28] !

Le village global est devenu une usine globale dans laquelle les entreprises optimisent l'ensemble de leurs chaînes de valeur suivant (notamment) des considérations de législation sociale et environnementale. Seules les opérations à valeur ajoutée la plus forte restent dans les pays occidentaux qui sont supposés conserver pour l'heure un avantage en termes de capital humain. La désindustrialisation des pays occidentaux (hormis l'Allemagne) est inquiétante, surtout pour les salariés et ouvriers des secteurs qui délocalisent leur production. Leur savoir-faire est brutalement dévalorisé, et leur lieu de vie se retrouve vite dans des zones en friche, où toute activité sociale disparaît en même temps que les activités économiques. Le déclassement économique se double d'une sédentarisation forcée sous l'effet de l'endettement immobilier. Au contraire, la concentration de la production bénéficie au cœur des plus grandes villes, qui voient souvent le prix de l'immobilier grimper et donc valoriser une seconde fois les classes supposément « mobiles[29] ».

Au sein des pays émergents, après les dragons asiatiques, c'est la Chine qui est le premier pays majeur à tirer son épingle du jeu, en grande partie parce qu'elle n'a pas été atteinte par les politiques du Consensus de Washington et qu'elle a su promouvoir un modèle inédit. Elle est devenue rapidement la véritable usine du village global. Initialement, ce sont les activités à faible valeur ajoutée qui s'y sont implantées (en raison d'un coût du travail extrêmement faible et au prix d'une pollution locale et globale catastrophique), avant que les prérogatives conservées de l'État chinois lui aient permis de mener une politique de remontée de filières et de maîtrise technoscientifique de plus en plus déterminante. Le bilan écologique a été clairement négatif, mais il se double d'une réduction absolue de la pauvreté qui remplit à elle seule plus de 80 % des objectifs globaux du millénaire de l'ONU.

Ailleurs, c'est un écologisme des pauvres qui s'invente[30] au fil de conflits sociaux localisés, souvent liés à des résistances aux politiques de privatisation et de démantèlement des systèmes locaux de solidarité, et qui a le mérite de prouver l'indigence théorique de la courbe de Kuznets environnementale.

Pourtant la viabilité du régime ne peut perdurer dans le temps qu'en créant une illusion de soutenabilité environnementale. Alors que les années 1980 laissaient encore la place à des débats politiques à haut niveau sur la question du changement climatique, les années 1990 furent celles des marchands de doute, premier niveau d'une stratégie rhétorique réactionnaire en trois temps, assez habituelle et d'ailleurs décrite en son temps par Albert Hirschman[31]. Le monde des affaires, en particulier le lobby du carbone des secteurs de combustibles fossiles très reliés au système bancaire et financier, ne pouvait accepter les normes, taxes ou instruments de marché, considérés comme attentatoires à la liberté d'entreprendre ! La question du changement climatique n'existait pas pour ce lobby.

La seconde attitude de cette stratégie réactionnaire conduit à suggérer d'améliorer la connaissance et en même temps à proposer une série d'autorégulations sans aucun impact. Engagements volontaires, contrats d'objectifs, audits librement consentis, accords passés avec la « société civile », tel est le vocable de gouvernance qui se répandait alors[32] face aux outils directifs qui avaient la faveur des politiques.

Dans le Sud global, les États sont le plus souvent en position de demande de capitaux et d'implantations industrielles. Les entreprises multinationales avec le FMI et la Banque mondiale fixent règles et conditions[33]. En outre, la protection des environnements globaux est soumise, depuis la création de l'Organisation mondiale du commerce en 1995, aux seules règles du commerce.

Perdurent encore, pour un temps et pour le seul changement climatique, des arrangements globaux « contraignants », mais le protocole de Kyoto, miné de l'extérieur par ses opposants et de l'intérieur par les échappatoires nombreuses qu'offrent les marchés « carbone », s'effrita dès la fin des années 2000 ; ce que sanctionnait la COP de Copenhague en 2009[34]. À l'échelle globale, restent alors surtout les engagements volontaires pris par les États et les entreprises – typiques de la COP 21 – avec les résultats toujours bien modestes que l'on sait. Nous reviendrons en troisième partie de cet ouvrage sur la COP21, mais terminons d'abord cette incursion dans les régimes de viabilité du Capitalocène par un résumé des principaux traits du régime de viabilité du Capitalocène IV.

ÉPUISEMENT DE L'APPROCHE NÉOLIBÉRALE, ULTIMES LIMITES ÉCOLOGIQUES

La troisième stratégie réactionnaire selon Albert Hirschman consiste à dire qu'il est trop tard pour agir. Si cette stratégie ne peut réellement fonctionner dans le cas du changement climatique qui n'offre pas de réelle échappatoire, elle peut néanmoins ouvrir la voie à une forme de chaos organisé dans lequel les premiers impacts tangibles des changements climatiques pour les pays occidentaux contribuent à fissurer le régime de viabilité du néolibéralisme financiarisé.

La crise de 2008 symbolise l'épuisement d'un modèle de capitalisme financiarisé qui avait prétendu répondre à la contrainte biophysique apparue sur le devant de la scène dans les années 1970. Le déclenchement même de la crise pourrait avoir été catalysé par un retournement des prix du pétrole qui aurait fait s'effondrer le château de cartes des prêts immobiliers *subprimes*, les ménages les plus fragiles étant aussi les plus dépendants de la facture d'essence[35]. Quoi qu'il en soit, la crise de 2008 révèle ses origines dans le cycle financier, moteur de plus en plus exclusif de l'accumulation depuis le début des années 1980.

La crise financière déclencha des politiques d'austérité et une crise des dettes publiques européennes. Dans les pays du Sud, ce fut un véritable mouvement vers des nouvelles enclosures qui se déclencha, d'abord dans l'immédiat après-crise par la hausse brutale des prix d'un certain nombre de matières premières alimentaires, provoquant des mouvements de révoltes, pour partie à l'origine de la vague des printemps arabes. Par la suite, ce fut une ruée de la finance vers les terres qui se déclencha, en Afrique comme en Asie du Sud-Est, témoignant de l'accentuation de la dynamique de dépossession, sans pour autant trouver encore de véritables débouchés comparables à la période de la chute du bloc communiste. Une limite à la dépossession de l'âge néolibéral pourrait avoir été atteinte dans la décennie 2010.

Les détériorations environnementales, qui se sont accélérées pour pousser les économies capitalistes vers les limites planétaires, interagissent avec ces cycles financiers par différents canaux. Les entreprises pétrolières ont ainsi été éclaireuses dans les stratégies d'innovation financière des années 1990[36] ; ce qui leur aurait permis de déguiser le risque énergétique accru du financement de l'extraction de combustible non conventionnel ayant des taux de retour énergétique (EROI) inférieurs[37]. Cette ingénierie financière nouvelle s'est ensuite appliquée à des secteurs tels que l'immobilier ou les prêts aux collectivités, qui ont *a priori* une demande très forte, en apparence un collatéral évident, et permettait une homogénéité des produits proposés et donc une liquidité du marché. Or l'essentiel des activités de ces secteurs est fortement émetteur et laisse des traces irréversibles dans l'espace en matière d'artificialisation des sols ou de perte de biodiversité (exemple de l'Espagne ou de la Californie). Une fois le cycle financier retombé, l'environnement reste irrémédiablement dégradé, tandis que les politiques de sortie de crise tendent à restreindre encore les normes sociales et environnementales au nom d'une compétitivité à retrouver.

La déconnexion d'avec les limites planétaires se révèle, une fois les bénéfices sociaux de la période de croissance passés, par ses effets « directs » (effets d'échelle incompatibles avec l'enchevêtrement des processus naturels, uniformisation/spécialisation de l'espace et des hommes), par ses effets indésirables que sont les externalités (pollutions locales et globales), le réchauffement, la couche d'ozone et l'extinction des espèces. Les espaces types caractéristiques de cette nouvelle ère sont la friche (zone décrétée non rentable par le capital financier), la ville-monde (lieu de concentration de la création de valeur, sujette à des goulets d'étranglement de toutes sortes), la campagne uniformisée en monoculture et quelques rares zones « sous cloche » pour leur qualité intrinsèque ou, au contraire, pour leur niveau absolu de pollution[38].

À l'issue de la crise de 2008, le doute s'est porté sur l'unité de compte et l'unité de réserve internationale. La confiance éthique a été ébranlée[39]. Elle réveille des propositions plus équilibrées de structuration monétaire internationale[40] de la part des puissances émergentes, fondées sur un usage extensif des droits de tirage spéciaux du FMI. Face aux réticences au changement de l'*hegemon*, le doute entraîne une tendance à la formation ou au renforcement d'espaces régionaux, à laquelle celui-ci répond par une vision toujours plus extensive de sa souveraineté monétaire, par l'usage de la force ou d'une diplomatie toujours plus agressive. Aucune autre monnaie régionale ne répond pour autant aux critères d'une monnaie internationale, encore moins aux enjeux de durabilité qui s'expriment plus fortement. Le dollar perdure ainsi de la faiblesse (temporaire ?) des alternatives.

De manière plus immédiatement tragique, c'est le support même des États qui se trouve ébranlé avec la multiplication d'États faillis, qu'il s'agisse du Mali, de la Libye, de la Syrie, de l'Irak, de l'Afghanistan ou du Congo. La période coloniale maintenait des structures étatiques que les puissances occidentales ne sont plus prêtes à soutenir (ou peut-être n'en ont-elles plus les moyens), ou alors seulement par des formes larvées d'occupation armée ou de dispositifs financiers néocoloniaux (franc CFA...). Ces guerres « contre le terrorisme » sont le terrain de jeu d'armées de mercenaires rappelant les armées privées des seigneurs du Moyen Âge.

Certains peuvent voir dans ce modèle de relations internationales le déploiement d'une forme de féodalisme dans le capitalisme le plus échevelé : au-delà des armées de mercenaires, c'est aussi le délabrement des infrastructures cassant la dynamique de reproduction sociale d'une société productive, y compris dans les pays occidentaux, et l'émergence du numérique comme tentation d'une nouvelle forme de prédation sur les individus qui semblent soutenir cette hypothèse. Comme en écho à la guerre d'Afghanistan par les Russes, ce sont les Américains, avec leur armement hypersophistiqué, qui quittent ce pays féodal après vingt années d'occupation, le laissant aux mains des talibans qu'ils avaient soutenus contre les Soviétiques.

Le régime de viabilité du néolibéralisme financiarisé se paie d'une forme d'involution sociale vers des formes hybridées de féodalisme et de fascisme, et d'une évolution écologique catastrophique sans précédent.

Au-delà du Capitalocène (IV)

La deuxième partie s'achève sur un constat hautement pessimiste, celui d'un capitalisme néolibéral en opposition totale avec les enjeux du changement climatique, mais qui cherche à perdurer parce qu'il repose sur les intérêts économiques et politiques puissants du lobby du carbone. La transition devrait plutôt être considérée comme une rupture dont le respect de l'accord de Paris est le socle et que la troisième partie élabore en quatre chapitres.

La transition a certes été amorcée, mais elle est très insuffisante pour impulser les trajectoires menant à la neutralité carbone au milieu du siècle. Les mesures attendues pour réduire les émissions de gaz à effet de serre d'au moins 40 % dans la présente décennie par rapport à la moyenne de l'année 1990 sont de renforcer les énergies renouvelables, d'améliorer l'efficacité énergétique, de restaurer les forêts et de réduire les émissions de méthane.

Un enjeu crucial est de surmonter le piège de mi-transition dû à l'émergence des technologies à faible teneur en carbone coexistant avec la persistance d'infrastructures à base de combustibles fossiles. Surmonter ces risques implique la continuité stratégique d'une vision de longue période. Une planification écologique est requise pour une maîtrise collective du temps long à l'intérieur des limites planétaires. Mise en œuvre en Europe, elle permettrait à l'Union européenne de retrouver un rôle éminent dans la coopération internationale.

PARTIE 3

Planification(s) écologique(s) pour le XXIe siècle

CHAPITRE 9

Les apories de la gouvernance des biens communs globaux

Nous avons mis en évidence dans la partie précédente comment les régimes historiques du Capitalocène ont systématiquement assuré leur propre reproduction, leur propre viabilité, en mettant en péril la viabilité du système Terre sur lequel leur existence même repose *in fine*. Ce que nous avons appelé le Capitalocène IV, ou cette longue parenthèse néolibérale qui commence alors que les différents secteurs de la société ont déjà été avertis de la menace historique du changement climatique, nous conduit aujourd'hui à l'une des plus graves crises auxquelles l'espèce humaine ait été confrontée. L'humanité fait partie de la nature et la transforme en permanence, mais les formes du Capitalocène l'ont conduite au bord d'un effondrement multiforme.

Pour reprendre la rhétorique de Polanyi sur les contre-mouvements, cette accélération débridée ne s'est pas produite sans résistances ou tentatives d'autoprotection des sociétés. Beaucoup de mesures ont été annoncées ou prises tout au long de cette longue parenthèse néolibérale. Elles sont le fruit de protestations de plus en plus massives, de travaux parlementaires progressivement éclairés sur ces questions, ou encore de grandes initiatives internationales structurées au fil des ans dans les rapports du GIEC ou les COP (conférences des parties) sur le climat, la biodiversité ou la désertification. Le contre-mouvement polanyien s'intéressait à l'émergence progressive d'un État social tout au long des XIXe et XXe siècles pour contrer la tendance à considérer le travail comme une marchandise. Cet État social s'est bel et bien construit dans de nombreuses parties du monde, mais en reposant sur une utilisation accrue de ressources fossiles (voir les chapitres 7 et 8), avant d'être plus radicalement remis en cause par la parenthèse néolibérale.

La parenthèse néolibérale a remis en cause l'État social de la période précédente, sans pour autant diminuer le régime d'utilisation des ressources fossiles. Au contraire, nous savons tous que nous ne faisons pas assez pour le climat, individuellement et surtout collectivement. Peu de personnes cherchent en revanche à comprendre les raisons profondes de cette tétanisation collective. Il nous faut, bien sûr, incriminer les horizons électoralistes des hommes politiques ou le lobbying actif des compagnies fossiles qui constituent le lobby du carbone, constater le besoin naturel de croissance des pays en développement et émergents, ou encore regretter nos propres errements de consommateurs-citoyens, mais aussi l'absence d'une nouvelle « classe écologique[1] » susceptible d'être l'agent d'une nouvelle transformation historique. Cette prise de conscience, déjà ancienne d'ailleurs, est bien insuffisante pour infléchir quoi que ce soit.

L'autoprotection des sociétés quant aux bouleversements imposés par le changement climatique semble être un processus nettement plus complexe qu'une simple prise de conscience. Ce contre-mouvement existe réellement au travers de certains succès indiscutables, au premier rang desquels l'accord de Paris adopté lors de la COP21 en 2015 ; toutefois, il ne parvient pas à infléchir les tendances. L'adoption croissante de technologies considérées comme décarbonées, telles que les véhicules électriques, ou les investissements croissants dans les énergies renouvelables ne transparaissent que très faiblement dans les chiffres globaux d'émissions. Le découplage relatif des émissions par rapport au PIB mondial apparaît bien trop lent, tandis que les paris sur la possibilité même d'un découplage total semblent de plus en plus irréalistes[2]. Simon Sharpe, haut fonctionnaire britannique ayant activement participé à la préparation de la COP26 à Glasgow en 2021, parle ainsi de la nécessité d'aller cinq fois plus vite[3] dans la décennie actuelle par rapport au rythme des vingt dernières années[4].

Diplomatie, économie et finance semblent jusqu'ici échouer à coordonner une action de protection et de restauration efficace, bien loin des objectifs de réintégrer les limites de viabilité propres aux recommandations scientifiques. Nous nous penchons dans ce chapitre sur chacune de ces apories de la gouvernance des biens communs globaux, essayant d'en déceler quelques-unes des causes profondes. Cet échec nous conduit aujourd'hui à observer l'émergence d'un régime de crises multiples aggravées que nous décrirons plus avant au chapitre suivant. Le chapitre 11 examinera l'hypothèse de la planification écologique et ses premières manifestations concrètes comme possible régime alternatif, ainsi que les conditions internationales de sa prédominance. Nous terminerons enfin cette troisième et dernière partie avec un chapitre 12 dédié au cas de la France.

Diplomatie : l'essoufflement des COP

LE PROBLÈME POSÉ PAR LE RESPECT DE L'ACCORD DE PARIS

Le processus des rapports du GIEC et des Conférences Climat (COP), entamé il y a une trentaine d'années, constitue une première aporie de la gouvernance du climat dans le contexte du Capitalocène IV. Rappelons que le rapport du GIEC de 2018[5] insistait sur le danger de dépasser un réchauffement de la planète supérieur à 1,5 °C. C'est sur cette nécessité que repose l'engagement de l'accord de Paris pour que les émissions nettes de gaz à effet de serre (GES) soient nulles en 2050. Cela implique une transformation de grande ampleur des structures de production et des modes de consommation, bien au-delà du seul secteur énergétique. Le rapport du GIEC de 2022 a élargi sensiblement les enjeux sociaux et environnementaux, et insisté sur l'urgence climatique en appelant à des mesures immédiates et drastiques[6]. Pour limiter le réchauffement à 1,5 °C par rapport à l'ère préindustrielle, il faudrait parvenir à un pic d'émissions en 2025 puis procéder à une décrue dans tous les domaines : réduire systématiquement l'importance des énergies fossiles, développer de manière continue les énergies renouvelables, accroître en permanence l'efficacité énergétique par l'innovation et transformer les modes de vie dans le sens de la sobriété. Les émissions devraient baisser de 43 % d'ici à

2030 par rapport à 2019 pour limiter le réchauffement à 1,5 °C et de 27 % pour 2 °C. La cible de 1,5 °C semble d'ores et déjà quasi impossible, au vu du bilan global de respect de l'accord de Paris formulé à l'occasion de la COP28 en décembre 2023[7].

L'accord de Paris de décembre 2015 avait constitué une avancée cruciale dans les politiques climatiques. Il a été adopté par 196 parties lors de la COP21 le 12 décembre 2015 et il est entré en vigueur en un temps record le 4 novembre 2016. C'est un traité international qui rassemble toutes les nations pour lutter contre le changement climatique et qui doit être de plus en plus ambitieux pour s'adapter à ses effets. Sa contrainte juridique est néanmoins relative dans la mesure où les engagements concrets des pays ne sont sanctionnés par aucune instance supérieure, et qu'il est assez aisé juridiquement de sortir de l'accord. L'accord de Paris fonctionne essentiellement sur des cycles de cinq années sur la base d'actions climatiques volontaires annoncées et menées par les États participant à l'accord. Mais chaque COP vient annuellement tenter de faire progresser la mise en œuvre et l'accroissement des ambitions des États.

Si des indices qu'une transition a bien été amorcée abondent, celle-ci est très insuffisante par rapport aux trajectoires qui seraient nécessaires pour atteindre la neutralité carbone au milieu du siècle. Les pays doivent donc d'urgence renforcer leurs politiques climatiques en réduisant de manière substantielle l'utilisation globale des combustibles fossiles pour que les consommations de charbon, de pétrole et de gaz diminuent respectivement de 95 %, 60 % et 45 % en 2050 par rapport à 2019. Pour y parvenir, les technologies encore immatures et controversées de capture du carbone dans l'atmosphère et d'enfouissement en profondeur sous le sol sont explicitement incluses dans les simulations de trajectoires du GIEC. Cependant, ces techniques de capture du carbone ne sont pas encore au point et rencontrent de nombreux obstacles technologiques et sociétaux qui devront être surmontés pour pouvoir éventuellement être utilisées à grande échelle.

Les mesures les plus significatives à moindres coûts, mises en évidence par les scientifiques pour réduire les émissions de gaz à effets de serre de moitié dans la présente décennie, sont de renforcer fortement les énergies renouvelables (éoliennes et solaires) dont les coûts marginaux ont beaucoup baissé, d'améliorer l'efficacité énergétique, de restaurer les forêts et enfin de réduire les émissions de méthane. À cet égard, le rapport du GIEC met l'accent sur les aspects sociétaux de la réduction d'émissions. Il estime qu'au niveau mondial les 10 % des ménages les plus riches sont responsables de 40 % des émissions. Cela met l'accent sur la nécessité d'une réduction radicale des inégalités pour initier un changement massif du comportement des consommateurs. Le rapport estime qu'un changement des modes de vie pourrait réduire les émissions de 40 à 70 % d'ici à 2050. Cela implique de changer les régimes alimentaires, mais aussi les modes de déplacement.

Toutefois, après avoir ouvert ces pistes, le rapport ne cache pas son pessimisme concernant les faibles chances d'atteindre la cible des 1,5 °C. Le budget carbone restant a atteint 500 gigatonnes de CO_2eq en 2019. Si les émissions continuent au même rythme, ce budget sera complètement utilisé dès 2028. Il faudrait alors que toute tonne de carbone émise supplémentaire soit compensée par des émissions négatives, c'est-à-dire par capture du carbone dans l'atmosphère et par stockage dans le sous-sol.

L'ENLISEMENT DU PROCESSUS DES COP

À l'orée de la conférence de Glasgow, les intentions des 196 pays signataires de l'accord de Paris conduisaient la planète sur une trajectoire de réchauffement de 2,7 °C d'ici la fin du siècle. Or c'est dans la décennie actuelle que tout se joue, car les intentions pré-Glasgow entraîneraient des hausses d'émission de 16 % en 2030 par rapport à 2010 contre une baisse nécessaire de 55 % pour respecter un réchauffement stabilisé à 1,5 °C à la fin du siècle ; d'où l'importance des enjeux débattus à Glasgow. Mais les responsabilités des États sont très inégales. En septembre 2020, le secrétaire général de l'ONU, António Guterres, affirmait qu'une action ambitieuse des seuls États du G20 permettrait de contenir la hausse de la température à 1,7 °C d'ici à 2100.

Quels sont les objectifs pour la décennie actuelle ? La Commission de transition de l'énergie a publié en septembre 2021 un plan en six points présentant des recommandations prioritaires pour la COP26[8] : réduire substantiellement les émissions de méthane ; stopper la déforestation et engager la reforestation ; accélérer la fin du recours au charbon ; accélérer l'électrification des transports routiers ; accélérer l'usage de l'hydrogène et autres moyens pour décarboner le chauffage des bâtiments et des transports impossibles à électrifier ; enfin, améliorer fortement l'efficience énergétique.

Réunis à Rome le jour de l'ouverture de la conférence de Glasgow, les leaders du G20 se sont accordés pour stopper tout financement nouveau de centrales à charbon, mais pas pour mettre un terme définitif à l'utilisation du charbon. Deux ans plus tard, à Dubaï, le terme « fossile » fait pour la première fois son apparition dans le texte d'une COP.

La COP26 a progressé dans les engagements sur la réduction des émissions de méthane. À l'initiative des États-Unis et de l'Union européenne, 105 États ont conclu un « pacte global pour le méthane » : réduire les émissions de méthane d'au moins 30 % dans la décennie actuelle par rapport au niveau de 2020. Toutefois, la Chine, la Russie et l'Inde ne font pas encore partie de l'alliance.

Le méthane (CH_4) est le deuxième gaz à effet de serre derrière le dioxyde de carbone (CO_2). Il est responsable du quart du réchauffement climatique depuis l'ère préindustrielle. Il demeure peu d'années dans l'atmosphère, mais il a un potentiel de réchauffement bien plus élevé que le CO_2. Une baisse de 45 % du méthane d'origine humaine éviterait un réchauffement de 0,3 °C d'ici les années 2040 et jusqu'à 0,8 °C à la fin du siècle. Une telle réduction serait faisable car les émissions de méthane sont à 60 % liées aux activités humaines issues de l'agriculture, des combustibles fossiles et des déchets. Si donc on répare les fuites dans l'industrie fossile, on change l'alimentation vis-à-vis des animaux d'élevage (consommation de viande) et qu'on a une meilleure gestion des déchets par l'économie circulaire, on peut en principe réduire les émissions de méthane de manière relativement peu coûteuse.

Une autre avancée de Glasgow a été de mettre sur la table le sujet de la déforestation. Plus d'une centaine de dirigeants ont signé la déclaration de Glasgow pour mettre un terme à la déforestation et à la dégradation des terres d'ici à 2030. Les États qui ont conclu le pacte possèdent plus de 85 % des forêts mondiales. Encore faudrait-il en contrôler la mise en œuvre, car dans le pacte figure le Brésil qui a détruit systématiquement la forêt amazonienne sous la présidence précédente de Bolsonaro.

Le président Lula a rassemblé à Belém en août 2023 les dirigeants des pays d'Amérique latine, ainsi que de la République démocratique du Congo et de l'Indonésie, pays directement impliqués dans la sauvegarde et la régénération des deux autres forêts primaires de la planète en sus de la forêt amazonienne, pour coordonner les actions requises pour des avancées significatives. En effet, empêcher la déforestation et régénérer les forêts fait partie des politiques pour une agriculture durable et pour restaurer les habitats naturels détruits par la désertification des sols qui accompagne l'expansion anarchique des métropoles.

Cette ambition de protéger les écosystèmes est étroitement liée à la politique climatique. Certains États et quelques fondations ont décidé de collecter l'équivalent de 14 milliards d'euros pour aider les peuples autochtones à sécuriser leurs droits de propriété sur leurs terres ancestrales. Le GIEC lui-même a souligné que limiter le réchauffement climatique implique de mieux protéger les forêts qui constituent l'un des principaux puits de carbone de la planète.

Les peuples indigènes ont créé une coalition, la Global Alliance of Territorial Union, qui représente des communautés de 18 pays pour préserver plus de 840 millions d'hectares de forêts tropicales. La question cruciale est de parvenir à transformer ce signal en actions concrètes. Pour accompagner les petits agriculteurs vers des pratiques de développement durable, il faut que les engagements de Glasgow soient pris en compte dans les accords commerciaux. Il faut donc que les pratiques commerciales soient encadrées par des législations nationales contraignantes, exprimant une volonté politique commune des nations de stopper la déforestation, en interdisant effectivement aux entreprises et aux institutions financières de poursuivre les pratiques commerciales qui alimentent le *green washing*.

L'AUTRE URGENCE ENVIRONNEMENTALE

L'IPBES (Intergovernmental Platform on Biodiversity and Ecosystem Services), organisme des Nations unies équivalent au GIEC mais pour la biodiversité, a publié un rapport en 2019 sur l'état de la biodiversité. Environ 1 million d'espèces végétales et animales sont en péril d'extinction. À la différence du changement climatique qui a une mesure unitaire en parties par million (ppm) d'équivalent CO_2, la perte de biodiversité ne peut être ramenée à une mesure unique. Le réseau de liens entre les espèces, au sein et entre les écosystèmes, est bien plus complexe que les processus qui influencent le changement climatique, bien que de nouveaux outils apparaissent pour évaluer l'intégrité des forêts et l'usage des sols.

Contrairement au changement climatique, la modélisation en est encore à ses balbutiements[9]. Les interactions non linéaires dans les écosystèmes sont affectées par une multiplicité encore inconnue de points de basculement (*tipping points*). Il s'agit donc de domaines où règne l'incertitude radicale, laquelle implique de recourir à un principe de précaution.

En outre, le changement climatique contribue à la destruction de la biodiversité par la déforestation et l'assèchement des sols humides sous l'effet des vagues de chaleur, des sécheresses, des incendies et des ouragans plus fréquents et plus puissants. En retour, en dégageant du carbone par destruction des puits de carbone, la déforestation aggrave le changement climatique. Elle détruit également les habitats naturels, rapprochant les animaux sauvages des humains et rendant plus probable l'apparition des zoonoses.

Face à cette complexité, quel peut être le rôle des politiques ? La protection de la diversité doit être à la fois biologique, écologique et génétique. C'est la mission de la Convention des Nations unies sur la diversité biologique. Mais les progrès sont très insuffisants. Sur une liste de 20 cibles de conservation dressée en 2010 (les cibles d'Aichi), l'IPBES constate qu'aucune n'a été pleinement atteinte en 2020. La conclusion est sans appel : « Nous érodons les fondements de nos économies, de nos milieux de vie, de notre sécurité alimentaire, de notre santé et de la qualité de vie dans le monde entier. »

La COP15 sur la biodiversité s'est tenue à Montréal en décembre 2022. Une approche globale s'est imposée de justesse à Montréal, sous la dénomination de cadre global pour la biodiversité de Kunming-Montréal. Elle repose sur pas moins de 23 cibles, dont les plus importantes sont sans doute l'objectif de protéger d'ici à 2030 au moins 30 % des terres, des eaux intérieures et des zones côtières et marines, et de restaurer 30 % des écosystèmes. La mobilisation de la finance est un autre but essentiel à travers un objectif d'alignement des flux financiers avec les objectifs de l'accord (similaire à l'article 2 de l'accord de Paris pour le climat), et celui de combler un déficit de financement de la biodiversité estimé à environ 700 milliards de dollars par an. Par ailleurs figure à l'accord un objectif de ressources financières allouées aux pays en développement, en particulier les pays les moins avancés et les petits États insulaires en développement. Le montant est fixé à 20 milliards de dollars par an d'ici à 2025 et à 30 milliards d'ici à 2030. C'est l'insuffisance et l'imprécision des ressources derrière ces engagements qui avaient failli faire échouer l'accord, avec notamment le refus de la République démocratique du Congo que nous évoquions en introduction de cet ouvrage. Les banques centrales avaient par ailleurs entamé un processus d'évaluation de possibles risques liés à la biodiversité pour le système financier quelque temps déjà avant l'accord (voir encadré 9.1).

ENCADRÉ 9.1. MESURER LES DÉPENDANCES AUX SERVICES ÉCOSYSTÉMIQUES ET IMPACTS SUR LA BIODIVERSITÉ : LE CAS FRANÇAIS

Sur la base des travaux de la Banque centrale néerlandaise[10], Svartzman *et al.*[11] évaluent les dépendances aux services écosystémiques, *via* les activités des entreprises financées, du portefeuille de titres (actions et obligations) des institutions financières françaises (principalement des fonds d'investissement, des compagnies d'assurances et des banques). Cela permet d'obtenir une première estimation de l'exposition potentielle au risque physique lié à la biodiversité : en cas de détérioration de la qualité d'un service écosystémique donné (« choc physique »), une entreprise qui en est fortement dépendante sera plus susceptible d'être perturbée dans ses activités.

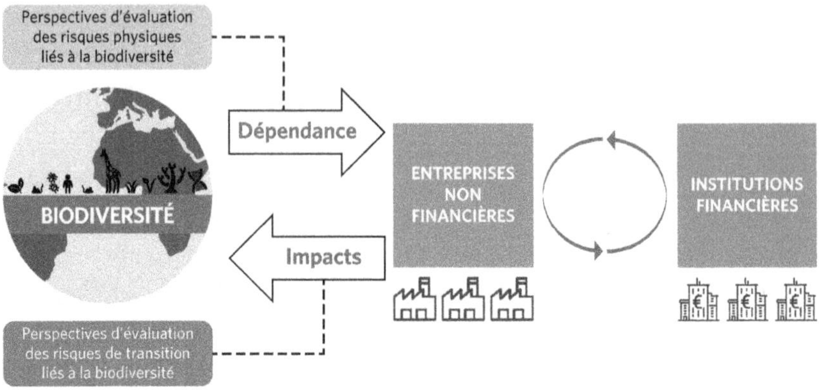

Figure 9.1. Schéma synthétique de l'exposition du secteur financier aux risques liés à la biodiversité.
Source : d'après Svartzman et al. *(2021).*

42 % de la valeur du portefeuille de titres des institutions financières françaises ont été émis par des entreprises qui sont fortement ou très fortement dépendantes d'au moins un service écosystémique. Par ailleurs, 9 % ont été émis par des entreprises présentant une très forte dépendance à l'égard d'au moins un service écosystémique, et 21 % par des entreprises présentant une dépendance combinée au moins « moyenne » à l'égard de cinq services écosystémiques ou plus. Ces dépendances sont les plus élevées pour les services écosystémiques d'approvisionnement en eau (eaux de surface et eaux souterraines) et pour certains services de régulation tels que le contrôle de l'érosion, la protection contre les inondations et les tempêtes, et la régulation du climat. Il convient de noter que ces dépendances ne sont que « directes », dans le sens où elles ne concernent que les dépendances aux services écosystémiques de la propre activité de production de l'entreprise, et non celles de ses fournisseurs. Si l'on va au-delà des dépendances « directes » des entreprises et que l'on inclut les dépendances des fournisseurs le long de la chaîne de valeur en amont, toutes les entreprises du portefeuille deviennent au moins légèrement dépendantes de tous les services écosystémiques (la catégorie « aucune dépendance » disparaît). Dans un second temps est mesuré l'impact (ou « empreinte ») sur la biodiversité exercé par ces institutions financières à travers l'empreinte des entreprises dont elles détiennent les titres. Il s'agit d'estimer leur exposition à un risque potentiel de transition. En effet, plus l'impact sur la biodiversité des entreprises du portefeuille est négatif, plus le risque d'être soumis à une réglementation ou à un changement de préférences des consommateurs (un « choc de transition ») est élevé. Pour évaluer l'empreinte biodiversité des entreprises puis du portefeuille, nous utilisons le *global biodiversity score* (GBS) développé par CDC Biodiversité et sa traduction dans une base de données développée par Carbon4Finance. Cet outil convertit le chiffre d'affaires d'une

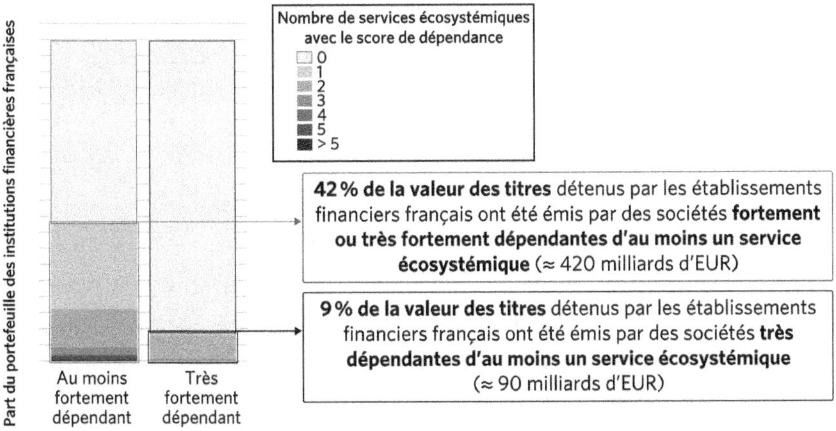

Figure 9.2. Dépendances du secteur financier français aux services écosystémiques.

Source : d'après Svartzman et al. (2021).

Note : 42 % de la valeur du portefeuille de titres des institutions financières françaises a été émise par des entreprises dépendant fortement ou très fortement d'au moins un service écosystémique (barre centrale).

entreprise par région et par secteur de production en pressions sur la biodiversité (en termes de changement climatique ou d'utilisation des terres, par exemple), puis en impact exprimé en une seule métrique, le MSA.km². Un impact de 1 MSA.km² peut être interprété comme ayant le même effet sur la biodiversité que la transformation de 1 km² d'écosystème « intact » (non dégradé par les activités humaines) en une surface totalement artificielle (par exemple un parking).

L'empreinte statique obtenue pour le portefeuille (c'est-à-dire combinant les impacts cumulés par les activités financées au fil du temps) *via* les activités financées est de 130 000 MSA.km², ce qui peut être comparé à l'effet sur la biodiversité terrestre de l'artificialisation de 130 000 km² (24 % de la surface de la France métropolitaine) d'un écosystème initialement « intact ». Cette empreinte intègre les impacts des différents niveaux de la chaîne de valeur des entreprises du portefeuille. En particulier, nous constatons que les impacts proviennent principalement des fournisseurs directs, puis du reste de la chaîne de valeur en amont, plutôt que des opérations directes (Scope 1) des entreprises du portefeuille (figure 9.2, à gauche). Cette empreinte est également causée par diverses pressions, notamment l'utilisation des terres et l'empiétement ou la fragmentation de l'habitat (figure 9.2 à droite), qui est la principale source d'impact.

Économie : en dehors du prix du carbone, point de salut ?

LA VALORISATION DU CARBONE ET SES LIMITES[12]

La valorisation du carbone pour générer l'émergence d'une économie globale décarbonée est une seconde aporie essentielle du régime du Capitalocène IV. Nous en disséquons les contours théoriques et appliqués, au niveau national comme international. La taxe carbone est une politique fiscale visant à inciter les agents économiques à adopter des actions sobres en carbone. Le concept vient de Pigou[13] et est lié à la théorie néoclassique des externalités. Dans cette approche, les externalités involontaires (bonnes ou mauvaises) des processus de production ou de consommation devraient être internalisées à travers un mécanisme de tarification afin de restaurer l'optimum de bien-être social. Une alternative néoclassique à la tarification du carbone est le mécanisme du marché du carbone, issu de Coase, où les agents économiques échangent une quantité limitée de permis d'émission sur un marché[14]. Si un mécanisme de prix pour orienter le comportement des agents peut avoir des vertus dans un cadre plus large de politique climatique, ce concept original de taxe carbone se heurte à au moins deux catégories fondamentales de critiques.

La première catégorie de critiques porte sur le mode de calcul du prix du carbone. La valeur d'une taxe carbone devrait être égale à la valeur des externalités générées par les émissions de carbone, ou ce que Nordhaus[15] appelle la valeur sociale du carbone. Dans une approche coûts-bénéfices, la valeur sociale du carbone correspond à la valeur des dommages générés par une tonne de carbone supplémentaire. Dans une approche coûts-efficacité, elle équivaut au coût de la réduction de la quantité requise d'émissions. Ces deux dernières approches ont généré un large éventail de valeurs sociales du carbone : Stiglitz et *al.* suggèrent un montant entre 40 et 80 dollars en 2020 (et 50-100 dollars en 2030)[16] ; Nordhaus suggère 31 dollars en 2015 avec une augmentation annuelle de 3 %[17] ; Ricke *et al.* suggèrent des fourchettes beaucoup plus élevées de valeurs sociales du carbone lorsqu'on examine les valeurs au niveau des pays (de

177 à 805 dollars par tonne de CO_2 en valeurs actualisées)[18]. Ces valeurs varient donc considérablement d'un exercice de modélisation à l'autre.

Néanmoins, le cadre de modélisation utilisé pour les générer est très similaire à un certain niveau d'abstraction et peut être contesté sur différents aspects. Premièrement, les dommages climatiques, parce qu'ils sont conçus comme une perte de PIB potentiel, peuvent facilement être compensés par l'accumulation de capital. Davantage de croissance économique peut alors devenir la solution pour réduire les impacts relatifs des dommages et justifier l'idée qu'il faut reporter l'action climatique. Deuxièmement, la plupart des modèles climat-économie ne tiennent pas compte du rôle critique joué par l'incertitude dans l'ensemble du processus de décision. Ce fait est reconnu par certains modélisateurs pour les valeurs liées au climat et leurs impacts économiques[19]. L'ensemble du processus d'optimisation basé sur une évolution climatique incertaine et sur des dommages climatiques incertains (et actuellement sous-évalués) est donc au mieux... incertain.

Mais l'incertitude économique passe aussi par une compréhension spécifique du comportement des agents économiques. C'est le troisième point. La coordination des agents autour d'un prix spécifique s'effectue dans un contexte d'incertitude radicale. Les institutions influencent le comportement individuel pour réduire le niveau d'incertitude et stabiliser les attentes et les décisions des acteurs financiers. Si ces institutions, parmi lesquelles les systèmes monétaires et financiers sont essentiels, ne prennent pas en compte les changements climatiques futurs, alors la coordination des anticipations des agents économiques sera fortement biaisée[20], et aucun prix du carbone ne remplacera à lui seul la transformation institutionnelle nécessaire. Les mécanismes de tarification ne sont donc qu'un outil parmi d'autres pour développer un cadre institutionnel cohérent avec une trajectoire bas-carbone. Dans ce cadre, il n'y a pas de prix optimal du carbone, et aucune raison pour que l'attribution des droits de propriété et les mécanismes de tarification en général puissent rétablir la trajectoire actuelle de l'économie[21] qui n'a aucune raison d'être en équilibre.

À un niveau plus profond, les mécanismes de tarification (ou fondés sur le marché) en tant qu'outils uniques (ou même principaux) pour la conception des politiques climatiques sont défectueux pour des raisons d'économie politique. Concrètement, le choix d'une trajectoire de taxe carbone est le produit d'un processus de négociation plus ou moins institutionnalisé. L'utilisation de modèles ne peut que contribuer à expliquer un argument, et non à dire une vérité absolue sur la bonne trajectoire[22]. À cet égard, même si les modèles donnent un aperçu des valeurs sociales théoriques du carbone, le prix réel du carbone choisi est souvent très éloigné de la valeur qu'une société (ou le monde) attribue réellement à l'atténuation du changement climatique et reflète davantage la structure de pouvoir dominante. L'acceptabilité politique et l'efficacité dépendent de la position des groupes sociaux vis-à-vis de la taxe carbone. En d'autres termes, l'efficacité des mesures d'atténuation ne peut être considérée séparément de leur équité.

On dit généralement que l'effet macroéconomique d'une taxe carbone dépend fortement de l'utilisation de ses recettes. Ces fonds peuvent réduire d'autres taxes ayant des effets de distorsion, être placés dans des investissements à faible émission de carbone ou être redistribués en une somme forfaitaire. Mais une question fondamentale demeure : la taxe carbone et la transition qui s'ensuit sont-elles restrictives ou expansionnistes ? Comme dans presque tous les modèles d'équilibre général calculables, la monnaie dans les IAM (*integrated assessment models*) est pensée comme un voile, qui n'interfère pas avec les échanges économiques.

LES EFFETS MACROÉCONOMIQUES DES POLITIQUES CLIMATIQUES[23]

La monnaie dans le modèle DICE de l'économiste William Nordhaus peut être considérée comme exogène dans le sens où elle n'aura pas d'impact sur la production à court ou moyen terme. Si les prix deviennent rigides, seul le court terme pourrait être affecté par les problèmes monétaires. Cette première hypothèse de neutralité monétaire, commune à tous les modèles néoclassiques ou néokeynésiens, dissocie mécaniquement les questions d'économie environnementale (long terme) des questions monétaires (court terme). Les enjeux à long terme, d'une part, à court et moyen terme, d'autre part, n'interagissent en rien.

L'approche « schumpétérienne » peut donner un rôle de long terme à la finance en considérant les liens entre des facteurs structurels tels que le changement technique[24] et les politiques financières qui leur sont destinées. Ces approches de modélisation semblent donc mieux préparées à aborder la question des interactions entre changement climatique (ou politiques climatiques) et finance. Elles commencent à briser la séparation stricte entre le court et le long terme des modèles néoclassiques et néokeynésiens. Un élément fondamental interdit néanmoins de réelles interactions entre le court et le long terme : l'absence de contrainte sur la transmission de la richesse dans le temps.

Cette contrainte peut être levée lorsqu'il existe des marchés monétaires ou financiers qui permettent aux acteurs de modifier leurs choix d'épargne. Les modèles de générations imbriquées qui ajoutent des agents à durée de vie finie aux cadres néoclassiques (ou néokeynésiens) existants introduisent ainsi la possibilité de stratégies d'épargne tout au long du cycle de vie[25].

L'approche postkeynésienne considère généralement que la transition peut être expansionniste en raison d'une augmentation des investissements en capital physique, de l'innovation et des dépenses de recherche et développement conduisant à une augmentation de la demande et à la génération de revenus. Les modèles postkeynésiens ouvrent ainsi la possibilité d'un impact des décisions d'investissement à court terme sur l'équilibre de long terme de l'économie. Ils supposent généralement que l'entreprise a une fonction de demande d'investissement autonome. Cette demande d'investissement est adressée à la banque commerciale, qui finance l'entreprise par des prêts bancaires, éventuellement avec un rationnement du crédit en fonction de sa propre compréhension de l'état de l'économie. Cette approche du processus de création monétaire, qui rejette explicitement l'idée d'un multiplicateur monétaire[26], est désormais largement acceptée[27]. Deux directions peuvent être distinguées : l'analyse de systèmes complexes à travers des données réelles ou des modèles à base d'agents[28] ; et le développement de modèles postkeynésiens déjà évoqués, intégrant une dimension financière[29]. Les deux approches commencent à converger, sous le nom de modèles AB-SFC (pour *agent-based* et *stock-flow consistent*).

Enfin, la macroéconomie écologique est un courant relativement nouveau de la littérature, visant à intégrer les idées de l'économie écologique à celles des différents courants de la macroéconomie hétérodoxe. Comme nous l'avons évoqué en première partie de ce livre, la macroéconomie écologique est une approche de la macroéconomie qui cherche à rendre compte explicitement du système économique en tant que sous-système des systèmes biophysiques de la planète. Elle décrit et analyse comment les systèmes de financement, de production et de distribution dépendent et dirigent la transformation à la fois des matériaux et de l'énergie[30]. Elle présente certainement un potentiel de convergence ou du moins de collaboration avec l'approche SFC-AB.

Les macroéconomistes écologistes ont formulé des propositions pour réguler le système financier tout en facilitant les investissements de long terme vers une économie bas-carbone[31]. Ils ont suggéré que plusieurs politiques monétaires vertes et réglementations prudentielles vertes pourraient être utilisées pour accélérer les investissements dans la transition[32]. Par exemple, établir des exigences de fonds propres différentielles pourrait récompenser les banques les plus exposées aux actifs verts et/ou pénaliser les banques les plus exposées aux combustibles fossiles[33]. Les banques centrales pourraient également mettre en œuvre des politiques de *forward guidance* par lesquelles elles influenceraient les attentes du marché envers les investissements verts, ou offrir des conditions de refinancement favorables aux banques commerciales qui ont investi dans des projets à faible émission de carbone[34].

LA TARIFICATION DU CARBONE DANS LA PRATIQUE

Le dernier rapport du GIEC d'avril 2023 relève quatre raisons pour lesquelles instaurer un prix du carbone ne suffit pas. La première, conforme au principe de précaution de Weitzman, est l'urgence. Les variations raisonnables des prix du carbone ne peuvent seules entraîner les changements structurels à l'échelle de temps requise. La deuxième est l'ampleur des changements structurels nécessaires, tels que la réorganisation de l'espace urbain, la recomposition des chaînes de valeur et la restructuration des transports. Ces changements structurels ne répondent que faiblement et lentement à des variations marginales de prix. Seules les dépenses d'investissements publics en infrastructures propres, conformes au principe rawlsien de priorité des biens premiers, peuvent réorienter les économies vers un monde à émissions nettes nulles. La troisième raison est que la pollution létale de l'air et de l'eau, engendrée par les combustibles fossiles, tue des dizaines de millions de personnes chaque année dans le monde. Enfin, la quatrième raison est que les technologies propres, incluant la capture du carbone, ont des rendements d'échelle élevés en production et en R&D. Comme démontré par le livre de Mariana Mazzucato, seule la complémentarité public-privé peut parvenir aux transformations conjointes des structures de la production et des modes de consommation, sous la conduite d'une planification stratégique à long terme[35]. L'importance de l'État entrepreneurial fait partie des principes de régulation inhérents à l'écologie politique et des politiques d'investissement structurantes de l'économie bas-carbone.

Il n'en demeure pas moins que la tarification du carbone demeure utile, ne serait-ce que pour fournir des ressources au secteur public, étant donné l'énorme effort d'investissement public qui est nécessaire. La Commission de haut niveau sur les prix du carbone, coprésidée par Stern et Stiglitz en 2017[36], dont le rapport a été publié par la Banque mondiale, s'est préoccupée de la combinaison entre les prix du carbone et d'autres politiques pour respecter l'accord de Paris sur le climat qui fixe un objectif politique de neutralité carbone au milieu du siècle.

On passe donc de l'approche coûts-bénéfices à la Nordhaus à une approche coûts-efficacité. Étant donné l'objectif fixé par la conférence des Nations unies et agréé par les pays participants, quelle valeur donner au carbone évité pour inciter les entreprises à engager des investissements d'atténuation des GES permettant de respecter les engagements de l'accord de Paris ? On saisit que le problème n'a rien à voir avec l'efficience des marchés qui est totalement disqualifiée par la nature du problème climatique. Il a tout à voir avec la viabilité des politiques à entreprendre pour rétablir la résilience des trajectoires socio-économiques face aux limites planétaires.

Les prix notionnels (*shadow prices*) ou instrumentaux, appelés valeurs sociales de réduction d'émission ou valeurs tutélaires du carbone évité (Alain Quinet) conformes à l'approche coûts-efficacité[37], sont des outils essentiels. Ces valeurs peuvent être différentes dans le temps, dans l'espace et selon les usages. Elles se distinguent radicalement de la sagesse conventionnelle néoclassique, selon laquelle le prix du carbone optimal est une valeur fondamentale, unique et mondiale. Car il faut prendre en compte tout à la fois la justice distributive, l'innovation et l'incertitude.

Concernant la taxe carbone et son influence sur les prix de marché, la question est celle de sa modulation pour qu'elle soit efficace. La taxe carbone sur un secteur donné affecte les émissions de GES selon trois canaux. D'abord, le secteur taxé subit un effet d'offre qui doit le conduire à utiliser des intrants moins émissifs, en même temps que la demande pour ce secteur baisse et réduit la production et les émissions de ses fournisseurs. Le coût de production de ce secteur augmente, entraînant un effet de demande vers des secteurs moins émissifs. Si, en outre, le produit de la taxe est utilisé pour réduire d'autres impôts payés par les consommateurs, ceux-ci vont dépenser plus dans tous les secteurs.

Ce modèle, qui prend en compte les relations intersectorielles, montre que des taxes ciblées sur les secteurs les plus intenses en carbone sont plus efficaces qu'une taxe carbone uniforme. L'impact à long terme de la tarification du carbone passe par les effets induits sur les choix technologiques et la formation du capital humain. C'est pourquoi la tarification du carbone dans les industries polluantes doit être couplée aux incitations à investir, stimulées par les valeurs notionnelles de l'atténuation des émissions qui, associées à une certification du rendement des projets d'investissement en termes de quantités d'équivalent carbone réduit, peuvent faire évoluer la structure sectorielle de la production. Car il peut être plus efficace d'encourager les investissements d'atténuation de GES que de décourager les émissions.

Pour étendre cette logique aux pays ayant le moins de ressources pour le faire, des garanties multilatérales d'un ensemble de pays du G20, relayées par un réseau de banques multilatérales de développement, peuvent étendre le domaine des incitations à investir pour transformer les structures de production[38]. Cela nous conduit à une vue plus large des réformes à accomplir et à la recherche d'une théorie plus pertinente pour les concevoir et les interpréter. Cette vue doit englober l'ensemble des défis environnementaux, donc la question hautement critique de la dégradation de la biodiversité et de la mise en péril des écosystèmes. La tendance récente concernant la tarification du carbone repose pourtant sur des mécanismes de protection plus que de solidarité, comme dans le cas de la taxe carbone aux frontières.

L'AJUSTEMENT CARBONE AUX FRONTIÈRES DE L'UNION EUROPÉENNE

La Commission européenne a publié, en juillet 2021, une proposition détaillée de règlement intitulée *Carbon Border Adjustment Mechanism* ou CBAM[39]. Selon le scénario d'évaluation d'impact retenu, les entreprises qui importent des biens non européens doivent restituer des quotas de carbone correspondant à l'empreinte carbone des produits importés. La valeur des quotas à restituer dépend en pratique de trois paramètres : le prix du carbone dans le système européen d'échange de quotas, les politiques de contrôle des émissions de GES dans les pays d'origine des marchandises et la teneur en carbone des produits importés.

En raison du manque de données détaillées et fiables pour les pays non membres de l'UE, la teneur en carbone par défaut des produits importés est calculée sur la base des références sectorielles des 10 % de producteurs européens les moins efficaces pour des produits équivalents. Les importateurs ont toutefois la possibilité de prouver qu'ils ont une meilleure efficacité en matière d'émissions de carbone. Néanmoins, tout en facilitant la mise en œuvre concrète du mécanisme, cela peut menacer sa capacité à taxer efficacement les importations en fonction de leur empreinte carbone. Les producteurs les moins efficaces (ceux qui se situent loin de ce seuil de 10 % d'Européens les plus pauvres) ne seront pas incités à investir dans des technologies plus efficaces en termes d'émissions de carbone.

Les pays exportateurs peuvent en outre se prévaloir de politiques climatiques existantes conduisant à un prix du carbone équivalent et réduisant ainsi le coût d'ajustement pour l'importateur. Si les pays d'origine appliquent également un prix du carbone aux mêmes secteurs, le calcul de l'ajustement exact est trivial. Il est toutefois difficile d'évaluer la manière dont cette correspondance se traduira par une réduction du coût de l'ajustement.

L'impact du CBAM va toutefois au-delà de l'impact sur les pays de l'UE. Les ajustements à l'importation sur le contenu en carbone incorporé appliqués par les pays industrialisés sont susceptibles de déplacer une partie de la charge de la tarification des émissions vers les pays en développement ou émergents[40]. Eicke *et al.* proposent ainsi une première analyse de l'impact du CBAM sur les pays du « Sud global » en considérant deux scénarios différents (un CBAM portant uniquement sur les secteurs à forte intensité d'émissions et un autre ciblant l'ensemble de l'économie)[41]. Complétant une importante littérature d'études de cas sur les impacts potentiels du CBAM, en particulier sur la Chine[42], les auteurs développent un cadre socio-économique et institutionnel pour évaluer les impacts du CBAM. Ils constatent que la nature potentiellement régressive du CBAM exige une attention particulière à la conception institutionnelle, surtout si l'objectif est de renforcer les ambitions climatiques mondiales, en même temps que la propre stratégie de décarbonation de l'UE. La liste actuelle du CBAM de l'UE comporte cinq produits : l'aluminium, le ciment, l'électricité, les engrais, et le fer et l'acier.

L'introduction du CBAM a un impact sur les pays proportionnellement à leurs exportations vers l'UE. En termes absolus, les économies les plus touchées sont la Turquie, l'Ukraine, la Chine et la Russie[43]. La Russie exporte environ 10 milliards de dollars de produits CBAM, répartis de manière relativement égale entre le fer et l'acier, l'aluminium, les engrais et l'électricité. La Chine, l'Ukraine et la Turquie exportent chacune pour plus de 2,5 milliards de dollars de produits CBAM vers l'Europe, concentrés sur les deux mêmes produits. En particulier, le fer et l'acier sont les produits les plus touchés en Turquie, ainsi qu'aux États-Unis, dans d'autres pays BRICS (Brésil, Russie, Inde et Afrique du Sud), en Corée du Sud et en Ukraine.

Même si l'impact total est important dans l'absolu, du point de vue du partenaire, l'impact sur l'économie dépendra de son importance relative (par exemple, en tant que part des exportations totales). Les pays les plus impactés en termes de volume ne sont pas les mêmes en termes de part des exportations, à l'exception de l'Ukraine et de la Russie. Le Mozambique est l'économie la plus touchée, car près de 20 % de ses exportations sont des exportations d'aluminium vers les pays de l'UE. La Serbie, la Bosnie-Herzégovine, le Monténégro, la Macédoine du Nord et le Bahreïn sont également des pays très touchés (plus de 5 % des exportations serbes et bosniaques sont des produits CBAM vers l'UE, et ils représentent plus de 3 % au Monténégro, en Macédoine du Nord et au Bahreïn). Toutefois, à la différence du Mozambique, dans certains de ces pays, l'impact n'est pas dû à l'absence d'un système d'échange de quotas d'émission de gaz à effet de serre. L'analyse de l'impact du CBAM doit toutefois tenir compte de l'intensité des émissions, car la redevance carbone des pays dépendra des émissions de GES par produit et de l'intensité en CO_2 propre à chaque pays.

Pour tous les produits, à l'exception des engrais, l'intensité en carbone tend à être plus élevée dans les pays non membres de l'UE que dans les pays de l'UE. Dans le cas du fer et de l'acier, l'intensité carbonique des pays de l'UE et des pays tiers est très similaire, les deux courbes coïncidant presque. Dans ce cas, l'intensité carbonique est relativement faible, et la plupart des pays se situent en dessous des 10 % d'intensité d'émission les plus faibles de l'UE, qui sont de 1,21 kilo par dollar. Dans le cas de l'aluminium, l'intensité est beaucoup plus faible pour les pays de l'UE. La limite des 10 % les plus défavorables est de 0,59 kilo par dollar, mais la plupart des autres pays présentent une intensité d'émission beaucoup plus élevée. Le ciment et l'électricité sont les produits CBAM les plus intensifs en carbone. En outre, la différence entre les pays de l'UE et les pays tiers est très importante. Étant donné que très peu de pays en dehors de l'Europe présentent une faible intensité de carbone dans les produits considérés, on peut s'attendre à ce que la plupart des pays soient touchés par l'adoption du CBAM par l'UE.

En l'état, ce mécanisme d'ajustement carbone, qui vise à réduire les incitations des entreprises à externaliser leurs émissions de carbone et à promouvoir une transition plus généralisée vers une économie à faibles émissions de carbone, pourrait avoir un impact disproportionné sur certaines économies non européennes. Étant donné que de nombreuses économies potentiellement touchées ont une faible capacité à adapter leur structure de production à des industries moins émettrices ou à adopter des technologies de pointe à faibles émissions, les mesures de stimulation par les prix, telles que le mécanisme d'ajustement carbone, pourraient s'avérer moins efficaces pour promouvoir la réduction des émissions.

Les problèmes d'équité pourraient être résolus en restituant aux exportateurs les recettes provenant des ajustements des importations de carbone, dans le but de les réinvestir dans la décarbonation, ou en les utilisant pour le transfert de technologies et le financement international de la lutte contre le changement climatique. Il est également possible d'aborder la question de l'équité en exemptant certaines ou toutes les régions en développement, même si cette dernière solution pourrait, dans certaines circonstances, saper la légitimité du CBAM en créant de nouvelles formes de « paradis du carbone[44] ». Ces mesures sont toutefois conformes au principe de la responsabilité commune mais différenciée, qui veut que les pays développés investissent dans le développement et la diffusion des technologies nécessaires à la transformation des industries à forte intensité énergétique et en assument la responsabilité principale[45].

Cette nature potentiellement régressive du CBAM nécessite une attention particulière à la conception institutionnelle, surtout si l'objectif est de renforcer les ambitions climatiques mondiales en même temps que la propre stratégie de décarbonation de l'UE. En d'autres termes, la mise en place d'un CBAM favorable au développement, comme le souligne la CNUCED[46], est la clé du succès de cette partie emblématique du paquet « Fit for 55 ». L'efficacité de cette mesure s'accompagne d'un ensemble plus large de politiques de développement pour accompagner les pays les plus exposés vers leur propre stratégie de neutralité carbone.

Enfin, la guerre de la Russie en Ukraine pourrait avoir un impact sur la stabilité du CBAM en tant que nouvelle ressource pour le budget de l'UE, et ce pour au moins quatre raisons. Premièrement, la Russie est un partenaire commercial majeur de l'UE pour les biens à forte intensité de carbone. Les émissions de GES incorporées dans la demande finale de l'UE en provenance de Russie représentent environ 14 % de l'ensemble des émissions de GES importées par l'UE. Ensuite, l'Ukraine occupe la cinquième place en termes de part des importations européennes de produits couverts par le CBAM (5,5 %). L'Ukraine de l'après-guerre, qui a besoin de réparations, pourrait ne pas commercer avec l'UE au même niveau qu'auparavant. Troisièmement, les tensions accrues avec la Chine en raison de son soutien à la Russie dans le conflit pourraient entraîner une perturbation similaire de sa contribution au système CBAM. Quatrièmement, une augmentation persistante des prix du gaz pourrait entraîner une augmentation du prix du carbone dans l'UE. Bien que l'augmentation des prix du carbone puisse signifier une augmentation des recettes du CBAM au fil du temps, cela n'est pas garanti. Toute perte de revenus provenant des importations russes, ukrainiennes ou chinoises ferait peser une charge plus lourde sur les exportateurs d'autres pays si l'UE voulait obtenir le même niveau de revenus. Cela pourrait également modifier la manière dont ces pays commercent avec l'UE et le montant des recettes que l'UE peut s'attendre à percevoir.

Compte tenu de l'incertitude entourant la guerre en Ukraine, les futures relations commerciales avec la Russie, l'Ukraine et la Chine, et la structure globale des recettes du CBAM, il est difficile de calculer le montant exact des recettes potentielles du CBAM qui seront affectées, mais on peut affirmer sans risque de se tromper que des perturbations commerciales entre la Russie et l'UE auraient un impact négatif sur le budget de l'UE. En outre, les tensions géopolitiques pourraient encourager les pays non membres de l'UE à jouer le jeu des représailles commerciales. Lim *et al.* apportent de nouvelles données empiriques sur les effets potentiels des représailles exercées par d'autres économies, en élaborant un large éventail de scénarios conduisant généralement à des résultats préjudiciables pour le CBAM[47]. D'un point de vue juridique, même si les taxes à l'importation du CBAM sont compatibles avec les règles de l'OMC[48], elles pourraient ne pas suffire à amener de nombreux pays à forte intensité de pollution à adhérer à une coalition pour la tarification du carbone[49]. La Chine et d'autres grands pays non membres de l'OCDE, tels que l'Inde, l'Indonésie et la Thaïlande, partagent actuellement le point de vue selon lequel le CBAM est une mesure politique protectionniste et discriminatoire.

Finance : l'alignement introuvable avec l'accord de Paris

LES ENJEUX DE LA RÉSILIENCE ÉCONOMIQUE ET FINANCIÈRE

L'alignement de la finance avec les objectifs environnementaux globaux est sans doute la troisième aporie de cette fin de Capitalocène IV. Sous l'égide de la Banque des règlements internationaux (BRI), un groupe d'experts, comprenant des membres de la Banque de France et d'autres économistes, a élaboré un ouvrage d'une grande portée[50], qui s'inscrit sous le paradigme de la viabilité. Il traite des risques globaux d'origine climatique, c'est-à-dire des risques qui se produisent en incertitude radicale et qui ne peuvent donc pas être évalués quantitativement selon la théorie de l'efficience financière par incapacité des marchés financiers à découvrir les prix d'équilibre. Affronter ce type de risque requiert une démarche largement qualitative et une coopération des autorités publiques et des acteurs financiers pour une action collective coordonnée.

Le cygne vert est mis en perspective avec le cygne noir (*black swan*) de Nassim Nicholas Taleb, qui est une étude du risque systémique, caractéristique de l'incertitude radicale, c'est-à-dire en dehors des risques évaluables selon les critères de l'efficience financière[51]. Le cygne noir et le cygne vert ont en commun de ne pas être maîtrisables par la coordination implicite des agents individuels dans les marchés financiers. En effet, cette coordination, qui prétend établir la « valeur fondamentale » des actifs, postule que les événements passés sont une bonne approximation pour anticiper l'avenir. Le cygne noir et le cygne vert procèdent tous les deux de dynamiques non linéaires avec des points de bifurcation inconnus, découlant d'interactions réciproques, provenant de multiples forces destructives qui se renforcent mutuellement. Les effets de ces dynamiques divergentes se répercutent dans de vastes ensembles de secteurs et de pays. C'est pourquoi ces risques, qui ne peuvent être ni pleinement analysés par les acteurs de marché, ni évalués quantitativement, requièrent une coordination entre les autorités publiques et les acteurs financiers dans une recherche de résilience. Encore faut-il bien comprendre ce que le cygne noir et le cygne vert ont en commun et en quoi ils sont différents.

Ce qu'ils ont en commun, ce sont les caractéristiques de l'incertitude radicale dont ils procèdent. Ils sont non anticipés parce qu'ils expriment des externalités multiformes telles qu'il est impossible de supposer que le passé soit une bonne approximation de l'avenir. Ils se meuvent selon des dynamiques non linéaires avec des points de bifurcation qui ont des effets de cascade sur de nombreux secteurs et pays. Ils ont une grande portée et une forte intensité. Ils peuvent donc entraîner des effets récessifs et créer du sous-emploi dans les économies réelles et de l'instabilité financière par chute de la valeur de nombreuses classes d'actifs financiers dans le monde. Aucun marché financier ne peut évaluer l'occurrence de ce type de risques, et aucun marché d'assurance ne peut les couvrir. C'est bien pourquoi un prêteur en dernier ressort international est indispensable.

Toutefois, le cygne noir et le cygne vert se distinguent par d'importantes différences. Les risques induits par le changement climatique, la perte de la biodiversité et les zoonoses qu'elle provoque, sont certains de se produire, tout en étant hors du domaine des événements qu'il est possible d'anticiper. Les événements des cygnes noirs se manifestent par des crises de liquidité propagées par le mimétisme. Ils appellent l'action publique du prêteur en dernier ressort pour les maîtriser et rétablir la stabilité financière. Au contraire, les événements des cygnes verts ont des effets irréversibles sur le bien-être des générations futures, à cause de l'irréversibilité des processus qui les engendrent. La dégradation des écosystèmes suscite une menace directe et irréversible sur les vies humaines. Les affronter requiert une rupture épistémique dans leur approche méthodologique, fournie par la théorie de la viabilité. Cette approche implique des politiques publiques visant à modérer le changement climatique et des politiques d'adaptation collective des comportements individuels pour le bien commun avec une coordination mondiale.

L'élaboration de telles politiques de prévention se traduit par des scénarios qualitatifs supportant des tests de stress. Ceux-ci ont pour rôle d'aider à concevoir des politiques publiques destinées à entraîner les acteurs privés à prendre des mesures de prévention en changeant leurs comportements. L'instauration d'un double prix du carbone fait partie des stratégies possibles des pouvoirs publics, mais elle est loin d'être suffisante. L'investissement public dans la production des biens communs pour leur élargissement à l'ensemble de la population, dits biens premiers, est la condition de l'acceptation sociale d'une écologie politique. Les risques liés au climat, aux pandémies et à la destruction des écosystèmes ont des effets négatifs sur la répartition des richesses à l'intérieur des nations et entre elles. Comme l'a déclaré l'économiste Nicholas Stern, « le changement climatique est la plus grande défaillance de marché de tous les temps ».

Il s'ensuit qu'une coordination beaucoup plus ambitieuse est nécessaire pour provoquer les changements de méthodes et de comportements, guidée par une approche de scénarios à caractère holistique. En effet, les analyses actuelles restent trop limitées pour entraîner la rupture épistémologique indispensable dans les stratégies de modélisation. Il faut provoquer des changements de comportement dans les modes de consommation et les processus de production par des politiques publiques transformant les chaînes de valeur, les transports, la logistique et les communications. Une planification stratégique tournée vers la prise en compte du temps long est donc indispensable, comme nous le détaillerons dans les chapitres 11 et 12.

Concernant la pandémie de Covid-19 en tant que cygne vert, il s'agit d'une externalité globale qui déclenche des interactions non linéaires multiples, provoquant de sévères vulnérabilités dans l'offre et la demande économiques. L'interpréter comme un cygne vert conduit à la nécessité d'une redondance d'outils économiques et sanitaires pour absorber de tels chocs systémiques. Gérer plus de dette publique parce qu'il y a une demande plus forte de biens publics et une demande sociale pour l'équité des services à rendre requiert à la fois des scénarios sur la croissance future et une analyse détaillée des priorités nationales dans les secteurs, les territoires et les catégories sociales.

EN QUOI LE CHANGEMENT CLIMATIQUE EST-IL UNE MENACE POUR LA STABILITÉ ÉCONOMIQUE ET FINANCIÈRE ?

Le cygne vert rassemble les avertissements des scientifiques sur les bouleversements provoqués par les tendances actuelles. Fondamentalement, la nouvelle épistémologie du risque sous incertitude radicale n'est pas une question de mesure, si ce n'est comme illustration. L'enjeu des scénarios prospectifs est d'aider à redéfinir les politiques macroéconomiques pour respecter les contraintes de viabilité et de convaincre les firmes et les ménages de changer leurs comportements, de manière à renforcer la résilience du système financier. Leur élaboration requiert des approches transdisciplinaires, allant bien au-delà des modèles économiques du climat.

Les scénarios de référence doivent être évolutifs, au fur et à mesure que les connaissances environnementales s'approfondissent. Élaborés par les banques centrales dans la perspective de la résilience financière, d'abord pour conduire les tests de stress climatique en identifiant les sources majeures d'incertitude propres à chaque scénario, ils doivent pouvoir être flexibles. Les utilisateurs doivent pouvoir modifier les hypothèses et les paramètres de manière appropriée à leur contexte.

Bâtir la résilience financière requiert une collaboration institutionnelle étroite entre les institutions publiques responsables de la politique budgétaire, de la politique monétaire et de la politique prudentielle, donc une doctrine à l'opposé de celle du néolibéralisme. Ainsi, la conception de la « neutralité du marché[52] » dans les stratégies de gestion d'actifs n'est rien d'autre qu'un biais en faveur des actifs intensifs en carbone, aggravé par les subventions implicites ou explicites aux énergies fossiles.

Le « Green New Deal », étendu au niveau global, peut être à la fois le nouvel objectif de cohérence des politiques économiques et un symbole de mobilisation des jeunes générations dans le monde entier pour faire advenir de nouvelles élites politiques à la hauteur de la tâche. Cette mutation radicale de la régulation du capitalisme, ou peut-être l'avènement du postcapitalisme, implique des principes de régulation socio-économiques qu'il nous faut identifier ici, au niveau tant national qu'international, pour qu'une écologie politique s'impose comme le nouveau mode d'appartenance sociale. L'élaboration et la mise en œuvre concrète des politiques économiques, dont la finance est le fer de lance, surtout la transformation du système monétaire international (SMI) faisant du FMI le prêteur international en dernier ressort, seront analysées plus spécifiquement au chapitre 11.

METTRE LA FINANCE EN ORDRE DE MARCHE POUR AFFRONTER ET MAÎTRISER LE CHANGEMENT CLIMATIQUE ET LA DÉGRADATION DE LA BIODIVERSITÉ

L'urgence climatique et environnementale requiert un nouvel ordre financier. Il s'agit de mettre les systèmes financiers en ordre de marche pour transformer les structures de production, faire évoluer les modes de consommation et régénérer les territoires. Nous avons montré au chapitre 4 que la résilience des systèmes financiers, face au double défi du changement climatique et de la dégradation de la biodiversité, interagissant dans la pandémie mondiale, doit s'inscrire dans l'approche de la viabilité.

Les risques d'origine climatique sont un nouveau type de risque systémique. À la différence d'une crise financière pure, une crise climatique ne peut compter sur un sauvetage après coup. Les impacts seront irréversibles et se feront sentir sur de très longues périodes, même si la neutralité carbone est finalement recouvrée ; d'où l'attitude nécessaire du catastrophisme éclairé. L'irréversibilité des processus écologiques interdit d'en éliminer les effets lorsque la catastrophe s'est produite. On ne peut qu'agir *a priori* pour éviter, ou au minimum amortir, les catastrophes en rationalisant un principe de précaution.

Les banques centrales sont en première ligne, parce que le changement climatique est un risque systémique d'un type nouveau qui menace la stabilité financière. C'est pourquoi les politiques macro- et microprudentielles doivent réformer la gouvernance du système financier à partir des meilleures évaluations possibles des risques climatiques dans les actifs financiers, en utilisant une large panoplie d'instruments : les réserves bancaires, les exigences de capital et de liquidité, les ratios *loan-to-value*, les limites à la croissance du crédit, les modulations sectorielles des supports en capital en fonction de l'intensité du risque climatique.

La transition climatique requiert des investissements massifs et poursuivis sur plusieurs décennies dans de nouvelles classes d'actifs bas-carbone pour compenser les pertes sur les actifs carbonés. Or l'incertitude règne dans les scénarios sur la trajectoire de croissance, sur les liens entre la croissance et les biens intensifs en énergie, sur l'impact des technologies à basse intensité de carbone sur le coût du capital relativement aux techniques de production existantes et finalement sur l'interaction de tous ces facteurs sur les trajectoires d'abattement de carbone.

Quelle doit être la trajectoire de décarbonation, forcément hétérogène selon la situation des pays ? Pour s'engager dans les investissements bas-carbone, les entreprises ont besoin de rendements plus élevés que dans les activités ordinaires. Mais la hausse des coûts de l'énergie qui en résulte a des effets défavorables sur le pouvoir d'achat des classes sociales à bas revenus et donc sur les inégalités. C'est pourquoi il est important de différencier le prix du carbone incorporé dans les échanges marchands et la valeur du carbone évité dans l'incitation à investir. Concernant le prix du carbone dans les transactions marchandes, les ressources fiscales de la taxe carbone ou du système équivalent de permis d'émission doivent être en partie redistribuées aux couches sociales défavorisées. Or ces coûts sont plus élevés dans les pays en développement à plus bas revenus, dans les pays exportateurs de sources d'énergie fossile et dans les pays dont les structures productives ont une part plus grande d'industries intensives en énergie.

La finance peut agir sur ces contraintes à la transformation de l'offre productive. Il est possible de corriger l'évaluation biaisée des actifs, due à la non-reconnaissance des risques financiers d'origine climatique, par des taux d'intérêt plus élevés sur les crédits aux investissements intensifs en carbone et des taux d'intérêt subventionnés pour les investissements bas-carbone. Mais on a besoin de certaines industries intensives en énergie dans les secteurs intermédiaires pour construire ou renforcer des infrastructures résilientes au changement climatique. C'est pourquoi le guidage du crédit doit ainsi être étroitement coordonné avec les politiques budgétaires et avec les objectifs de développement. C'est tout l'enjeu d'une planification stratégique.

Quels instruments financiers permettraient d'accroître la demande pour les investissements bas-carbone et une offre de projets bas-carbone ? L'idée souvent avancée d'une finance mixte (*blended finance*) transfère une partie des risques des projets d'investissements privés aux acteurs publics. Cependant, plus la contrainte des budgets publics est serrée, moins la persistance dans le temps de cette combinaison est crédible. Le levier financier est alors insuffisant pour inciter les entreprises du secteur privé dans les pays à bas revenus à investir.

Le rapport du GIEC de 2022[53] suggère quatre types d'actions complémentaires pour surmonter ces obstacles. Le premier est une approche intégrée des politiques concernant le climat, les objectifs onusiens du développement durable et la relance économique postcrise pandémique pour minimiser les investissements requis et accroître leurs bénéfices. Le deuxième est d'alléger les dettes des pays en développement par une annulation partielle de dette, la conversion du reste en monnaies nationales et une émission spéciale de droits de tirage spéciaux (DTS). Ce dispositif doit être mis en place en complément de l'engagement des pays avancés pour financer le Fonds Vert à hauteur de 100 milliards par an. Le troisième est d'augmenter le levier de la finance mixte par des fonds de garanties multipays qui, à la fois, réduisent les coûts pour les budgets publics des pays donneurs et augmentent les leviers financiers à moindre risque pour les pays bénéficiaires. Le quatrième est de développer l'accès des pays en développement aux obligations vertes à long terme dans des conditions abordables pour eux. Ces quatre types d'actions peuvent aider à sortir les pays en développement du désastre économique créé par la crise pandémique, tout en engageant les politiques climatiques à long terme, sans oublier la conservation et la restauration de la biodiversité.

Une triple responsabilité engage les décideurs financiers, les régulateurs et les gouvernements. En premier lieu, maintenir la capacité du système financier à soutenir l'activité économique, encourager l'entrepreneuriat et sécuriser les actifs financiers à long terme. En deuxième lieu, canaliser l'épargne privée vers des options bas-carbone soutenables. En troisième lieu, créer un environnement d'affaires dans lequel les politiques climatiques réduisent aussi les dysfonctionnements de l'économie mondiale.

Or la crise du Covid-19 a aggravé la situation des pays en développement à faible niveau de vaccination et a accru le fardeau de leur dette en réduisant fortement les recettes du tourisme. Combiner le rétablissement économique et les investissements climatiques sans aggraver le fardeau de la dette requiert de sécuriser des investissements à long terme en dépit de l'augmentation des coûts du capital.

Ces politiques d'intégration sont décisives pour combler l'insuffisance mondiale d'investissements bas-carbone en redirigeant le capital privé vers les infrastructures de régénération environnementale à l'échelle nécessaire pour atteindre la neutralité carbone. Combler l'insuffisance d'infrastructures environnementales est la voie pour une trajectoire de développement durable à l'échelle planétaire grâce à l'effet de rétroaction de ces investissements sur la mobilisation de l'épargne.

LA RESPONSABILITÉ DES BANQUES CENTRALES DANS LE FINANCEMENT DE LA TRANSITION CLIMATIQUE

Pour institutionnaliser le guidage de la finance dans la prise en compte des risques financiers d'origine climatique, un groupe de banques centrales et de régulateurs financiers, à l'exception de la Réserve fédérale des États-Unis jusqu'à son retour en 2021, a créé le Network for Greening the Financial System (NGFS) en 2017. Dans son premier rapport de 2018, le NGFS a émis six recommandations. La première est d'intégrer les risques financiers liés au climat dans la supervision prudentielle. La deuxième consiste à intégrer les risques d'origine climatique dans le cadre des politiques monétaires, donc explicitement dans le mandat des banques centrales. La troisième est d'enrichir et de partager les données. La quatrième est de collaborer avec de larges catégories d'acteurs financiers pour offrir une assistance technique dans l'analyse et la transposition des facteurs environnementaux dans la structure des portefeuilles d'actifs. La cinquième recommandation est relative à la divulgation des impacts climatiques et environnementaux selon des règles communes internationalement définies. Cette recommandation est mise en œuvre avec la Task Force on Climate-related Financial Disclosure (TCFD). Enfin, la sixième recommandation est de soutenir le développement d'une taxonomie des activités économiques pour une meilleure compréhension des disparités entre différents types d'actifs en vue d'une mobilisation de l'épargne vers les investissements bas-carbone. Les recommandations un à quatre concernent les principes. Les recommandations cinq et six, les procédures pour les mettre en application.

La divulgation augmente avec la taille des entreprises, couvre le plus de recommandations pour les banques, mais est la plus détaillée en gestion du risque pour les compagnies d'assurances. Les applications manquent encore de granularité en termes de secteurs et de localisation des expositions au risque climatique. Les principales insuffisances sont le manque d'éléments concernant la résilience des stratégies, de la gestion du risque et des cibles quantifiées. Notamment l'analyse de scénarios est largement non comprise et pratiquement absente. Lorsque des tests de résistance (*stress tests*) sont effectués, l'horizon ne dépasse pas cinq ans. Tout cela n'a rien à voir avec un principe de précaution étendu sur le temps long.

Les deux principaux enseignements du *reporting* sont la nécessité immédiate de passer du volontariat à l'obligation dans la participation et de normaliser les rapports pour la comparabilité internationale d'une part ; d'établir une pédagogie de l'élaboration des scénarios sur un horizon 2030-2050 et de construire les scénarios d'entreprises à partir de scénarios macroéconomiques élaborés par les banques centrales, les régulateurs financiers et les institutions internationales d'autre part.

La TCFD est plus précise dans ses préconisations. Elle distingue les risques directs et les risques indirects des dégradations environnementales. Elle recommande de partir de la taxonomie des risques directement observables, puis de dresser qualitativement l'influence indirecte des risques non quantifiables, due aux interdépendances des indicateurs dans les boucles de rétroaction. L'idée est de coter ces risques indirects (nul/faible/modéré/fort) pour aboutir à une matrice d'impacts permettant de faire apparaître les indicateurs les plus sensibles dans la propagation des risques physiques et de transition. À titre d'exemple, l'usage des sols en général et la superficie des forêts tropicales et boréales en particulier apparaissent comme un de ces indicateurs critiques.

Cette scénarisation revient ainsi à une tentative de planification du retour des économies dans les limites planétaires. Ce choix social doit ensuite pouvoir se décentraliser au niveau des pays, puis à celui des ménages et entreprises. Les scénarios macroéconomiques permettent d'appréhender les vulnérabilités au niveau des firmes et des secteurs. La TCFD recommande de structurer la gouvernance des entreprises autour de quatre thèmes : la gouvernance participative, la stratégie, la gestion du risque, la mise en œuvre des métriques pour atteindre les cibles.

BIODIVERSITÉ ET STABILITÉ FINANCIÈRE[54]

Les banques centrales et les régulateurs financiers ont, récemment, également reconnu que la dégradation de la biodiversité est une menace qui concerne le cœur de leur mandat, c'est-à-dire la stabilité financière et monétaire[55]. La perte de la biodiversité pose des risques majeurs aux systèmes financiers, puisque l'économie et la finance globales sont imbriquées dans la biosphère. Les portefeuilles d'actifs des banques centrales doivent-ils tenir compte d'objectifs de conservation de la biodiversité ? Comment les institutions financières sont-elles exposées aux risques financiers liés à la biodiversité et comment contribuent-elles à nourrir ces risques ? Que doivent faire les banques centrales pour rendre les systèmes financiers plus résilients ?

Une approche intégrée du changement climatique et des dégradations de la biodiversité est requise pour comprendre les dynamiques interactives qui conduisent à des points de basculement (*tipping points*), entraînant des paralysies dans les services des écosystèmes par changements de régime, donc ruptures de leur viabilité. Comme pour le changement climatique, la dépendance de la finance à la biodiversité peut être étudiée selon la double référence aux risques physiques et aux risques de transition, comme cela a été analysé plus haut. Les risques physiques sont dus à la disparition des pollinisateurs, aux ruptures dans le cycle de l'eau provoquées par la déforestation et à la prolifération des parasites. Les risques de transition peuvent être identifiés en rassemblant de nombreuses études de cas dans différents territoires. À partir de ces études (voir notamment l'encadré 9.1), distribuées dans l'espace et dans le temps, le risque systémique peut être identifié dans les boucles de rétroaction, les externalités et les points de basculement. Une analyse macroéconomique est nécessaire pour appréhender les risques de propagation et de contagion.

Quel peut être le rôle des banques centrales et des superviseurs financiers dans cet environnement dégradé ? Des études et du rassemblement d'informations évoquées ci-dessus, on peut dégager des indicateurs significatifs dont ces autorités exigent la mesure et la divulgation des entités qu'elles supervisent. La politique macroprudentielle essaiera de définir des instruments à partir de ces indicateurs pour inciter les institutions financières à infléchir les comportements des entreprises comme pour les risques climatiques. Les banques centrales peuvent donner l'exemple en incorporant les critères de conservation de la biodiversité dans leurs portefeuilles d'actifs.

QUELS ACTEURS FINANCIERS POUR LE LONG TERME ?

Les projets d'investissements révèlent les choix fondamentaux des sociétés, donc les responsabilités de la finance. Or on a observé à quel point le modèle Wall Street des marchés financiers tournés exclusivement vers la valeur actionnariale et les règles comptables qui sont appliquées pour évaluer les opportunités d'engagement de capital est inadéquat vis-à-vis des engagements environnementaux et sociaux. Le comble est que les banques centrales elles-mêmes, dans les actifs qu'elles détiennent à leurs bilans, sont lourdement chargées en actifs polluants sous prétexte de neutralité de marché ! Respecter cette pseudo-neutralité, c'est sciemment valider la production de carbone et y participer activement.

Un investisseur responsable est un intermédiaire financier qui collecte des montants élevés d'épargne et qui développe des stratégies d'allocation de cette épargne en reconnaissant les interdépendances entre les évaluations financières et non financières qui participent d'une conception élargie de la richesse des nations. Il ne peut en être ainsi que si les tendances lourdes qui dégradent la vie des sociétés, telles que changement climatique, rareté des ressources (eau, énergie, terre arable, forêts), inégalités gigantesques, sous-emploi chronique, éducation discriminante, sont intégrées à la régulation financière sous une forme ou sous une autre.

La recherche de stratégies visant à incorporer les enjeux de soutenabilité pose un problème majeur aux investisseurs financiers, car ces stratégies mettent radicalement en question la méthode de gestion passive pour diversifier les portefeuilles en suivant les *benchmarks* de marché, c'est-à-dire en postulant que le portefeuille optimal est le portefeuille de marché. Selon le fondamentalisme du marché, les managers de ces institutions financières devraient se contenter d'une gestion passive qui alloue les actifs conformément aux proportions du marché. Il s'agit donc d'une autoréférence fomentée par le mimétisme : le marché détermine les prix qui valident l'allocation résultant de choix d'investissements qui suivent le marché.

Cela conduit aux pratiques de gestion suivantes : *benchmarking* selon des indices de marché, recherche de profit à court terme par arbitrage, mesure du rendement ajusté du risque, où le risque se limite à la volatilité du marché. La justification de cette méthode est l'efficience financière selon laquelle les actifs financiers ont des valeurs fondamentales connues de tous. S'il en était ainsi, toutes les perturbations qui affectent les prix des actifs pourraient être traitées comme des chocs temporaires, déclenchant des ajustements qui ramèneraient les prix des actifs vers leurs valeurs fondamentales. Appliquer ces préceptes à la maîtrise des risques financiers d'origine climatique et ceux qui sont engendrés par la détérioration de la biodiversité est purement et simplement grotesque. Ces phénomènes ne peuvent pas être anticipés par les acteurs privés qui postulent que le passé fournit une bonne approximation du futur. Or les risques financiers d'origine environnementale procèdent de dynamiques non linéaires, présentant des points de bifurcation (*tipping points*) résultant de l'interaction de multiples forces destructrices qui se renforcent mutuellement. Ils ont une grande amplitude et une intensité extrême en se propageant à travers les secteurs économiques et les pays. Le cygne vert est spécifique dans le sens où les risques climatiques vont se produire avec certitude à travers les vulnérabilités des cycles biogéochimiques, franchissant les limites planétaires et donc sortant des noyaux de viabilité. Mais quand ? Sous quelle forme ? La crise pandémique que nous avons subie est une expérience de cette surprise.

Par l'irréversibilité de leurs conséquences sur les écosystèmes, les effets du cygne vert sont un défi existentiel pour les générations futures. C'est pourquoi l'approche des risques financiers d'origine climatique ne peut que conduire à un principe de précaution généralisé pour affronter l'incertitude radicale en transformant la finance[56]. L'échec de coordination en présence d'externalités globales, multiples et interactives rend l'action collective essentielle. Mais celle-ci est toujours plus remise en cause par l'émergence d'un régime de crises multiples aggravées, tandis qu'elle est étouffée par l'inconséquence temporelle exprimée par la tragédie des horizons. Après avoir ainsi détaillé les trois grandes apories de la gouvernance des biens communs globaux dans le régime du Capitalocène IV, nous nous tournons maintenant vers ses crises multiples.

CHAPITRE 10

Un régime émergent de crises multiples aggravées

Le piège de la mi-transition[1] ?

L'économie mondiale pourrait être exposée dans la période à venir à une forte instabilité en raison de l'émergence parallèle de technologies à faible teneur en carbone et de la persistance d'infrastructures à base de combustibles fossiles. Ces tendances parallèles et contradictoires ouvrent une période de mi-transition potentiellement longue, au cours de laquelle le système énergétique à base de combustibles fossiles coexistera avec le système énergétique à faible teneur en carbone émergent, tout en subissant de plus en plus les conséquences de l'augmentation des dommages climatiques. Nous empruntons le terme « mi-transition » à Grubert et Hastings-Simon[2]. Comme le notent ces auteurs, chaque système énergétique, l'ancien et l'émergent, impose des contraintes opérationnelles à l'autre. Cette coexistence signifie que le système énergétique émergent à faible teneur en carbone sera confronté aux contraintes du système fossile. Cette période de mi-transition nécessitera donc une prise de décision dans des conditions incertaines.

Pour atteindre les objectifs de température moyenne mondiale, les investissements dans les énergies à faible teneur en carbone sont largement insuffisants actuellement, certaines estimations chiffrant le déficit en énergies propres à près de 3 000 milliards de dollars par an[3], parallèlement à un excédent ou à un déficit d'investissement potentiel dans les systèmes fossiles, reflétant l'incertitude croissante du marché et le manque de coordination des anticipations. Au cours de cette période, comme le montre la figure 10.1, différentes sources d'instabilité et d'incertitude sont susceptibles de se matérialiser, avec des effets opposés sur la transition.

La première tendance clé est que le changement technologique à faible teneur en carbone est en cours et qu'il affecte les marchés des énergies fossiles conventionnelles. Les données technologiques montrent que la décarbonation est bien engagée dans plusieurs secteurs et pays clés (électricité, transports dans l'UE et en Chine), mais qu'elle n'en est qu'à ses débuts dans d'autres (industrie, chauffage)[4]. Les systèmes et structures économiques établis, à forte intensité de carbone, peuvent être perturbés par les changements technologiques

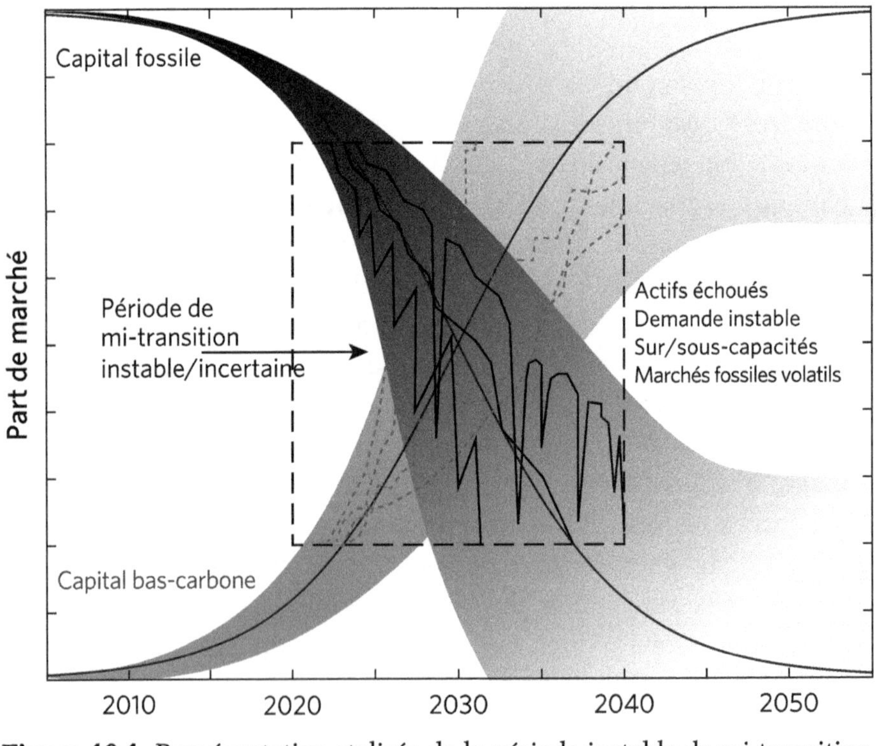

Figure 10.1. Représentation stylisée de la période instable de mi-transition.

Note. Vue stylisée de la volatilité et de l'instabilité possibles des trajectoires des parts de marché du capital à forte et à faible intensité de carbone au cours de la phase intermédiaire d'une transformation économique à faible intensité de carbone, alors que les industries à faible intensité de carbone connaissent une croissance rapide parallèlement à un déclin des industries à forte intensité de carbone. Source : d'après Espagne, E., Oman, W., Mercure, J.-F., Svartzman, R., Volz, U., Pollitt, H., …, Campiglio, E. (2023).

et les innovations à faible intensité de carbone en cours[5]. La transition vers la production et l'utilisation d'énergie à faible teneur en carbone est un processus plutôt autorenforçant, dans lequel le déploiement diminue les coûts, ce qui facilite la poursuite du déploiement[6]. Les points de bascule au-delà desquels la diffusion devient irréversible pourraient être proches ou déjà passés[7], notamment en ce qui concerne l'énergie solaire[8] et les véhicules électriques[9]. La perspective d'une prédominance de l'énergie solaire et des véhicules électriques a ainsi potentiellement de lourdes conséquences sur la valeur des actifs à forte teneur en carbone[10].

Les marchés émergents et les économies en développement pourraient également devenir des marchés pour les technologies à faible teneur en carbone, même si la capacité des gouvernements à mettre en œuvre des politiques climatiques est limitée. La diminution des coûts par l'adoption plus large de ces technologies pourrait à son tour atténuer les effets potentiellement négatifs sur leur balance courante de l'importation de technologies à faible teneur en carbone. À plus long terme, le principal risque lié à l'augmentation de l'installation d'énergies renouvelables dans le monde est la baisse de la demande et du commerce de combustibles fossiles, ainsi que la possibilité d'actifs fossiles échoués.

Dans le même temps, l'émergence de politiques industrielles non coordonnées par les plus grandes économies du monde met en évidence l'importance de chaînes d'approvisionnement résilientes à faibles émissions de carbone. La Chine dispose d'une stratégie de planification nationale de longue date, basée sur des plans quinquennaux, tandis que les États-Unis se sont tournés vers une politique industrielle explicite, axée sur le climat, par le biais de la loi sur la réduction de l'inflation (*Inflation Reduction Act*). Contrairement aux États-Unis et à la Chine, l'approche de l'UE en matière de politique industrielle, avec le plan de transition climatique Fit for 55, REPowerEU, le plan industriel Green Deal de l'UE et la loi *Net Zero Industry Act*, met l'accent sur le principe du libre-échange et sur la nécessité de respecter les règles de l'OMC, de maintenir des marchés compétitifs et d'approfondir le marché intérieur de l'UE. Ces politiques industrielles interagissent avec la fragmentation géo-économique.

Parallèlement à ces tendances à la décarbonation, l'investissement dans la production d'énergie fossile continue d'être élevé, au même niveau qu'en 2016[11], avec une volatilité importante des prix. Les déséquilibres entre l'offre et la demande pourraient entraîner une volatilité importante sur les marchés du pétrole et du gaz, en partie générée par la géopolitique[12], affectant un large éventail d'activités et d'actifs, de l'industrie manufacturière aux services. En 2022, les chocs d'offre à court terme, tels que la réduction par la Russie de ses exportations de gaz vers l'Europe et les sanctions du G7 frappant les exportations de pétrole russe, ont été complétés par un changement de stratégie des producteurs de pétrole visant à maximiser la valeur actionnariale plutôt que la production[13]. On peut s'attendre à ce que cette volatilité persiste à mesure que le marché décline et que la coordination des investissements et de la demande devient plus difficile. Toutefois, jusqu'à ce que le marché pétrolier soit fermement en déclin, les actifs échoués sont susceptibles d'être réinvestis, car les profits élevés en période de pénurie incitent les compagnies pétrolières à accroître leurs investissements. Mais, comme les actifs qui en résultent ont une longue durée de vie, ils sont eux-mêmes vulnérables. L'ajustement récent des plans de transition des grandes compagnies pétrolières européennes et la révision à la hausse par l'OPEP de sa projection de la demande mondiale de pétrole pour 2045, de 100,6 à 110 millions de barils par jour, dans un intervalle de seulement neuf mois[14], suggèrent que cette dynamique est en train de se mettre en place.

En outre, la valeur des exportations et des importations de combustibles fossiles n'est pas nécessairement remplacée par le commerce d'autres matières premières, ce qui pourrait influencer la position des pays à l'égard de l'action climatique. En particulier, la perspective d'une baisse de la demande de pétrole et de gaz et les impacts macroéconomiques disproportionnés qui en résulteraient pour les pays producteurs pourraient être à l'origine de conflits géopolitiques ou de manœuvres politiques visant à s'approprier de plus grandes parts de marché au détriment d'autres producteurs. L'électricité n'est pas un produit facilement commercialisable, car le transport sur de longues distances nécessite des interconnexions et des lignes de transmission coûteuses qui peuvent être exposées à des événements météorologiques et climatiques extrêmes, alors que la plupart des pays disposent d'un potentiel d'énergie renouvelable substantiel sur leur territoire qui permet la production locale d'électricité[15].

Le commerce international de l'hydrogène vert est en train d'émerger, mais il est peu probable qu'il atteigne les volumes actuels du commerce de l'hydrogène fossile, étant donné qu'il n'est pas utilisé dans autant d'applications ni avec des volumes aussi importants[16]. En outre, les exportateurs nets de combustibles fossiles, d'hydrogène et d'autres vecteurs énergétiques renouvelables basés sur l'électricité ne sont pas nécessairement les mêmes[17]. Peut-être plus important encore que le commerce des énergies renouvelables lui-même : l'économie mondiale devrait connaître une croissance des échanges de technologies en biens d'équipement à faible émission de carbone et de minéraux critiques[18], ainsi que des biens intermédiaires et des équipements industriels nécessaires à leur production ou à leur raffinage.

Des contraintes difficiles à prévoir sur les ressources nécessaires à la transition pourraient aussi apparaître. Bien que les réserves géologiques soient probablement suffisantes jusqu'en 2050[19], la croissance de la demande de nombreux matériaux nécessaires à la fabrication de produits à faible teneur en carbone (matériaux critiques) dépasse actuellement de loin le taux d'expansion de leur offre[20]. Les coûts des matériaux critiques ont récemment augmenté de manière significative, ce qui pourrait conduire à un arrêt ou même à un renversement de certaines des tendances à la baisse des coûts des technologies à faible émission de carbone[21]. En outre, il pourrait y avoir des obstacles physiques à la substitution de matériaux visant à surmonter ces contraintes. Par exemple, des métaux largement disponibles tels que l'aluminium pourraient en principe remplacer le cobalt et le lithium dans la production de batteries, l'élément clé des véhicules électriques. Toutefois, la création d'une batterie exempte de matériaux critiques reste actuellement un défi technologique majeur. Enfin, des confrontations géopolitiques liées aux matériaux critiques pourraient voir le jour, où, pour des raisons liées à la sécurité nationale ou à la concurrence stratégique, les principaux pays producteurs de matières premières adopteraient des restrictions quantitatives à l'exportation.

La durée et la volatilité de la période de mi-transition dépendront ainsi largement des dynamiques et des modalités de coordination des politiques. Nous allons maintenant nous pencher sur ces risques géopolitiques émergents de la période de mi-transition.

Démondialisation et fragmentation géopolitique accentuée par le retour de l'inflation

Depuis le début des années 2000, la croissance de la productivité a diminué tendanciellement dans le monde, passant de 3,4 à 1,4 %. Le taux d'intérêt naturel, supposé guider la croissance, a fléchi de 4,25 à 2,5 %, limitant l'amplitude de la transmission de la politique monétaire pour contrecarrer les fléchissements de conjoncture sans buter sur la barrière de taux zéro. La courbe de Phillips, surtout aux États-Unis, s'est aplatie, entraînant un taux de chômage très bas et peu sensible aux évolutions de l'inflation, alors que le taux de participation de la force de travail s'est simultanément réduit à cause des difficultés des ménages à organiser leur vie quotidienne depuis l'éclatement de la crise pandémique.

Du côté de la finance, la Banque des règlements internationaux (BRI) a étudié l'impact de la réglementation plus stricte des banques commerciales après la Grande Crise financière (GFC) sur l'expansion d'intermédiaires financiers non bancaires non réglementés. Cela a conduit les banques centrales à étendre leurs interventions en dernier ressort pour calmer les énormes fluctuations des valeurs d'actifs dues aux impacts mimétiques de l'incertitude. Les risques de contreparties ont été affectés par le surgissement des demandes de liquidités en dollars, conduisant la Fed au rôle de teneur de marché en dernier ressort par un achat énorme de bons du Trésor américains. Cette action a été efficace pour calmer les tensions après le surgissement de la pandémie en 2020. Cependant, les interventions multiples des banques centrales n'ont pas pu contrecarrer la volatilité extrême des actifs cryptos appelés, sans rire, *stable coins* au printemps 2022. Une approche macroprudentielle s'impose pour maîtriser les intermédiaires financiers non bancaires hautement procycliques, déclenchant des boucles de rétroaction capables de geler des marchés, comme cela s'est produit lorsque l'éclatement de la guerre en Ukraine a bouleversé les perspectives d'inflation.

LA RÉVISION DES STRATÉGIES MONÉTAIRES DE LA FED, DE LA BCE ET DE LA BOJ

Le mandat de la Fed est dual : plein-emploi, compatible avec la stabilité des prix. Sa mise en œuvre est conditionnée par le taux d'intérêt réel neutre. Or le glissement de l'inflation de manière persistante en dessous de 2 % après l'irruption de la crise pandémique en mars 2020 a motivé le Federal Open Market Committee (FOMC) à adopter une nouvelle stratégie de politique monétaire le 27 août 2020, lors de son symposium annuel de Jackson Hall (Wyoming). Le Comité a annoncé sa décision d'atteindre un taux d'inflation modérément au-dessus de 2 % pendant quelque temps pour que les anticipations demeurent ancrées sur l'objectif de long terme de 2 %. Corrélativement, le Comité a redéfini le plein-emploi comme le plus haut niveau d'emploi qui n'engendre pas des pressions soutenues à la hausse comme à la baisse susceptibles de remettre en cause l'objectif de stabilité des prix ainsi redéfini.

La nouvelle stratégie monétaire de la BCE a été publiée en juillet 2021. La nouvelle stratégie prend aussi une position symétrique en visant un objectif de 2 % d'inflation à moyen terme, tout en traitant symétriquement les déviations à la hausse et à la baisse. Les risques d'instabilité financière doivent être traités par la politique macroprudentielle à condition que les anticipations d'inflation demeurent ancrées sur la cible.

Pendant plusieurs décennies, la stratégie de la Banque du Japon (Bank of Japan ou BOJ) a été de contrôler la courbe des taux avec un taux d'intérêt à court terme négatif. Dans la tourmente inflationniste mondiale, poursuivre cette stratégie entraînerait une dépréciation continue du yen contre le dollar. Toutefois, en mai 2022, l'inflation atteignait seulement 2,5 % au Japon contre plus de 8 % aux États-Unis. Le Japon doit-il modifier le principe du contrôle de la courbe des taux ? Le nouveau premier ministre Fumio Kishida envisage une réforme pour un changement du régime qui romprait avec les « Abenomics ». Il s'agirait de redistribuer le revenu en augmentant les taxes sur les gains en capital pour relancer la croissance, tout en menant une politique monétaire plus restrictive pour contrôler le taux de change.

DES POLITIQUES MONÉTAIRES EXPANSIVES AUX POLITIQUES RESTRICTIVES POUR COMBATTRE L'INFLATION : LE CAS DES ÉTATS-UNIS

En mai 2022 l'inflation avait accéléré à 8,6 % aux États-Unis. Les dirigeants de la Réserve fédérale craignaient que de tels niveaux s'enracinent dans les anticipations des acteurs économiques. Car la croissance annuelle des salaires atteignait 6,1 % d'avril à juin. C'est pourquoi le gouvernement fédéral rencontre un dilemme ; il craint l'augmentation des salaires tout en les encourageant pour éviter l'aggravation des inégalités sociales déjà très élevées.

Le rapport annuel 2022 de la BRI éclaire le débat sur le dilemme d'une inflation enracinée ou non. Car la question essentielle est celle de la contagion inflationniste, notamment par la spirale salaires prix. Dans un régime de basse inflation, la hausse de certains prix, par exemple de l'énergie et de l'alimentation à cause de la guerre en Ukraine, n'entraîne pas la contagion mimétique de tous les prix. Au contraire, dans les régimes de haute inflation, cette contagion a lieu. La hausse des coûts salariaux passe dans les prix pour tenir les marges de profit, tandis que les salariés parviennent à s'organiser collectivement pour que les hausses de salaire parviennent à rattraper celles des prix. Cette inflation enracinée, engendrant un désencrage des anticipations, inquiète la Fed. Car, dans ces conditions, une restriction monétaire forte et rapide peut provoquer une récession.

Or nous n'avons pas encore tenu compte des conséquences d'une telle action monétaire sur la finance, surtout si les autres banques centrales sont conjointement déterminées à restreindre leurs politiques monétaires sans aucune coordination entre elles. La conséquence est une forte contraction du financement des entreprises qui s'est effectivement produite au premier semestre 2022. Les investisseurs financiers sont devenus très prudents à engager des liquidités et les trésoriers des entreprises, à emprunter.

C'est ainsi que l'indice S&P500 a perdu 18 % de sa valeur au deuxième trimestre 2022. De son côté le marché des obligations fédérales (*Treasury bond market*) donne des signes inquiétants avec l'inversion de la courbe des taux. À la mi-juillet 2022, le taux des titres du Trésor à deux ans était passé légèrement au-dessus de celui des obligations à dix ans. C'est important car c'est un signal avancé d'une récession à venir. Dans les cinq décennies précédentes, une inversion de la courbe des taux a toujours été le signe d'une récession aux États-Unis dans une période de six mois à deux ans ; ce qui voudrait dire une récession au premier semestre 2024 au plus tard.

La réunion du 27 juillet 2022 du FOMC a confirmé une hausse du taux d'intérêt directeur de 0,75 % après qu'un rapport eut indiqué qu'en juin 2022 l'inflation avait atteint son niveau le plus élevé depuis quarante ans. Mais ce qui inquiétait le plus le Comité de politique monétaire, c'est que ce rapport montrait que l'inflation sous-jacente, qui exclut les hausses de prix volatils de l'alimentation et de l'énergie, avait fortement progressé à cause des surprofits, particulièrement dans l'immobilier. Cette évolution semblait confirmer l'analyse de la BRI sur le passage à un régime de haute inflation. C'est pourquoi le Comité de politique monétaire de la Fed a confirmé une nouvelle hausse de 75 points de base en septembre 2022, portant le taux directeur de la Fed à 3,25 %.

Mais la situation s'est compliquée. La montée de l'inflation a dépassé toutes les prévisions de la Fed en dépit des hausses de taux d'intérêt déjà accomplies fin 2022. Le président de la Fed, Jay Powell, reconnaît qu'il n'est plus possible de fournir aux acteurs économiques et aux milieux financiers le guidage de moyen terme (*forward guidance*) qui participe de l'ancrage des anticipations d'inflation. Jay Powell a reconnu la surprise d'une accélération de l'inflation en dépit de deux hausses successives du taux d'intérêt directeur de 0,75 %.

La plupart des officiels de la banque centrale pensaient que le taux d'intérêt directeur atteindrait 3,5 % fin 2022 et dépasserait 4 % en 2023. Mais la persistance de l'inflation a conduit le Comité directeur de la Fed à procéder à dix hausses de taux successives, conduisant le taux directeur de la politique monétaire dans la fourchette de 5 à 5,25 % à la mi-2023. Cependant des signes de ralentissement économique apparaissaient, notamment dans l'immobilier. De leur côté, les investissements des entreprises ont commencé à se réduire.

En septembre 2023 le ralentissement de l'inflation sous-jacente passait de 5,5 à 5,2 % en rythme annuel, permettant d'envisager une pause dans le durcissement de la politique monétaire. Mais l'inversion de la courbe des taux faisait craindre la possibilité d'une récession, d'autant que des difficultés se manifestaient dans l'immobilier, bien qu'en octobre 2022 la croissance soit toujours soutenue et le marché du travail, tendu.

La conjoncture de l'économie américaine ne cesse de surprendre alors que le rendement des emprunts d'État approchait 5 % et que le taux des emprunts hypothécaires atteignait 8 % sur trente ans. Dans ces conditions la Réserve fédérale semble vouloir maintenir encore quelque temps son taux directeur, bien que le reflux de l'inflation se confirme. La croissance peut-elle rester dynamique en dépit d'une inversion de la courbe des taux d'intérêt qui est le signe d'une récession future ? Le marché sensible est l'immobilier où le taux d'intérêt des emprunts pour acheter un logement est devenu excessif. Le premier semestre 2024 dira s'il est possible que l'inflation régresse suffisamment vers sa cible de 2 % en évitant une récession.

L'AJUSTEMENT PRUDENT DE LA BCE CONTRE L'INFLATION RECORD EN ZONE EURO CONTRARIÉ PAR LA CRISE POLITIQUE EN ITALIE

L'Europe a une forte dépendance énergétique vis-à-vis de la Russie. Avant la guerre en Ukraine, elle en importait 25 % de son pétrole et 51 % de son gaz naturel. Cela complique la conduite de la politique monétaire de la BCE. En juin 2022, l'inflation a atteint 8,6 % en glissement annuel. Toutefois, l'inflation sous-jacente était de 4,1 % au deuxième trimestre et la hausse des salaires, de 3 %. Bien que le marché du travail soit tendu, les anticipations d'inflation à moyen terme resteraient ancrées sur la cible de la nouvelle stratégie monétaire. Selon l'analyse de la BRI (Banque des règlements internationaux), l'inflation n'aurait pas encore atteint en zone euro la logique contagieuse des régimes à haute inflation.

Néanmoins, la BCE rencontre son premier test inflationniste depuis sa création. La poussée inflationniste reflète surtout des chocs d'offre externes que la BCE ne peut pas influencer directement. Le 21 juillet

2022 la BCE a surpris les observateurs financiers en relevant son taux directeur de 0,5 %, rompant avec son guidage des taux futurs (*forward guidance*) pour ancrer les anticipations d'inflation. La présidente de la BCE, Christine Lagarde, a annoncé que cette ère était révolue et qu'il fallait être bien plus flexible et prendre les décisions d'une réunion à l'autre du Conseil de politique monétaire en fonction de l'évolution des données macroéconomiques observées. En la matière, la BCE a suivi la Réserve fédérale. Pour la BCE la décision est considérable, car elle conduit à rompre avec une longue période de taux négatifs sans indiquer où se trouve le taux d'intérêt neutre que certains membres du Conseil de politique monétaire placent entre 1 et 2 %. L'inflation en zone euro est également alimentée par la dépréciation de l'euro vis-à-vis du dollar devenu fortement surévalué à la suite des hausses mensuelles successives des taux d'intérêt aux États-Unis.

La BCE a procédé à dix hausses de taux successives. Son taux de dépôt qui fait référence pour la politique monétaire est passé de – 0,5 % en juin 2022 à 4 % en septembre 2023. Cela pourrait constituer le début d'une phase de stabilisation des taux d'intérêt permettant de faire refluer l'inflation vers 3 à 3,2 % au cours de l'année 2024, pour un retour à l'objectif de 2 % à la fin 2025.

Toutefois le problème le plus dangereux est le risque de fragmentation dans la zone euro. Car, en dépit d'une politique monétaire prudemment restrictive, le taux d'intérêt des obligations publiques italiennes a atteint 3,7 %, soit un *spread* de 3,5 % sur les *Bund* allemands. Le dilemme de la BCE est donc que sa politique monétaire, pour ramener rapidement l'inflation sur sa cible, provoque une fragmentation financière de la zone euro. En retour, celle-ci dégraderait la transmission de la politique monétaire dans l'ensemble de la zone euro, parce que les marchés de titres gouvernementaux seraient exposés à des équilibres multiples.

La BCE est à la recherche d'un dispositif antifragmentation pour accompagner sa politique anti-inflationniste prudente. Il faut mener une politique monétaire prudemment restrictive, tout en évitant une crise budgétaire dans la zone euro. Le plan consiste à acheter les obligations des États dont les coûts d'emprunt dépassent les niveaux compatibles avec les fondamentaux économiques. Cela implique nécessairement une coordination entre autorités monétaires et autorités budgétaires. Mais cela doit être réalisé d'une manière qui n'apparaisse pas comme un financement monétaire des États, lequel est prohibé par les traités européens. En conséquence, les pays bénéficiaires de cet apport financier de la BCE, l'Italie au premier chef, devraient respecter des contraintes de soutenabilité de leurs dettes publiques à moyen terme pour que ce dispositif soit accepté par les pays du nord de l'Europe et aussi par l'Allemagne et par l'Autriche. Mais la situation a été aggravée par une crise politique en Italie.

En effet, la coalition autour du premier ministre Mario Draghi a éclaté sous l'impulsion du parti néofasciste Fratelli d'Italia et ses alliés idéologiques, la Ligue du Nord de Matteo Salvini et Forza Italia de Silvio Berlusconi. La conséquence a été dramatique avec la démission du premier ministre Mario Draghi, la dissolution du Parlement et la convocation par le président de la République Sergio Mattarella d'une élection à très hauts risques pour le 25 septembre qui a mené l'extrême droite néofasciste au pouvoir. L'Italie n'avait pas la capacité de présenter à l'automne 2022 un budget respectant les contraintes compatibles avec le plan antifragmentation recherché par la Commission européenne. L'Italie redeviendrait avec la Grèce le maillon faible qu'elle était déjà en 2012 lorsque la cohérence de la zone euro avait été sauvée par le « quoi qu'il en coûte » de Mario Draghi, alors président de la BCE.

La tourmente politique italienne accroît donc sensiblement les difficultés de la BCE en suscitant une menace de récession de la zone euro, car elle accentue l'incertitude qui suscite l'attitude attentiste des entreprises quant aux décisions d'investir.

Mais quel est l'impact du plan antifragmentation de la BCE ? Christine Lagarde a annoncé qu'elle combattrait toute divergence dans les rendements des obligations souveraines entre les États membres qui ne seraient pas justifiées par les fondamentaux économiques, en achetant les titres conformément à un nouveau schéma appelé mécanisme de protection de la transmission de la politique monétaire.

Le Comité directeur de la politique monétaire jugera où et quand intervenir. Bien sûr, les pays autoproclamés « frugaux » s'en sont émus, craignant une dérive vers un financement monétaire des politiques budgétaires ; ce qui est prohibé par les traités européens. La justification ultime est, comme en 2012, la sauvegarde de l'euro. Cela implique donc que le (ou les) pays bénéficiaire(s) de cette action antifragmentation de la BCE respecte(nt) des contraintes de soutenabilité budgétaire à moyen terme.

Au Japon les prix ont augmenté à leur rythme le plus rapide depuis quatre décennies. L'indice de l'inflation sous-jacente a dépassé la cible de la Banque du Japon pendant neuf mois consécutifs, atteignant 3,2 %, le taux d'inflation le plus élevé depuis 1990. La guerre en Ukraine a élevé le coût du blé importé dont le Japon dépend pour 90 % de sa consommation. La hausse des prix d'importation ne garantit plus la cible de 2 % d'inflation. Aussi la Banque du Japon a-t-elle annoncé en avril 2023 une revue exhaustive de sa politique monétaire. La conclusion de cette revue pourrait faciliter la sortie des taux négatifs et du contrôle de la courbe des taux, ouvrant la voie à une transformation inédite de la doctrine monétaire japonaise.

Vers une crise financière globale des pays émergents et danger d'une récession mondiale ?

LA DÉTÉRIORATION DE LA SITUATION FINANCIÈRE DES PAYS ÉMERGENTS ET SON IMPACT SUR LES NIVEAUX DE VIE

Dans de nombreux pays émergents et en développement, l'inflation, intensifiée par la guerre en Ukraine, a provoqué des tensions sociales aiguës et des crises politiques. Au Sri Lanka, la colère populaire a déchu le président en juillet 2022, après que l'inflation des prix alimentaires eut dépassé 80 % sur un an. L'inflation intolérable des produits de première nécessité a atteint tous les continents. Du Zimbabwe au Nigeria, à l'Équateur, au Panama et au Laos, les manifestations des populations pour réclamer des baisses de prix de produits essentiels se sont multipliées. La hausse des prix s'est en effet répandue dans l'économie mondiale. Les pays émergents à moyens revenus sont les plus exposés à la crise du pouvoir d'achat. Selon l'assureur Allianz, ils n'ont plus les moyens de financer les programmes de protection sociale mis en place pendant la pandémie, précipitant des centaines de millions d'habitants sous le seuil de pauvreté.

La conséquence jointe a été la fuite des capitaux investis dans les pays émergents, surtout dans les pays qui s'étaient endettés en dollars, répétant les conséquences de la Grande Crise financière de 2008. Les hausses du dollar et des taux d'intérêt se sont cumulées pour exercer une pression intolérable sur les pays émergents qui dépendent des produits importés et qui doivent subir le coût du service d'une dette en dollars. Selon la banque JPMorgan, les investisseurs étrangers auraient déjà retiré 52 milliards de dollars investis dans des obligations publiques en dollars de pays émergents dans les sept premiers mois de 2022. Selon le FMI, des pays tels que le Pakistan, l'Égypte, le Ghana ou l'Argentine pourraient être en risque de défaut, car l'économie mondiale combine trois facteurs de crises qui interagissent.

Le premier facteur est l'impact prolongé de la pandémie qui a laissé un fardeau de dettes publiques, tout en amoindrissant la croissance pour assurer le service de ces dettes. Ainsi la pandémie a-t-elle inversé la tendance au rattrapage des pays émergents. Le FMI estime que 30 % des pays émergents et 60 % des pays à bas revenus sont en risque de défaut sur leur dette extérieure.

Le deuxième facteur est la poussée inflationniste exacerbée pour les produits de l'énergie et de l'alimentation, particulièrement douloureuse pour les pays qui importent ces produits. La Food and Agriculture Organisation (FAO) dépendant des Nations unies estime que, depuis le début de la guerre en Ukraine, les prix alimentaires ont augmenté de 50 % par rapport aux années prépandémiques, tandis que les prix du pétrole ont doublé. La hausse s'est propagée dans les prix à la consommation et donc dans le coût de la vie. L'Égypte, qui est le plus gros importateur de blé, a été particulièrement affectée. Un prêt de la Banque mondiale a été nécessaire pour financer les achats de blé, en plus d'une aide des pays exportateurs de pétrole du Golfe. Un prêt négocié avec le Fonds monétaire international pourrait compléter le tout.

Le troisième facteur est la restriction monétaire de la Fed qui a provoqué une hausse de 10 % du dollar en un an en termes pondérés par les échanges commerciaux, entraînant des risques de crises de balances de paiements dans les économies endettées en dollars.

En effet, la hausse des taux d'intérêt de la Fed provoque une fuite de capitaux des pays émergents, ce qui dévalue fortement leurs devises malgré la perte des réserves de change pour essayer de freiner cette hémorragie. Selon le FMI, dans ses prévisions publiées le 11 octobre 2022, les investisseurs étrangers auraient vendu 69,7 milliards d'actifs en Asie (hors Chine) lors des trois premiers trimestres de l'année contre 47,6 milliards au pic de la Grande Crise financière mondiale de 2008. Il est donc clair que la hausse des taux de la Fed menace les économies émergentes. Car la Fed contraint les pays émergents et en développement à relever plus fortement leurs propres taux d'intérêt, faisant plonger leur croissance.

La dévaluation des monnaies renchérit donc le coût des emprunts des pays pauvres. Ainsi le service de la dette aspire-t-il 16,5 % des revenus des pays d'Afrique subsaharienne contre 5 % en 2010. Les conséquences en sont dramatiques. Dans son rapport annuel sur la pauvreté dans le monde (5 octobre 2022), la Banque mondiale constatait que le rattrapage progressif des niveaux de vie dans le monde a été inversé depuis 2020. Or les besoins de financement des pays en développement pour faire face au changement climatique vont augmenter.

LE SPECTRE D'UNE RÉCESSION MONDIALE

Dans son rapport sur l'économie mondiale d'octobre 2022 (*World Economic Outlook*), le FMI présentait un scénario selon lequel la croissance de l'économie mondiale fléchirait de 3,2 % en 2022 à 2,7 % en 2023. Il reconnaissait que tous les risques sont au fléchissement de la croissance mondiale. Les risques sont l'impact aggravé de la guerre en Ukraine, la résurgence d'un variant contagieux du Covid, une surenchère excessive des politiques restrictives si les banques centrales continuent à ne pas se concerter, un krach immobilier en Chine, des crises financières largement répandues dans les pays émergents. La réalisation de ces risques aggraverait la fragmentation de l'économie mondiale.

Il y aurait 25 % de chances que la croissance mondiale tombe en dessous de 2 % et 15 % de chances qu'elle plonge en dessous de 1 %. Dans ce contexte, un tiers de l'économie mondiale connaîtrait une récession. La croissance de la zone euro aurait résisté en 2022 (3,1 %) grâce au dynamisme du secteur des services, mais plongerait à 0,5 % en 2023 dans le cadre du scénario de 2,7 % de l'économie mondiale et tomberait en récession si tous les risques négatifs se manifestaient.

Les ministres des Finances et les gouverneurs des banques centrales des pays du G20 vont-ils être capables d'apporter une réponse commune à ces menaces ? Cela est rendu difficile par les désaccords provoqués par la guerre en Ukraine. Les pays occidentaux et les grandes puissances émergentes ont pris des positions différentes vis-à-vis de la Russie. Alors que les besoins de coordination globale sont amplifiés par la menace climatique, la coopération multilatérale est fortement entravée.

Parmi les pays en difficultés financières se trouvent les pays qui participent au gigantesque projet chinois des nouvelles routes de la soie (Belt and Road Initiative) visant à restructurer l'économie mondiale. La crise au Sri Lanka est un signe avant-coureur des problèmes qui attendent nombre de pays émergents. Car l'énorme projet Belt and Road Initiative a entraîné des prêts massifs des banques de développement et des grandes banques commerciales chinoises. Ces prêts pour construire des infrastructures ont été loin d'apporter les rendements économiques qui auraient dû être ceux d'investissements judicieux. On peut donc craindre que l'absence de rentabilité des projets provoque des défauts sur les crédits qui les financent dans nombre de pays.

Les autorités chinoises doivent gérer beaucoup de défauts sur des crédits en dollars. Les renégociations de ces prêts impliquent des abandons partiels, des échéanciers différés de remboursement et des réductions de taux d'intérêt. En somme, la Chine est en train de jouer le rôle normalement dévolu au FMI pour fournir des prêts d'urgence associés à des plans de restructuration.

Hormis le Sri Lanka, les pays dont les agences internationales de notation ont classé les dettes en catégories spéculatives sont le Pakistan, l'Argentine, le Belarus, l'Égypte, la Mongolie, le Nigeria, la Turquie et l'Ukraine. Le Pakistan est le plus important bénéficiaire des crédits Belt and Road. Grand ami de la Chine, le pays a reçu une succession de prêts d'urgence pour éviter le défaut.

Toutefois, tout est loin d'être noir dans le vaste projet international de la Chine. La construction d'infrastructures aide le développement de nombreux pays. Un exemple est la ligne de chemin de fer de

750 kilomètres entre Addis-Abeba et Djibouti qui a réduit le temps de transport de trois jours à douze heures. Il en est de même de la ligne de chemin de fer entre Mombasa et Nairobi au Kenya, ainsi que des barrages hydrauliques construits par les entreprises chinoises en Ouganda et dans d'autres pays d'Afrique.

La question qui se présente face aux difficultés financières provoquées par la crise inflationniste mondiale et les politiques restrictives des banques centrales pour la combattre est de savoir si la Chine va participer à l'approche multilatérale du FMI et du Club de Paris pour la résolution des dettes en détresse. La Chine a des critiques légitimes sur les conditions attachées aux programmes du FMI. Toutefois, la coopération multilatérale est indispensable à une écologie politique au-delà du Capitalocène. Il est peu probable que la Chine puisse refuser d'y participer, au moins dans une certaine mesure.

Nouvelle géopolitique des ressources et technologies critiques

LES BESOINS EXPONENTIELS DES TRANSITIONS ÉNERGÉTIQUE ET NUMÉRIQUE

Guillaume Pitron[22] sous-titre son livre « la face cachée de la transition énergétique et numérique ». Il s'agit d'un enjeu crucial et mal connu du cygne vert. Les métaux considérés, dont lesdites « terres rares », ne sont pas intrinsèquement rares. Ils le sont par leur dilution sous l'écorce terrestre qui les rend difficiles à extraire. Certains de ces métaux sont qualifiés de « critiques » parce que leur production est aujourd'hui concentrée dans peu de pays, ou est un maillon essentiel des nouvelles chaînes de production de technologies bas-carbone. Ainsi, le lithium, le cobalt et le graphite, qui sont essentiels pour les batteries des voitures électriques, sont des métaux critiques[23].

À cause de la localisation et de l'intermittence des sources d'énergie renouvelables, la continuité de la distribution d'électricité dépend de réseaux sophistiqués (*smart grids*) qui utilisent de nombreux métaux stratégiques. Guillaume Pitron relève trois paradoxes de la transition énergétique. Le premier est que la transition énergétique requiert plus de matériaux stratégiques pour mettre en pratique les nouvelles technologies de l'énergie. Le deuxième est qu'un monde bas-carbone requiert des matériaux dont l'extraction est polluante. Le troisième est que plus l'énergie est verte, moins il est possible de recycler les matériaux complexes exigés par l'économie circulaire. Au total, la diversité et la dilution des métaux rares font perdre leur souveraineté écologique à de nombreux pays.

Ainsi la Chine domine-t-elle la production des métaux rares, critiques et stratégiques au détriment de son propre environnement. Les métaux rares inclus dans les microprocesseurs sont au cœur de la guerre commerciale sino-américaine. L'OCDE souligne que, sous le rythme de progression actuel, les besoins en métaux seront 2,5 fois plus élevés en 2060 qu'en 2010. Or la crise du Covid-19 a ralenti la production et l'exportation de cobalt d'Afrique du Sud, de nickel d'Indonésie et de « terres rares » de Chine. Quant au cuivre, il ne sert pas seulement pour les véhicules électriques, mais aussi pour les panneaux solaires, les turbines éoliennes et l'infrastructure 5G.

Plus en aval dans les chaînes de production, le pire goulet d'étranglement vient de l'extrême concentration des producteurs de semi-conducteurs avancés. TSMC (Taiwan Semiconductor Manufacturing Company) à Taïwan et Samsung en Corée du Sud dépendent de l'équipement en machines extrême ultraviolet (EUV) produit par une seule entreprise (ASML) aux Pays-Bas pour les microprocesseurs les plus avancés, de taille inférieure à 3 nanomètres. En 2020, les ventes de *chips* EUV faisaient 64 % du total des microprocesseurs les plus avancés. Or TSMC souffre de pénuries d'eau et d'électricité, alors qu'il a 56 % du marché mondial et que ASML est le seul producteur mondial d'équipement 100 % EUV.

Pour parvenir à une réduction de 55 % de GES dans l'atmosphère en 2030, il faut que la production de véhicules électriques soit multipliée par dix et celle de bornes de recharge, par trente[24]. Pour éviter une insuffisance d'investissements dans les énergies renouvelables, la production de minéraux rares doit augmenter de 500 %[25].

Les fintechs sont d'énormes consommatrices d'électricité pour entretenir leurs réseaux de communications et les autres services à leurs utilisateurs, et surtout pour faire tourner en permanence leurs centres de données, car ceux-ci requièrent beaucoup de puissance électrique pour refroidir les serveurs. Le développement de l'intelligence artificielle et de l'apprentissage automatique exige de plus en plus de pouvoir de calcul alimenté par l'électricité. La croissance de la demande pour les données, donc d'électricité pour leurs serveurs, force les fintechs à promettre une transformation complète du système électrique à partir des énergies renouvelables. Mais elles vont se heurter aux paradoxes des métaux stratégiques et critiques énoncés par Pitron.

Selon *The Economist*, le prix d'un panier de cinq métaux rares utilisés dans la production des véhicules électriques et dans les réseaux intelligents de distribution d'électricité a flambé de 139 % en 2020. Notamment, le prix du lithium a plus que doublé en un an, et celui du cuivre a bondi de 70 %. Or lever cette contrainte passe par la modération de conflits géopolitiques qui sont au cœur de la « guerre froide » qui semble émerger.

Une autre question est donc le coût des nodules polymétalliques indispensables aux microprocesseurs les plus avancés. Pour les maîtriser, une approche normative est nécessaire selon Guillaume Pitron, c'est-à-dire des principes de régulation et donc des interdictions d'ouvrir des mines en des lieux dévastateurs pour la biodiversité. Ces réglementations, pour le moment largement absentes, doivent faire partie d'une approche stratégique pour parvenir à établir une économie circulaire des métaux rares.

La puissance publique devrait fixer un prix à la matière secondaire recyclée et taxer suffisamment les produits faits de matière primaire pour que les utilisateurs se tournent davantage vers les produits recyclés. Cela ne peut néanmoins qu'être insuffisant au fur et à mesure de l'augmentation des besoins. Il est donc crucial de parvenir à mieux caractériser cette géo-économie émergente des ressources critiques.

CARACTÉRISATION DE LA GÉO-ÉCONOMIE ÉMERGENTE DES RESSOURCES CRITIQUES

Cinq archétypes de pays peuvent être définis pour caractériser cette géopolitique émergente des ressources critiques de la transition (figure 10.2). Il est évident que les pays sont positionnés ou exposés de manière hétérogène par rapport à ces rétroactions. Peu de pays correspondent exactement à l'un des archétypes individuels, car la plupart d'entre eux présentent les caractéristiques de deux ou plusieurs d'entre eux, par exemple un importateur de combustibles fossiles et de technologies propres, et un exportateur de minerais critiques. Bien que nous illustrions cette taxonomie avec les pays du G20, ces archétypes ne sont pas explicitement liés à la liste des pays du G20, mais potentiellement à toutes les économies, y compris les pays à faible revenu, à revenu moyen et à revenu élevé.

Les cinq archétypes de pays illustrent les pressions externes qui affectent les pays selon qu'ils sont importateurs ou exportateurs nets de technologies liées aux combustibles fossiles, de matériaux critiques pour la transition et/ou de technologies à faible émission de carbone. Le cadre suppose que la décarbonation a lieu au moins dans les pays importateurs de technologies fossiles et de technologies propres, et que seuls les producteurs de technologies propres utilisent des matériaux critiques. Les importateurs de combustibles fossiles seront généralement aussi des importateurs de technologies propres, car peu de pays, voire aucun, ne produisent toutes les technologies propres dont ils ont besoin pour la décarbonation. Les pays qui décarbonisent ont un impact sur les pays exportateurs de combustibles fossiles par le biais des volumes et, plus généralement, sur les producteurs de combustibles fossiles par le biais des volumes et des prix. Ils imposent un impact aux producteurs de technologies propres par le biais d'une demande accrue pour ces exportations. Les producteurs de technologies propres génèrent un effet sur les producteurs de matériaux critiques par le biais de la demande pour ces exportations.

La leçon essentielle est que les pays seront touchés différemment d'un pays à l'autre, en fonction de plusieurs facteurs tels que leur propre dotation en combustibles fossiles, leurs modes de production

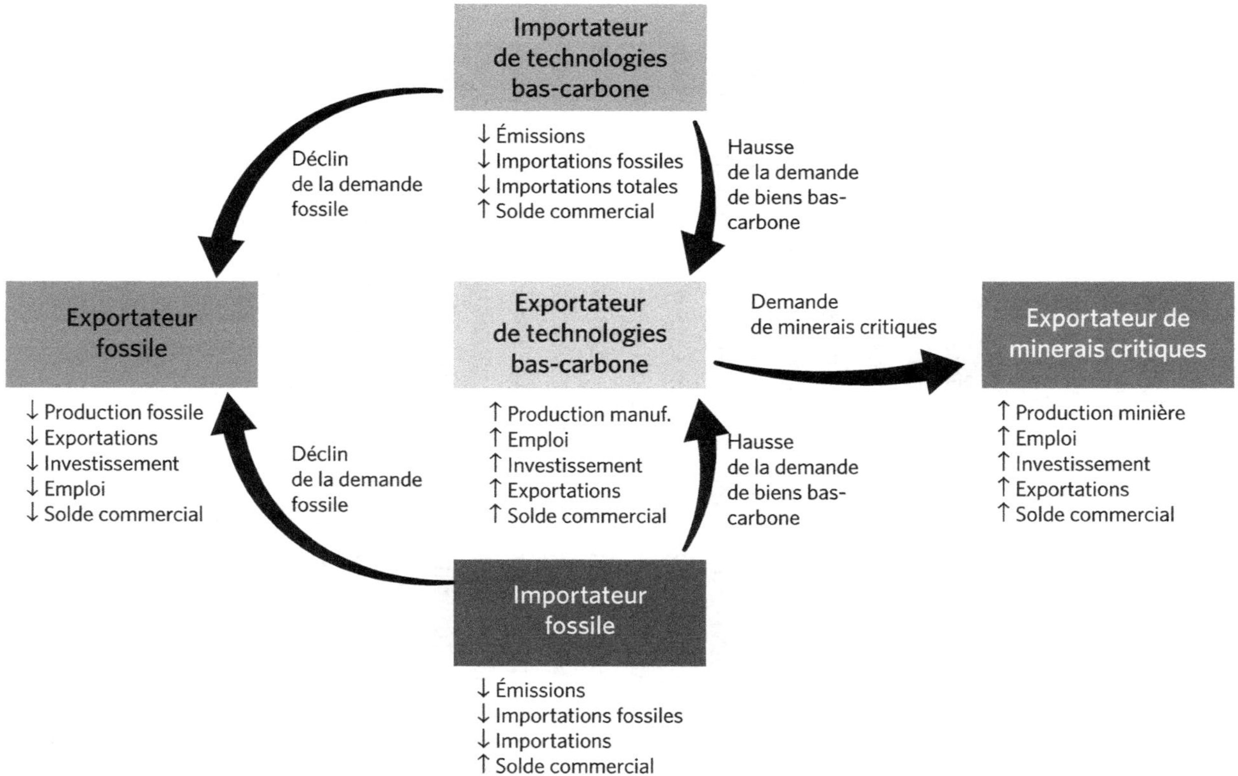

Figure 10.2. Archétypes des relations internationales entre pays dans la transition.

Note. Archétypes des rôles des pays dans la transition dans une perspective transfrontalière. Les flèches épaisses indiquent la direction des impacts transfrontaliers spécifiques sur les flux financiers. Les flèches haut et bas dans les légendes indiquent si une quantité augmente/améliore ou diminue/empire. Pour des raisons de simplicité, nous considérons les exportateurs de technologies propres comme étant implicitement aussi des exportateurs de minerais critiques.

Source : Espagne, E., Oman, W., Mercure, J.-F., Svartzman, R., Volz, U., Pollitt, H., …, Campiglio, E. (2023).

et de consommation fossiles, leurs capacités technologiques à développer et à produire des technologies à faible émission de carbone qui se substitueront aux technologies fossiles, leur dotation en minéraux critiques et autres matières premières nécessaires à la fabrication des biens d'équipement de l'économie à faible émission de carbone, et leur capacité à produire de l'énergie renouvelable.

La direction des effets pourrait être différente des directions décrites dans la figure 10.2 dans le cas de la coordination des politiques entre les pays. Les impacts sont également affectés par le cadre politique national et international, ainsi que par le degré de coordination des politiques internationales. En outre, les effets sur le commerce pourraient se matérialiser dans des directions difficiles à prévoir. Un pays importateur de fossiles pourrait augmenter ses importations de fossiles dans un scénario de décarbonation mondiale, alors que la demande mondiale de combustibles fossiles diminue et exerce une pression à la baisse sur les prix internationaux des fossiles. En revanche, la balance commerciale d'un pays exportateur de combustibles fossiles pourrait s'améliorer grâce à la diversification de l'économie nationale vers des secteurs manufacturiers à faible émission de carbone, ou parce que les importations chutent plus que les exportations en réponse à une détérioration des termes de l'échange combinée à un besoin de stabilisation de la position extérieure nette du pays. Les émissions indirectes en amont, incorporées dans les intrants intermédiaires, et, en aval, jusqu'à la consommation finale, sont une autre composante essentielle de cette exposition structurelle à la transition[26]. Plus la dépendance vis-à-vis de ces industries intermédiaires est élevée, plus l'exposition externe du pays est forte. Cependant, les pays dotés de capacités productives et technologiques plus robustes sont susceptibles d'avoir une plus grande capacité d'adaptation aux chocs climatiques que les économies non diversifiées[27].

FAITS STYLISÉS APPLIQUÉS AUX PAYS DU G20

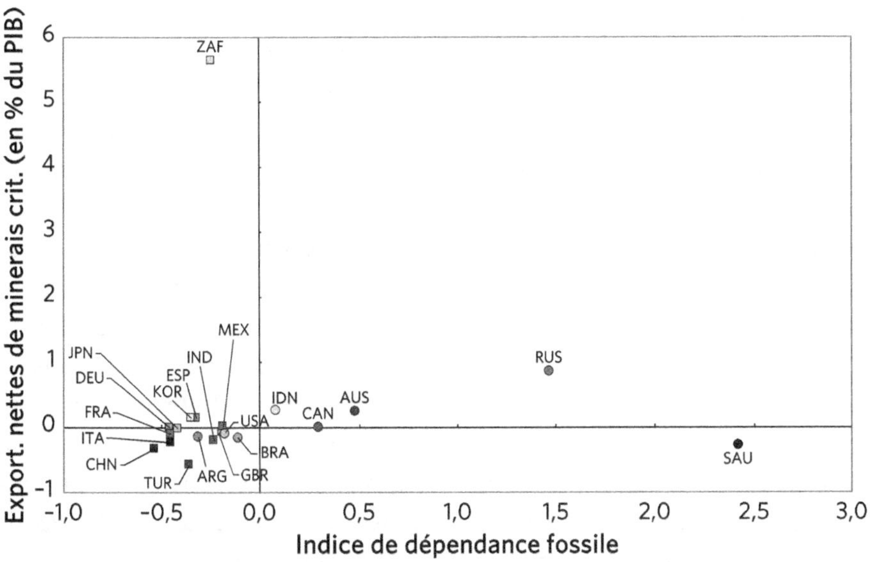

Figure 10.3. Combustibles fossiles, exportations nettes de minéraux critiques et potentiel de complexité verte des pays du G20.

Sources : Espagne, E., Oman, W., Mercure, J.-F., Svartzman, R., Volz, U., Pollitt, H., ..., Campiglio, E. (2023) ; World Bank ; UN Comtrade Database ; World Economic Outlook Database ; Andres, P., Mealy, P., Handler, N., Fankhauser, S. (2023).

Note. Les pays sont colorés par gradation de l'indice des perspectives de transition. Les axes placent les pays le long des archétypes critiques d'exportateurs/importateurs de minéraux (axe y) et de l'indice de dépendance fossile (axe x), tandis que la couleur caractérise la capacité des pays à exporter des technologies vertes.

Les archétypes de pays et leurs risques respectifs peuvent également être cartographiés quantitativement à l'aide d'indicateurs indirects. L'indice de dépendance fossile permet de capter non seulement les exportateurs/importateurs de combustibles fossiles, mais aussi les dépendances techniques aux fossiles. Les exportations/importations de matières critiques par rapport au PIB mesurent la situation actuelle des pays par rapport à cette dimension. Enfin, l'indice des perspectives de transition montre comment les pays pourraient bénéficier de l'exportation de technologies vertes sur la base de leur structure productive actuelle. Alors que certains des risques découlant de la mi-transition peuvent être plus importants pour les petites économies, nous nous concentrons sur les pays du G20, car ils représentent collectivement environ 85 % du PIB mondial et 75 % du commerce international.

La figure 10.3 se concentre sur les pays du G20. Premièrement, les pays fortement dépendants des fossiles, avec des exportations nettes de fossiles élevées et un indice de perspectives de transition faible, comprennent l'Arabie saoudite, la Russie, l'Australie, le Canada et, dans une moindre mesure, l'Indonésie. Deuxièmement, les pays largement importateurs de fossiles comprennent l'Union européenne, le Japon, la Corée, l'Inde et la Chine. Troisièmement, les pays exportateurs de minerais critiques, avec de faibles exportations nettes de fossiles mais de faibles perspectives de transition verte, comprennent l'Afrique du Sud, l'Australie et le Brésil au sein du G20, mais aussi de nombreux autres pays en dehors du G20. Quatrièmement, les pays importateurs nets de minerais critiques et avec des perspectives de transition verte élevées comprennent la Chine, la Corée, le Japon et l'UE qui sont aussi les exportateurs de technologies propres. Les États-Unis se situent quelque part entre les cinq groupes, avec une perspective de transition verte relativement élevée, une faible dépendance aux minéraux critiques et une dépendance relativement faible aux importations de fossiles, mais étant un producteur de fossiles relativement important et un producteur de minerais critiques modéré.

La durée de la période de mi-transition peut dépendre fortement des relations dynamiques entre ces cinq archétypes de pays. Plusieurs facteurs ressortent. La fragmentation géo-économique émergente pourrait à la fois fracturer les relations entre ces groupes, mais aussi inciter à des politiques de résilience qui atténuent la nécessité de ces interactions. Cela se manifeste par des inversions des flux de commerce, des flux de capitaux, de la mobilité internationale de la main-d'œuvre, des paiements internationaux et de la coopération en matière de fourniture de biens publics mondiaux[28]. D'une part, la géo-économie et les rivalités amplifient les risques de pénurie d'approvisionnement et pourraient ralentir la transition bas-carbone de certains pays. D'autre part, une décision de relocaliser ou de régionaliser certaines activités pourrait réduire certains risques de transition transfrontalière, tout en en amplifiant d'autres, en augmentant les capacités de fabrication locales et en raccourcissant les chaînes de valeur et le potentiel de goulots d'étranglement et de ruptures d'approvisionnement, au détriment de la valeur mondiale existante.

Ces facteurs interagiraient avec le régime mondial d'inflation décrit plus haut. Nous sommes peut-être entrés dans un régime de forte inflation[29] qui pourrait réduire les capacités d'anticipation des acteurs financiers en nuisant aux signaux de prix, donc dissuader les investissements productifs des entreprises et les investissements directs étrangers (IDE), étant donné que de fortes fluctuations des prix des produits clés (comme le pétrole) pourraient submerger les signaux de prix liés (par exemple, prix du carbone). À plus long terme, des niveaux d'inflation plus élevés pourraient toutefois contribuer à absorber les rentes économiques et financières et à rééquilibrer les parts du travail et du capital dans les revenus, tout en incitant au contrôle des prix critiques pour la transition et des prix systémiquement significatifs[30].

Les impacts physiques croissants du changement climatique contribuent aussi à une inflation plus élevée. Il existe des preuves d'une pression inflationniste persistante due à des températures moyennes plus élevées[31]. L'inflation intérieure et importée pourrait devenir plus volatile en raison de l'impact des phénomènes météorologiques extrêmes et du réchauffement progressif sur les cultures agricoles, le logement et les prix de l'énergie. Au niveau national, ce risque est vraisemblablement proportionnel à la part de l'énergie et de l'alimentation dans les importations totales. Il se traduirait finalement dans l'indice des prix à la consommation, qui est généralement significatif dans les pays en développement et émergents. En outre, les variations de prix liées au climat pourraient devenir persistantes, et les mesures visant à faire face aux risques d'approvisionnement énergétique induits par les événements climatiques pourraient affecter l'économie et donc l'inflation[32]. Le passage à un nouveau régime d'inflation (en raison du climat ou d'autres facteurs) aura un impact spécifique sur les coûts d'investissement à faible émission de carbone, car ces investissements ont tendance à être plus intensifs en capital.

Compte tenu des contraintes de balance des paiements, certains pays pourraient être confrontés à un dilemme entre une décarbonation rapide et une augmentation du revenu par habitant. Sebastian Valdecantos[33] soutient que les économies sud-américaines sont aussi confrontées à un « trilemme vert », par lequel les tentatives de maintenir la soutenabilité externe pour permettre le financement des investissements et augmenter le niveau de revenu par habitant provoquent une exploitation soutenue des ressources naturelles (et donc une insoutenabilité écologique), tandis que la décarbonation entraînerait une décroissance des exportations, étant donné la dépendance à l'exploitation des ressources fossiles, ce qui rendrait la contrainte extérieure plus contraignante.

Séparément, les pays pourraient choisir, ou y être contraints, des stratégies de sobriété qui pourraient affecter les risques et opportunités transfrontaliers[34]. Le GIEC définit les politiques de sobriété comme un ensemble de mesures et de pratiques quotidiennes qui évitent la demande d'énergie, de matériaux, de terres et d'eau tout en assurant le bien-être humain pour tous à l'intérieur des limites planétaires. Des stratégies de sobriété pourraient émerger au niveau national parce qu'elles peuvent être nécessaires pour atteindre les objectifs d'atténuation, parce qu'elles pourraient apporter des avantages stratégiques dans un monde de fragmentation géo-économique, de pénuries plus fréquentes, d'instabilité énergétique croissante et éventuellement d'inflation structurellement plus élevée, ou simplement en conséquence de pénuries qui n'auraient pas été correctement anticipées. En effet, les stratégies de sobriété pourraient potentiellement aider les pays à améliorer leur sécurité énergétique et matérielle, leurs balances commerciales et leur autonomie stratégique.

Vers une meilleure représentation des risques de mi-transition

Aucun modèle intégré économie-climat ne prend aujourd'hui en compte le régime émergent de crises multiples lié à cette période de mi-transition. Il s'agit pourtant des questions de politique économique les plus pressantes du moment. Nous essayons dans cette partie de dégager les grands canaux de transmission de ces déséquilibres globaux au niveau d'une économie ouverte, soulignant au passage les besoins d'évolution de la modélisation macroéconomique.

Le déploiement de technologies vertes à l'échelle mondiale implique de forts rendements d'échelle croissants au niveau national, entraînant une baisse des coûts énergétiques, des niveaux d'investissement plus élevés et éventuellement des points de bascule technologiques (figure 10.3). Les coûts des technologies à faible émission de carbone diminuent rapidement avec les investissements cumulés, permettant un déploiement supplémentaire de ces technologies[35], renforcé par un déploiement conjoint dans d'autres pays. De même, les coûts de financement ont tendance à diminuer avec le taux d'adoption. Les coûts liés à l'accès au financement diminuent à mesure que les acteurs financiers acquièrent de l'expérience dans les technologies et les marchés verts[36]. Cette expansion réduit les coûts de l'énergie dans l'économie, mais exerce également une pression sur les marchés des énergies fossiles. Le manque de coordination de la production entre les pays sur les marchés fossiles pourrait entraîner une capacité insuffisante ou excessive, ou les deux en alternance, entraînant potentiellement une volatilité des prix et des volumes.

Une baisse de la demande mondiale de combustibles fossiles et une volatilité associée des prix des combustibles fossiles auront probablement des implications économiques négatives pour les pays exportateurs de ces combustibles. La perspective d'une baisse de la demande de fossiles réduit les investissements dans l'extraction de fossiles, ce qui a un impact négatif sur l'investissement global, l'emploi et le PIB. Elle incite également à une réévaluation des actifs liés aux fossiles. Cela affecte les investisseurs internationaux qui détiennent ces actifs et crée ainsi des risques de contagion en cas d'insolvabilité d'entreprises ou de surendettement. Toutes choses égales par ailleurs, la baisse des exportations entraîne une détérioration des soldes des comptes courants et exerce une pression de dévaluation sur le taux de change que la banque centrale ne pourrait que partiellement contrer. Une détérioration de la position extérieure globale d'un pays implique moins d'investissements de pétrodollars dans les centres financiers internationaux.

Les effets dans les pays exportateurs de technologies propres vont dans le sens opposé. La demande internationale de biens d'équipement de technologies propres augmente et stimule l'investissement et la production de ces technologies, avec des effets positifs sur la production et l'emploi. Le boom des technologies propres profite aux investisseurs nationaux et internationaux avec une exposition directe et indirecte à ces actifs. Une amélioration du compte courant entraîne une pression à l'appréciation du taux de change. Une amélioration de la position extérieure globale d'un pays déclenche davantage d'investissements dans les centres financiers internationaux, qui pourraient être ou non les mêmes centres financiers internationaux qu'au cours des dernières décennies. Les effets sont analogues pour les pays exportateurs de minerais critiques.

Il existe une grande incertitude quant à l'endroit où les chaînes de valeur à faible émission de carbone pourraient émerger. Les incertitudes liées aux chaînes d'approvisionnement à faible émission de carbone sont beaucoup plus importantes que celles liées à la taille et à l'emplacement des actifs à forte émission de carbone bloqués. Alors que la localisation des actifs fossiles qui devront éventuellement être retirés est bien connue, la localisation du développement des chaînes d'approvisionnement bas-carbone est plus difficile à anticiper. L'indice des perspectives de transition aide à identifier dans quels écosystèmes de fabrication existants la production de technologies propres pourrait survenir, en fonction des capacités nationales actuelles. Les pays exportant des produits bruns technologiquement sophistiqués pourraient avoir une transition relativement facile. À l'inverse, les pays dont les exportations sont fortement concentrées sur quelques produits bruns peu complexes auraient beaucoup moins d'opportunités de diversification. La proximité entre les produits bruns et verts est plus grande, toutes choses égales par ailleurs, lorsque les produits sont plus complexes.

Il est peu probable que le commerce futur des technologies vertes compense les pertes du commerce des combustibles fossiles. Étant donné que les ressources fossiles sont géographiquement concentrées, une grande partie des combustibles fossiles produits sont commercialisés, tandis que les énergies renouvelables sont disponibles dans tous les pays. Les coûts globaux sur la durée de vie des technologies propres sont souvent inférieurs à ceux des combustibles fossiles pour un service énergétique équivalent et diminuent rapidement. Comme les pays producteurs de combustibles fossiles ne sont généralement pas les mêmes que ceux qui produisent des technologies propres, il est peu probable que les deux flux se compensent. Au lieu de cela, une image complexe des modèles commerciaux mondiaux en évolution et en déclin émerge.

L'adoption de technologies propres réduit presque universellement les importations nettes des pays en développement et émergents qui ne produisent ni combustibles fossiles ni technologies propres au niveau national et améliore à terme leur solde de compte courant. Au cours de la durée de vie des technologies à forte intensité de carbone, les dépenses consacrées aux combustibles fossiles sont généralement comparables à leurs coûts d'investissement. Les technologies propres n'ont, au contraire, aucun coût de carburant et des coûts d'investissement en baisse rapide, bon nombre d'entre elles étant proches de la parité des coûts avec leurs homologues fossiles. De simples projections de la différence de coût en capital entre les technologies équivalentes à forte et faible émission de carbone suivant les courbes d'apprentissage et les trajectoires d'investissement suggèrent la réalisation de la parité des coûts même sur le coût du capital avant 2040. Cet effet positif peut être contrebalancé par des problèmes de financement spécifiques, notamment par le coût du capital beaucoup plus élevé auquel les pays en développement et émergents sont confrontés en général par rapport aux économies développées, ainsi que la rentabilité encore bien supérieure des investissements fossiles.

Les implications globales sur l'emploi de la transition bas-carbone sont incertaines (figure 10.4). Les investissements à faible émission de carbone augmentent généralement l'emploi dans les secteurs de la fabrication, de la construction, de l'électricité et des transports à court et à moyen terme, à mesure que les nouvelles technologies sont déployées, et diminuent l'emploi en conséquence dans les secteurs de l'énergie et de la fabrication à forte émission de carbone. Cependant, l'emploi est également affecté par la politique climatique dans d'autres pays si elle réduit l'activité domestique à forte intensité de carbone par le biais d'une baisse des exportations. Les énergies renouvelables nécessitent actuellement moins d'emplois d'exploitation et de maintenance par unité de production que les combustibles fossiles, alors qu'elles requièrent des emplois comparables dans la construction. À plus long terme, les augmentations de productivité, à mesure que les coûts en capital diminuent suivant les courbes d'apprentissage, peuvent impliquer moins de travailleurs par unité de service énergétique produit globalement. L'impact global sur l'emploi dépend fortement de la structure industrielle d'un pays et de la création d'activités à faible intensité de carbone, plutôt que de la perte d'activités à forte intensité de carbone.

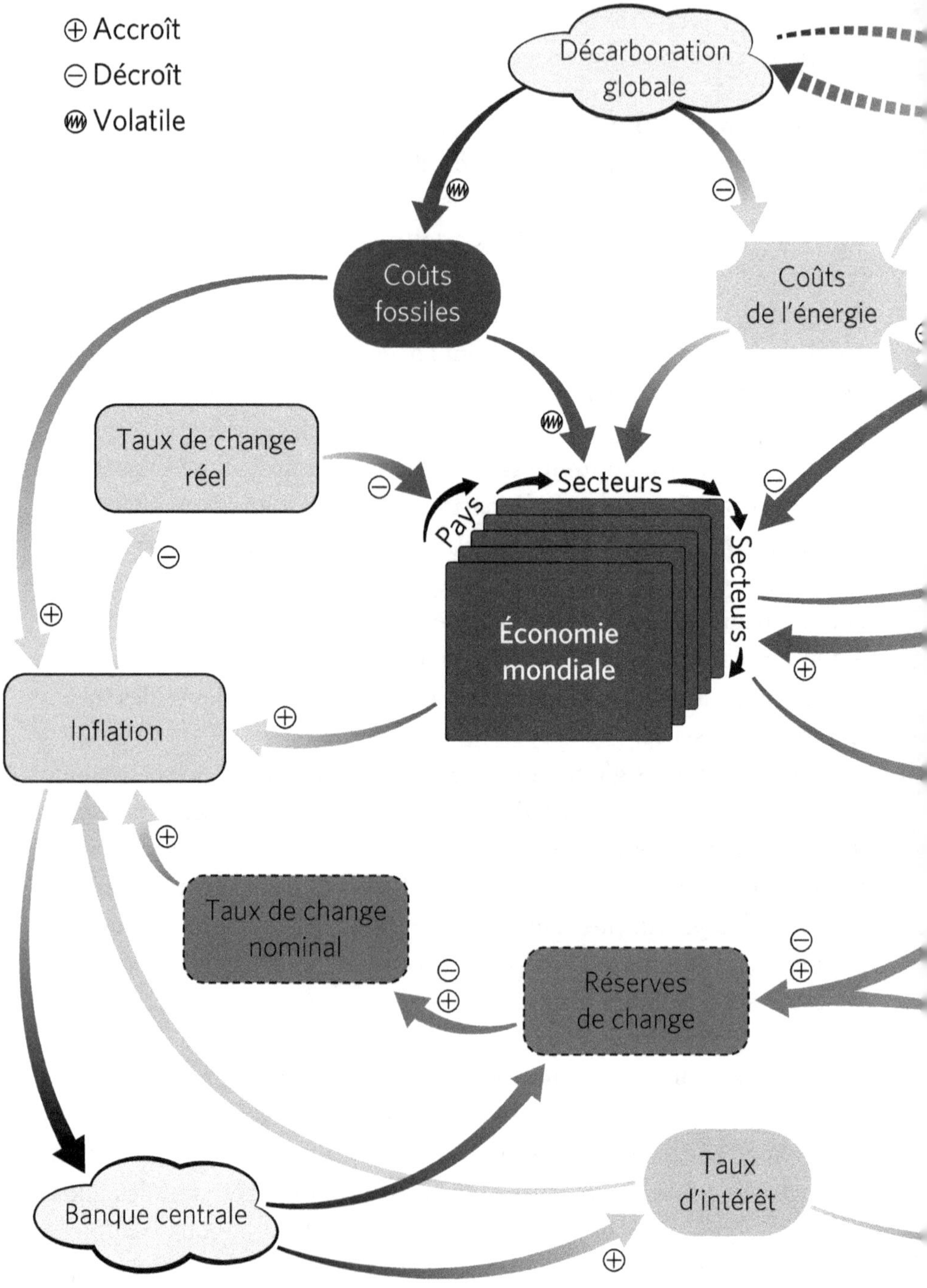

Figure 10.4. Liens entre la décarbonation, les balances commerciales, les taux de change, l'inflation, l'emploi, les balances budgétaires, les dettes publiques et les équilibres financiers.

Note. Cartographie des rétroactions dynamiques entre la décarbonation intérieure, les investissements et les réductions de coûts pour les technologies à faible émission de carbone, et leur impact sur l'économie, les balances commerciales, les taux de change et l'inflation. La palette de couleurs est utilisée pour la clarté de l'exposition.
Source : d'après Espagne, E., Oman, W., Mercure, J.-F., Svartzman, R., Volz, U., Pollitt, H., ..., Campiglio, E. (2023).

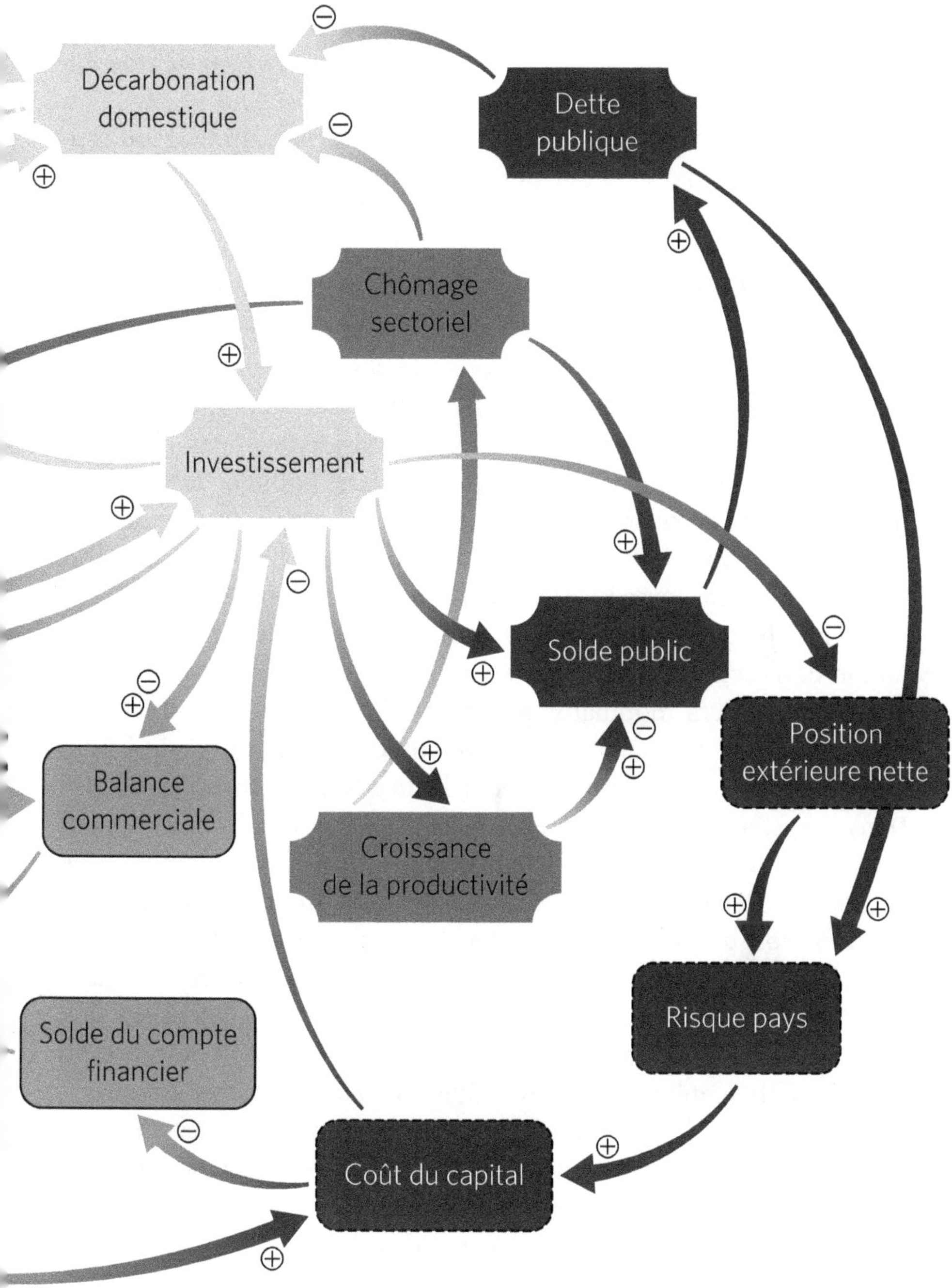

Décarbonation domestique
Dette publique
Chômage sectoriel
Investissement
Solde public
Position extérieure nette
Balance commerciale
Croissance de la productivité
Risque pays
Solde du compte financier
Coût du capital

Le processus économique de décarbonation peut stimuler ou freiner l'acceptation par le public des politiques climatiques (figure 10.4). La réaffectation potentielle de l'emploi et d'autres impacts distributifs réels ou perçus résultant de la décarbonation peuvent avoir un impact négatif sur son acceptation[37]. Cependant, l'investissement dans les technologies propres pourrait créer des emplois et générer l'effet inverse. L'investissement dans les technologies propres peut également réduire les soldes budgétaires, car l'investissement initial total requis pour atteindre les objectifs climatiques est considérablement plus élevé que les contrefactuels sans transition. Une dette publique temporairement plus élevée pourrait également affecter l'espace budgétaire des pays et/ou l'acceptabilité politique de la politique climatique. Cela est d'autant plus vrai lorsque la dette est en devise étrangère.

La modification du commerce mondial causée par une décarbonation de l'économie mondiale peut entraîner des conséquences sur les flux financiers mondiaux, la stabilité financière et l'architecture financière internationale. Le solde du compte courant est souvent un mauvais indicateur de l'ampleur et de la direction des flux financiers[38]. Dans le système financier intégré actuel, les sources de financement sont liées à la localisation des banques, presque indépendamment de la direction des flux de marchandises associés. Après le processus de libéralisation du compte de capital des quatre dernières décennies, la politique monétaire des économies à revenu élevé, principalement les États-Unis, est transmise par le biais de l'effet de levier et des flux bruts de capitaux transfrontaliers, en particulier les flux de crédit au reste du monde, même dans des régimes de taux de change flottants[39]. Des perspectives de croissance élevées et une dette publique faible ont peu d'importance pour expliquer les flux de capitaux, tandis que les différentiels de taux d'intérêt sont critiques[40].

Les effets géopolitiques de l'émergence de nouvelles filières bas-carbone et de l'échouage d'actifs liés aux énergies fossiles ont une dimension financière qui n'est pas captée par l'évolution des relations commerciales. Cela découle du fait que la géographie mondiale de la propriété des actifs productifs ne correspond généralement pas à la géographie de ces actifs eux-mêmes, car la propriété des actifs liés aux fossiles traverse fréquemment les frontières[41]. Sur la base de ces informations, il faut ajouter un ensemble de variables et de liens financiers clés, complémentaires aux effets sur l'économie réelle explorés précédemment. La figure 10.4 tente ainsi de saisir les liens entre la décarbonation mondiale en tant que force structurelle et les effets macroéconomiques et financiers, y compris de nature géopolitique.

Il est donc nécessaire de modéliser explicitement les flux financiers endogènes sous forme de prêts internes aux pays, d'investissements de portefeuille et de prêts transfrontaliers afin d'évaluer attentivement les problèmes de balance des paiements[42], en particulier pour les pays émergents face aux politiques climatiques. Diverses tentatives de construction d'un tel cadre ont récemment été appliquées à la transition énergétique en Colombie[43], aux pertes de production agricole liées au changement climatique en Tunisie[44], aux impacts plus larges du changement climatique et à l'adaptation au Vietnam[45], aux tests de résistance climatique du secteur financier aux Philippines[46] et aux risques d'atténuation et d'impact climatique en Indonésie[47]. La prise en compte explicite de la finance dans la modélisation macroéconomique liée au climat permettrait donc une évaluation plus contingente des risques et des opportunités de l'architecture financière internationale.

Quelle complémentarité de l'action publique et de l'engagement financier en période de mi-transition ?

Une période d'instabilité de mi-transition est possible à court et moyen terme, que les pays s'alignent ou non sur l'accord de Paris, en raison des changements en cours dans le système énergétique mondial engagés par les politiques climatiques passées. Cependant, il existe également un risque que l'instabilité inhérente à cette période de mi-transition dure plus longtemps si les processus endogènes d'instabilité interfèrent avec la décarbonation et enferment l'économie mondiale dans une forme de « piège de la mi-transition ». Cela pourrait se produire si la coordination internationale et les instruments politiques nationaux ne parviennent pas à faire face aux risques d'instabilité spécifiques qu'une transformation rapide implique.

Affronter le changement climatique et plus largement le dérèglement des écosystèmes, c'est transformer des structures de production, des modes de vie et des territoires à une échelle sans précédent avant le milieu du siècle, avec une avancée décisive dans la décennie 2021-2030. L'urgence est grande car, le GIEC l'a rappelé dans le résumé pour décideurs politiques de son rapport d'avril 2023, la fenêtre d'opportunité pour préserver un climat supportable sur l'ensemble de la planète est en train de se fermer. Or les besoins d'investissement les plus importants se trouvent dans les pays émergents et en développement, dont le poids démographique, et de plus en plus économique et géopolitique, va devenir prépondérant. Éviter le piège de la mi-transition requiert des formes nouvelles de coordination étrangères au régime du Capitalocène IV.

Les investissements requis sont particulièrement risqués par leurs durées, les tailles des engagements initiaux de capitaux, les incertitudes à la fois techniques et écologiques et les risques de manque de continuité politique. Or mettre en pratique l'ensemble des principes de régulation étudiés dans ce chapitre implique la continuité stratégique d'une vision de longue période. C'est ce qui fait le plus défaut à cause de la défaillance des marchés relativement à la nature des processus en jeu, du poids politique des lobbies du carbone et de la faiblesse des régimes politiques démocratiques, victimes de la tragédie des horizons. Seul un *pacte politique* fondé sur le principe supérieur de préservation de la civilisation humaine à travers les générations peut le faire sous une orientation garantie par les Nations unies. La planification écologique pourrait bien en être l'instrument. Nous abordons dans le prochain chapitre ses déclinaisons concrètes.

CHAPITRE 11

Les formes émergentes de la planification écologique

L'émergence multiforme d'un nouveau paradigme ?

Les formes de l'État capitaliste ont grandement évolué après la crise de 1929 aux États-Unis, produisant le New Deal de Roosevelt dès 1933, et l'instauration de différentes formes de protection sociale en Europe après la Seconde Guerre mondiale. Mais, après la grande crise inflationniste des années 1970, quarante années de néolibéralisme ont imposé le principe de la valeur actionnariale dans le monde anglo-saxon. Ces quarante années ont entraîné le long déclin des progrès de productivité et provoqué un fléchissement spectaculaire des taux d'investissement productifs. Ce ralentissement tendanciel des progrès de productivité dans les pays dits développés a été en partie compensé au niveau mondial par l'émergence des pays asiatiques et surtout de la Chine dans la première décennie des années 2000, lorsque la crise asiatique de 1998 a été surmontée.

En dépit de la signature de l'accord de Paris en 2015 et de l'aggravation de plus en plus spectaculaire des phénomènes destructeurs de la nature et de leurs impacts socio-économiques toujours plus visibles, les contributions à la réduction globale des émissions déposées par les gouvernements n'ont toujours pas porté leurs fruits. Des formes d'incertitude inédites pour les citoyens des États modernes surgissent dont ils pouvaient se sentir protégés jusqu'ici par une forme de contrat social plus ou moins tacite. Des problèmes *a priori* évidents de subsistance, tels que l'accès à l'eau, des enjeux de santé tels que la maîtrise des pandémies, se voient effectivement écartés du domaine de contrôle et de garantie de l'État.

La dette écologique, accumulée au cours des différentes phases du Capitalocène, fait ici retour de manière imprévue au sein des États du cœur capitaliste. Elle révèle que l'État moderne rencontre des difficultés sérieuses pour remplir un de ses rôles les plus fondamentaux de protection et de maîtrise du temps long. Les inégalités générées par l'État moderne dans sa forme néolibérale se doublent par ailleurs des inégalités provoquées par son incapacité à protéger et à maîtriser les forces qu'il a lui-même libérées. Les peuples autochtones, pourtant longtemps habitués à vivre à la merci des éléments naturels dans des formes de relations souples que nous avons en partie saisies au chapitre 2, paient aujourd'hui le plus lourd tribut aux dérèglements en cours. Fonte de la banquise et des glaciers, extension des zones arides et mégafeux de forêt font partie de la dette écologique qu'ils paient en lieu et place de l'État moderne et de ses promesses de stabilité non tenues face aux incertitudes du temps. L'IPBES (Intergovernmental Platform on Biodiversity and Ecosystem Services) considère pourtant ces peuples autochtones comme les gardiens les plus importants d'une biodiversité aujourd'hui menacée.

Devant ces échecs structurels de la dernière période du Capitalocène (Capitalocène IV), une offre nouvelle d'organisation de la puissance publique et de légitimation de son action face aux catastrophes environnementales semble toutefois voir le jour : débats autour d'un Green New Deal aux États-Unis, actés très partiellement dans la loi IRA (*Inflation Reduction Act*), proposition du Green Deal par la Commission européenne, débats sur une planification écologique en France, tentatives de promouvoir une civilisation écologique en Chine et essais dans certains pays de faire advenir dans un cadre politique contemporain des formes d'ontologies non naturalistes (droits juridiques accordés à des éléments naturels). Ces formes émergentes ne sont certes que des réponses très partielles aux principes de régulation dressés au chapitre précédent. Mais il est essentiel néanmoins de confronter ces principes aux réalités contemporaines pour ouvrir un chemin possible des uns aux autres.

Nous choisissons d'assembler ces différentes modalités émergentes, malgré leur grande diversité pratique, sous le terme générique de *planification écologique*. Si elles ont en commun l'idée d'une maîtrise collective du temps long à l'intérieur de limites écologiques, nous n'éluderons pas leurs différentes généalogies. Certaines d'entre elles insistent sur le nécessaire changement radical de cosmologie, d'autres reposent sur une hypothèse implicite de croissance verte encore possible sous l'impulsion d'une puissance publique renforcée, d'autres enfin portent sur l'extension de la démocratie à la dynamique économique. Toutes placent un regard renouvelé sur les besoins de capacités de production au moins dans certains secteurs industriels clés. La transition écologique apparaît avant tout comme une transformation structurelle, au sein des secteurs économiques et entre secteurs déclinants et émergents. Nous n'éludons pas non plus les difficultés qu'il pourrait y avoir dans cette diversité à faire émerger une coopération internationale institutionnalisée, qu'il s'agisse du secteur financier, des outils de coordination politique ou encore des contre-propositions altermondialistes.

Les formes concrètes de la planification écologique sont ainsi au cœur de ce chapitre. La notion de planification écologique représente une proposition de renouvellement de l'institution de l'État pour répondre au défi, trop longtemps ignoré, de la dette écologique. Elle repose sur l'idée que des actions publiques immédiates à très grande échelle peuvent seules permettre de créer l'impulsion de la bifurcation des modes de production, de consommation et plus largement des manières d'habiter la planète. Elle adopte une perspective globale dans la mesure où elle place en son cœur la protection de biens communs globaux menacés. Elle use principalement des leviers des États-nations mais se décline de manière locale dès lors que les problématiques le justifient. Initialement venue de la gauche de l'échiquier politique, la notion de planification écologique reprend progressivement la place centrale que l'idée de planification pouvait avoir dans de nombreux pays développés dans les décennies d'après-guerre, en agrégeant en chemin des préoccupations de type industriel et technologique.

L'économie politique de ce mode émergent de planification écologique reste propre à chaque pays ou région du monde. La Commission européenne a lancé ainsi le Green Deal, accompagné du plan Next Generation EU, reposant pour l'essentiel sur un élargissement des outils de marché développés lors de la dernière période du Capitalocène. Les États-Unis de Joe Biden parviennent à grand-peine à faire passer une loi d'investissement public dans les secteurs décarbonés, opportunément rebaptisée en plan de réduction de l'inflation (*Inflation Reduction Act* ou loi IRA) pour inciter une partie des députés républicains à rejoindre les démocrates. La Chine, de son côté, met au centre de sa vision propre du développement l'idée de civilisation écologique. Nous reviendrons sur l'écologie politique très spécifique qui se dégage de ces trois exemples.

Au-delà de ces caractéristiques régionales, l'articulation globale est sans doute le lieu des conflits et compromis entre les différentes formes de planification écologique. Le système financier, les relations commerciales, les politiques industrielles et les formes de l'aide au développement sont autant de vecteurs par lesquels un modèle de planification écologique s'articule avec le reste du monde, accentuant ou atténuant les risques de mi-transition mis en évidence au chapitre précédent. Les leviers économiques que déploient la Chine, l'Europe et les États-Unis ne sont pas accessibles à tous les pays du monde. De nombreux pays se voient contraints de développer des stratégies subordonnées vis-à-vis des politiques climatiques. Par ailleurs, une fragmentation géopolitique accrue rend la préservation d'une convergence de vues concernant les biens publics globaux plus difficile que jamais. La planification écologique apparaît, ainsi, au moins autant comme une réalité balbutiante au niveau de certaines nations avancées que comme un horizon encore lointain dans son articulation à l'échelle mondiale.

La civilisation écologique chinoise

Étudions d'abord l'approche de la planification stratégique dans un pays encore appelé émergent, bien qu'il accède d'ores et déjà à toute la capacité technologique des pays dits avancés : la Chine. La réponse proposée par le pouvoir chinois pour s'accorder à la notion onusienne de développement soutenable s'articule autour de la promotion du concept de *civilisation écologique*. Le terme « civilisation » possède une signification politique particulière dans la rhétorique du Parti communiste chinois (PCC) depuis la campagne dirigée par Deng Xiaoping durant les années 1980 pour promouvoir une « civilisation spirituelle » inspirée de la tradition confucéenne qui compléterait la « civilisation matérielle » découlant des réformes économiques[1].

LA MISE EN AVANT D'UN RÉCIT FÉDÉRATEUR

Mise en avant d'abord par l'ancien président de la République populaire de Chine Hu Jintao en 2007, la civilisation écologique a progressivement été promue au rang d'objectif primordial du Parti communiste chinois (PCC) en 2012, puis de principe constitutionnel de la République populaire en 2018. La médiatisation croissante de ces questions environnementales dans les journaux et les réseaux sociaux chinois a poussé le gouvernement central à lutter avec plus de fermeté contre la pollution. L'écologie devient ainsi en Chine un enjeu majeur de la stabilité politique du pays. Dans cette perspective, Hu Jintao a légué l'essentiel de la tâche de réformer le modèle industriel à son successeur Xi Jinping.

À la différence de ses prédécesseurs, qui concevaient la crise environnementale comme une menace sociale et politique aux ramifications internationales complexes, Xi Jinping en fait un récit positif, un élément clé de la « nouvelle ère » pour la nation chinoise[2]. Cela se traduit fortement dans le XIVe plan quinquennal de 2021, étape charnière dans l'initialisation d'une transformation écologique à la chinoise pour plusieurs raisons. L'engagement international pris lors de la COP26 à Glasgow fin 2021 d'atteindre la neutralité carbone en 2060, puis le dénouement diplomatique de l'accord de Kunming-Montréal en décembre 2022, engageant les pays signataires à tendre vers une « civilisation écologique et un mode de vie en harmonie avec la nature », ont ouvert les premières perspectives internationales à la notion de civilisation écologique.

LA CIVILISATION ÉCOLOGIQUE CHINOISE EN PRATIQUE

Le XIVe plan quinquennal est une étape charnière dans la réforme chinoise pour plusieurs raisons. En premier lieu, il approfondit l'objectif de la nouvelle ère dans la réforme chinoise : passer d'une croissance intensive en capital à un développement dirigé par l'innovation pour faire de la productivité globale des facteurs la principale source de croissance. C'est une stratégie de long terme qui envisage une autosuffisance pour les technologies critiques du côté de l'offre. En deuxième lieu, il sollicite le budget du gouvernement central pour financer des politiques sociales, de manière à réduire les inégalités entre les provinces et entre les classes sociales du côté de la demande. En troisième lieu, il s'engage fortement dans une transition énergétique majeure.

Cet engagement vise à atteindre la neutralité carbone en 2060. Il requiert une trajectoire d'investissement ambitieuse dans la production d'énergies renouvelables, la distribution d'électricité, les transports moins polluants, la rénovation des bâtiments, la bioagriculture et la restauration des habitats naturels. La première phase de cette transformation à long terme pour une écologie politique est d'atteindre le maximum d'émissions de GES pour amorcer leur reflux dans la présente décennie. Cette dimension d'écologie politique fait partie intégrante de la réalisation de l'« économie socialiste de marché » visée pour 2035.

Le XIVe plan quinquennal inaugure un changement fondamental dans le régime de croissance de la Chine. C'est la *double circulation*. La composante domestique consiste à développer le marché de la consommation pour une classe moyenne élargie, à partir d'innovations fondées sur des capacités scientifiques et technologiques, recherchant une autosuffisance liée à un marché intérieur porteur. Une augmentation massive de la R&D pour atteindre 3 % du PIB est orientée vers les secteurs stratégiques que sont la biotechnologie, les semi-conducteurs et les véhicules électriques. Le XIIIe plan avait déjà engagé la revitalisation des zones rurales par la protection des terres arables, la construction de réservoirs de conservation d'eau douce et la diversification de variétés de production agricole pour renforcer la sécurité alimentaire. De meilleures infrastructures routières, ferroviaires et de télécommunications ont été construites pour renforcer l'intégration rurale urbaine.

Il est significatif que les autorités politiques cherchent à promouvoir ce changement structurel avec une prudence macroéconomique, budgétaire et monétaire. Car il existe un héritage de risques financiers dans les entreprises publiques et les collectivités locales provenant d'un endettement élevé antérieur, combiné à un fléchissement de la rentabilité dû à l'épuisement du régime d'accumulation intensive. C'est donc la complémentarité entre les régulations publiques et les décisions d'allocation de capital des firmes qui doit assurer la progression tendancielle de la productivité globale des facteurs.

À l'opposé des États-Unis, lancés dans une fuite en avant de la dette publique, le leadership politique chinois veut réinventer le capitalisme dirigé par l'État. Ainsi le droit des affaires est-il réformé pour mieux répondre aux besoins des entreprises concernant la mixité du capital public et privé dans la restructuration des fonds propres des entreprises publiques. C'est la mise en œuvre de l'agenda politique annoncé par le président Xi : que le marché joue un « rôle décisif » dans l'allocation des ressources, tout en renforçant le rôle d'entraînement de la planification stratégique pour guider la société vers les buts de long terme en surmontant l'incertitude. La Chine est ainsi en pointe pour stopper les pratiques monopolistes des fintechs et pour introduire la monnaie digitale de banque centrale.

Pour conclure cette analyse sur ce qu'est la planification stratégique en Chine, donnons quelques précisions sur deux transformations majeures dans le sens de l'écologie politique : le nouveau type d'urbanisation d'un côté, la transition énergétique et la réhabilitation des écosystèmes de l'autre.

Une dimension essentielle pour réduire les inégalités territoriales et sociales est la politique « Go West ». Comme on va le voir dans la section concernant l'Europe, le réaménagement des territoires est une dimension cruciale de l'écologie politique. En Chine la population est relativement peu urbanisée en comparaison des pays occidentaux. 60 % de la population vivait en ville en 2019. La projection de la Commission du Plan est de 10 millions de migrants par an jusqu'à 2025. Le pire obstacle à la réduction des inégalités sociales et territoriales est le prix du foncier dans les métropoles. Ce sont les gouvernements locaux qui sont responsables du contrôle des prix dans les métropoles de première catégorie, telles que Pékin, Shanghai ou Shenzhen, visant à limiter la concentration de la propriété immobilière aux mains des catégories les plus riches.

Combinée au mouvement Go West, cette politique cherche à orienter les migrants ruraux vers les villes de deuxième et de troisième catégorie, formant des réseaux connectés grâce aux investissements dans les transports collectifs et les communications. Cette nouvelle urbanisation est aidée par le gouvernement central avec des transferts budgétaires pour éviter l'augmentation de l'endettement des collectivités locales.

La transition énergétique est cadrée par les objectifs de neutralité carbone en 2060 et le pic d'émission avant 2030. Dans ce domaine, le principal objectif du XIVe plan quinquennal est de substituer les énergies renouvelables au charbon dans la production de l'électricité.

La transition doit se faire systématiquement dans le chauffage des habitations et dans les restructurations technologiques de l'industrie, en surmontant les résistances des gouvernements locaux des zones charbonnières. L'usage de la taxe carbone ou du schéma des permis d'émission permet une redistribution des ressources fiscales supplémentaires vers les provinces pauvres en même temps que des programmes de reconversion des travailleurs vers d'autres activités.

La capacité installée de panneaux solaires est plus importante en Chine que dans l'ensemble du reste du monde. La capacité éolienne a doublé depuis 2017 et est appelée à doubler encore d'ici à 2025. Des subventions et des régulations massives ont permis l'émergence d'un secteur des énergies renouvelables très compétitif à l'échelle mondiale, de sorte que les émissions de CO_2 de la Chine pourraient connaître leur pic avant 2030[3]. Toutefois, l'intermittence des énergies renouvelables est une menace pour la sécurité énergétique. Il y a donc un besoin urgent d'un dispositif intelligent de distribution d'électricité (*smart grid*), utilisant les technologies digitales, pour réguler automatiquement les fluctuations de la demande d'électricité. Accroître les réserves en gaz naturel pourrait être un complément transitoire pour se débarrasser du charbon.

Enfin, pour restaurer les écosystèmes, un programme a été entrepris pour transformer trente millions d'hectares de terres désertiques en forêts et en zones humides dans vingt-cinq provinces pour séquestrer du carbone et combattre les inondations. L'importance des territoires dans l'élaboration d'une écologie politique, telle qu'observée dans l'étude de la réforme chinoise, incite à en faire un domaine primordial des politiques de régulation du Capitalocène.

DES PROBLÈMES STRUCTURELS INTERNES PERSISTANTS

Le vieillissement démographique et la question sociale

Selon les démographes, la population chinoise aurait commencé à diminuer en 2022, ce qui peut entraîner des conséquences contradictoires. D'un côté, les coûts de la santé et de l'aide sociale vont augmenter. De l'autre, la croissance du revenu par habitant va dépasser celle du PIB. Cela veut dire que, dans la présente décennie, la Chine va acquérir les caractéristiques des pays développés. Elle va cesser d'être la manufacture du monde pour opérer une transition vers un modèle économique fondé sur la consommation, propre aux pays développés.

Le système de protection sociale s'est rapidement développé depuis le milieu des années 2000. Mais il demeure insuffisant par sa fragmentation et doit donc encore être réformé pour garantir sa viabilité. En effet, la protection sociale est constituée de plusieurs régimes disparates et fragmentés géographiquement, distinguant les salariés urbains et les résidents ruraux.

En niveau, la protection est encore insuffisante pour les budgets des ménages. Les taux de cotisation sont plus élevés que ceux des pays de l'OCDE, hormis les États-Unis. C'est la situation des retraités ruraux qui est difficile, et celle des migrants reste précaire. Aussi la protection sociale doit-elle encore être réformée pour assurer la viabilité des assurances vieillesse et santé. Comme dans certains pays développés, dont la France, les autorités chinoises envisagent de repousser l'âge de départ à la retraite.

Par ailleurs, le président Xi Jinping est décidé à introduire la taxation des propriétés résidentielles et commerciales dans les villes, de manière à remplacer les revenus des gouvernements locaux tirés des ventes de terrain et à mettre un terme à la spéculation. La prospérité commune passe par une réforme qui entend redistribuer la richesse. La taxe devrait être levée par les gouvernements locaux après une expérimentation à Shanghai et à Chongqing.

Le délicat virage vers une autosuffisance dans les technologies de pointe

Xi Jinping insiste sur l'idée de bâtir une « Chine forteresse », c'est-à-dire une superpuissance technologique qui dépende le moins possible des pays occidentaux. Cela ne veut évidemment pas dire fermer la Chine aux échanges internationaux, mais développer une planification technologique sous l'égide de la Commission centrale pour l'approfondissement de la réforme.

C'est un énorme pari qui va conduire la Chine à investir d'importantes ressources pour atteindre l'autosuffisance dans les technologies de pointe. Ainsi plus de 150 milliards de dollars vont-ils être investis dans les semi-conducteurs par le gouvernement central et 25 milliards de dollars par les gouvernements locaux pour financer les entreprises de semi-conducteurs. D'ailleurs une première percée a déjà été enregistrée au cours de l'été 2022. L'entreprise SMIC, l'un des leaders de l'industrie, est parvenue à produire des *chips* de 7 nanomètres, juste une génération derrière les leaders de l'industrie, TSMC à Taïwan et Samsung en Corée du Sud. Au total, 8 997 entreprises sont qualifiées de « petits géants ». Pour aider leur financement, l'État a établi 1 800 fonds de capital-risque pour aider les entreprises des secteurs stratégiques.

La politique zéro Covid a accentué la baisse de la croissance chinoise en 2022 par les réductions drastiques de la mobilité et donc de la consommation qui ont résulté des confinements dans certaines des plus grandes villes du pays dont Shanghai. Il n'y avait guère de signe que le président Xi dans son troisième mandat veuille changer significativement cette politique, jusqu'à la décision surprenante d'ouverture du pays et donc d'abandon de la politique zéro Covid prise par Xi Jinping après le congrès du PCC qui l'a reconduit à la tête du Parti et à la présidence de l'État.

En dépit d'une croissance des investissements dans les infrastructures de 7,4 % de janvier à juillet 2022 en glissement annuel, la cible de croissance du PIB de 5,5 % pour l'année 2022 ne pouvait être réalisée malgré une politique monétaire accommodante de la Banque populaire de Chine (PBOC). En effet, celle-ci a été accommodante sur ses taux directeurs à un an et à cinq ans pour abaisser les coûts du crédit aux entreprises et du crédit hypothécaire, profitant de ce que l'inflation est basse en Chine relativement à celle des pays occidentaux.

Le gouvernement chinois a mis fin à la politique zéro Covid à l'intérieur du pays le 7 décembre 2022. Puis le 26 décembre est venue l'annonce qu'à partir du 8 janvier 2023 les tests et mesures de quarantaine pour les personnes entrant dans le pays étaient supprimés. Cette date marque donc une étape décisive pour la réouverture de la Chine sur le monde. Le premier ministre Li Keqiang reconnaissait que cela impliquait des tâches nouvelles à tous les niveaux de gouvernement. Il fallait « redoubler d'efforts pour garantir efficacement l'accès de la population aux services médicaux et aux fournitures antiépidémiques, de manière à sauvegarder la santé du peuple ».

Derrière cette transition chaotique, le président Xi a décidé une restructuration pour rétablir les liens diplomatiques et pour relancer les politiques économiques dans l'esprit du XXe congrès du Parti communiste chinois en octobre 2022, visant des objectifs à long terme.

Dans une perspective économique, l'objectif est de restaurer une croissance relativement robuste en dépit de la baisse de la population, d'améliorer la situation de centaines de millions de travailleurs ruraux, de stabiliser le marché immobilier et d'améliorer les finances de nombreux gouvernements locaux. Dans ces conditions la croissance du PIB en 2023 pourrait être au-dessus de 5 %.

Dans les relations internationales, la priorité est clairement de mettre un terme à l'isolement de la Chine et de rétablir des liens persistants avec l'Union européenne qui est le principal partenaire commercial de la Chine et surtout avec les puissances occidentales de la zone euro. L'enjeu est d'éviter tout découplage, car des entreprises européennes importantes sont des investisseurs étrangers en Chine.

Une accélération de la croissance chinoise était attendue au deuxième trimestre 2023. L'épargne forcée des ménages chinois à la suite des confinements répétés est très élevée. Le retour de la dépense des ménages de la classe moyenne vers l'objectif de « prospérité commune » devrait permettre un sursaut de dépenses de consommation. Ce sursaut de dépenses équivaudrait à une croissance de 5,5 % en 2023. Ainsi la commission centrale des affaires financières et économiques s'attend-elle à une reprise accélérée de la consommation des ménages à partir du deuxième trimestre 2023, tout en engageant les banques publiques à stabiliser le marché immobilier avec l'aide de la banque centrale.

Pour renforcer la reprise, le gouvernement doit rétablir la confiance des PME du secteur privé qui doit bénéficier de la reprise des services de mobilité. Néanmoins, à long terme, le vieillissement de la population peut continuer à affecter la croissance.

La crise immobilière

La crise immobilière a débuté par un effondrement des ventes d'appartements en cours de construction, entraînant une vague de défauts des promoteurs immobiliers. Cela s'est propagé aux véhicules financiers des gouvernements locaux (*local government financial vehicles*, LGFV) qui étaient les moteurs de la croissance chinoise tirée par l'investissement immobilier.

Présupposant une garantie implicite de l'État, ces LGFV ont accumulé un montant de dettes équivalent à près de la moitié du PIB de la Chine en 2021. Or cet endettement supportait un modèle d'investissement immobilier spécifique. Les acquéreurs de logements en construction faisaient un paiement initial d'environ 30 % de la valeur estimée de l'appartement une fois construit. Ils payaient ensuite une hypothèque mensuelle pendant que les promoteurs poursuivaient la construction du bien immobilier. La construction terminée, l'acquéreur prenait possession d'un appartement dont la valeur de marché était supérieure au prix qu'il avait payé en cours de construction. Tout cela était bel et bon tant que les prix immobiliers étaient perpétuellement à la hausse. Mais en août 2020 le gouvernement central, effrayé par le gonflement de la bulle immobilière, a restreint la capacité des promoteurs à prendre encore plus de dettes ; ce qui entraîna l'incapacité de certains promoteurs à finir la construction d'appartements déjà prévendus. Des centaines de milliers de futurs propriétaires d'appartements à terminer boycottèrent le paiement des hypothèques qu'ils s'étaient engagés à honorer à plus de 300 promoteurs dans environ 100 villes[4].

La phase suivante est la transmission des pertes au secteur financier, alors que les ventes de logements ont baissé d'environ 30 % au premier semestre 2022. Cela a conduit à la phase cruciale de la crise financière : l'effondrement des ventes de terrains par les gouvernements locaux, entraînant de grosses difficultés d'honorer les dettes de LGFV qu'ils possèdent. Moody's estime un déficit des gouvernements locaux à 7,5 trillions de renminbis en 2022. L'impact mondial de cette crise est considérable, puisque le FMI estime que la Chine a contribué pour 28 % à la croissance du PIB mondial de 2013 à 2018.

Les banques publiques ont débloqué 200 milliards de renminbis pour garantir l'achèvement des logements, et la China Bond Insurance Co. doit fournir des garanties pour l'émission de nouvelles obligations *onshore*. Toutefois ce soutien n'est pas suffisant pour une reprise franche de la construction et pour payer les fournisseurs. Une politique monétaire plus souple est nécessaire pour faire baisser le rendement des obligations *onshore* en apportant plus de liquidités.

Mais la reprise implique la mise en œuvre effective des réformes socio-économiques énoncées plus haut pour mettre en route effectivement la coprospérité fondée sur la consommation des classes moyennes. Il s'agit donc d'un changement du régime de développement chinois, qui reste pour le moment inachevé. La question reste ouverte de savoir si la doctrine politique impériale qui donne sa spécificité à la République populaire de Chine peut faire advenir un tel revirement, comme Deng Xiaoping avait su le faire en son temps.

*Du Green New Deal à l'*Inflation Reduction Act

LE LONG RETOUR DE ROOSEVELT

L'économie politique propre aux États-Unis fonde tout moment réformateur dans la mythologie du New Deal mis en place de 1933 à 1936 par le président Franklin Roosevelt à la suite de la crise de 1929. C'est donc naturellement par l'expression de Green New Deal (GND) que l'idée d'une forme de planification écologique à l'américaine s'est diffusée à la suite de la Grande Crise financière de 2008. Le terme a fait son apparition dans le débat public en 2007 dans une tribune libre de Thomas Friedman dans le *New York Times*[5]. Barack Obama a adopté le récit du GND lors de sa campagne en 2008. À la suite de la crise des *subprimes*, son administration a approuvé le plan de relance *American Recovery and Reinvestment Act* pour un montant de 976 milliards de dollars, dont 117 milliards orientés vers l'efficacité énergétique et les énergies renouvelables. Toutefois, en 2010, le consensus économique mondial s'est détourné des mesures de relance au profit de l'austérité. L'équilibre budgétaire est redevenu le dogme des gouvernements du G20.

Le discours du GND n'est repassé au premier plan des débats politiques américains que dans une nouvelle incarnation articulée par une coalition de mouvements sociaux et sociétaux (Sunrise Movement, Justice Democrats et Democratic Socialists of America), d'une nouvelle génération de femmes et d'hommes politiques progressistes (notamment la députée Alexandria Ocasio-Cortez) et de groupes de réflexion. En mars 2019, la députée Alexandria Ocasio-Cortez et le sénateur

Ed Markey ont présenté la résolution 109 de la Chambre des représentants des États-Unis, dont le préambule établit que le GND doit s'attaquer à la crise climatique en même temps qu'à une crise économique de stagnation des revenus et d'accroissement des inégalités. Cette résolution a proposé un plan de dix ans, mêlant volontairement de nombreux objectifs sociaux avec des objectifs de soutenabilité environnementale.

UN CHANGEMENT DE PARADIGME DES POLITIQUES CLIMATIQUES

Les investissements publics, les politiques industrielles et la planification indicative sont au cœur de ce nouveau récit. Cette proposition peut être rattachée à l'argument de base selon lequel le secteur privé ne peut pas innover sans que le secteur public lui donne un but et une direction[6]. Elle se rattache aussi à l'idée selon laquelle le développement d'une nation, y compris dans le cadre de limites planétaires, ne peut s'opérer sans certaines formes d'industrialisations choisies[7]. L'urgence climatique n'est pas une externalité que le marché peut surmonter seulement par la tarification, car elle s'imbrique entièrement dans une crise sociale.

S'appuyant sur cette base sociale, le programme du candidat Bernie Sanders en 2020 comprenait une interdiction des importations et des exportations de pétrole et de gaz, une interdiction de l'exploitation minière des montagnes et de la fracturation hydraulique, et un moratoire sur les permis de forage sur les terres publiques. Le plan de Sanders avait aussi pour objectif novateur de dépasser la part équitable des États-Unis dans les réductions d'émissions mondiales afin de compenser au moins partiellement la dette climatique permanente des États-Unis envers le Sud global.

LES COMPROMIS DE LA LOI IRA

Adopté le 12 août 2022, l'*Inflation Reduction Act* est l'aboutissement de cette décennie de tentatives de faire adopter une politique climatique majeure par le Sénat américain. L'ambition est fortement réduite par rapport aux projets initiaux du *Build Back Better Act*, mais cette loi IRA pose les bases concrètes d'une forme de planification écologique. En effet, le soutien apporté au développement des industries vertes aux États-Unis, mais également aux régions dépendantes des énergies fossiles et aux communautés les plus pauvres, vise à façonner une coalition d'intérêts économiques et sociaux favorables à de futures mesures écologiques. La loi IRA prévoit ainsi 369 milliards de dollars de dépenses en faveur du climat sur dix ans. Ces dépenses prennent la forme de crédits d'impôts pour la production d'électricité décarbonée (ou pour ses usages), de mesures de prêts et de garanties pour encourager le déploiement rapide de technologies à faibles émissions, ou encore de mesures visant le soutien à l'efficacité énergétique. Deux critères portent sur l'origine domestique des minerais critiques et de la batterie. Cette dimension, initialement passée inaperçue, a été tardivement ressentie par l'Union européenne comme une menace directe à sa propre stratégie de transition écologique formalisée dans le Green Deal européen.

Une dynamique internationale de course industrielle verte semble se dessiner, en réaction à ce « nouveau consensus de Washington[8] » qui fait dire à certains que le néolibéralisme est mort en 2023 et à d'autres qu'il reste bien vivant sous les traits d'un gigantesque mouvement de privatisation des infrastructures publiques américaines.

De fait, les pays de l'OCDE se retrouvent dans des situations très diversement exposées à la transition écologique. En utilisant la méthode proposée par Magacho *et al.* sur base de données multirégionales input-output (voir encadré 11.1), on peut observer l'exposition des pays de l'OCDE vis-à-vis de leurs industries en déclin dans les différentes dimensions externe, fiscale et socio-économique[9]. La relativement faible exposition des pays développés à la transition vers une économie à faible émission de carbone a généralement deux explications principales. Certaines économies industrialisées, comme la Suisse ou le Japon, ont déplacé leur base industrielle sans pour autant se désindustrialiser, et dépendent ainsi moins des industries à fortes émissions pour générer des recettes fiscales et extérieures. D'autres pays, en revanche, dépendent peu des industries à fortes émissions parce qu'ils se sont désindustrialisés au cours des dernières décennies, ce qui semble être le cas des États-Unis, de l'Union européenne ou de la France, comme nous le verrons dans le dernier chapitre.

ENCADRÉ 11.1. MESURE DES EXPOSITIONS À LA TRANSITION ÉCOLOGIQUE PAR LES MATRICES ENTRÉE-SORTIE MULTIRÉGIONALES (MRIO)

Magacho *et al.* ont développé une méthodologie pour analyser la dépendance des pays vis-à-vis des industries en déclin[10], en tenant compte non seulement de leur impact direct, mais aussi de leur interrelation productive, sur la base du tableau entrée-sortie multirégional EORA[11]. Cela permet d'identifier les pays les plus exposés à la transition vers une économie à faible émission de carbone dans différentes dimensions (dimensions externe, fiscale et socio-économique), du fait de l'importance relative de leurs industries « déclinantes ». Il est aussi possible d'analyser quels sont les pays les plus vulnérables en fonction de leur capacité à basculer des industries en déclin vers les industries considérées comme vertes.

Trois dimensions différentes sont considérées dans l'analyse : externe, fiscale et socio-économique. Dans le but d'évaluer l'exposition externe, le revenu net en devises étrangères induit par les industries déclinantes (exportations ajustées des intrants importés, directs et indirects utilisés dans la production) est obtenu comme suit :

$$nx_{i,j} = ex_{i,j}(1 - im_{i,j}) \qquad (1)$$

où nx_i est le revenu net en devises étrangères de l'industrie i pour le pays j, $ex_{i,j}$ représente les exportations de l'industrie i pour le pays j, et $im_{i,j}$ l'ensemble (direct et indirect[12]) des intrants importés nécessaires à la production de l'industrie i dans le pays j.

Les exportations sont obtenues directement à partir du tableau des entrées-sorties, tandis que les intrants importés incorporés sont obtenus comme suit :

$$\boldsymbol{im} = \imath^T[A^M(I - A)^{-1}] \qquad (2)$$

avec $\boldsymbol{im}$ le vecteur total des intrants importés, $\imath$ vecteur colonne de 1 (T indique la transposée), A est la matrice entrée-sortie multirégionale, et A^M est cette même matrice avec tous les éléments domestiques mis à zéro.

Pour l'estimation des dépendances fiscale et socio-économique, la production totale par secteur qui est liée directement et indirectement aux industries en déclin est estimée, puis, sur la base de la fiscalité, des salaires et de l'emploi par secteur, la part de chacune de ces variables liées aux industries en déclin est déduite.

Tout d'abord, la production totale qui n'est pas liée aux industries en déclin s'écrit comme suit :

$$x_n = (I - A_n)y_n \qquad (3)$$

Avec x_n la production totale des industries non déclinantes, A_n est la matrice entrée-sortie multirégionale avec toutes les lignes correspondant aux industries déclinantes mises à zéro, et y_n est le vecteur de

demande finale avec toutes les lignes correspondantes aux industries déclinantes mises à zéro.
La part de la variable k qui est reliée aux industries déclinantes s'écrit comme suit :

$$S_k = 1 - (x_n^T k)/(x^T k) \qquad (4)$$

Avec S_k la part directe et indirecte de la production des industries déclinantes dans la production totale (k est un vecteur unitaire), ou la part directe et indirecte des industries déclinantes dans les recettes fiscales, les salaires et l'emploi (k est la fiscalité sectorielle, la masse salariale, et l'emploi par unité de production, respectivement).

Du Green Deal européen au plan von der Leyen

LA QUESTION ENVIRONNEMENTALE COMME CIMENT DU PROJET EUROPÉEN

La Commission européenne (CE) a présenté le 27 mai 2020 aux autres institutions européennes un projet ambitieux pour la transition écologique, impliquant des investissements décarbonés de grande ampleur et de longue durée. C'est le plan européen pour la nouvelle génération (Next Generation EU), qui doit soutenir une intégration européenne renforcée. Il s'agissait de lever 750 milliards d'euros sur les marchés financiers pour constituer un fonds adossé au budget européen selon le *Multiannual Financial Framework* (MFF) 2021-2027. L'originalité est que la Commission européenne lève les fonds au nom de l'Union européenne (UE). Les fonds seront remboursés dans la longue durée (2028-2058) sur les futurs budgets de l'UE. Une partie des Fonds doit être dépensée en subventions et n'aura donc pas à être remboursée par les pays bénéficiaires. Le reste sera destiné à des crédits d'investissement recherchant un effet de levier pour les investisseurs privés. Il s'agit donc d'une indéniable avancée de l'intégration européenne qui a une portée historique pour son avenir. Cette proposition a été validée en juillet 2020 après quelques ajustements.

Le plan Next Generation EU permet à la Commission de dépasser le cadre des accords intergouvernementaux. Elle peut jouer un rôle central puisque le Parlement européen et le Conseil ont validé l'endettement collectif de 750 milliards d'euros aux prix de 2018, faisant passer la dette publique totale de l'Union de 29 à 35 % du PIB européen. Le Parlement européen a obtenu que les États s'engagent à introduire de nouvelles ressources propres d'ici à 2026 pour couvrir les coûts de remboursement de Next Generation EU. Plusieurs types de ressources sont envisagés : l'ajustement carbone aux frontières (CBAM), le système d'échange de quotas d'émissions et une redevance numérique. D'autres nouvelles ressources propres sont envisagées ultérieurement : une taxe sur les transactions financières, une contribution des entreprises ou une nouvelle assiette commune pour l'impôt sur les sociétés, de manière à éviter d'augmenter la contribution des États ou de réduire les dépenses du budget de l'Union. Il reste à sanctuariser les ressources propres dans le droit européen. Elles doivent devenir un instrument budgétaire commun dans le cadre du budget de l'Union sous l'autorité du Parlement européen.

UN SURSAUT PROTECTIONNISTE RÉCENT

La Commission propose d'instaurer une taxe carbone aux frontières de l'UE (Carbon Border Adjustment Mechanism ou CBAM) pour protéger la politique européenne de baisse des émissions de GES des effets de fuites de carbone. Comme détaillé au chapitre précédent, le principe du CBAM est d'instaurer le même prix du carbone pour les produits domestiques et importés. Il est non discriminatoire et compatible avec les règles de l'OMC, en donnant les mêmes incitations de réduire les émissions carbonées aux entreprises européennes et étrangères[13]. La Commission propose une évolution progressive de l'extension du marché carbone (EU-ETS) aux transports routiers et aux bâtiments, en mettant la responsabilité sur les producteurs de combustibles. Les utilisateurs seront soumis à des plafonds d'émissions progressivement réduits dans le temps.

En ce qui concerne les transports, les efforts les plus importants devront être accomplis dans l'aviation et dans les transports maritimes de marchandises. En outre, une infrastructure pour les carburants alternatifs devra être déployée : bornes de rechargement électrique pour les véhicules propres. Concernant la production d'énergie, la directive sur l'énergie renouvelable pour 2030 cible une hausse de 32 à 40 % des énergies renouvelables dans le mix énergétique de l'Union et donne des indications sur les contributions nationales à cet objectif commun. Quant à la directive sur l'efficacité énergétique, elle impose une baisse de 9 % de la consommation d'énergie d'ici à 2030 par rapport à la projection tendancielle.

LA STRATÉGIE INDUSTRIELLE VERTE EUROPÉENNE EN RÉACTION À LA LOI IRA

En réaction à la loi IRA, et surtout à sa dimension de préférence domestique, la présidente de la Commission européenne, Ursula von der Leyen, a exposé, devant le forum économique mondial de Davos, la réplique de l'Union européenne. Il s'agit de poser les jalons d'une politique industrielle européenne qui s'articule autour de quatre volets : une amélioration du cadre réglementaire favorable aux technologies « bas-carbone » ; un allègement des règles relatives aux aides d'État en parallèle de la création d'un « fonds de souveraineté » ; une révolution des talents pour mener à bien la transition ; enfin, des accords de libre-échange équitables et ouverts en faveur de la neutralité carbone. En découlent à ce jour un *Net Zero Industry Act* et un *European Critical Raw Materials Act*, qui visent à reprendre l'ascendant sur la dynamique américaine impulsée par la loi IRA.

PERSPECTIVES INDUSTRIELLES DE LA VALEUR SOCIALE DU CARBONE

Les investissements dans les industries vertes, les infrastructures et les réseaux présentent un double risque écologique et technologique. C'est pourquoi inciter au financement des investissements bas-carbone à l'échelle européenne requiert des politiques industrielles spécifiques, qui peuvent notamment se traduire par un *bonus* exprimé par la valeur du carbone évité par ces investissements. Ce bonus consiste à rapprocher le rendement prospectif incertain des investisseurs privés du rendement social à long terme des investissements bas-carbone. Il s'agit d'une *valeur sociale implicite* (prix notionnel ou *shadow price*) que les investisseurs pourront incorporer dans leurs rendements prospectifs pour contrecarrer le handicap de s'engager dans des investissements sous l'incertitude radicale qui caractérise les projets de lutte contre le changement climatique. L'évaluation de ce prix en France a été réalisée par Alain Quinet.

Cette valeur du carbone évité désigne ce qu'une collectivité est prête à payer pour financer des investissements de protection ou de régénération de l'environnement. Elle doit être établie par une méthode coûts-efficacité dont les résultats doivent être soumis au débat public. Cette valeur notionnelle doit être associée à une évaluation par des experts indépendants des quantités d'émissions effectivement évitées par chaque type d'investissement bas-carbone. En combinant ces évaluations au prix du carbone évité qui a été choisi par la puissance publique en niveau et en évolution, on crée une nouvelle classe d'actifs : les *actifs carbone*, que les entreprises transmettent aux banques qui leur ont accordé les crédits et qui remboursent ces crédits.

Ensuite, il y a deux voies possibles pour mobiliser le système financier au service de l'écologie politique. D'un côté, ces actifs carbone peuvent être acceptés par la banque centrale en collatéral de leur refinancement monétaire. En acceptant les actifs carbone dans la base de la politique monétaire, la banque centrale fait de l'engagement dans l'action pour le climat une dimension de la stabilité monétaire. D'un autre côté, ces actifs carbone peuvent être titrisés en contrepartie de l'émission d'obligations vertes acquises par les investisseurs institutionnels (fonds communs de placement, fonds de pension, fonds souverains). Ces investisseurs ont tout intérêt à en acquérir les tranches senior, puisque ces obligations vertes certifiées sont décorrélées vis-à-vis des obligations brunes qu'ils détiennent dans leurs portefeuilles. La valeur de leur portefeuille de titres en est améliorée. Grâce à cette avancée, l'épargne privée peut être mobilisée pour l'action climatique de toute la société.

Le concept clé pour ce type d'investissements est la *valeur ajoutée européenne*, définie dans le rapport Monti sur la réforme du budget européen. La valeur ajoutée européenne résulte d'investissements qui fournissent un rendement plus élevé à chaque pays membre de la zone euro s'ils sont effectués au niveau européen que s'ils sont faits dans chaque pays séparément. Pour attirer le plus grand montant d'épargne privée, le budget européen peut bonifier les rendements en apportant des garanties aux premières pertes sur les investissements effectués.

Pour jouer son rôle de guide démocratique d'un New Deal vert européen, le Parlement européen devrait disposer d'un budget muni de *ressources propres*, liées aux avancées de l'intégration européenne. Il s'agit de toute ressource publique qui appartient à l'Europe par la nature de l'activité dont elle provient ou par sa destination qui est le financement d'une valeur ajoutée européenne. Ce sont, par exemple, une taxe sur les transactions financières découlant d'une harmonisation de la fiscalité de l'épargne indispensable à un marché européen des capitaux, une portion de la taxe sur le CO_2 si son taux est défini au niveau européen, une taxe sur la consommation d'électricité pour financer les réseaux intelligents de distribution d'électricité d'origine renouvelable couvrant l'Europe, une taxe digitale sur les géants de l'Internet produisant une valeur ajoutée en Europe.

Enfin, la finance doit être restructurée par des acteurs financiers d'envergure européenne pour le long terme. Ce sont trois catégories : les banques publiques de développement et les institutions publiques non bancaires de crédit (la Caisse des dépôts et consignations en France), mises en réseau et coordonnées par la Banque européenne d'investissement (BEI) ; les investisseurs institutionnels responsables, organisés en clubs et incorporant les critères environnementaux, sociaux et de gouvernance (ESG) pour guider la gouvernance des entreprises ; le Système européen de banques centrales (SEBC) pour incorporer les risques environnementaux dans la politique macro-prudentielle et guider le prix des obligations vertes.

ENCADRÉ 11.2. ANALYSER LES OPPORTUNITÉS TECHNOLOGIQUES ET INDUSTRIELLES VERTES GRÂCE À L'ÉCONOMIE DE LA COMPLEXITÉ

La promotion des industries vertes est un outil fondamental pour s'assurer que la demande de produits réduisant les impacts environnementaux sera absorbée en bonne partie au niveau national. Les technologies économes en ressources, les énergies renouvelables, les instruments de gestion de la pollution et de nombreuses autres industries vertes gagneront en importance au cours des années et des décennies à venir du fait de la transition écologique. Les pays capables de produire ces biens seront confrontés à des contraintes économiques moindres pendant la période de transition et seront par ailleurs en mesure de fournir ces biens aux autres économies, garantissant ainsi une insertion dans les marchés des pays émergents comme développés[14].

Or les produits verts varient considérablement en termes de sophistication technologique. La production de biens plus sophistiqués exige des capacités spécifiques que seuls quelques pays possèdent. *A contrario*, la production de biens moins sophistiqués est plus facile, mais moins rentable du point de vue des entreprises et des pays. L'approche de la complexité économique[15] permet de comparer les produits en termes de sophistication technologique et, sur la base des données commerciales, évalue quels sont les pays ayant la plus grande capacité à produire ces biens. Essentiellement, sur la base du groupe de produits pour lesquels les pays ont des avantages comparatifs révélés, ces auteurs identifient les produits par ordre de complexité, ainsi que ceux des produits nouveaux qui sont les plus proches en termes de capacités disponibles dans le pays. Ils calculent ainsi un indice de complexité des produits ainsi que la distance d'un pays par rapport à chaque produit en fonction des produits pour lesquels le pays considéré possède un avantage comparatif révélé. Mealy et Teytelboym ont utilisé cette méthode pour identifier les possibilités des pays à promouvoir les industries vertes[16]. Les auteurs calculent l'indice de complexité d'une liste de produits considérés comme nécessaires à la transition écologique, puis la proximité de tous les pays par rapport à ces produits. Les produits pour lesquels le pays dispose déjà d'un avantage comparatif et d'une proximité élevée sont considérés comme des atouts concurrentiels verts, tandis que les produits pour lesquels les pays ont une proximité élevée mais un avantage comparatif faible sont considérés comme de simples opportunités vertes. L'idée sous-jacente à cette approche est que les pays à forte proximité ont les capacités nécessaires pour produire des biens, et donc qu'ils peuvent, par des politiques industrielles adéquates, déplacer leur structure de production vers ces industries. Andres *et al.* vont plus loin en identifiant les capacités des pays à opérer une transition hors des produits « fossiles » suivant leur degré de sophistication et leur proximité technologique avec des produits verts[17]. Hidalgo développe les possibles implications politiques de ce type d'analyse[18]. L'analyse de l'espace des produits d'un pays ou d'une région permet de donner une validation empirique à des recommandations politiques éloignées du consensus de Washington qui prévaut jusqu'aux années 2000. Mais elle permet aussi de discriminer entre des théories plus anciennes du développement, qu'il s'agisse des théories de la croissance équilibrée de Rosenstein-Rodan[19] ou de Rostow[20], de la croissance déséquilibrée[21], de l'hypothèse de Prebisch[22] sur la détérioration des termes de l'échange pour les pays exportateurs de commodités, ou des théories du développement de Gershenkron[23]. Les derniers développements de l'approche de la complexité permettent non seulement d'éclairer quelles industries il pourrait être intéressant ou réaliste de soutenir pour un pays donné, mais aussi d'informer sur le meilleur moment pour ces investissements suivant les circonstances macroéconomiques, la meilleure localisation ou encore le meilleur acteur économique pour entreprendre l'investissement.

La coopération internationale, clé de voûte (manquante) de la planification écologique

La planification écologique reste un horizon lointain pour de nombreuses nations ainsi que dans son articulation à l'échelle mondiale, la seule signifiante pour répondre à la crise écologique et garantir une viabilité globale. Il faudrait pour cela voir émerger des institutions nationales, régionales et internationales permettant la réinsertion durable des dynamiques socio-économiques globales dans les limites planétaires déjà dépassées. La coopération internationale reste le moteur fondamental pour faire de la planification écologique un modèle global de réintégration collective dans les limites planétaires. La monnaie est le lien social fondamental par lequel un système de coopération institutionnalisée pourrait être établi au niveau mondial, en lieu et place de la domination du dollar cherchant à imposer les objectifs des États-Unis par la médiation du principe faisant du dollar la devise clé du système monétaire international.

La transformation de l'économie mondiale requise devrait susciter une demande pour une nouvelle organisation monétaire internationale. Pour établir un régime monétaire viable et sans hégémonie, il faut faire apparaître une forme de liquidité ultime, unanimement acceptée, qui ne soit la dette d'aucun pays. Il faut aussi construire les règles d'un système international de paiements qui conduise à des ajustements symétriques des balances de paiements. Il faut enfin qu'existe un prêteur en dernier ressort international. Pour y parvenir, il faut que s'impose un principe éthique supérieur de légitimité, fondant une doctrine des relations internationales qui pose l'égalité des nations, quelles que soient leurs tailles et les ressources dont elles disposent. Ce principe ou « valeur » est une croyance commune sur le devoir-être dans les relations internationales vis-à-vis de la sauvegarde de la planète. Il doit guider les stratégies des États en déterminant des normes de comportement en termes de droits et d'obligations.

Les régimes internationaux sont des associations volontaires d'États, médiatisées par des institutions internationales, qui donnent à un régime international sa consistance. Ces institutions affectent les relations économiques par la médiation des accords interétatiques (du type G20) et par les inflexions qu'ils entraînent dans l'élaboration et la conduite des politiques économiques nationales. Telle est la coopération institutionnalisée pour affronter les enjeux communs de ce siècle. Cette forme des relations internationales est possible si les gouvernements qui s'y associent peuvent obtenir des avantages mutuels supérieurs à ceux qui peuvent être atteints par une coopération *ad hoc* selon les circonstances et surtout par rapport à la rivalité stratégique des puissances qui ne peut conduire qu'au retrait de la globalisation.

Pour que la coopération institutionnalisée fonctionne, il faut que les institutions internationales, bien qu'elles n'aient pas d'autorité sur les États, fournissent des références communes auxquelles les États ont intérêt à se conformer pour réduire l'incertitude sur le comportement des autres et permettre une adaptation mutuelle des pratiques. Grâce à ce cadre formel, les règles constitutives du régime n'ont pas à être renégociées en même temps que de nouveaux problèmes spécifiques sont examinés.

Cela signifie que la monnaie internationale d'un monde multipolaire doit être un bien public mondial à doubles caractéristiques : fournir la liquidité adéquate pour les transactions internationales d'une part ; opérer un ajustement international pour corriger les déséquilibres des balances de paiement avant qu'ils deviennent structurels d'autre part.

Pour que le SMI soit praticable, un compromis doit être trouvé entre un degré de globalisation tolérable et la résilience des systèmes financiers nationaux. Il doit donc y avoir une compatibilité entre les réglementations de ces systèmes par des institutions internationales communément acceptées.

Ni l'institution monétaire internationale de régulation ni l'entité monétaire susceptible de porter la liquidité internationale n'ont à être créées, puisqu'elles existent déjà. Le Fonds monétaire international (FMI) peut être réformé pour devenir le prêteur en dernier ressort international. La liquidité internationale existe sous la forme des droits de tirage spéciaux (DTS).

Les avantages du DTS dans un SMI multilatéral sans hégémonie évoquent les propositions de Keynes pour un autre Bretton Woods, propositions rejetées par le Trésor des États-Unis sous l'écrasante domination politico-militaire des États-Unis à l'époque. Mais nous ne sommes plus en 1944, ni même en 1976 à l'accord de la Jamaïque qui a fait la promotion d'un étalon dollar dégénéré par la coupure avec l'or et l'acceptation des changes flottants.

Le DTS a des avantages considérables pour un SMI multilatéral. C'est une devise purement fiduciaire, c'est-à-dire un actif ultime de réserve qui n'est la contrepartie de la dette d'aucun pays. Il en découle trois raisons de renforcer son rôle. La première est d'amortir les fluctuations de change résultant de l'impact des transactions entre les banques centrales des pays à devises d'usage international sur les devises des autres pays émergents et en développement. Il suffit de réaliser ces transactions hors marché, sur le livre du département DTS du FMI. La deuxième est de réduire les incitations des banques centrales des pays émergents et en développement à accumuler des réserves en dollars par précaution contre les fuites de capitaux. La troisième est de permettre une diversification hors marché des changes des excès de dollars des pays avancés dans un compte de substitution au sein du FMI.

Pour bénéficier de ces avantages, le DTS doit être acceptable en tant qu'actif ultime par les banques centrales, les gouvernements et les organisations internationales. Trois conditions sont nécessaires pour cela. La première est que les allocations de DTS soient substantielles et libérées de conditionnalités contraignantes en temps de crise. La deuxième est que les taux d'intérêt du DTS suivent la courbe des rendements le long des échéances des obligations souveraines des devises du panier qui constitue son unité de compte, pour rendre le rendement de cet actif compétitif. La troisième est que la composition du panier soit élargie aux devises des pays émergents au fur et à mesure qu'elles deviennent convertibles en compte courant, comme cela fut fait pour le renminbi en 2015.

Ajoutons la capacité de mobilisation des DTS pour l'aide d'urgence aux pays pauvres qui sont les plus affectés par l'intensification des risques climatiques et par la pandémie, qui en sont les moins responsables et qui manquent le plus de devises pour acquérir les biens les plus urgents. Il est possible de réaliser une allocation ciblée hors quota en faveur des pays en développement les plus pauvres selon les critères des Nations unies, la distribution par pays à l'intérieur du groupe demeurant selon les quotas. Une autre solution est que les pays qui ont un surplus de DTS les mettent à disposition, selon une décision du G20, en partie pour capitaliser le Fonds vert pour le climat, en partie dans un *fonds de garantie*, pour soutenir les banques publiques de développement qui financent la production agricole et les équipements de décarbonation dans les pays en voie de développement.

Pour faire du FMI l'instance de régulation multilatérale d'un SMI multipolaire, quatre réformes institutionnelles sont indispensables :

- Aucun pays ne doit disposer d'une minorité de blocage pour des décisions qui requièrent une majorité qualifiée. Le seuil doit donc être abaissé pour retirer ce privilège aux États-Unis.
- Les pays de la zone euro doivent fusionner leurs quotas pour une représentation politique unique de l'euro ; ce qui est indispensable pour l'intégration politique de l'Europe et donnerait un pouvoir politique conséquent à la zone euro au sein du comité exécutif du FMI, par rapport à la représentation segmentée des pays membres.
- Les quotas libérés devraient être redistribués aux pays émergents et en développement pour se rapprocher des poids économiques des pays dans les conditions du XXIe siècle et s'éloigner enfin de celles de 1944 !
- Le Comité exécutif du FMI doit être renforcé en pouvoir de décision par la désignation d'officiels gouvernementaux de rangs élevés, participant aux réunions mensuelles du Comité, de manière à soutenir l'autorité de la direction exécutive du fonds.

Cette transformation du système monétaire international se fera dans la longue durée, comme celle du mode de régulation monétaire compatible avec la transformation de l'économie mondiale sous l'effet des forces qui redéploient les richesses et les pouvoirs entre les nations. Le FMI ne peut devenir l'institution centrale de la gouvernance monétaire internationale s'il n'est pas mis un terme à la confiscation des pouvoirs en son sein par les pays occidentaux.

CHAPITRE 12

Un État stratège écologique en France ?

Histoire de la planification à la française

Selon Mariana Mazzucato, l'État est un acteur clé de la création de valeur par la promotion de l'innovation, car il assume les risques que les entreprises privées ne veulent pas ou ne peuvent pas prendre[1]. La réémergence récente de l'idée de planification est-elle le signe d'une perception dans la société qu'il n'est plus temps de s'en remettre au marché pour affronter l'incertitude ? Comme le disait Pierre Massé, le commissaire général du Plan (CGP) français à l'époque du IVe plan quinquennal au début des années 1960, la planification stratégique, quinquennale en France, est un réducteur d'incertitude[2].

La planification française est née dans une époque de rupture, à la sortie de la Seconde Guerre mondiale. Elle est née en 1946 avec la création du commissariat général du Plan dont le premier titulaire a été Jean Monnet. Cette expérience originale était fondée sur l'élaboration d'objectifs quantitatifs et qualitatifs entre partenaires sociaux pour orienter les investissements dans les secteurs prioritaires de la reconstruction. Quels en furent les principes ?

Dès son origine, la planification française a recherché les modalités d'intervention de l'État pour faire face aux insuffisances du marché. C'était un projet de société orientant la politique économique sur un horizon pluriannuel à partir d'une prospective macroéconomique. Sur cette base, l'enjeu était une large concertation des services publics et des partenaires sociaux dans les Commissions du Plan pour parvenir à une perspective d'intérêt général. La mise en œuvre était étroitement concertée dans les différents domaines où se déployaient les objectifs, car elle mobilisait des ressources publiques importantes au service des priorités qui avaient été définies collectivement avec les partenaires sociaux[3].

La planification a été capable d'évoluer jusqu'à son dépérissement sous l'influence de la globalisation qui a changé les priorités politiques avec l'avancée de l'intégration européenne sous la doctrine néolibérale. Les deux premiers plans jusqu'en 1957 étaient appelés plans de modernisation et d'équipement. Les objectifs étaient gigantesques : combler le retard économique de la France dans l'entre-deux-guerres, reconstituer les outillages et les équipements publics et privés dans six secteurs de base (charbon, électricité, ciment, acier, machines agricoles, transports), éliminer la pénurie pour élever le niveau de vie de la population.

Dès le deuxième plan, le nombre de secteurs de base s'est élargi, et les programmes pluriannuels des investissements publics ont gagné l'éducation et la santé. La R&D et la formation professionnelle pour la reconversion des entreprises visaient l'augmentation de la productivité. Le traité de Rome de 1957, les tensions provoquées par la guerre d'Algérie et l'entrée en activité des baby-boomers ont changé la donne des IVe et V^e plans jusqu'en 1970. Les principes de la planification ont pris de l'ampleur pour guider une croissance forte dans le respect des équilibres macroéconomiques. Les équipements collectifs ont augmenté deux fois plus vite que le PIB pour corriger les inégalités sociales et régionales[4].

Dès le Ve plan (1966-1970), sous l'influence de l'expansion des échanges internationaux, la préoccupation a été de mener de front le progrès social et le développement industriel. Après le choc politique et social de mai 1968, la compétitivité industrielle est devenue une obsession qui ne quittera plus la politique économique française[5].

Après le premier choc pétrolier de 1973, le plan s'est avéré incapable de gérer l'incertitude dans un environnement international hostile. Ce premier choc pétrolier coïncida aussi avec la création du ministère de l'Environnement en France, qui signalait une institutionnalisation des préoccupations environnementales, mises en évidence par les Nations unies et la publication en 1972 du rapport Meadows, issu du Club de Rome, sur les limites écologiques à la croissance. Toutefois, l'inadaptation de l'industrie française à la concurrence internationale est devenue un problème lancinant, au moment même où les conséquences écologiques des Trente Glorieuses entraient dans le débat politique.

Dans les années 1980, le manque de compétitivité des entreprises et leur fragilité financière furent aggravés par l'entrée en vigueur du marché unique, puis de la transition vers l'euro. À la même époque, la vague néolibérale anglo-saxonne balayait toute l'Europe, alors que l'Allemagne absorbait le choc de l'unification politique. Avec la mise en œuvre du marché intérieur européen, la longue procédure de préparation de l'euro et l'avènement du pacte de stabilité européen, le plan national français fut abandonné à partir de 1993.

Y a-t-il un retour de la planification à la française avec l'expérience de la politique de planification énergétique (PPE) ? Dans la première PPE (2016-2018), on peut déceler l'absence de stratégie industrielle pour supporter la mise en œuvre des objectifs énergétiques et climatiques. Les incitations n'ont touché que 35 % des émissions de GES qui n'étaient pas les domaines les plus émetteurs. Les leviers réglementaire et fiscal pour inciter les industriels à investir ont rencontré des problèmes d'acceptabilité sociale. Le mouvement des gilets jaunes a révélé l'iniquité perçue d'une taxe carbone qui affecterait les ménages modestes. En outre, le signal prix reposait sur des produits énergétiques à prix volatils et déjà fiscalisés, alors que le produit de la taxe carbone envisagée n'était pas clairement affecté à la transition énergétique.

La seconde PPE (2019-2023) a un champ plus large. Elle vise à améliorer l'efficacité énergétique et à diminuer la consommation d'énergie dans les transports et les bâtiments. L'approche cherche à mobiliser les territoires, mais elle demeure très centralisée dans la production électrique et les réseaux de distribution. Parmi les velléités de progresser, notons une augmentation de la R&D pour les technologies innovantes de l'énergie et l'évaluation des besoins de compétences professionnelles. Il y a aussi une volonté de rénover les modes de chauffage des bâtiments individuels et collectifs et de les isoler plus efficacement pour abaisser la consommation finale d'énergie.

Toutefois, la rénovation n'avance pas vite, car il est difficile de mobiliser les propriétaires de logements privés et les copropriétés. En outre, rien n'a été fait à destination du tertiaire privé qui fait le tiers de la consommation énergétique des bâtiments. Ainsi attend-on toujours le remplacement des filières au fioul par la biomasse et la promotion des moyens de transport ferroviaires, alors que la PPE est focalisée sur les véhicules individuels. Mais les véhicules zéro émission requièrent des infrastructures de recharge et des batteries performantes pour en réduire le temps. Les véhicules à hydrogène sont une autre innovation qui requiert des infrastructures lourdes pour produire de l'hydrogène décarboné par électrolyse. Mais le plan hydrogène est très insuffisamment financé.

Cela conduit à la gouvernance de la PPE et les leçons que l'ancienne planification à la française peut apporter en la matière. Comme c'était le cas dans l'après-guerre, les mutations concernent les structures de production, les modes de vie et les territoires. Ces mutations s'inscrivent dans le long terme. Face à l'enjeu environnemental, un pacte politique doit dépasser les rivalités partisanes pour assurer la continuité des stratégies de production des biens publics capables d'entraîner les entreprises privées.

Évolution de la position industrielle et situation internationale

ÉVOLUTION DE LA POSITION DE LA FRANCE VIS-À-VIS DES INDUSTRIES VERTES

Quoi que la Commission européenne puisse inciter à faire, les souverainetés politiques sont nationales. L'urgence environnementale, en premier lieu climatique, implique une participation au pouvoir du point de vue écologique et un dialogue constructif avec les entreprises, au premier chef de l'industrie, où se font les principales innovations capables de transformer les structures de production et les modes de consommation.

L'économie française peut être considérée comme une économie à fort potentiel écologique par rapport au reste du monde. La France se classe au 10e rang mondial de l'indice de complexité verte, qui tient compte des forces concurrentielles vertes, ce qui indique que le pays possède les capacités nécessaires pour produire les produits verts les plus sophistiqués sur le plan technologique. Cependant, l'analyse historique des capacités vertes françaises indique que la France tend à progressivement perdre ce potentiel. La figure 12.1, extraite du rapport *Green Transition Navigator*[6], compare les atouts de la compétitivité verte du pays sur deux périodes : 1995-1999 et 2015-2019, et montre une nette diminution de la proximité (*proximity*, axe horizontal) des produits verts les plus complexes (mesurée par l'indice de complexité, PCI ou *product complexity index*, en axe vertical).

La proximité des produits verts à faibles indices de complexité est restée stable autour de 0,4, indiquant que, compte tenu des exportations actuelles du pays, la France dispose de certaines des capacités nécessaires pour les produire. La proximité est une mesure de la similarité de la structure des exportations du pays par rapport aux pays les plus compétitifs pour ce produit, et donc une proximité élevée indique que le pays a les capacités technologiques et productives nécessaires pour produire le bien[7]. Le problème, cependant, est que la France a perdu le potentiel de produire des produits verts à haute complexité. Dans la période 1995-1999, la proximité du pays par rapport à ces produits était d'environ 0,45, mais, pour la période 2015-2019, le pays présente une proximité supérieure à 0,45 dans un seul produit à PCI élevé ; ils sont maintenant autour de 0,4, comme les produits à faible complexité.

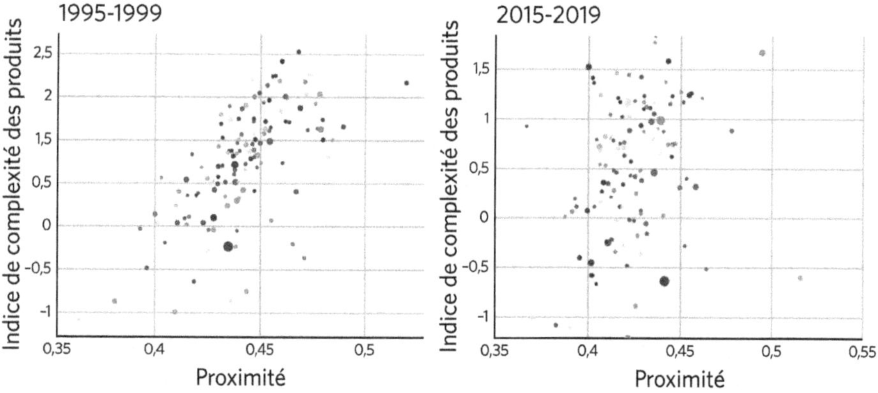

Figure 12.1. Avantages compétitifs de la France en termes de production de produits « verts » dans les années 1990 et dans les années 2010. L'axe des abscisses indique le degré de proximité, l'axe des ordonnées, le degré de complexité des produits. Les produits retenus ont un avantage comparatif révélé (RCA) supérieur à 1. La taille des points reflète le RCA.

Source : Andres, P., Mealy, P. (2023), Green Transition Navigator, repris avec l'autorisation des auteurs de www.green-transition-navigator.org.

Ce fait indique que la France n'a pas utilisé ses capacités pour s'orienter vers les produits les plus sophistiqués, et il est maintenant plus difficile pour le pays de les produire. Néanmoins, la France fait toujours partie des pays les plus aptes à évoluer vers ces produits. Il existe de nombreuses raisons pour lesquelles la France a perdu certaines des capacités nécessaires à la production de ces produits verts. Jara-Figueroa *et al.* montrent que les capacités sont spécifiques à l'industrie et que les connaissances tacites comptent, et donc que les économies diversifiées sont les mieux à même de migrer d'une structure productive à l'autre[8]. Le processus de désindustrialisation qui a eu lieu en France au cours des dernières décennies est donc un bon candidat pour expliquer cette détérioration des perspectives françaises pour les industries vertes. La structure de la production française a changé depuis la fin des années 1970, lorsque l'emploi industriel a atteint un sommet[9]. Depuis lors, soit en raison de changements dans la structure de la demande intérieure, soit en raison de la perte de compétitivité des secteurs industriels sur les marchés extérieurs, un processus continu de déclin du secteur industriel a eu lieu en termes à la fois d'emploi et de valeur ajoutée.

SITUATION INTERNATIONALE DE LA FRANCE VIS-À-VIS DES INDUSTRIES VERTES EN COMPARAISON DES AUTRES PAYS AVANCÉS

L'écologiste Robert Habeck est devenu ministre de l'Économie et de la Protection du climat en Allemagne dans la majorité à dominante sociale-démocrate[10]. Le 21 juin 2022, il s'est adressé à la Fédération des industries allemandes. À sa suite, le patron du géant de la chimie BASF a confirmé le rapprochement entre les écologistes et les milieux industriels. Les milieux industriels ont admis que la lutte contre le changement climatique était compatible avec le renouveau industriel. Pour y parvenir, BASF doit remplacer progressivement les hydrocarbures qui sont utilisés comme matières premières dans ses gigantesques usines chimiques par des énergies renouvelables. Dans l'automobile aussi la prise de conscience que les changements devaient se faire avec les écologistes a eu lieu.

Au niveau politique, l'accord de coalition entre le SPD, le FDP et les Verts fin 2021 a proclamé vouloir poser les jalons d'une économie sociale et écologique de marché. La priorité a été donnée au secteur de l'énergie pour tripler la vitesse de développement des énergies renouvelables en vue de couvrir 80 % de la consommation d'électricité en 2030. Ainsi, cinq cent mille pompes à chaleur doivent être installées pour remplacer le chauffage au gaz dans les bâtiments. De même, le gouvernement allemand soutient le plan de développement de l'hydrogène vert et donne son appui au mécanisme d'ajustement carbone aux frontières.

Ainsi les Verts ont-ils aidé à populariser une approche renouvelée entre l'État fédéral et l'économie, notamment quant à la nécessité de relancer l'investissement public avec des arguments similaires à ceux de Mariana Mazzucato ; ce qui renforce la nécessité de modifier la contrainte du semestre européen. Bien sûr, la guerre en Ukraine a renforcé ces arguments en mettant en évidence que l'impératif de décarbonation rejoint celui de la sécurité des approvisionnements énergétiques.

La comparaison entre la Chine, la France, l'Allemagne et les États-Unis corrobore cette thèse. La figure 12.2, également extraite de l'étude d'Andres et de Mealy, présente les opportunités vertes pour ces quatre économies, pour la période récente 2015-2019. Il est clair que l'Allemagne et la Chine – pays où les industries manufacturières sont restées centrales – sont dans une situation bien meilleure que la France et les États-Unis. Les deux pays présentent des niveaux élevés de proximité pour les produits verts complexes (entre 0,35 et 0,50), ce qui indique qu'ils disposent des capacités technologiques et productives nécessaires pour produire ces biens. La différence entre eux est que, tandis que l'Allemagne a les capacités de produire uniquement des produits verts complexes (relation positive entre PCI et Proximité), la Chine a les capacités de produire à la fois les produits verts les moins et les plus complexes (il n'y a pas de relation claire entre PCI et Proximité).

En France, la proximité de la plupart des produits verts se situe entre 0,3 et 0,4, et il n'y a pas de différence nette entre les produits à forte et faible complexité. Aux États-Unis, la proximité des produits les plus complexes se situe entre 0,3 et 0,4, comme en France, mais les produits moins complexes présentent une proximité encore plus faible. La promotion des industries vertes devrait se concentrer sur les produits à haute complexité, dès lors que ces produits sont ceux qui peuvent garantir la convergence de la productivité, la distribution

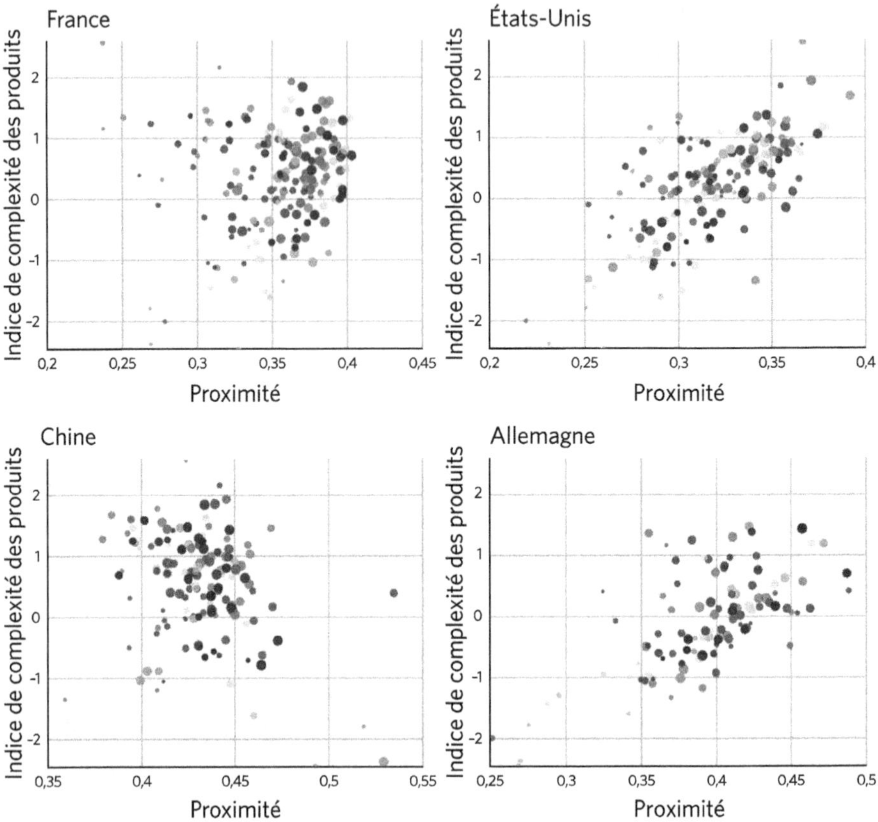

Figure 12.2. Opportunités vertes pour la Chine, l'Allemagne, les États-Unis et la France, 2015-2019. Les produits avec un RCA < 1 sont considérés comme des opportunités.

Source : Andres, P., Mealy, P. (2023), Green Transition Navigator, repris avec l'autorisation des auteurs de www.green-transition-navigator.org.

des revenus et les emplois bien rémunérés[11]. Une planification écologique doit pouvoir tenir compte de la proximité technologique des industries à prioriser, afin que le pays dispose des capacités technologiques et productives nécessaires à chaque étape. En ce sens, les États-Unis et la France sont dans une situation similaire, dès lors que la proximité des biens les plus complexes est similaire, et relativement dégradée par rapport à la Chine et à l'Allemagne. Les cas de la Chine et de l'Allemagne illustrent l'importance d'un cadre structuré de politiques pour promouvoir une transition, dans des systèmes institutionnels par ailleurs profondément différents. Les deux économies présentent une forte proximité avec les produits verts les plus complexes car elles ont un fort avantage comparatif révélé pour d'autres produits sophistiqués. La plupart des produits verts présentent une proximité comprise entre 0,4 et 0,45 en Chine, indépendamment de leur complexité. Dans le cas de l'Allemagne, les produits verts les plus complexes se situent également entre 0,4 et 0,45, mais ce n'est pas le cas des produits à faible indice de complexité. Les opportunités vertes pour ces économies sont donc plus élevées qu'en France et qu'aux États-Unis.

Promouvoir les industries vertes à forte complexité, comme le font la Chine et l'Allemagne, est tout l'objet d'une planification écologique de type industriel. La compétitivité des coûts n'est pas pertinente dès lors qu'il s'agit d'expliquer la position des pays pour la production de biens sophistiqués[12]. Étant donné que la qualité et la diversification sont beaucoup plus importantes que le prix dans la concurrence pour ce type de produits, la réduction des coûts de main-d'œuvre aura un impact limité, voire négatif, sur la capacité des pays à être compétitifs sur les marchés internationaux. C'est la compétitivité hors prix qui est prépondérante. Il est donc plutôt nécessaire de promouvoir une mise à niveau technologique. Storm et Nastepaad[13], qui ont étudié la reprise réussie de l'économie allemande lors de la crise européenne de 2010, corroborent cette idée. Ils montrent que, contrairement à la réponse française fondée sur la compétitivité-coûts, la compétitivité hors prix (induite par la qualité, le contenu technologique et la fiabilité) a été le facteur clé de la reprise réussie de l'Allemagne. Dès lors, la puissance publique devient essentielle comme point de coordination des parties prenantes, aménageur sur le territoire, et financeur de ce développement. La France ne peut pas compter sur la réduction du coût de la main-d'œuvre pour concurrencer la Chine et les autres économies émergentes d'Asie de l'Est et du Sud ; le pays doit s'orienter vers les industries les plus complexes, et, pour être compétitif dans ces industries, des investissements dans les infrastructures technologiques et les activités complémentaires sont nécessaires pour promouvoir une mise à niveau de l'offre. Nous nous tournons maintenant vers ces éléments et les blocages plus institutionnels.

Les difficultés structurelles pour trouver la voie d'une planification écologique en France

Après les élections législatives du 19 juin 2022, le paysage politique français est celui d'une désorganisation provenant d'un régime présidentialiste qui a perdu sa majorité absolue, tandis que la montée de l'extrême droite d'un côté et les incohérences du regroupement de la gauche de l'autre ont rendu le fonctionnement de la démocratie représentative chaotique, alors qu'il s'agit de diriger et de mettre en œuvre un changement structurel radical du régime de croissance. L'étude des principes de régulation du Capitalocène a montré la nécessité d'une démocratie participative à tous les niveaux de la société. Comment trouver les voies d'un dépassement des obstacles politiques résultant de l'absence d'accord stratégique au moment où il est le plus indispensable ?

La maîtrise industrielle des secteurs de la transition écologique ne fait l'objet de réflexions spécifiques (balbutiantes) que depuis le projet de loi « industrie verte » présenté en mai 2023 en Conseil des ministres. La stratégie nationale bas-carbone (SNBC), actualisée en 2021, donne à voir une feuille de route générale vers la neutralité carbone en 2050 avec un objectif intermédiaire en 2030 et des budgets carbone à respecter par cycles de quatre ans. Les plans de relance consécutifs à la crise du Covid, tels que France Relance sur 2020-2022 ou France 2030 (30 milliards d'euros déployés sur cinq ans), comprennent d'importants volets d'investissements qui peuvent être considérés comme climatiques, mais sans aucun lien explicite avec des résultats à atteindre en termes de réductions d'émissions ni de lien clair avec les objectifs européens. Le nouveau projet de loi engage pour la première fois un début de débat public sur les stratégies industrielles à mettre en œuvre au service direct de la transition écologique en France et indirectement dans le monde.

UNE FORTE CAPACITÉ D'ANALYSE PROSPECTIVE

Les quatre scénarios de l'ADEME peuvent être regroupés en deux catégories. Les scénarios 1 (génération frugale) et 2 (coopérations territoriales) insistent sur la transformation des modes de vie. La transition est conduite par la sobriété. Corrélativement, la gouvernance est partagée sur les territoires entre organisations non gouvernementales, institutions publiques territoriales, entreprises privées et société civile. Ce qui est recherché est donc une forte cohésion sociale pour relier sobriété et résilience.

Les scénarios 3 (technologies vertes) et 4 (paris réparateurs) font, au contraire, l'hypothèse d'un maintien des comportements de l'ère néolibérale, compensés par un appel massif à la technologie, y compris les émissions négatives de gaz à effet de serre par capture du CO_2 dans l'atmosphère et stockage sous la croûte terrestre.

L'opposition ne peut donc pas être plus claire entre ces deux options. Encore faut-il bien comprendre ce que signifie la sobriété. Ce n'est pas l'austérité ou la frugalité imposée. C'est la prise de conscience de l'importance des biens communs pour une vie bonne, à l'encontre du gaspillage poussé par l'égoïsme individualiste. La sobriété veut dire la conscience du bien commun pour vivre en harmonie avec la nature et avec autrui.

Mais, dans tous les cas, l'ADEME insiste sur la nécessité d'une action rapide, car les transformations requises prennent du temps pour obtenir leurs effets. Le développement du biométhane est crucial, ainsi que la forte augmentation des capacités électriques des énergies renouvelables. La stratégie des scénarios 1 et 2 est plus sûre pour faire évoluer le système productif en rapport avec la modification des usages de l'habitat et de la mobilité.

Le rapport de France Stratégie sur les soutenabilités[14] se propose d'élaborer les moyens de surmonter la triple crise qui sévit en France : écologique, sociale et démocratique. Il s'inscrit dans la logique de la viabilité en réfléchissant sur les moyens de rénover l'action publique pour faire face aux défis croisés des limites environnementales et sociales à ne pas dépasser. Les défis sont interdépendants. Lutter contre le changement climatique et préserver la biodiversité n'est possible qu'en engageant toute la société et donc en renforçant la justice sociale. Les leviers traditionnels des politiques publiques en France se heurtent à la non-prise en compte des limites planétaires.

Pour sortir de cette impasse, le rapport de France Stratégie rejoint la principale conclusion tirée des scénarios de l'Ademe. Un nouveau contrat social est indispensable pour réorienter le régime de croissance en articulant croissance verte et sobriété, donc en inventant de nouvelles articulations entre les comportements individuels et l'action collective.

France Stratégie insiste sur la difficulté à démocratiser le temps long, car c'est une temporalité incompatible avec les rythmes de la démocratie parlementaire et ceux de la finance. Ni l'une ni l'autre se sont conçues pour intégrer le temps long ; d'où l'importance des soutenabilités pour repenser le référentiel de l'action publique. Il s'agit d'assurer la pérennité de la société dans la longue durée, donc sa viabilité. Cela n'est possible que dans une vision multidimensionnelle et transversale des enjeux sociaux, donc en construisant de nouvelles modalités de délibération, comme on l'a vu en Allemagne ci-dessus, pour orienter l'action publique en continu. Il faut trouver un processus d'évaluation *in itinere*, donc de réajustement des politiques qui se révèlent insoutenables, c'est-à-dire s'accorder sur de nouveaux régulons pour demeurer dans le noyau de viabilité.

Le rapport de France Stratégie pose la question suivante : quels processus politiques pour construire une vision stratégique de long terme reflétant les préférences collectives et respectant les intérêts des générations futures ? C'est le problème des formes d'une planification stratégique renouvelée, articulant les enjeux et les contraintes écologiques avec les autres préférences collectives pour une justice sociale et territoriale.

Le rapport décline les caractéristiques d'une planification renouvelée. Alors que l'Allemagne a scellé un accord entre les écologistes et les milieux industriels, le rapport de France Stratégie suggère qu'en France une loi de programmation soit adoptée qui définisse une stratégie nationale autour de l'impératif de décarbonation et qui décline précisément les fonctions que la planification stratégique doit assumer. Cette loi de programmation devrait être institutionnalisée auprès du (ou de la) Premier (Première) ministre. Sous sa responsabilité politique, un orchestrateur aurait pour rôle d'assumer la coordination horizontale des acteurs publics. Il établirait et gérerait les relations horizontales entre ministères, collectivités publiques territoriales, opérateurs économiques et organisations non gouvernementales.

UNE RÉFLEXION ENCORE INSUFFISAMMENT ORIENTÉE VERS L'ACTION STRATÉGIQUE DE L'ÉTAT

Néanmoins, la réflexion sur la dimension temporelle et stratégique de la transition dans une perspective de transformation industrielle reste encore limitée. Une transition écologique ne peut se penser comme un changement incrémental des prix relatifs. Il s'agit plutôt d'un changement structurel des modes de consommation comme de production, qui tend dans un second temps seulement à affecter les prix relatifs. Mais comment coordonner les acteurs économiques de manière efficace autour d'une stratégie de transition ? De quelle manière la France est-elle positionnée vis-à-vis d'un risque de transition trop rapide, ou vis-à-vis des nouveaux secteurs de la neutralité carbone ? Quels devraient être ses axes prioritaires d'investissement dans une dynamique de construction d'une politique industrielle verte ? Quels outils de planification permettent-ils de soutenir un tel déploiement industriel ?

Les briques éparses d'un outil de planification écologique performant sont en réalité déjà existantes dans le paysage administratif et financier public français. Ainsi, les projets de contrats de plan État-régions 2021-2027 forment un outil fondamental de l'articulation d'une planification nationale avec ses déclinaisons plus locales au travers d'investissements structurants partagés. Par ailleurs, un outil de planification régionale issu de la loi NOTRe de 2015, en l'espèce des schémas régionaux d'aménagement, de développement durable et d'égalité des territoires, ou SRADDET, donne un rôle pivot et intégrateur à la région dans la planification stratégique sur l'aménagement du territoire. Enfin, au niveau national, c'est surtout le Commissariat général à l'investissement qui finance des investissements dits d'avenir, en même temps que les banques publiques que sont la Caisse des dépôts et consignations (CDC) comme « banque des territoires » et la Banque publique d'investissement (BPI) pour les investissements plus orientés vers le secteur privé. Des organismes de prospective, plus que de planification, tentent par ailleurs de répondre à la question des dynamiques macroéconomiques ou sociales à venir, comme nous l'avons mentionné plus haut (France Stratégie, le Haut-Commissariat au Plan, le Haut Conseil pour le climat, etc.), tandis que le Secrétariat général à la planification écologique tente depuis peu de coordonner ces initiatives disparates.

Articuler ces différents organismes dans une planification d'ensemble avec une cohérence scientifique, prospective, financière et démocratique devient une urgence pour viser une réelle transition d'ici à 2030 et un horizon de neutralité carbone en 2050. La mise en cohérence d'ensemble des dispositifs publics de financement de l'investissement de la transition écologique pourrait être grandement améliorée en renforçant et en intégrant ces dispositifs préexistants de planification[15]. Nous nous concentrons ici sur deux axes clés pour parvenir à accroître la proximité avec les produits de la transition tout en développant la complexité des produits, à savoir le financement de l'investissement productif et l'organisation territoriale des stratégies industrielles.

DES FINANCEURS PRIVÉS EN PANNE D'ORIENTATION

Les flux financiers privés, malgré l'intérêt dont témoignent les acteurs de la finance verte, peinent globalement à s'aligner sur les objectifs de la transition. La réglementation financière est à ce stade trop étroitement focalisée sur l'obligation de transparence de l'information extrafinancière des portefeuilles. L'article 173 de la loi de transition énergétique de 2016 oblige ainsi tout investisseur institutionnel à décrire comment il intègre les enjeux environnementaux, sociaux et de gouvernance (ESG) dans la gestion de ses actifs, et à préciser comment il s'inscrit dans la lutte contre le risque climatique. L'article 29 de la loi climat et énergie de 2021 renforce ces exigences en ajoutant une obligation de reporting de la biodiversité à partir de 2022 (mesure de l'empreinte biodiversité et de la contribution à la réduction des impacts sur la biodiversité). Mais aucune mesure contraignante ou pénalisante n'est prévue lorsque la gestion financière n'est pas à la hauteur de ces défis.

Ces efforts de transparence sont certes utiles mais ne suffisent pas pour réorienter les flux financiers privés vers les secteurs émergents de la transition bas-carbone, d'autant plus qu'ils se heurtent à de véritables difficultés pratiques liées à l'évaluation environnementale. Par exemple, les cadres de reporting d'entreprises étant très hétérogènes, il est très difficile de comparer les engagements des différents acteurs financiers, et donc illusoire d'évaluer l'impact environnemental de la décision des investisseurs les plus sensibles à ces questions. Par ailleurs, le bilan du système financier et bancaire reste toujours très largement dépendant des secteurs fossiles, et ce particulièrement en France. Face à cette transparence pour le moins floue, la multiplication des critères environnementaux, sociaux et de gouvernance (ESG) pour essayer d'attirer les investisseurs « éthiques » tourne à l'opération de *greenwashing* la plus pure, comme le soulignent les organes d'information financière eux-mêmes.

L'IMPORTANCE INDUSTRIELLE DES FINANCEURS PUBLICS

La théorie économique standard réduit les investisseurs publics à un rôle subsidiaire de correction des imperfections de marché. Aller là où la finance privée ne se risque pas, tel serait l'horizon d'action de ces acteurs. Il a fallu attendre la crise financière des années 2007-2008 pour jeter la lumière sur leur potentiel rôle en tant que financeurs contracycliques, capables de soutenir l'activité et l'emploi au moment précis où la finance privée faisait plonger l'économie dans la dépression. La décennie suivante a vu progressivement émerger le besoin de repenser notre mode de production à l'aune de la crise écologique ; or, là encore, les acteurs financiers publics jouent un rôle pivot dans tout scénario ambitieux de transition écologique. C'est dans ce cadre nouveau, celui du financement de politiques publiques structurelles d'accompagnement de la transition écologique, qu'un rôle moteur des acteurs financiers publics apparaît.

En Europe, les grandes banques publiques ou les fonds souverains comme le Kreditanstalt für Wiederaufbau (KFW) en Allemagne, la Caisse des dépôts et consignations (CDC) en France ou la Cassa Depositi e Prestiti en Italie ont toujours joué le rôle d'investisseurs de long terme. Aujourd'hui, une part croissante de leur mission est dédiée aux objectifs de la transition énergétique et écologique. Et ce rôle est appelé à croître encore, à en croire les engagements politiques pris dans le Pacte Vert européen. La Commission européenne prévoit de revoir les règles concernant les aides publiques et d'accroître le rôle de la Banque européenne d'investissement (BEI) et des banques publiques de développement nationales. La BEI s'affiche d'ores et déjà comme la banque européenne du climat et projette de débloquer jusqu'à 1 000 milliards d'euros d'investissements dans l'action pour le climat et le développement durable au cours de la prochaine décennie.

La révision à la hausse des objectifs climatiques européens, couplée à la mise en place du Pacte Vert et notamment au déploiement du nouveau paquet législatif Fit for 55, place l'ensemble des acteurs financiers face à un horizon clair de transformation radicale de nos modes de production. À cet égard, l'investissement public a un triple rôle à jouer :

- En premier lieu, celui de *créateur de biens communs écologiques*, autrement dit des investissements nécessaires dans les infrastructures de mobilité, d'habitat ou encore de santé, mais aussi dans des filières industrielles nouvelles qui poussent l'ensemble du tissu industriel vers une plus grande diversité et complexité. Les montants d'investissements publics annuels additionnels nécessaires à la transition bas-carbone ont été évalués récemment[16] à 17 milliards d'euros.
- En deuxième lieu, celui de *financeur systémique*. Au-delà de la question des volumes d'investissements, la question climatique doit conduire à réfléchir plus globalement à la coordination des différents volets et des choix sectoriels en particulier. Les infrastructures pour la mobilité de demain doivent être conjointement pensées et évaluées dans une perspective d'aménagement du territoire avec une réduction drastique des émissions de CO_2.
- En troisième lieu, les acteurs financiers publics doivent aussi définir les *nouvelles normes d'investissement* considérées comme compatibles avec les objectifs climatiques et de biodiversité dans le cadre d'une transition juste sur l'ensemble du territoire. Si les institutions financières publiques françaises ont commencé de le faire, leurs efforts doivent être très fortement accrus dans la prochaine décennie. Façonnant ces nouvelles normes d'alignement,

elles peuvent alors entraîner dans leur sillage une partie des acteurs financiers privés, tout en bénéficiant potentiellement de nouveaux canaux de transmission des politiques monétaires aux investissements de la transition écologique.

Un nouveau modèle d'économie urbaine

La globalisation des chaînes de valeur a exacerbé les disparités des territoires à la recherche d'une politique forcenée de compétitivité internationale. Le dépérissement des villes moyennes, la raréfaction des transports publics et la recherche des avantages comparatifs autoengendrés par les rendements croissants et les effets d'agglomération ont fait disparaître la conception des territoires comme bassins de vie. La question qui se pose est alors la suivante : comment la haute valeur ajoutée produite par les métropoles peut-elle entraîner le dynamisme des régions sous leur influence, au lieu de transformer leurs banlieues en dortoirs et de désertifier les espaces plus lointains ? Il s'agit d'un problème d'aménagement du territoire dont les gouvernements ont perdu le sens.

Pour reconstruire une stratégie d'aménagement du territoire, il faut promouvoir une logique polycentrique de réseaux entre les différents niveaux de responsabilité publique : État, régions, intercommunalités. Il faut y associer les organisations de citoyens et les clubs d'entreprises qui veulent s'engager dans l'économie circulaire d'un espace régional donné.

Les villes efficaces sont des villes denses, combattant l'étalement, des villes multipolaires à activités intégrées. C'est le contraire du modèle américain dont on a hérité : étalement urbain, cités-dortoirs et automobile individuelle. Ce modèle oppose économie productive et économie résidentielle qu'il faut, au contraire, réunir dans une complémentarité. Des villes compactes sont capables d'offrir aux territoires environnants des fonctions à la fois productives, résidentielles, récréatives et touristiques.

Les systèmes productifs résidentiels intégrés sont des agglomérations compactes et ancrées dans une région. Deux exemples en Europe occidentale sont Barcelone et Milan. Le résidentiel compact est capable de transformer conjointement le dynamisme socio-économique des territoires et des métropoles par un nouveau concept de mobilité urbaine, définissant et structurant la mobilité comme un bien commun de l'ensemble du territoire sous l'influence de la métropole. Pour améliorer les logements intermédiaires, permettant l'accès des classes moyennes au cœur des villes et donc la mixité sociale, l'intervention des pouvoirs publics pour maîtriser les prix du foncier est indispensable. Pour que les villes deviennent écoresponsables, il faut insérer le végétal en ville : végétalisation des trottoirs, plantation d'arbres dans les avenues et sur les places, toitures végétalisées pour l'agriculture urbaine de manière à renforcer la biodiversité.

Les innovations de cette restructuration territoriale dépendent de changements de comportement à caractère collectif. La mobilité urbaine y est primordiale et dépend d'une offre de transport multimodale sur le territoire. Cela requiert des entreprises qui soient des opérateurs de mobilité, optimisant l'intermodalité des moyens de transport pour une réduction des émissions de carbone sur l'ensemble du territoire. Il faut pour cela dresser une comptabilité carbone complète, prenant en compte les coûts indirects de l'investissement dans les nouveaux moyens de transport.

Dans ces conditions, l'économie circulaire peut devenir un vecteur d'intégration des territoires. Le principe est l'intégration de l'écologie et de l'économie par focalisation sur la productivité de l'usage des flux de matières. Cette orientation du modèle productif conduirait à la création d'une industrie où les déchets deviennent des intrants ; ce qui réduirait drastiquement les chaînes de valeur et économiserait des flux d'importations.

FINANCEMENT DE LA RÉNOVATION DES TERRITOIRES : LE RÔLE DES MONNAIES LOCALES ET COMPLÉMENTAIRES

Le soutien financier des politiques locales est un enjeu fondamental pour les investissements d'infrastructures et de cohésion sociale. Il faut aussi financer des innovations et des secteurs particuliers. Pour les innovations, les financements vont aux entreprises et aux laboratoires de recherche. Les financements des transports collectifs, des énergies renouvelables et du recyclage concernent l'économie circulaire.

Les monnaies locales et complémentaires sont des moyens appropriés de financement. Elles participent de la réintroduction du politique dans les territoires avec les projets territoriaux de transition écologique. En Europe, la parité en euros des monnaies locales permet une logique de complémentarité. Elles sont les vecteurs de partenariats entre autorités locales et organismes financiers à vocation locale et solidaire. Les gouvernements locaux peuvent accepter ces titres de paiement pour les impôts et les services publics locaux.

L'autre dimension, plus ambitieuse, est de connecter les monnaies locales aux investissements des entreprises dans la transition écologique. Ce sont des crédits pour les investissements en économie circulaire à l'intérieur du territoire. La bonne échelle de territoire est coordonnée par les sociétés coopératives d'intérêt collectif (SCIC) qui rassemblent des parties prenantes d'origines variées (salariés, usagers, prestataires de services, gouvernements locaux, institutions financières). La SCIC garantit l'intérêt collectif du projet, soutient la capacité de gestion de la monnaie locale comme bien commun et préserve la dimension citoyenne des projets. Puisque la monnaie locale est cohérente avec les objectifs que le territoire s'est fixés, elle finance la part du service de réduction d'émission carbone pour valoriser un abattement d'émission territorial que le marché ne rémunère pas.

Les monnaies locales sont donc des outils monétaires d'appropriation citoyenne. Elles peuvent aider à ancrer la transition énergétique dans les territoires, à condition d'atteindre une envergure suffisante pour intéresser les autorités locales à inventer de nouvelles formes de délibération collective[17]. Pour connaître une extension significative, elles doivent s'adosser au financement des projets territoriaux de transition écologique grâce à une gouvernance élargie à des acteurs publics et privés. Pour jouer ce rôle, elles doivent pouvoir être émises en contrepartie de crédits pour financer des services sociaux et environnementaux avec une garantie publique en euros. La combinaison de cette nouvelle source de financement avec une gouvernance participative et décentralisée constituerait un levier pour financer une transition écologique multiforme : par exemple l'isolation de bâtiments publics, la gestion de forêts communales, le crédit aux fermes biologiques, la production de chaleur collective à partir de la biomasse, la qualité de l'eau. C'est ainsi que les monnaies locales et complémentaires peuvent faire évoluer la conception économique des territoires.

En associant des acteurs multiples au sein d'un collège en vue d'une gouvernance collaborative du dispositif monétaire, la SCIC rend impossible la captation privative des gains sociaux réalisés par la circulation de la monnaie locale. Cette caractéristique peut être accentuée si les monnaies locales sont fondantes, c'est-à-dire si la liquidité se dévalorise lorsqu'elles sont thésaurisées, en sorte que l'incitation à en faire des monnaies qui sont actives dans les transactions courantes et les crédits soit magnifiée.

Il ne suffit pas que les monnaies locales soient légitimées par la loi. Pour le développement de ces monnaies, l'acceptation par les autorités publiques locales est indispensable. Le règlement en monnaie locale des services publics locaux et l'acceptation du règlement des impôts locaux en monnaie locale sont des leviers efficaces pour fluidifier la circulation des monnaies locales en réduisant les conversions sortantes vers l'euro. Cet outil de décentralisation du pouvoir économique contribuerait à mettre en cause le monopole bancaire de la création monétaire, comme le ferait aussi le développement d'une monnaie digitale de banque centrale examiné au chapitre 11. L'important ici est que la monnaie locale peut être un outil contre la fracture territoriale, en tissant un réseau d'économie circulaire par des dynamiques territoriales positives pour une plus grande soutenabilité.

Reprenons donc les principaux enseignements concernant la transition écologique des territoires en France. L'économie circulaire est le vecteur d'intégration des territoires en tant que réseaux de firmes reliant étroitement l'économie et l'écologie. Les pôles de compétitivité territoriaux sont les bases des politiques d'innovation. Ce sont des réseaux de firmes sur un territoire qui intériorisent des effets externes par échanges tacites d'informations et de compétences, par mise en commun d'investissements et par participation conjointe à des programmes publics privés de formation de compétences transférables.

L'intercommunalité est le bon niveau pour organiser les services publics en matière d'habitat et d'urbanisme. Les SCIC permettent potentiellement de concilier la maîtrise des finances locales et les objectifs de péréquation au bénéfice des collectivités les plus défavorisées. C'est à ce niveau qu'il faut rechercher des stratégies financières de coopération interterritoriale.

La France a la chance de disposer d'acteurs financiers publics de grande qualité, car l'épargne réglementée est élevée et fait de la Caisse des dépôts et consignations (CDC) le pivot d'un pôle financier public puissant, articulant trois intermédiaires financiers publics :

- Le Fonds d'épargne fait des prêts à huit ans sur collecte du livret A qui est à encours stable et permet une faible charge d'amortissement pour les emprunteurs. Il s'ensuit une solvabilité élevée. C'est ainsi que cinq millions de logements sociaux ont été construits grâce au livret A.
- La Banque des territoires, créée en mai 2018 pour lutter contre la fracture territoriale, fait des prêts aux collectivités locales, à caractère social et environnemental et à longue maturité, s'étalant de vingt-cinq à quatre-vingts ans, permettant ainsi de mutualiser les risques. Les stratégies sont mises en œuvre par les directions régionales auprès des acteurs territoriaux. Quatre orientations de régénération des territoires sont concernées : connexion numérique par fibres optiques, inclusivité par logements sociaux, rénovation des villes moyennes comme espaces de vie et enfin priorités écologiques par développement des énergies renouvelables.
- Bpifrance est un outil de financement des entreprises sur les territoires qui facilite la participation des banques privées par un partage des prises de risques sous la forme de garanties de crédits et de cofinancements. Cela permet d'associer des acteurs financiers privés. En effet, le réseau des banques commerciales françaises demeure dense pour soutenir les entreprises petites et moyennes (TPE et PME) ainsi que les ménages par les microcrédits. Ces banques peuvent aussi distribuer des produits d'épargne et concourir au financement en tant qu'acteurs de proximité.
- Enfin, les caisses d'épargne opèrent en tant que banques coopératives régionales pour réinjecter l'épargne régionale qu'elles collectent dans le développement régional. Elles participent ainsi d'un rôle spécifique d'aménagement du territoire et d'inclusion sociale.

DÉCARBONER LE MIX ÉNERGÉTIQUE : RENOUVELABLES, NUCLÉAIRE, BIOMASSE ET HYDROGÈNE VERT

Au total, il est bon de relier le rapport de RTE sur les futurs énergétiques aux analyses des quatre chapitres de cette troisième partie sur le développement de l'écologie politique. La restructuration énergétique doit remplacer les énergies fossiles par l'électricité. La stratégie nationale bas-carbone doit limiter le plus possible l'énergie primaire importée. C'est pourquoi le nucléaire a une place indispensable dans la souveraineté énergétique de la France. Grâce au nucléaire, la production d'énergie décarbonée est déjà de 500 térawattheures en France, supérieure aux autres pays européens. Mais il faut une stratégie industrielle en deux étapes :

- Dans le moyen terme jusqu'à 2030-2035, maintenir les réacteurs existants en fonction et développer les énergies renouvelables conformément aux objectifs climatiques européens pour 2030.
- Dans le long terme jusqu'à 2050-2060, renouveler l'industrie nucléaire pour soutenir la croissance de la production d'électricité décarbonée.

Si l'on a des doutes sérieux sur la capture du carbone dans l'atmosphère et son stockage (*carbon capture and storage* ou CCS) et si l'on veut limiter les importations de combustible décarboné, le débat industriel se trouve dans le partage entre énergies renouvelables, biomasse et hydrogène vert d'un côté et nouveaux réacteurs nucléaires de l'autre. Il est vrai que le coût des générateurs de troisième génération va augmenter, alors que les coûts des énergies renouvelables baissent. Mais la combinaison d'énergies renouvelables et de nouveaux réacteurs nucléaires est la plus prudente, sachant que des investissements massifs seront indispensables dans les deux options.

La biomasse est la matière organique d'origine végétale, animale, bactérienne ou fongique (champignons), utilisable comme bioénergie. Celle-ci peut être extraite par combustion directe (bois énergie) ou par combustion après un processus de transformation de la matière première. La biomasse peut répondre aux enjeux de développement durable et d'économie circulaire en se substituant aux énergies fossiles pour réduire les émissions de GES.

En France, une stratégie nationale de mobilisation de la biomasse vise à augmenter la quantité de biomasse collectée, en créant le moins possible d'effets collatéraux négatifs sur la biodiversité. Plus facile à stocker que les énergies intermittentes, la biomasse énergie contribue à sécuriser le réseau électrique. En droit français, la biomasse est définie comme la fraction biodégradable des produits, déchets et résidus de l'agriculture, de la sylviculture, ainsi que la fraction biodégradable des déchets industriels et ménagers.

En France, la biomasse est la première source d'énergie renouvelable devant l'énergie hydraulique. Pour mieux organiser cette filière biomasse énergie en application de la loi de transition énergétique pour la croissance verte (17 août 2015), une stratégie nationale de mobilisation de la biomasse a été lancée qui doit être déclinée dans chaque région.

L'hydrogène est un complément aux énergies renouvelables, utilisable dans des secteurs difficiles à décarboner, tels que l'industrie lourde, le transport routier par camions, l'aviation et le transport maritime, à la condition expresse d'être produit par électrolyse utilisant une électricité qui provient d'énergies renouvelables.

En France, le gouvernement veut engager sept milliards d'euros pour développer l'hydrogène sous forme décarbonée d'ici à 2030. Cette ambition contribue à la recherche de la souveraineté énergétique et devrait susciter des dizaines de milliers d'emplois, les investissements publics opérant un effet de levier.

Pour produire de l'hydrogène décarboné, le prix dépend en partie de celui de l'électricité en provenance d'énergie renouvelable ou du nucléaire. La technique de l'électrolyse est bien connue, mais elle n'a pas encore été utilisée en France à l'échelle industrielle. Pour la rendre rentable, on retrouve la même condition que pour tout investissement écologique étudié ci-avant dans ce chapitre. Il faut taxer suffisamment le carbone évité pour que les entreprises anticipent un rendement prospectif suffisant pour être attirées dans cette production. L'industrie et les transports lourds devraient avoir recours à cette énergie. C'est ainsi que quatre régions métropolitaines ont passé commande à Alstom de trains à hydrogène afin de remplacer ceux qui fonctionnent au diesel.

Éléments géopolitiques de la planification écologique française

Le système financier, les relations commerciales, les formes de l'aide au développement sont autant de vecteurs par lesquels un modèle de planification écologique affecte en bien ou en mal le reste du monde. La Chine déploie ainsi un modèle de développement vu au travers de la notion de civilisation écologique en diffusant ce concept au travers de son programme des routes de la soie, sans que ses impacts réels soient à ce jour clairement établis. L'Europe a fait le pari d'un ajustement aux frontières de l'Union contre la concurrence environnementale « déloyale » déployée par les pays du reste du monde qui se refusent à mettre en place une tarification du carbone. Cette approche protectrice pourrait avoir des impacts importants sur un petit nombre de pays en développement et émergents. Elle fait surtout l'économie d'une vision globale de la transition écologique autre que celle d'une tarification globale unique du carbone. Les États-Unis réveillent quant à eux les mânes de Roosevelt et du New Deal au travers d'un plan d'investissement public sans précédent qui semble vouloir tourner le dos à près de quatre décennies de consensus de Washington.

LA PLANIFICATION ÉCOLOGIQUE RÉSERVÉE À UN CLUB RESTREINT ?

Les leviers économiques que déploient la Chine, l'Europe ou les États-Unis ne sont pas à la portée de tous les pays du monde. Or la transition écologique ne peut être que globale. De nombreux pays se voient contraints de développer des stratégies subordonnées vis-à-vis des politiques climatiques de ces trois blocs. La concurrence accrue pour les ressources minérales liées aux transitions, la réduction attendue du commerce des fossiles ou encore les nouvelles chaînes de valeur des technologies vertes sont des menaces immédiates pour nombre de pays en développement ou émergents, dont la capacité même à planifier a été fortement réduite par ces mêmes quatre décennies de consensus de Washington.

Les programmes de *just energy transition partnership* (JET-P) développés avec les grands pays émergents pour les soutenir financièrement et technologiquement dans leur sortie du charbon se heurtent notamment à l'absence d'investissements coordonnés dans les infrastructures au cours des dernières décennies. À titre d'exemple, l'Afrique du Sud se retrouve forcée de repousser la fermeture de centrales à charbon afin de réduire les arrêts quotidiens d'électricité. L'Inde, comme la plupart des pays en développement ou émergents, fait face à un coût du capital rendant les investissements décarbonés toujours plus prohibitifs.

Les nouvelles ressources clés que sont les minerais de la transition énergétique deviennent l'objet d'un nouveau grand jeu géopolitique. Est-il possible de dissocier la crise politique de l'été 2023 au Niger du rôle clé que joue ce pays parmi les plus pauvres du monde dans l'approvisionnement en uranium[18] du continent européen ou en ressources minérales essentielles aux énergies renouvelables ? Certains pays tentent de jeter les fondations d'organisations régionales de type cartel, comme le Chili, la Bolivie, le Brésil et l'Argentine avec le lithium, afin d'avoir un contrôle sur les prix[19]. D'autres se saisissent de ce levier pour tenter d'attirer des éléments aval de la chaîne de valeur sur leur territoire, comme le Ghana[20].

LES EFFETS INCERTAINS DE LA FRAGMENTATION GÉOPOLITIQUE

Par ailleurs, une fragmentation géopolitique accrue rend plus difficile encore la préservation des biens publics globaux que sont le climat ou les autres limites planétaires.

La guerre en Ukraine est l'exemple emblématique de cette dynamique de fragmentation. Le choc énergétique induit sur l'Europe menace directement la viabilité du projet de transition européen. Il affaiblit considérablement la puissance industrielle centrale qu'est l'Allemagne en la privant brutalement du gaz russe, montrant par l'absurde à quel point une transition énergétique ne peut se concevoir sans planifier des changements structurels profonds dans l'appareil productif. La désindustrialisation allemande semble pouvoir bénéficier aux États-Unis qui voient leur tutelle sur l'Europe renforcée.

Mais les volontés de découplage technologique et commercial que manifestent les États-Unis vis-à-vis de la Chine, ou les esquisses de renversements d'alliances manifestées par la reprise de discussions entre l'Arabie saoudite et l'Iran, participent aussi de cette multipolarisation du monde. La réémergence d'un bloc géopolitique des BRICS potentiellement élargi à certains des pays producteurs de pétrole et de gaz redéfinit les règles du jeu international dans des directions encore largement incertaines. Paradoxalement, cette fragmentation géopolitique tend à justifier la création de chaînes de production moins étirées et en partie redondantes à l'échelle globale[21], donc des formes de retours de la puissance publique dans l'orientation des économies. À ce titre au moins, la planification écologique apparaît bien comme une réalité balbutiante au niveau de certaines nations avancées et émergentes.

La planification écologique reste un horizon lointain pour de nombreuses nations et pour son articulation à l'échelle mondiale, la seule signifiante pour répondre à la crise écologique et garantir une viabilité globale. Il faudrait pour cela voir émerger des institutions nationales, régionales et internationales permettant la réinsertion durable des dynamiques socio-économiques globales dans les limites planétaires déjà dépassées. La coopération internationale reste le moteur fondamental pour faire de la planification écologique un modèle global de réintégration collective dans les limites planétaires[22].

CONCLUSION GÉNÉRALE

Quel futur du capitalisme au XXIe siècle ?

« Nous ne l'avons pas accepté ; nous n'avions pas d'accord. » Cette phrase prononcée par la représentante de la République démocratique du Congo à l'issue de la conférence de Kunming-Montréal sur la biodiversité marque, de manière en apparence insignifiante, une époque nouvelle. Dans le chapitre conclusif de l'ouvrage collectif *Capitalisme. Le temps des ruptures*, publié en novembre 2019[1], nous ne pouvions avoir aucune anticipation des événements brutaux des trois années suivantes. L'irruption de la pandémie et les confinements prolongés qu'elle a suscités, la guerre en Ukraine et plus récemment le conflit israélo-palestinien au Proche-Orient qui renforce et étend les rivalités géopolitiques, l'explosion des prix de l'énergie, une inflation galopante, inconnue depuis plus de quarante ans, et peut-être plus que tout l'émergence accélérée sur la scène internationale d'un Sud global qui entend peser sur les affaires du monde. Pourtant la dernière partie de cet ouvrage s'interrogeait déjà sur la nature des risques climatiques et la nécessité d'une démarche d'écologie politique requise pour les affronter. Il faut reconnaître le caractère systémique et pluridimensionnel de ce risque, disions-nous, à l'encontre de la démarche usuelle de la grande partie des économistes néoclassiques, pour qui il s'agissait d'une externalité simple qui devait se résoudre par un simple mécanisme de prix, instauré si possible à l'échelle mondiale.

Nous mettions en évidence l'attitude du « catastrophisme éclairé », expression formulée par le philosophe Jean-Pierre Dupuy, contre un emballement climatique dévastateur. Le changement climatique n'est pas assurable collectivement ; il ne peut être qu'évité. Il est clair que cet enjeu échappe au calcul économique usuel qui prétend comparer les coûts et bénéfices de toute décision. Le catastrophisme éclairé est l'attitude politique permettant une mobilisation collective pour maintenir un développement soutenable à long terme. C'est pourquoi dans le présent ouvrage, dont cette conclusion récapitule les résultats essentiels, nous avons adopté une démarche de *viabilité,* reprenant en cela un agenda ouvert initialement par le mathématicien Jean-Pierre Aubin. Les trois parties de l'ouvrage s'articulent autour de cette notion de viabilité, interrogée d'abord dans la très longue durée et sur ses implications pour un au-delà du Capitalocène dans la première partie, ensuite dans le temps long des phases du capitalisme dans la deuxième partie, avant de servir d'appui à une analyse d'économie politique des temps présents dans la troisième partie.

Imputer aux dynamiques historiques d'accumulation du capital la dégradation des écosystèmes, le réchauffement de la planète depuis les temps préindustriels et l'aggravation des contradictions sociales procède bien d'une théorie de la viabilité étendue aux sciences sociales. C'est ce que nous avons tenté de formuler dans la première partie de cet ouvrage. La notion de régimes de viabilité du Capitalocène émerge assez naturellement d'une longue histoire de cheminement et de rencontres de l'économie et de l'écologie, que nous parcourons au premier chapitre. La notion de dette écologique, et la manière dont les institutions l'appréhendent (ou l'ignorent) à différents moments de l'histoire, nous apparaît un aspect central permettant de caractériser un régime de viabilité du Capitalocène. Nous proposons au chapitre 2 une tentative de fondement anthropologique de ce mythe fondateur de la dette écologique, par opposition au mythe de la tragédie des communs. Il s'agit d'un mythe au sens plein d'un ensemble de perceptions et de pratiques de la relation entre nature et sociétés. Du point de vue anthropologique, le mythe de la tragédie des communs ne trouve aucun fondement, aucune société ne s'étant jamais effondrée du fait d'avoir mal défini les droits de propriété privés sur les ressources qu'elle avait en partage. Nous lui opposons celui de la dette écologique, définie comme une extension de la dette de vie, et qui peut se comprendre comme la valeur accordée par les sociétés aux conditions écologiques de leur propre reproduction, incluant la possibilité de reproduire leurs mythes fondateurs. Il ne s'agit dès lors plus de justifier l'extension des droits de propriété à tout élément naturel, mais plutôt de rechercher les institutions collectives les plus justes et les plus efficaces permettant de retrouver une viabilité sociale et écologique. La forme monétaire et les relations de dons et contre-dons jouent ici un rôle clé.

Dès lors, le rôle clé joué par l'institution monétaire à la fois dans la perpétuation des formes de non-viabilité et dans les dynamiques de transition d'un régime de viabilité à un autre devient par construction l'institution centrale de perpétuation ou de transformation de la dette écologique au fil de l'histoire, ce que nous détaillons au chapitre 3. Enfin nous proposons au chapitre 4 les linéaments d'une écologie politique au-delà du Capitalocène. Sur le plan environnemental, l'enjeu de la viabilité devient planétaire. La conception la plus synthétique est alors celle du respect des limites planétaires. Les interactions fortes entre les dégradations de la biodiversité et l'aggravation du changement climatique ont été mises en évidence lors de la COP15 sur la biodiversité qui s'est tenue à Montréal en décembre 2022. En quelque sorte, les limites planétaires synthétisent ces interactions. Le principal problème que pose la notion de limite planétaire est que n'existent pas encore les institutions capables de les prendre pleinement en compte. Nous proposons des pistes en ce sens passant essentiellement par une application des principes de viabilité à la comptabilité et des formes non marchandes de valorisation du climat et de la biodiversité.

La deuxième partie a une grande importance par ses conséquences sur les enjeux environnementaux auxquels nous sommes aujourd'hui confrontés. Elle s'intéresse, en effet, à la formation historique des régimes successifs de viabilité du Capitalocène, aux facteurs de crises que ces régimes accumulent en relation avec leur environnement immédiat ou lointain, et aux basculements particuliers mettant parfois un terme, souvent temporaire, à ces crises de viabilité. Elle met en évidence les institutions permettant de résoudre les déséquilibres socio-écologiques générés par un régime de croissance établi précédemment. Elle analyse comment se déclenche et se propage la crise de ce régime. Elle étudie les conditions historiques d'émergence d'un nouveau régime de viabilité en parcourant l'histoire en quatre chapitres présentant la particularité des configurations historiques du capitalisme dont la logique d'accumulation est commune, mais dont l'effet des menaces systémiques sur la viabilité diffère. Cela permet de mettre en évidence *a contrario* les institutions susceptibles de résoudre les déséquilibres socio-écologiques générés par un régime de croissance, les différentes manières dont les crises de régulation de différents régimes se manifestent et les conditions historiques d'émergence d'un nouveau régime de viabilité.

Le chapitre 5 traite ainsi des circonstances internationales du Capitalocène, à la suite d'une série de contingences historiques dont notamment la mise en relation quasi directe de la Chine et de l'Europe à l'occasion de la *Pax Mongolica*. Un triple mouvement de destruction des communs commence dans une grande violence, par laquelle les seigneurs et les riches fermiers devinrent des capitalistes primitifs dès le XVIe siècle. Cette accumulation primitive du capital, transformant la terre en marchandise, a aussi bouleversé le travail humain en faisant de la force de travail une marchandise, comme l'a montré Karl Marx. Cette logique a dissimulé la violence extrême qui s'exerça également à l'encontre des femmes pour leur assigner la fonction sociale exclusive de reproduction de la force de travail. C'est enfin le commerce triangulaire qui constitua le troisième volet de cette accumulation primitive. Ainsi se constitua un prolétariat qui a divisé la classe ouvrière en promouvant des formes différenciées d'exploitation, mais aussi des usages différenciés de la nature.

Le chapitre 6 développe le régime de viabilité du capitalisme fossile, en conséquence de la révolution agricole hollandaise qui provoqua une déforestation massive au nord de l'Europe puis son usage extensif de la tourbe dans la première moitié du XVIIe siècle. Corrélativement, le choix du charbon comme matière première énergétique aisément transportable s'imposa, notamment face à l'hydraulique, en Angleterre. Au XVIIIe siècle, l'interdépendance financière entre l'Angleterre et les Pays-Bas demeura le cœur du commerce international et du régime de viabilité de ce premier Capitalocène fossile. Au tournant des années 1870, peu avant la seconde grande déflation, la montée de puissances rivales menaça l'hégémonie britannique. Ce fut la fin de la guerre de Sécession aux États-Unis, officialisant les premiers usages industriels du pétrole, et entraînant la réunification politique du pays. Les rivalités de puissances furent attisées notamment par la volonté de Bismarck pour que l'Empire germanique se fasse une place dans la colonisation en Afrique. Du point de vue environnemental, la dépendance aux industries fossiles prenait un tour nouveau avec l'avènement du pétrole.

Le chapitre 7, intitulé « De l'étalon charbon à l'étalon pétrole », éclaire les instabilités de l'entre-deux-guerres étudiées par Keynes.

La première source d'instabilité, dès la fin de la Première Guerre mondiale, a été l'insistance du gouvernement des États-Unis pour que les alliés européens remboursent les dettes émises pour financer la guerre en raison d'une reprise en main de la finance par Washington contre Wall Street. Pendant la Seconde Guerre mondiale, les Américains et les Britanniques négocièrent l'architecture d'un système monétaire international (SMI) qui allait devenir le système de Bretton Woods en juillet 1944. En dépit des efforts de Keynes pour un SMI symétrique, le Trésor américain imposa le principe de la devise clé dollar liée à l'or, et en réalité liée à la maîtrise de la ressource pétrolière. Un divorce, resté longtemps invisible, s'est établi alors entre un système social d'amélioration des modes de vie appelé fordisme et une dégradation climatique et environnementale toujours accélérée. Des crises imbriquées que furent la dévaluation de la livre sterling de novembre 1967, l'intensification de la guerre du Vietnam en même temps que Lyndon Johnson poursuivait le projet démocrate de Grande Société aux États-Unis, les bouleversements sociaux de 1968, déclenchèrent le processus inflationniste qui mit fin au système de Bretton Woods en 1971.

La spirale inflationniste s'accéléra, alors que le rapport Meadows du Club de Rome mettait l'accent sur les limites environnementales de la croissance. À partir de là, le régime de croissance allait être profondément changé jusqu'à la fin du XXe siècle avec l'avènement du néolibéralisme financiarisé, que l'on peut qualifier de Capitalocène tardif. Le chapitre 8 traite de cette « longue parenthèse néolibérale ». Les contours du régime de viabilité du néolibéralisme financiarisé se caractérisent par la domination de la valeur actionnariale qui s'imposa dans les pays anglo-saxons. À la chute de l'Union soviétique, puis à celle du mur de Berlin entraînant la réunification de l'Allemagne, le capitalisme financiarisé se propagea dans les années 1990 sous l'emprise du consensus de Washington, dans l'ensemble des pays dits avancés. Cette mondialisation sans règles déclencha de multiples crises financières, de la crise mexicaine en 1994 à la crise asiatique en 1998 et finalement au krach boursier de 2000-2002. Après une reprise bénéficiant de l'extraordinaire expansion chinoise à la suite de son entrée à l'OMC, elle-même appuyée sur d'abondantes ressources en charbon, le capitalisme financiarisé entama un long processus de déclin, conduisant à la Grande Crise financière de 2008, puis à la phase de polycrises dans laquelle nous semblons être entrés avec la pandémie de Covid en 2019.

La troisième partie se concentre sur cette nouvelle période, et se pose en creux une question fondamentale : vit-on l'émergence d'un nouveau régime du Capitalocène, poursuivant l'accumulation du capital dans des institutions nouvelles, permettant une fois de plus de repousser les limites qui lui sont immanentes ? Ou bien s'agit-il plutôt d'une crise systémique en quelque sorte terminale de viabilité du Capitalocène ? Nous nous sommes proposé dans la troisième partie prospective d'entamer ce questionnement d'écologie politique au XXIe siècle, en nous appuyant sur l'analyse de longue durée de la deuxième partie. Le chapitre 9 porte sur les apories de la gouvernance des biens communs globaux, essayant d'expliquer les limites fortes de la diplomatie, de l'économie et de la finance à être moteurs de cette gouvernance. Le chapitre 10 avance certains facteurs d'explication du contexte de crises multiples, liées aux rivalités géopolitiques et au retour de l'inflation, mais aussi aux instabilités intrinsèques liées à une phase de mi-transition alors que l'avancée décisive de la transition climatique pour atteindre la neutralité carbone au milieu du siècle doit s'accomplir à l'horizon 2030. Une période d'instabilité de mi-transition est donc possible à court et à moyen terme en raison des changements en cours dans le système énergétique mondial engagés par les politiques climatiques passées car les investissements requis sont particulièrement risqués par leurs durées, les tailles des engagements initiaux de capital, les incertitudes à la fois techniques et écologiques et les risques de manque de continuité politique.

Or établir l'ensemble des principes de régulation nécessaires pour surmonter les risques de mi-transition implique la continuité stratégique d'une vision de longue période. Le chapitre 11 met en évidence les formes émergentes de la planification écologique dans les trois grandes puissances de la planète : la Chine, les États-Unis et l'Europe. La notion de planification écologique représente une proposition de renouvellement de l'institution de l'État pour répondre au défi de la dette écologique. Elle adopte une perspective globale dans la mesure où elle place en son cœur la protection de biens communs globaux menacés. Mais l'économie politique de ce mode émergent de planification écologique reste propre à chaque pays ou région du monde. La planification écologique émerge dans certaines nations avancées, mais demeure encore un horizon lointain dans son articulation à l'échelle mondiale. Toutefois, la coopération internationale reste le moteur fondamental pour faire de la planification écologique un modèle global de réintégration collective dans les limites planétaires. La monnaie est ce lien social fondamental par lequel un système de coopération institutionnalisée pourrait être établi au niveau mondial. Ni l'institution monétaire internationale de régulation ni l'entité monétaire susceptible de porter la liquidité internationale n'ont à être créées, puisqu'elles existent déjà. Le Fonds monétaire international (FMI) peut être réformé pour devenir le prêteur en dernier ressort international. La liquidité internationale existe sous la forme des droits de tirage spéciaux (DTS). Cette transformation du système monétaire international se fera dans la longue durée, le temps qu'il soit mis un terme à l'inégale répartition des pouvoirs des pays en son sein.

Enfin, le chapitre 12 se pose la question de l'établissement d'un État stratège écologique en France. La réémergence récente de l'idée de planification stratégique est-elle le signe d'une perception dans la société qu'il n'est plus temps de s'en remettre au marché pour affronter l'incertitude ? La planification française après la Seconde Guerre mondiale a recherché les modalités d'intervention de l'État pour faire face aux insuffisances du marché. C'était un projet de société orientant la politique économique sur un horizon pluriannuel à partir d'une prospective macroéconomique. Comme c'était le cas dans l'après-guerre, les mutations à venir concernent les structures de production, les modes de vie et les territoires. Ces mutations s'inscrivent dans le long terme. Il faut ainsi trouver un processus d'évaluation *in itinere*, donc de réajustement des politiques qui se révèlent insoutenables. Le chapitre insiste sur le rôle pivot des acteurs financiers publics dans tout scénario ambitieux de transition écologique, afin de soutenir des processus de réindustrialisation ciblée. C'est dans ce cadre nouveau, celui du financement de politiques publiques structurelles d'accompagnement de la transition écologique, qu'un rôle moteur des acteurs financiers publics apparaît.

Au terme de cette étude sur la viabilité de l'écologie politique, des principes de régulation et des politiques à développer pour la mettre en œuvre, une interrogation cruciale, déjà soulevée, se présente : le capitalisme est-il compatible avec les limites écologiques ? Les quarante dernières années ont vu une accélération marquée du réchauffement climatique, une dégradation massive des écosystèmes et une aggravation intolérable des inégalités sociales dans et entre les pays en même temps qu'une incapacité à protéger ces biens publics globaux. L'écologie politique doit ainsi aujourd'hui plus que jamais s'interroger sur la viabilité du Capitalocène au XXIe siècle.

Un premier argument est que les calculs de rentabilité sous la prépondérance du lobby du carbone n'intègrent pas les dégradations écologiques. Les principes de régulation du Capitalocène montrent que la comptabilité peut être théoriquement transformée, la gouvernance des entreprises, modifiée, et donc un nouveau mode de régulation, établi, sans que l'essence du capitalisme ne soit mise en question.

La deuxième incompatibilité serait le décalage des temporalités. Celle des marchés financiers est certainement incompatible avec la planification stratégique pour identifier les externalités et produire les politiques requises pour les surmonter. Mais le capitalisme a connu des époques où la régulation par la puissance publique incorporait une planification de moyen terme.

Dans son développement historique, le capitalisme a connu de longues périodes d'essor et des époques de ruptures prolongées, au cours desquelles les contradictions profondes qu'il renferme parviennent à créer de nouvelles institutions dont l'articulation fait apparaître un nouveau mode de régulation.

Le troisième élément, sans doute moteur, a trait à la combinaison de l'enjeu écologique avec les rivalités géopolitiques. Le capitalisme est en effet loin d'être unifié. Un ouvrage récent de Branko Milanovic s'est focalisé sur cet aspect[2]. Le paradoxe serait que le capitalisme est sans rival, parce qu'il englobe toutes les rivalités. Les guerres mondiales du XXe siècle ont certainement été des époques de rupture, car elles ont profondément modifié les élites politiques détenant le pouvoir au sein des nations et les rapports politico-militaires entre les nations. Mais ce ne sont pas les seuls processus qui font évoluer la diversité des capitalismes.

Sur quatre décennies (1980-2020) succédant à la rupture engendrée par la grande crise inflationniste des années 1970, le capitalisme néolibéral a rompu l'héritage du capitalisme rooseveltien aux États-Unis et du capitalisme d'inspiration sociale-démocrate en Europe. Il est entré en rivalité avec un capitalisme asiatique que Milanovic appelle politique, engendré par la réforme chinoise. Le capitalisme néolibéral est affecté par le fléchissement de la productivité, l'extrême inégalité patrimoniale, la concentration du capital dans les hautes technologies et l'affaiblissement du contrat social. Le système politique est devenu oligarchique, non pas juridiquement mais par l'absence de contre-pouvoirs au pouvoir de l'argent qui entraîne l'autoreproduction de la classe supérieure. Le capitalisme politique est le fruit de la révolution qui a instauré le pouvoir communiste en Chine en 1949, puis de la réforme qui a engagé la transition vers le capitalisme à partir de 1979[3]. Les caractéristiques de ce capitalisme sont une bureaucratie relativement efficace et une technocratie compétente à la poursuite de la croissance. Le poids économique du secteur privé est largement majoritaire, mais pour le moment sans capacité d'influence prépondérante sur les politiques publiques.

Dans les deux types de capitalisme, la corruption crée une rente accentuée par la globalisation, car elle est inhérente à la logique du capital qui est exclusivement de faire de l'argent avec l'argent, donc d'exercer un pouvoir sur autrui sans aucun principe éthique. Pour revenir à la question initiale, ce qui est nouveau et qui traverse les deux types de capitalisme est la prise de conscience que l'humanité entière est plongée dans une biosphère dégradée qui menace la civilisation dans son ensemble à travers les générations.

C'est pourquoi le catastrophisme éclairé, mettant au premier plan les biens communs de la planète, est la seule démarche qui puisse entraîner la viabilité d'un avenir commun. Dans les quatre chapitres de la troisième partie de l'ouvrage, nous avons cherché à progresser pas à pas dans les principes de régulation, puis dans les politiques que ces principes peuvent entreprendre pour un nouveau régime de croissance dont la planète entière pourrait bénéficier ; un New Deal global, gouverné par la coopération institutionnalisée.

Mais la question fondamentale demeure. Un capitalisme plus responsable est-il toujours possible ? Nous avons appris dans ce livre que le capitalisme néolibéral doit entièrement disparaître, car il est intrinsèquement soumis à la tragédie des horizons. Plus fondamentalement, les régimes politiques appelés démocratiques sont rythmés par des cycles électoraux qui n'assurent pas la continuité d'une orientation politique pour conduire une écologie politique sur des horizons de trente à cinquante ans.

À l'échelle mondiale, cela implique un dialogue des cultures qui peut seul faire apparaître des valeurs vraiment universelles. Or la géopolitique actuelle crée, au contraire, une menace renforcée de fragmentation, si ce n'est même de guerre de civilisations.

La question demeure donc et ne peut avoir de réponse définitive aujourd'hui. Pour instaurer une écologie politique compatible avec les limites planétaires, la transformation des sociétés humaines aura peut-être été telle que le collectif sera devenu prépondérant vis-à-vis de l'*hubris* individuelle rendant caduque la logique du capitalisme. Nous clôturons ce livre en laissant cette interrogation existentielle aux générations futures.

NOTES

Introduction générale

1. Voir Rockström, J., Steffen, W., Noone, K., Persson, Å., Chapin III, F. S., Lambin, E., ..., Foley, J. (2009), « Planetary boundaries : Exploring the safe operating space for humanity », *Ecology and Society*, 14 (2).
2. https://www.theguardian.com/environment/2022/dec/19/we-didnt-accept-it-drc-minister-laments-forcing-through-of-cop15-deal-aoe.
3. La forêt amazonienne est considérée depuis quelques années comme émettrice nette de carbone en raison de la déforestation accélérée et des effets du changement climatique. Voir par exemple : Assis, T. O., Aguiar, A. P. D., von Randow, C., Nobre, C. A. (2022), « Projections of future forest degradation and CO_2 emissions for the Brazilian Amazon », *Science Advances*, 8 (24), eabj3309.
4. Ces chiffres et ceux qui suivent sont tirés d'un *Climate Change and Development Report* sur la République démocratique du Congo préparé par la Banque mondiale pour l'année 2023.
5. Ce statut du Congo est validé par les puissances européennes à l'occasion de la conférence de Berlin de 1884-1885, réunie à l'initiative du chancelier allemand Otto von Bismarck, afin de réguler la colonisation et le commerce en Afrique entre les puissances impériales de l'époque.
6. L'Union minière du Haut-Katanga survit jusqu'à aujourd'hui sous la forme de l'entreprise Umicore, cotée sur Euronext Belgique au sein de l'indice BEL20.
7. L'histoire du Congo est notamment détaillée dans le remarquable ouvrage de Van Reybrouck, D. (2012), *Congo, une histoire,* Actes Sud.
8. Smil, V. (2017), *Energy : A Beginner's Guide,* Simon and Schuster.
9. La Pangée est un supercontinent rassemblant l'essentiel des terres émergées et étant censé s'être formé lors du Carbonifère (il y a quelque 290 millions d'années). Sa dislocation commence 90 millions d'années plus tard, générant progressivement les continents actuels et favorisant un enrichissement considérable de la biodiversité par la séparation des dynamiques d'évolution.

10. Baiser, B., Olden, J. D., Record, S., Lockwood, J. L., McKinney, M. L. (2012), « Pattern and process of biotic homogenization in the New Pangaea », *Proceedings of the Royal Society B : Biological Sciences*, 279 (1748), p. 4772-4777.
11. Le terme de ppm signifie « partie par millions » et représente une concentration de particules (en l'occurrence de CO_2) dans l'atmosphère. Cette évaluation d'un effet absorbant de la découverte de l'Amérique par Christophe Colomb est notamment discutée dans Lewis, S. L., Maslin, M. A. (2015), « Defining the anthropocene », *Nature*, 519 (7542), p. 171-180.
12. On mentionnera ici les ouvrages séminaux de : Malm, A., Hornborg, A. (2014), « The geology of mankind ? A critique of the Anthropocene narrative », *The Anthropocene Review*, 1 (1), p. 62-69. Bonneuil, C., Fressoz, J.-B. (2016), *L'Événement Anthropocène. La Terre, l'histoire et nous*, Seuil. Moore, J. W. (2017), « The Capitalocene. Part I : On the nature and origins of our ecological crisis », *The Journal of Peasant Studies*, 44 (3), p. 594-630. Moore, J. W. (2018), « The Capitalocene. Part II : Accumulation by appropriation and the centrality of unpaid work/energy », *The Journal of Peasant Studies*, 45 (2), p. 237-279.
13. Ripple, W. J., Wolf, C., Newsome, T. M., Galetti, M., Alamgir, M., Crist, E., ..., 15 364 scientist signatories from 184 countries (2017), « World scientists' warning to humanity : A second notice », *BioScience*, 67 (12), p. 1026-1028.
14. Barnosky, A. D., Matzke, N., Tomiya, S., Wogan, G. O., Swartz, B., Quental, T. B., ..., Mersey, B. (2011), « Has the Earth's sixth mass extinction already arrived ? », *Nature*, 471 (7336), p. 51-57.
15. Lewis, S. L., Maslin, M. A. (2015), « Defining the anthropocene », *Nature*, 519 (7542), p. 171-180.
16. Zalasiewicz, J., Freedman, K. (2009), *The Earth After Us : What Legacy Will Humans Leave in the Rocks ?*, Oxford University Press.
17. Voir notamment Descola, P. (2005), *Par-delà nature et culture*, Gallimard.
18. Voir notamment Espagne, E. (2020), « Hiérarchies monétaires et hiérarchies écologiques. Leçons et perspectives de la crise du Covid-19 », Regards croisés sur l'économie, 26 (1), 133-144. Althouse, J., Svartzman, R. (2022), « Bringing subordinated financialisation down to Earth : The political ecology of finance-dominated capitalism » *Cambridge Journal of Economics*, 46 (4), p. 679-702.

PARTIE 1
Économie politique de la viabilité

CHAPITRE 1
Aux sources de la viabilité

1. Espagne, E., Godin, A., Svartzman, R. (2023), « Ecological macroeconomics », *in Elgar Encyclopedia of Post-Keynesian Economics*, Edward Elgar Publishing, p. 123-125.

2. Aglietta, M., Orléan, A. (1982), *La Violence de la monnaie*, PUF.
3. Dasgupta, D., Étienne, E., Hourcade, J. C., Minzer, I., Nafo, S., Perissin-Fabert, B., ..., Sirkis, A. (2016), *Did the Paris Agreement Plant the Seeds of a Climate Consistent International Financial Regime ?*, MITP/FEEM.
4. Revkin, A. (1992), *Global Warming : Understanding the Forecast*, Abbeville Press.
5. Boulding, K. (1966), « The economics of the coming spaceship earth », *in* Jarrett H. (dir.), *Environmental Quality in a Growing Economy*, Ressources for the Future/Johns Hopkins University Press.
6. Bonneuil, C., Fressoz, J.-B., (2016), *L'Événement Anthropocène. La Terre, l'histoire et nous*, Seuil.
7. Citons, de manière non exhaustive : molysmocène, colonialocène, négrocène, impérialismocène, plantacionocène, occidentalocène, anglocène, manthropocène, phagocène, technocène, éconocène, growthocène.
8. Svartzman, R., Dron, D., Espagne, E. (2019), « From ecological macroeconomics to a theory of endogenous money for a finite planet », *Ecological Economics*, 162, p. 108-120.
9. Ripple, W. J., Wolf, C., Newsome, T. M., Galetti, M., Alamgir, M., Crist, E., ..., 15 364 scientist signatories from 184 countries (2017), « World scientists' warning to humanity : A second notice », *BioScience*, 67 (12), p. 1026-1028.
10. Un point stratotypique mondial définit les limites existantes entre deux moments géologiques, ne laissant pas la possibilité de vide ou de chevauchement entre eux.
11. Lewis, S. L., Maslin, M. A. (2015), « Defining the anthropocene », *Nature*, 519 (7542), p. 171-180.
12. Koch, A., Brierley, C., Maslin, M. M., Lewis, S. L. (2019), « Earth system impacts of the European arrival and Great Dying in the Americas after 1492 », *Quaternary Science Reviews*, 207, p. 13-36.
13. Cette partie reprend et actualise des éléments de l'article suivant : Svartzman, R., Dron, D., Espagne, E. (2019), « From ecological macroeconomics to a theory of endogenous money for a finite planet », *Ecological Economics*, 162, p. 108-120.
14. Par exemple Nordhaus, W. (2018), « Evolution of modeling of the economics of global warming : Changes in the DICE model, 1992-2017 », *Climatic Change*, 148 (4), p. 623-640.
15. Voir Hartwick, J. M. (1977), « Intergenerational equity and the investing of rents from exhaustible resources », *The American Economic Review*, 67 (5), p. 972-974. Solow, R. M. (1974), « The economics of resources or the resources of economics », *American Economic Review*, 41, p. 1-14. Stiglitz, J. E. (1974), « Growth with exhaustible natural resources : Efficient and optimal growth paths », *The Review of Economic Studies*, 41, p. 123-137.
16. Ayres, R., van den Bergh, J. C. J. M., Lindenberger, D., Warr, B. (2013), « The underestimated contribution of energy to economic growth », *Structural Change and Economic Dynamics*, 27, p. 79-88.
17. Stern, N., Peters, S., Bakhshi, A., Bowen, C., Cameron, S., Catovsky, D., Crane, S., Cruikshank, S., Dietz, N., Edmondson, S.-L., Garbett, I., Hamid, G., Hoffman, D.,

Ingram, B., Jones, N., Patmore, H., Radcliffe, R., Sathi-yarajah, M., Stock, C., Taylor, T., Wanjie Vernon, H., Zeghelis, D. (2006), *The Stern Review : The Economics of Climate Change*. HM Treasury.

18. Gowdy, J., Erickson, J. D. (2005), « The approach of ecological economics », *Cambridge Journal of Economics*, 29 (2), p. 207-222.
19. Voir Fath, B., Scharler, U., Ulanowicz, R., Hannon, B. (2007), « Ecological network analysis : Network construction », *Ecological Modelling*, 208 (1), p. 49-55. Goerner, S. J., Lietaer, B., Ulanowicz, R. E. (2009), « Quantifying economic sustainability : Implications for free-enterprise theory, policy and practice », *Ecological Economics*, 69 (1), p. 76-81.
20. Muradian, R., Rival, L. (2012), « Between markets and hierarchies : The challenge of governing ecosystem services », *Ecosystem Services*, 1, p. 93-100.
21. Voir Dron, D. (2018), « Se doter d'un prix du carbone pour faciliter la transition énergétique ? Certes, mais cela ne suffit pas », *Annales des Mines : Responsabilité et environnement*, 89 (1), p. 59-63. Kolinjivadi, V., Van Hecken, G., Rodriguez de Francisco, J. C., Pelenc, J., Kosoy, N. (2017), « As a lock to a key ? Why science is more than just an instrument to pay for nature's services », *Current Opinion in Environmental Sustainability*, 26-27, p. 1-6. Ostrom, E. (2010), « Beyond markets and States : Polycentric governance of complex economic systems », *American Economic Review*, 100, p. 641-672. Vaissière, A. C., Levrel, H. (2015), « Biodiversity offset markets : What are they really ? An empirical approach to wetland mitigation banking », *Ecological Economics*, 110, p. 81-88. Vatn, A. (2010), « An institutional analysis of payments for environmental services », *Ecological Economics*, 69, p. 1245-1252.
22. Muradian, R., Rival, L. (2012), « Between markets and hierarchies : The challenge of governing ecosystem services », *Ecosystem Services*, 1, p. 93-100.
23. Pottier, A. (2016), *Comment les économistes réchauffent la planète*, Seuil.
24. Keynes, J. M., ([1936] 2013), *The General Theory of Employment, Interest and Money*, Cambridge University Press.
25. Aglietta, M., Espagne, E. (2016), « Climate and finance systemic risks : More than an analogy ? The climate fragility hypothesis », *CEPII Working Paper*, 2016-10. Orléan, A. (2015), *L'Empire de la valeur*, Seuil.
26. Minsky, H. (1986), *Stabilizing an Unstable Economy*, Yale University Press.
27. Bouleau, N. (2018), *Le Mensonge de la finance. Les mathématiques, le signal-prix et la planète*, Éditions de l'Atelier.
28. Otto, F. E. L., Frame, D. J., Otto, A., Allen, M. R. (2015), « Embracing uncertainty in climate change policy », *Nature Climate Change*, 5,p. 917-920.
29. Weitzman, M. L. (2009), « On modeling and interpreting the economics of catastrophic climate change », *The Review of Economics and Statistics*, 91 (1), p. 1-19.
30. Aglietta, M., Espagne, E. (2016), « Climate and finance systemic risks : More than an analogy ? The climate fragility hypothesis », *CEPII Working Paper*, 2016-10.
31. Chenet, H., Ryan-Collins, J., Van Lerven, F. (2021), « Finance, climate-change and radical uncertainty : Towards a precautionary approach to financial policy », *Ecological Economics*, 183, 106957.

32. Espagne, E. (2014), *Three Economic Essays on Climate Policies in a post-Kyoto World/Trois essais d'économie sur les politiques climatiques dans un monde post-Kyoto*, thèse d'économie de l'environnement, EHESS.
33. Pindyck, R. S. (2013), « Climate change policy : What do the models tell us ? », *Journal of Economic Literature*, 51 (3), p. 860-872.
34. Espagne, E., Pottier, A., Fabert, B. P., Nadaud, F., Dumas, P. (2018), « SCCs and the use of IAMs : Let's separate the wheat from the chaff », *International Economics*, 155, p. 29-47.
35. Dafermos, Y., Nikolaidi, M., Galanis, G. (2018), « Climate change, financial stability and monetary policy », *Ecological Economics*, 152, p. 219-234.
36. Espagne, E., Oman, W., Mercure, J.-F., Svartzman, R., Volz, U., Pollitt, H., ..., Campiglio, E. (2023), « Cross-border risks of a global economy in mid-transition », *IFM Working Papers*, 184.
37. Diverses tentatives de construction d'un tel cadre ont récemment été appliquées à la transition énergétique en Colombie (Godin *et al.*, 2023), aux pertes de production agricole liées au changement climatique en Tunisie (Yilmaz *et al.*, 2023), aux impacts plus larges du changement climatique et à l'adaptation au Vietnam (Espagne *et al.*, 2021), aux tests de résistance climatique du secteur financier aux Philippines (Hallegatte *et al.*, 2022) et aux risques d'atténuation et d'impact climatique en Indonésie (Gourdel *et al.*, 2022).
38. Grandjean, A., Martini, M. (2016), *Finance, la transition énergétique. Carbone, climat et argent*, Éditions de l'Atelier. Jackson, T. (2017), *Prosperity Without Growth*, Routledge, 2e édition. Plihon, D., Rigot, S. (2018), « Pourquoi manque-t-on d'investisseurs à long terme ? », *Revue d'économie financière*, 130 (2), p. 113-128. Røpke, I. (2016), « Complementary system perspectives in ecological macroeconomics : The example of transition investments during the crisis », *Ecological Economics*, 121, p. 237-245.
39. Hudson, M., Bezemer, D. (2012), « Incorporating the rentier sectors into a financial model », *World Economic Review*, 1, p. 1-12.
40. Turner, A. (2015), *Between Debt and the Devil : Money, Credit, and Fixing Global Finance*, Princeton University Press.
41. FSB (Financial Stability Board) (2018), *Global Shadow Banking Monitoring Report 2017*, http://www.fsb.org/wp-content/uploads/P050318-1.pdf.
42. Campiglio, E., Dafermos, Y., Monnin, P., Ryan-Collins, J., Schotten, G., Tanaka, M. (2018), « Climate change challenges for central banks and financial regulators », *Nature Climate Change*, 8, p. 462-468.
43. Harribey, J. M., Jeffers, E., Marie, J., Plihon, D., Ponsot, J.-F. (2018), *La Monnaie, un enjeu politique*, Seuil.
44. Monnet, E. (2014), « Monetary policy without interest rates : Evidence from France's Golden Age (1948 to 1973) using a narrative approach », *American Economic Journal : Macroeconomics*, 6 (4), p. 137-169.
45. Grandjean, A., Dufrêne, N. (2020), *Une monnaie écologique*, Odile Jacob.
46. Van Lerven, F., Ryan-Collins, J. (2017), *Central Banks, Climate Change and the Transition to a Low-Carbon Economy*, New Economics Foundation.

47. Deneault, A. (2019), *L'Économie de la nature*, Lux Éditeur.
48. Levrel, H., Missemer, A. (2019), « La mise en économie de la nature, contrepoints historiques et contemporains », *Revue économique*, 70 (1), p. 97-122.
49. Kaplan, S. L. (2017), *Raisonner sur les blés. Essais sur les Lumières économiques*, Fayard.
50. Leclerc de Buffon, G. L., « Discours sur la nature des animaux », cité *in* Deneault (2019), *L'Économie de la nature*, Lux Éditeur, p. 46.
51. Rudwick, M. (2005), « Picturing nature in the Age of Enlightenment », *Proceedings of the American Philosophical Society*, 149 (3), p. 279-303.
52. Deléage, J.-P. (2010), *Histoire de l'écologie. Une science de l'homme et de la nature*, La Découverte, p. 36.
53. Hecht, J., Théré, C., Bae, Z., Cartelier, J., Clerc, D. (1994), « Tricentenaire de la naissance de François Quesnay (1694-1774). Colloque international, Versailles, 1-4 juin 1994 », *Population*, 4-5, p. 1079-1098.
54. Federici, S. (2004), *Caliban and the Witch. Women, the Body and Primitive Accumulation*, Autonomedia.
55. Voir Méda, D. (1999), *Qu'est-ce que la richesse ?*, Aubier.
56. Haeckel, E. (1877), *Anthropogenie, oder : Entwicklungsgeschichte des Menschen : gemeinverständliche wissenschaftliche Vorträge über die Grundzüge der menschlichen Keimes-und Stammes-Geschichte*, Engelmann.
57. Butler, D. R. (2018), « Man as a geological agent : An account of his actions on inanimate nature, by Robert Lionel Sherlock, 1922 », *Progress in Physical Geography : Earth and Environment*, 42 (4), p. 530-534.
58. Jarrige, F., Vrignon, A. (2020), *Face à la puissance. Une histoire des énergies alternatives à l'âge industriel*, La Découverte.
59. Pottier, A. (2014), « Comment la poursuite de l'abondance annihile la culture », *Cahiers d'économie politique*, 66 (1), p. 7-33.
60. Georgescu-Roegen, N. (2013), *The Entropy Law and the Economic Process*, Harvard University Press.
61. Ayres, R. U., Kneese, A. V. (1969), « Production, consumption, and externalities », *The American Economic Review*, 59 (3), p. 282-297.
62. Voir Kapp, K. W. (1970), « Environmental disruption and social costs : A challenge to economics », *Kyklos*, 23 (4), p. 833-848.
63. Voir notamment : Aubin, J.-P., Bayen, A.-M., Saint-Pierre, P. (2011), *Viability Theory : New Directions*, Springer Science & Business Media.
64. Godin, A., David, A., Lecuyer, O., Leyronas, S. (2022), « A strong sustainability approach to development trajectories », *European Journal of Economics and Economic Policies Intervention*, 19 (3), p. 381-396.
65. Malm, A. (2018), *The Progress of This Storm : Nature and Society in a Warming World*, Verso Books.
66. Le Roy Ladurie, E. (1975), *Montaillou, village occitan de 1294 à 1324*, Gallimard.
67. Cette branche de l'histoire, qui s'est progressivement autonomisée d'un point de vue disciplinaire, s'est particulièrement développée aux États-Unis à partir des années 1990, avant d'opérer un retour plus récent en France dans les années 2000,

puis de s'étendre à une bonne partie du monde et notamment de frayer avec les *post-colonial studies* au sein des mondes en développement. Voir l'encadré 5.1 au chapitre 5.

68. Malm, A. (2018), *L'Anthropocène contre l'histoire. Le réchauffement climatique à l'ère du capital*, La Fabrique Éditions.
69. Soper, K. (1995), *What is Nature ? Culture, Politics, and the Non-Human*, Blackwell.
70. Descola, P. (2005), *Par-delà nature et culture*, Gallimard, vol. 1.
71. Les forces du déni climatique et écologique ne viennent paradoxalement pas uniquement d'une partie de la sphère médiatique, dépendante d'intérêts financiers hostiles aux transformations requises, mais aussi d'un certain discours académique tendant à affirmer, au prétexte de la fin de ce grand partage, une relativité absolue des connaissances et des savoirs humains. Dès lors, si le grand partage n'est plus, tout est social, et la nature et ses lois sont aussi relatives que les comportements sociaux. L'action en est rendue soit futile, soit inutile.
72. Moore, J. W. (2015), *Capitalism in the Web of Life : Ecology and the Accumulation of Capital*, Verso Books.
73. Moore, J. W. (2018), « The Capitalocene. Part II : Accumulation by appropriation and the centrality of unpaid work/energy », *The Journal of Peasant Studies*, 45 (2), p. 237-279.
74. Bonneuil, C., Fressoz, J.-B., (2016), *L'Événement Anthropocène. La Terre, l'histoire et nous*, Seuil.
75. Hornborg, A. (2010), « Toward a truly global environmental history : A review article », *Review* (Fernand Braudel Center), p. 295-323.
76. Malm, A. (2016), *Fossil Capital : The Rise of Steam Power and the Roots of Global Warming*, Verso Books.
77. Pitron, G. (2018), *La Guerre des métaux rares. La face cachée de la transition énergétique et numérique*, Les Liens qui libèrent.
78. Hornborg, A. (2014), « Ecological economics, Marxism, and technological progress : Some explorations of the conceptual foundations of theories of ecologically unequal exchange », *Ecological Economics*, 105, p. 11-18.
79. Magalhães, N., Fressoz, J.-B., Jarrige, F., Le Roux, T., Levillain, G., Lyautey, M., ..., Bonneuil, C. (2019), « The physical economy of France (1830-2015). The history of a parasite ? », *Ecological Economics*, 157, p. 291-300.
80. Malm, A. (2016), *Fossil Capital : The Rise of Steam Power and the Roots of Global Warming*, Verso Books.
81. Malm, A. (2012), « China as chimney of the world : The fossil capital hypothesis », *Organization and Environment*, 25 (2), p. 146-177.
82. Smil, V. (2017), *Energy : A Beginner's Guide*, Simon and Schuster.
83. Huber, M. (2013), *Lifeblood : Oil, Freedom, and the Forces of Capital*, University of Minnesota Press.

CHAPITRE 2
Aux origines anthropologiques de la dette écologique

1. Voir notamment Missemer, A. (2012), « William Stanley Jevons' "The Coal Question" (1865), beyond the rebound effect », *Ecological Economics*, 82, p. 97-103.
2. https://www.cairn.info/revue-d-histoire-moderne-et-contemporaine-2013-1-page-7.htm.
3. Le mouvement des *enclosures*, commencé en Angleterre au XIIe siècle et accéléré surtout aux XVIe et XVIIe siècles, marque la fin des droits d'usage, en particulier des communaux, dont un bon nombre de paysans dépendaient, en même temps qu'il détermine l'émergence économique et juridique du capitalisme.
4. Laurent Cordonnier propose une parodie désopilante de cette anthropologie manichéenne complètement farfelue dans : Cordonnier, L. (2010), *L'Économie des Toambapiks. Une fable qui n'a rien d'une fiction*, Raisons d'agir.
5. Dans une blague célèbre racontée par l'économiste Paul Samuelson, on retrouve de manière parodique cette cécité volontaire aux causes structurelles d'un phénomène. Un économiste, un chimiste et un physicien échoués sur une île déserte avec comme seul moyen de survie des boîtes de conserve, mais pas d'ouvre-boîtes… Le chimiste propose : « Il n'y a qu'à les mettre dans l'eau de mer et attendre que le sel ronge le métal. » Le physicien propose : « On les pose sous un cocotier et on attend que des noix de coco les brisent en tombant. » L'économiste prend alors la parole : « Posons notre première hypothèse : nous avons un ouvre-boîtes… »
6. Le Roy, E. (2016), « La dette infinie : représentations africaines, solidarité écologique et développement durable », *VertigO, la revue électronique en sciences de l'environnement*, hors-série 26.
7. Voir aussi le récent rapport conjoint de l'AFD et de la Banque mondiale sur l'actualité des communs dans toute l'Afrique subsaharienne : Leyronas, S., Coriat, B., Nubukpo, K. (2023), *The Commons : Drivers of Change and Opportunities for Africa*, AFD/Banque mondiale, Africa Development Forum Series.
8. Elinor Ostrom reçoit en 2009 le prix de l'Académie des sciences de Suède en l'honneur d'Alfred Nobel « pour son analyse de la gouvernance économique, et en particulier, des biens communs ».
9. C'est aussi au moment de la crise des *subprimes* aux États-Unis, donc à l'occasion d'une remise en question de la fonctionnalité du marché qu'elle recevra, en 2009, son prix Nobel d'économie pour sa contribution aux recherches sur les communs.
10. Lévi-Strauss, C. (1955), « The structural study of myth », *The Journal of American Folklore*, 68 (270), p. 428-444.
11. Scheidel, W. (2021), *Une histoire des inégalités. De l'âge de pierre au XXIe siècle*, Actes Sud.
12. La marche bipède demande ainsi quatre fois moins d'énergie que la marche quadrupède, autorisant d'allouer davantage d'énergie à la reproduction, à la recherche de nourriture ou à la sécurité. Voir à ce sujet : Court, V. (2023), *L'Emballement du monde. Énergie et domination dans l'histoire des sociétés humaines*, Écosociété.

13. La glaciation de Würm correspond à la dernière période glaciaire du Pléistocène, de 115 000 à 11 700 ans avant notre ère.
14. L'art pariétal se définit comme l'ensemble des œuvres d'art réalisées sur des parois de grottes.
15. Scott, J. C. (2019), *La Domination et les Arts de la résistance. Fragments du discours subalterne*, Amsterdam Éditions.
16. Pierre Clastres a montré que, dans les sociétés de chasseurs-collecteurs qu'il a étudiées en Amazonie (Guayakis, Guaranis, Chulupis et Yanumamis), un individu accédait au rang d'homme d'influence s'il était faiseur de paix, généreux de ses biens et de son temps et bon orateur. Les peuples iroquois et algonquiens d'Amérique du Nord avaient les mêmes caractéristiques d'après les descriptions des missionnaires jésuites. Un très grand nombre de sociétés primitives étaient organisées de manière telle à empêcher toute émergence d'un chef autoritaire, même s'il a pu exister des hiérarchies temporaires dans des circonstances précises. Voir : Clastres, P. (1974), *La Société contre l'État*, Éditions de Minuit.
17. Sungir est un site préhistorique du Paléolithique supérieur découvert en Russie en 1955 témoignant de pratiques funéraires particulièrement complexes. Le site de Dolní Věstonice en République tchèque présente trois personnes enterrées ensemble, coiffées d'un diadème et déposées sur un sol recouvert d'ocre.
18. Testart, A. (1982), *Les Chasseurs-Cueilleurs ou l'Origine des inégalités*, Gallimard.
19. Sahlins, M. (1976), *Âge de pierre, âge d'abondance. L'économie des sociétés primitives*, Gallimard.
20. Haas, R., Watson, J., Buonasera, T., Southon, J., Chen, J. C., Noe, S., ..., Parker, G. (2020), « Female hunters of the early Americas », *Science Advances*, 6 (45), eabd0310.
21. Graeber, D., Wengrow, D. (2021), *The Dawn of Averything : A New History of Humanity*, Penguin UK.
22. Mauss, M., Beuchat, H. (1904-1905), « Essai sur les variations saisonnières des sociétés eskimos : étude de morphologie sociale », *L'Année sociologique*, 9, p. 39-132.
23. Voir Descola, P. (2005), *Par-delà nature et culture*, Gallimard, vol. 1.
24. Charbonnier, P. (2015), *La Fin d'un partage. Nature et société, de Durkheim à Descola*, CNRS Éditions.
25. Ainsi, selon eux : « Au XVIe siècle encore, un Nord-Américain pouvait quitter les rives des Grands Lacs, atterrir au beau milieu des bayous de Louisiane et y trouver des représentants de son propre clan (le clan des Ours, ou des Élans, ou des Castors...). » Graeber, D., Wengrow, D. (2021), *The Dawn of Averything : A New History of Humanity*, Penguin UK.
26. Que l'on pense aux échanges verbaux que l'on peut avoir avec son animal de compagnie par exemple !
27. Les animaux ayant entraîné des accidents pouvaient ainsi faire l'objet de procès et être jugés comme coupables et condamnés. Les lois sociales leur étaient appliquées, par analogie aux lois humaines.
28. Malm, A. (2018), *The Progress of This Storm : Nature and Society in a Warming World*, Verso Books.

29. Hardin, G. (1968), « The tragedy of the commons : The population problem has no technical solution. It requires a fundamental extension in morality », *Science*, 162 (3859), p. 1243-1248.
30. Charbonnier, P. (2015), *La Fin d'un partage. Nature et société, de Durkheim à Descola*, CNRS Éditions.
31. Graeber, D. (2012), *Debt. The First 5000 Years*, Melville House Publishing.
32. Karl Polanyi s'était déjà émerveillé dans sa *Grande Transformation* du système de la *kula* : « Un système compliqué temps-espace-personne, couvrant des centaines de kilomètres et plusieurs dizaines d'années, mettant en relation plusieurs centaines d'individus, et portant sur des milliers d'objets strictement distincts, fonctionne ainsi sans archive ni administration, mais aussi sans qu'intervienne aucun mobile de gain ou de troc. Ce n'est pas la propension au troc qui domine le comportement social, mais la réciprocité. Le résultat, néanmoins, est une prodigieuse réussite "organisationnelle" dans le domaine économique. » Et il continue : « Il serait en vérité intéressant de se demander si dans le monde moderne, l'organisation de marché même la plus avancée, et s'appuyant sur la comptabilité la plus exacte, serait capable de mener à bien pareille tâche, à supposer qu'elle eût l'idée de s'y attaquer. Il est à craindre que les malheureux négociants, face à d'innombrables monopolistes qui achètent et vendent des objets individuels, et alors que des restrictions extravagantes s'attachent à chaque transaction, ne parviennent pas à faire des bénéfices normaux et préfèrent sans doute se retirer des affaires. »
33. Le potlatch n'existerait donc, suggère Mauss, que dans les sociétés où la hiérarchie est instable, là où elle est susceptible d'être remise en cause à chaque cérémonie.
34. Schulte-Tenckhoff, I. (1986), *Potlatch, conquête et invention. Réflexion sur un concept anthropologique*, Éditions d'en bas.
35. Testart, A. (1982), *Les Chasseurs-Cueilleurs ou l'Origine des inégalités*, Gallimard.
36. Descola, P. (2014), *Les Lances du crépuscule*, Plon.
37. Voir notamment : Mauss, M., Hubert, H. (1897), *Essai sur la nature et la fonction du sacrifice*, PUF. Malamoud, C. (1988), *Lien de vie, nœud mortel. Les représentations de la dette en Chine, au Japon et dans le monde indien*, Éditions de l'EHESS.
38. Mumford, L. (2010), *Technics and Civilization*, University of Chicago Press.
39. Comme le note Victor Court, la force de traction des animaux est à peu près proportionnelle à leur poids, environ 15 % du poids de l'animal, et jusqu'à 35 % pour les chevaux pendant de brefs efforts. Le cheval est le meilleur animal de trait possible, offrant une puissance soutenue de 500 watts et jusqu'à 850 watts pour les tâches les plus intenses, à comparer aux 75 à 120 watts pour l'humain.
40. Demoule, J.-P., Garcia, D., Schnapp, A. (2018), *Une histoire des civilisations. Comment l'archéologie bouleverse nos connaissances*, La Découverte.
41. Testart, A. (1982), *Les Chasseurs-Cueilleurs ou l'Origine des inégalités*, Gallimard.
42. Graeber, D., Wengrow, D. (2021), *The Dawn of Averything : A New History of Humanity*, Penguin UK.
43. Hobbes, T. ([1651] 1996), *Leviathan*, édité par R. Tuck, Cambridge University Press.

44. Rousseau, J.-J. (1766). *Du contrat social ; ou Principes du droit politique*, chez Marc-Michel Bousquet.
45. Scott, J. C. (2017), *Against the Grain : A Deep History of the Earliest States*, Yale University Press.
46. Graeber, D. (2012), *Debt. The First 5000 Years*, Melville House Publishing.
47. Scheidler, F. (2020), *La Fin de la mégamachine. Sur les traces d'une civilisation en voie d'effondrement*, Seuil.
48. Aglietta, M. avec Ould Ahmed, P., Ponsot, J.-F. (2016), *La Monnaie entre dettes et souveraineté*, Odile Jacob.
49. Aristote, *Ethique à Nicomaque*, IV, 1119b.
50. Andreau, J. (2007), « Crises financières et monétaires dans l'Antiquité romaine entre le IIIe siècle avant J.-C. et le IIIe siècle après J.-C. », *in* Théret, B.(dir.), *La Monnaie dévoilée par ses crises*, vol. 1 : *Crises monétaires d'hier et d'aujourd'hui*, Éditions de l'EHESS.
51. Carrié, J. M. (2000), « Les crises monétaires de l'Empire romain tardif », *in* Théret, B. (dir.), *La Monnaie dévoilée par ses crises*, Éditions de l'EHESS, vol. 1, p. 131-163.
52. Harper, K., Pignarre, P. (2021), *Comment l'Empire romain s'est effondré. Le climat, les maladies et la chute de Rome*, La Découverte.
53. Disegni, A., Fkir, S., Kheddar, F., Larrieu, L., Robicquet, J.-M. (2020), « Pour une Sécurité sociale et écologique », *Regards*, 2 (58), p. 167-177.
54. Candiago, N. (2017), *La Dette écologique en droit international public*, thèse, université de La Rochelle.

CHAPITRE 3

L'institution monétaire au cœur de la viabilité

1. Fukuyama, F. (1992), *La Fin de l'histoire et le Dernier Homme*, Flammarion.
2. https://www.whitehouse.gov/briefing-room/speeches-remarks/2023/04/27/remarks-by-national-security-advisor-jake-sullivan-on-renewing-american-economic-leadership-at-the-brookings-institution/.
3. Supiot, A. (2013), « Grandeur et misère de l'État social », leçon inaugurale prononcée le jeudi 29 novembre 2012 au Collège de France.
4. El-Gamal, M. A., Jaffe, A. M. (2009), *Oil, Dollars, Debt, and Crises : The Global Curse of Black Gold*, Cambridge University Press.
5. Voir notamment : Sager, J. (2016), « The crown joules : Resource peaks », *Economic Anthropology*, 3, p. 31-42. Smith-Nonini, S. (2016), « The role of corporate oil and energy debt in creating the neoliberal era », *Economic Anthropology*, 3, p. 57-67.
6. Minsky, H. (1986), *Stabilizing an Unstable Economy*, Yale University Press.
7. *Ibid*.
8. Smith-Nonini, S. (2016), « The role of corporate oil and energy debt in creating the neoliberal era », *Economic Anthropology*, 3, p. 57-67.

9. El-Gamal, M. A., Jaffe, A. M. (2009), *Oil, Dollars, Debt, and Crises : The Global Curse of Black Gold*, Cambridge University Press.
10. Ortiz, R. J. (2016), « Agro-industrialization, petrodollar illusions and the transformation of the capitalist world economy in the 1970s : The Latin American experience », *Critical Sociology*, 42 (4-5), p. 599-621.
11. Ussher, L. J. (2009), « Global imbalances and the key currency regime : The case for a commodity reserve currency », *Review of Political Economy*, 21 (3), p. 403-421.
12. Lapavitsas, C. (2013), « The financialization of capitalism : "Profiting without producing" », *City*, 17 (6), p. 792-805.
13. Sager, J. (2016), « The crown joules : Resource peaks », *Economic Anthropology*, 3, p. 31-42.
14. Galbraith, J. K. (2014), *The End of Normal : The Great Crisis and the Future of Growth*, Simon and Schuster.
15. Hornborg, A. (2013), « The fossil interlude : Euro-American power and the return of the physiocrats », *in* Strauss, S., Rupp, S., Love, T. (dir.), *Cultures of Energy : Power, Practices, Technologies*, p. 41-59.
16. Huber, M. (2013), *Lifeblood : Oil, Freedom, and the Forces of Capital*, University of Minnesota Press.
17. Mitchell, T. (2011), *Carbon Democracy : Political Power in the Age of Oil*, Verso Books.
18. Røpke, I. (2016), « Complementary system perspectives in ecological macroeconomics : The example of transition investments during the crisis », *Ecological Economics*, 121, p. 237-245.
19. Les deux parties qui suivent reprennent et actualisent une analyse se trouvant dans l'article suivant : Svartzman, R., Dron, D., Espagne, E. (2019), « From ecological macroeconomics to a theory of endogenous money for a finite planet », *Ecological Economics*, 162, p. 108-120.
20. Campiglio, E. (2016), « Beyond carbon pricing : The role of banking and monetary policy in financing the transition to a low-carbon economy », *Ecological Economics*, 121, p. 220-230.
21. Holt, R. P. F., Pressman, S., Spash, C. L. (dir.) (2009), *Post Keynesian and Ecological Economics*, Edward Elgar Publishing.
22. Jackson, T., Molho, N. (2018), « Which financial architecture can protect financial commons ? », *Annales des Mines. Responsabilité et environnement*, 92 (4), p. 69-73.
23. Bonneuil, C., Fressoz, J.-B., (2016), *L'Événement Anthropocène. La Terre, l'histoire et nous*, Seuil.
24. Par exemple, Bonaiuti, M. (2018), « Are we entering the age of involuntary degrowth ? Promethean technologies and declining returns of innovation », *Journal of Cleaner Production*, 197, p. 1800-1809. Fizaine, F., Court, V. (2016), « Energy expenditure, economic growth, and the minimum EROI of society », *Energy Policy*, 95, p. 172-186. Hall, C. A., Lambert, J. G., Balogh, S. B. (2014), « EROI of different fuels and the implications for society », *Energy Policy*, 64, p. 141-152. Murphy, D. J., Hall, C. A. (2010), « Year in review : EROI or energy

return on (energy) invested », *Annals of the New York Academy of Sciences*, 1185 (1), 102-118. Servigne, P., Stevens, R. (2015), *Comment tout peut s' effondrer. Petit manuel de collapsologie à l'usage des générations présentes*, Seuil.

25. Par exemple, Jackson, T. (2017), *Prosperity Without Growth*, Routledge, 2e édition.
26. Campiglio, E., Dafermos, Y., Monnin, P., Ryan-Collins, J., Schotten, G., Tanaka, M. (2018), « Climate change challenges for central banks and financial regulators », *Nature Climate Change*, 8, p. 462-468.
27. Krüger, T. (2017), « Conflicts over carbon capture and storage in international climate governance », *Energy Policy*, 100, p. 58-67.
28. Brown, J. H., Burger, J. R., Burnside, W. R., Chang, M., Davidson, A. D., Fristoe, T. S., Hamilton, M. J., Hammond, S. T., Kodric-Brown, A., Mercado-Silva, N., Nekola, J. C., Okie, J. G. (2014), « Macroecology meets macroeconomics : Resource scarcity and global sustainability », *Ecological Engineering*, 65, p. 24-32.
29. Scheidel, A., Temper, L., Demaria, F., Martínez-Alier, J. (2018), « Ecological distribution conflicts as forces for sustainability : An overview and conceptual framework », *Sustainability Science*, 13 (3), p. 585-598.
30. Dron, D. (2015), « Pour une régulation écosystémique de la finance », Veblen Institute, https://www.veblen-institute.org/IMG/pdf/pour_une_regulation_ecosystemique.pdf.
31. Fullwiler, S. (2016), « Sustainable finance : Building a more general theory of finance », *in* Lehner, O. M. (dir.), *Routledge Handbook of Social and Sustainable Finance*, Routledge.
32. Grandjean, A., Martini, M. (2016), *Financer la transition énergétique. Carbone, climat et argent*, Éditions de l'Atelier.
33. Couppey-Soubeyran, J., Kalinowski, W. (2023), « Quelle finance publique alternative pour réussir la transition ? », *L'Économie politique*, 98 (2), p. 76-86.
34. Jackson, T. (2017), *Prosperity Without Growth*, Routledge, 2e édition.
35. *Ibid.*
36. Par exemple, Mazzucato, M. (2011), *The Entrepreneurial State*, Demos.
37. Bihouix, P. (2015), « Les low-tech, emplois de demain », *in* Sinaï, A. (dir.), *Économie de l'après-croissance. Politiques de l'Anthropocène II*, Presses de Sciences Po, p. 197-212.
38. Béchet, B., Le Bissonais, Y., Ruas, A. (coord.) (2017), *Artificialised Land and Artificialisation Processes : Determinants, Impacts, and Potential Responses. Summary of the Collective Scientific Report*, IFSTTAR/INRA.
39. Georgescu-Roegen, N. (1975), « Energy and economic myths », *Southern Economic Journal*, 41 (3), p. 347-381.
40. https://www.cgdev.org/blog/did-paris-call-it-quits-billions-trillions.
41. Aglietta, M., Espagne, E. (2016), « Climate and finance systemic risks : More than an analogy ? The climate fragility hypothesis », *CEPII Working Paper*, 2016-10.
42. Harribey, J. M., Jeffers, E., Marie, J., Plihon, D., Ponsot, J.-F. (2018), *La Monnaie, un enjeu politique*, Seuil.
43. Ce qui conduit Desan à décrire la monnaie comme un projet constitutionnel : « Les sociétés la produisent en structurant les revendications de valeur de manière

à rendre ces revendications commensurables, transférables, et disponibles pour certains usages privés comme publics. » Voir Desan, C. (2017), « The constitutional approach to money », *in* Bandelj, N., Wherry, F. F., Zelizer, V. A. (dir.), *Money Talks : Explaining How Money Really Works*, Princeton University Press, p. 109-130.

44. Voir notamment Lietaer, B. (2013), *Au cœur de la monnaie*, Yves Michel. Également Orléan, A. (2015), *L'Empire de la valeur*, Seuil.
45. Ould Ahmed, P., Ponsot, J.-F. (2015), « Contestations monétaires : une économie politique de la monnaie », *Revue de la régulation*, 18 (en ligne).
46. Voir notamment Aglietta, M. (2002), « Whence and whither money ? », *in The Future of Money*, OECD, p. 31-72. Braudel, F. (1985), *La Dynamique du capitalisme*, Arthaud. Graeber, D. (2012), *Debt. The First 5000 Years*, Melville House Publishing. Le Goff, J. (1956), *Marchands et banquiers du Moyen Âge*, PUF.
47. Fantacci, L. (2013), « Why banks do what they do. How the monetary system affects banking activity. accounting », *Economics and Law*, 3 (3), p. 333-356.
48. Ryan-Collins, J., Greenham, T., Werner, R., Jackson, A. (2012), *Where Does Money Come From ? A Guide to the UK Monetary and Banking System*, New Economics Foundation, 2e édition.
49. Par exemple Carney, M. (2015), « Breaking the tragedy of the horizon : Climate change and financial stability », discours prononcé à la Lloyd's of London, https://www.bankofengland.co.uk/speech/2015/breaking-the-tragedy-of-the-horizon-climate-change-and-financial-stability.
50. Dron, D. (2018), « Se doter d'un prix du carbone pour faciliter la transition énergétique ? Certes, mais cela ne suffit pas », *Annales des Mines. Responsabilité et environnement*, 89 (1), p. 59-63.
51. Ould Ahmed, P., Ponsot, J.-F. (2015), « Contestations monétaires : une économie politique de la monnaie », *Revue de la régulation*, 18.
52. Ament, J. (2019), « Toward an ecological monetary theory », *Sustainability*, 11 (3), p. 923.
53. Ostrom, E. (2009), « A polycentric approach for coping with climate change. Background paper to the 2010 world development report », *Policy Research Working Paper*, 5095.
54. Bromley, D. W. (2007), « Environmental regulations and the problem of sustainability : Moving beyond "market failure" », *Ecological Economics*, 63, p. 676-683. Dron, D., Espagne, E. (2018), « Les communs environnementaux : gérer autrement la rareté », *Annales des Mines. Responsabilité et environnement*, 92 (4). Muradian, R., Rival, L. (2012), « Between markets and hierarchies : The challenge of governing ecosystem services », *Ecosystem Services*, 1, p. 93-100. Paavola, J. (2007), « Institutions and environmental governance : A reconceptualization », *Ecological Economics*, 63 (1), p. 93-103. Vatn, A. (2009), « Combining post Keynesian, ecological and institutional economics perspectives », *in* Holt, R. P. F., Pressman, S., Spash, C. L. (dir.), *Post Keynesian and Ecological Economics*, Edward Elgar Publishing, p. 114-140.
55. Dardot, P., Laval, C. (2014), *Commun. Essai sur la révolution au XXIe siècle*, La Découverte.

56. Ould Ahmed, P., Ponsot, J.-F. (2015), « Contestations monétaires : une économie politique de la monnaie », *Revue de la régulation*, 18.
57. Lietaer, B., Arnsperger, C., Goerner, S., Brunnhuber, S. (2012), *Money and Sustainability. The Missing Link*, Triarchy Press.
58. Blanc, J. (2018), « Making sense of the plurality of money : A Polanyian attempt », *in* Gómez, G. (dir.), *Monetary Plurality in Local, Regional and Global Economies*, Routledge, p. 48-66.
59. Hornborg, A. (2016), *Global Magic : Technologies of Appropriation from Ancient Rome to Wall Street*, Palgrave-Macmillan.
60. Voir Farley, J., Burke, B., Flomenhoft, G., Kelly, B. Murray, D. F., Posner, S., Putnam, M., Scanlan, A., Witham A. (2013), « Monetary and fiscal policies for a finite planet », *Sustainability*, 5, p. 2802-2826. Également Mellor, M. (2015), *Debt or Democracy : Public Money for Sustainability and Social Justice*, Pluto Press.
61. Pettifor, A. (2017), *The Production of Money : How to Break the Power of Bankers*, Verso Books.
62. Voir, pour un résumé des propositions sur le DTS « vert » : Ferron, C., Morel, R. (2014), « Smart Unconventional MOnetary (SUMO) policies : Giving impetus to green investment », *Climate Report 46* (CDC Climat).
63. Aglietta, M., Espagne, E. (2018), « Le système monétaire international face aux cycles biogéochimiques », *Annales des Mines. Responsabilité et environnement*, 92 (4), p. 64-68.
64. Ussher, L. J. (2009), « Global imbalances and the key currency regime : The case for a commodity reserve currency », *Review of Political Economy*, 21 (3), p. 403-421.
65. Voir notamment Aglietta, M. (dir.) (2019), *Capitalisme. Le temps des ruptures*, Odile Jacob.
66. Taconet, N., Méjean, A., Guivarch, C. (2020), « Influence of climate change impacts and mitigation costs on inequality between countries », *Climatic Change*, 160, p. 15-34.
67. https://www.ft.com/content/df9e34aa-9b5c-11ea-adb1-529f96d8a00b.
68. https://www.ft.com/content/6882defd-bb7a-4732-a5de-a7a69886002d.
69. Comme le propose depuis peu le mécanisme « Resilience and Sustainability Trust » : https://www.imf.org/en/Topics/Resilience-and-Sustainability-Trust.
70. Keynes, J. M. (1930), *A Treatise on Money*, Macmillan.
71. Ussher, L. J. (2009), « Global imbalances and the key currency regime : The case for a commodity reserve currency », *Review of Political Economy*, 21 (3), p. 403-421.
72. Svartzman, R., Dron, D., Espagne, E. (2019), « From ecological macroeconomics to a theory of endogenous money for a finite planet », *Ecological Economics*, 162, p. 108-120.
73. Bredenkamp, H., Pattillo, C. (2010), « Financing the response to climate change », *IMFStaff Position Note* (Washington, DC).
74. Dasgupta, D., Hourcade, J. C., Nafo, S. (2019), *A Climate Finance Initiative to Achieve the Paris Agreement and Strenghten Sustainable Development*, Cired.

75. Aglietta, M., Espagne, E. (2018), « Le système monétaire international face aux cycles biogéochimiques », *Annales des Mines-Responsabilité et environnement*, 4, p. 64-68.
76. Huber, M. (2013), « Fueling capitalism : Oil, the regulation approach, and the ecology of capital », *Economic Geography*, 89 (2), p. 171-194.

CHAPITRE 4
Linéaments d'une écologie politique au-delà du Capitalocène

1. Stiglitz, J. E., Sen, A. K., Fitoussi, J.-P. (2009), *Rapport de la Commission sur la mesure des performances économiques et du progrès social.*
2. Un ouvrage didactique d'Éloi Laurent, paru en 2019 et donc avant la crise pandémique, nous propose une analyse très argumentée et synthétique sur les raisons qui rendent effectivement obsolète la mesure du produit intérieur brut (PIB) : Laurent, E. (2019), *Sortir de la croissance. Mode d'emploi*, Les Liens qui libèrent. Nous en avions fait une recension ici : https://laviedesidees.fr/Au-dela-du-PIB.
3. Latouche, S. (2006), *Le Pari de la décroissance*, Fayard.
4. Kallis, G., Kerschner, C., Martinez-Alier, J. (dir.) (2012), « The economics of degrowth », *Ecological Economics*, 84.
5. Pessis, C., Topçu, S., Bonneuil, C. (2013), *Une autre histoire des « Trente Glorieuses ». Modernisation, contestations et pollutions dans la France d'après-guerre*, La Découverte.
6. Simon Kuznets évoquait en 1934 devant le Congrès américain : « *The welfare of a nation can scarcely be inferred from a measure of national income. If the GDP is up, why is America down? Distinctions must be kept in mind between quantity and quality of growth, between costs and returns, and between the short and long run. Goals for more growth should specify more growth of what and for what.* » Nous remercions un référé de nous avoir pointé cette référence : Kuznets, S. (1934), *National Income 1929-1932. A Report to the US Senate. In 73rd Congress, 2nd Session*, US Government Printing Office.
7. Parrique, T. (2022), *Ralentir ou périr. L'économie de la décroissance*, Seuil.
8. Latouche, S. (2016), *Les Précurseurs de la décroissance. Une anthologie*, Le Passager clandestin.
9. Éloi Laurent (2020) vient de publier sur ce sujet éminemment actuel un ouvrage récent : *Et si la santé guidait le monde ? L'espérance de vie vaut mieux que la croissance*, Les Liens qui libèrent.
10. Cahen-Fourot, L. (2020), « Contemporary capitalisms and their social relation to the environment », *Ecological Economics*, 172, 106634.
11. Pottier, A. (2018), « Les nouveaux indicateurs de richesse modifieront-ils la croissance ? », *Le Débat*, 2 (199), p. 147-156.
12. Voir Charbonnier, P. (2020), *Abondance et liberté. Une histoire environnementale des idées politiques*, La Découverte.

13. Brundtland, G. H. (1987), *Our Common Future*. Commission mondiale sur l'environnement et le développement de l'ONU.
14. Guivarch, C., Taconet, N. (2020), « Inégalités mondiales et changement climatique », *Revue de l'OFCE*, 165 (1), p. 35-70.
15. Arrow, K. J. (2012), *Social Choice and Individual Values*, Yale University Press.
16. Rockström, J., Steffen, W., Noone, K., Persson, Å., Chapin III, F. S., Lambin, E., ..., Foley, J. (2009), « Planetary boundaries : Exploring the safe operating space for humanity », *Ecology and Society*, 14 (2), p. 32.
17. Raworth, K. (2017), *Doughnut Economics : Seven Ways to Think Like a 21st-Century Economist*, Chelsea Green Publishing.
18. L'Union européenne s'est également emparée de cette démarche dans son VIIe programme d'action pour l'environnement (2013-2020) : « Bien vivre dans les limites de notre planète ».
19. Dasgupta, P. (2021)., *The Economics of Biodiversity : The Dasgupta Review*, HM Treasury.
20. Spash, C. L., Hache, F. (2022), « The *Dasgupta Review* deconstructed : An exposé of biodiversity economics », *Globalizations*, 19 (5), p. 653-676.
21. Dupuy, J.-P. (2009), *Pour un catastrophisme éclairé. Quand l'impossible est certain*, Seuil.
22. Voir avec des points de vue très différents : Latour, B., Schultz, N. (2022), *Mémo sur la nouvelle classe écologique. Comment faire émerger une classe écologique consciente et fière d'elle-même*, Les Empêcheurs de penser en rond. Malm, A. (2021), *White Skin, Black Fuel : On the Danger of Fossil Fascism*, Verso Books.
23. Guivarch, C., Taconet, N. (2020), « Inégalités mondiales et changement climatique », *Revue de l'OFCE*, 165 (1), p. 35-70.
24. Pottier, A. (2022), « Expenditure elasticity and income elasticity of GHG emissions : A survey of literature on household carbon footprint », *Ecological Economics*, 192, 107251.
25. Aglietta, M. (dir.) (2019), *Capitalisme. Le temps des ruptures*, Odile Jacob.
26. Rawls, J. (2001), *Justice as Fairness*, Belknap Press.
27. Sen, A. (2012), *L'Idée de Justice*, Flammarion.
28. Ostrom, E. (2009), « Au-delà du marché et des États. La gouvernance polycentrique des systèmes économiques complexes », discours de Stockholm en réception du Nobel d'économie 2009, 8 décembre.
29. B. Coriat, préface *in* Ostrom, E. (2020), *Discours de Stockholm en réception du Nobel d'économie 2009*, C&F Éditions.
30. Raworth, K. (2017), *Doughnut Economics : Seven Ways to Think Like a 21st-Century Economist*, Chelsea Green Publishing.
31. Un rapport récent de l'Agence européenne de l'environnement développe ainsi le concept de « croissance sans croissance économique » dans le cadre de l'Union européenne : Strand, R., Kovacic, Z., Funtowicz, S., Benini, L., Jesus, A. (2021), *Growth Without Economic Growth*, European Environment Agency. Voir aussi : Parrique, T., Barth, J., Briens, F., Kerschner, C., Kraus-Polk, A., Kuokkanen, A., Spangenberg, J. H. (2019), *Decoupling Debunked. Evidence and Arguments Against*

Green Growth as a Sole Strategy for Sustainability, European Environment Bureau (EEB).
32. Lévy, J.-C. (2009), *Économie circulaire : l'urgence écologique : monde en transe. Chine en transit*, Presses de l'École nationale des ponts et chaussées. Lévy, J.-C., Rasoloniaina, F. L. (2019), *Économie circulaire des routes de la soie, déroute des empires*, Presses des Ponts.
33. Blanc, J. (2018), *Les Monnaies alternatives*, La Découverte.
34. Fourel, C., Magnen, J.-P., Meunier, N. (2015), *D'autres monnaies pour une nouvelle prospérité*, Le Bord de l'eau.
35. IPBES Secretary, *Contrasting Approaches to Value and Valuation*, 2021.
36. Quinet, A. (2019), « Quelle valeur donner à l'action pour le climat ? », *Économie et statistique*, 510-511-512, p. 165-179.
37. Coalition, C. P. L. (2019), *Report of the High-Level Commission on Carbon Pricing and Competitiveness*.
38. Banque de France (2022), « Perte de biodiversité et stabilité financière », Billet, 248, 5 janvier. Bouchet, V., Bourcet, E., Cécillon, E., Lavaud, S. (2021), « Economic assessments of services provided by biodiversity », *Trésor-Éco*, 284.
39. Aglietta, M., du Tertre, R. (2022), « Quelle gouvernance d'entreprise pour la transition énergétique et écologique ? », *in* Bensidoun, I., Couppey-Soubeyan, J., *L'Économie mondiale 2023*, La Découverte, p. 55-69.
40. Aglietta, M., Rebérioux, A. (2012), « Financialization and the firm », *in* Dietrich, M., Krafft, J. (dir.), *Handbook on the Economics and Theory of the Firm*, p. 308-323.
41. *The Economist* (2015), *Special Report : Family companies. To Have and to Hold.*
42. Favereau, O. (2019), *Rapport sur les modèles de gouvernance d'entreprise*, OIT, novembre 2019.
43. Richard, J., Rambaud, A. (2012), *Comptabilité et développement durable*, Economica.

PARTIE 2
Régimes historiques de viabilité du Capitalocène

CHAPITRE 5
Les circonstances internationales de l'émergence du Capitalocène

1. Pomeranz, K. (2000), *The Great Divergence : China, Europe, and the Making of the Modern World Economy*, Princeton University Press.
2. Anievas, A., Nişancıoğlu, K. (2015), *How the West Came to Rule : The Geopolitical Origins of Capitalism*, Pluto Press.
3. Comme celle proposée au chapitre 4 de ce livre.
4. Nous empruntons le terme à Trotski. Voir Trotsky, L. (2008), *History of the Russian Revolution*, Haymarket Books, cité *in* Anievas, A., Nişancıoğlu, K. (2015), *How the West Came to Rule : The Geopolitical Origins of Capitalism*, Pluto Press.

5. *Ibid.*
6. *Ibid.*
7. Aglietta, M., Bai, G. (2012), *La Voie chinoise. Capitalisme et empire*, Odile Jacob.
8. Pomeranz, K. (2000), *The Great Divergence : China, Europe, and the Making of the Modern World Economy*, Princeton University Press.
9. Gipouloux, F. (2022). *Commerce, argent, pouvoir. L'impossible avènement d'un capitalisme en Chine, XVI*[e]*-XIX*[e] *siècle*, CNRS Éditions.
10. En raison de ces préoccupations, les événements climatiques ont été minutieusement calculés et soigneusement rapportés dans les documents officiels jusqu'au XIXe siècle, pendant la période des Nguyễn.
11. Elvin, M. (1998), « Who was responsible for the weather ? Moral meteorology in late imperial China », *Osiris*, 13, p. 213-237.
12. Nous synthétisons par la même occasion un travail mené dans le cadre du projet GEMMES Vietnam que l'Agence française de développement a financé pour comprendre de manière interdisciplinaire toutes les dimensions de l'impact des changements climatiques sur ce pays d'Asie du Sud-Est.
13. Nous reprenons ici des éléments importants du chapitre 2 du rapport spécial sur le changement climatique au Vietnam sorti à l'occasion de la COP26 à Glasgow : Thomas, F., Culas, C., Đức, L. V., Pannier, E. (2021), « Climate change and adaptation in Viet Nam : Contributions from environmental history », *in* Espagne, E. *et al., Climate Change in Viet Nam : Impacts and Adaptation. A COP26 Assessment Report of the GEMMES Viet Nam Project*. Ce chapitre, dirigé par l'historien des sciences Frédéric Thomas, avait donné lieu à une série de séminaires conjoints de l'AFD et de l'IRD sur l'histoire environnementale du Vietnam. Un projet de reconstruction de séries climatiques pour le Vietnam à partir d'archives historiques en est résulté entre l'IRD, l'AFD et l'Université des sciences et technologies de Hanoï.
14. Thomas, F., Culas, C., Đức, L. V., Pannier, E. (2021), « Climate change and adaptation in Viet Nam : Contributions from environmental history », *in* Espagne, E. *et al., Climate Change in Viet Nam : Impacts and Adaptation. A COP26 Assessment Report of the GEMMES Viet Nam Project*.
15. Phung, H. M. (2017), *Land and Water : A History of Fifteenth-Century Vietnam from an Environmental Perspective*, University of Hawai'i at Manoa.
16. *Annales impériales du Vietnam* (Đại Việt sử ký toàn thư, 1697, livre 5), cité *in* Phung, H. M. (2017), *Land and Water : A History of Fifteenth-Century Vietnam from an Environmental Perspective*, University of Hawai'i at Manoa.
17. Whitmore, J. K. (2010), « Paperwork : The rise of the new literati and ministerial power and the effort toward legibility in Đại Việt », *in* Wade, G., Sun, L. (dir.), *Southeast Asia in the Fifteenth Century : The China Factor*, NUS Press, p. 104-125. Voir aussi : Phung, H. M. (2017), *Land and Water : A History of Fifteenth-Century Vietnam from an Environmental Perspective*, University of Hawai'i at Manoa, p. 170-190.
18. Phung, H. M. (2017), *Land and Water : A History of Fifteenth-Century Vietnam from an Environmental Perspective*, University of Hawai'i at Manoa, p. 186.

19. L'historienne australienne Kathryn Dyt a soigneusement décrit le déroulement des cérémonies d'appel au vent et à la pluie (cầu đảo), telles qu'elles ont été codifiées par la dynastie des Nguyen, de l'empereur Gia Long à Tu Duc. Voir Dyt, K. (2015), « "Calling for wind and rain" rituals : Environment, emotion, and governance in Nguyen Viet Nam, 1802-1883 », *Journal of Vietnamese Studies*, 10 (2), p. 1-42.
20. Phung, H. M. (2017), *Land and Water : A History of Fifteenth-Century Vietnam from an Environmental Perspective*, University of Hawai'i at Manoa, p. 118.
21. Phung, H. M. (2017), *Land and Water : A History of Fifteenth-Century Vietnam from an Environmental Perspective*, University of Hawai'i at Manoa, p. 186.
22. Nous faisons ici référence à l'un des quatre modes d'identification que propose Philippe Descola pour classifier les sociétés dans leurs relations à la nature. Voir notamment le chapitre 2 de cet ouvrage. Dans le cas du Vietnam, voir plus particulièrement le chapitre 6 de Thomas, F. (2003), *La Forêt mise à nu. Essai anthropologique sur la construction d'un objet scientifique tropical : « forêts et bois coloniaux d'Indochine », 1860-1940*, thèse à l'EHESS. Voir également Culas, C. (2019), « Nature and human in Sino-Vietnamese conceptions and practices. Articulations between Asian vernacular "analogism" and Western modern "naturalism" modes of identification », *in* Sankaran, C., Pham, C. P., Kaur, G. (dir.), *Ecologies in Southeast Asian Literatures : Histories, Myths and Societies*, Vernon Press, p. 111-129.
23. Nous empruntons le terme à Benedikter, S. (2014), *The Vietnamese Hydrocracy and the Mekong Delta : Water Resources Development from State Socialism to Bureaucratic Capitalism*, Lit Verlag.
24. Voir notamment Woillez, M. N., Espagne, E. (2022), *The Mekong Delta Emergency, Climate and Environmental Adaptation Strategies to 2050*, AFD, https://www.afd.fr/en/ressources/mekong-delta-emergency-climate-environmental-adaptation-strategies-2050.
25. Pomeranz, K. (2021). *Une grande divergence. La Chine, l'Europe et la construction de l'économie mondiale*, Albin Michel.
26. Gipouloux, F. (2022). *Commerce, argent, pouvoir. L'impossible avènement d'un capitalisme en Chine, XVIe-XIXe siècle*, CNRS Éditions.
27. Maddison, A. (2007), *Contours of the World Economy, 1-2030 AD : Essays in Macro-Economic History*, Oxford University Press.
28. Arnoux, M. (2022), *Un monde sans ressources*, Albin Michel.
29. White, L. Jr (1967), « The historical roots of our ecologic crisis », *Science*, 155 (3767), p. 1203-1207. Selon cette thèse, le christianisme occidental, en désacralisant le monde naturel, aurait ouvert la voie au développement de la science et de la technologie moderne.
30. Edler de Roover, F. (1953), « New facets on the financing and marketing of early printed books », *Business History Review*, 27 (4), p. 222-230.
31. Aglietta, M. (dir.) (2019), *Capitalisme. Le temps des ruptures*, Odile Jacob, p. 44-45.
32. L'analyse monétaire présentée ci-dessous reprend des éléments du livre Aglietta, M., avec Ould Ahmed, P., Ponsot, J.-F. (2016), *La Monnaie entre dettes et souveraineté*, Odile Jacob.

33. Bloch, M. (1953), « Mutations monétaires dans l'ancienne France. Première Partie », *Annales. Histoire, sciences sociales*, 8 (2), p. 145-158.
34. *Ibid.*
35. Labbé, T. (2017), *Les Catastrophes naturelles au Moyen Âge*, CNRS Éditions.
36. Voir notamment la remarquable synthèse de Quenet, G. (2014), *Qu'est-ce que l'histoire environnementale ? L'environnement a une histoire*, Champ Vallon.
37. Le Roy Ladurie, E. (1985), *Montaillou, village occitan de 1294 à 1324*, Gallimard.
38. Parker, G. (2008), « The global crisis of the seventeenth century reconsidered », *The American Historical Review*, 113 (4), p. 1053-1079.
39. Bertrand, G. (1975), « Pour une histoire écologique de la France rurale », *in* Duby, G., Wallon, A. (dir.) (1975-1977), *Histoire de la France rurale*, Seuil, vol. 1.
40. Voir l'emblématique histoire de la ville de Chicago par William Cronon : Cronon, W. (1991), *Nature's Metropolis : Chicago and the Great West*, W. W. Norton and Co.
41. McNeill, J. R. (2010), *Du nouveau sous le soleil. Une histoire de l'environnement mondial au* XX*e* *siècle*, Champ Vallon.
42. Crosby, A. W. (2003), *The Columbian Exchange : Biological and Cultural Consequences of 1492*, Greenwood Publishing Group.
43. Crosby, A., cité *in* Vincent, J. (2012), « Le climat de l'histoire et l'histoire du climat. À propos des "quatre thèses" de Dipesh Chakrabarty », *La Revue des livres*, 3, p. 28-35.
44. Citons Harper, K., Pignarre, P. (2021), *Comment l'Empire romain s'est effondré. Le climat, les maladies et la chute de Rome*, La Découverte.
45. Fressoz, J.-B., Locher, F. (2020), *Les Révoltes du ciel. Une histoire du changement climatique* XV*e*-XX*e* *siècle*, Seuil.
46. Martinez-Alier, J. (2003), *The Environmentalism of the Poor : A Study of Ecological Conflicts and Valuation*, Edward Elgar Publishing.
47. Vivier, N. (1998), *Propriété collective et identité communale : les biens communaux en France 1750-1914*, Publications de la Sorbonne.
48. Chakrabarty, D. (2009), « The climate of history : Four theses », *Critical Inquiry*, 35 (2),p. 197-222.
49. Engels, F., Riazanov, D. (1929), *La Guerre des paysans en Allemagne*, Éditions sociales internationales.
50. Le mouvement des *enclosures* fut d'une grande violence pour les paysans. « Au XVIe siècle, *enclosure* était un terme technique, indiquant un ensemble de stratégies que les seigneurs anglais et les riches fermiers utilisèrent afin d'éliminer la propriété foncière communale et d'étendre leurs possessions. Il faisait principalement référence à l'abolition du système d'*openfield*, un arrangement par lequel les villageois détenaient des bandes de terrain non contiguës dans un champ non clôturé. L'enclosure comprenait aussi la division des communaux par des clôtures et la démolition des baraques des paysans pauvres qui ne possédaient pas de terre, mais qui pouvaient survivre en ayant accès aux droits coutumiers. De vastes étendues de terre furent aussi encloses afin de créer des réserves de cervidés, et des villages entiers furent détruits, pour servir de pâture. » Des milliers de villages disparurent, au point que la monarchie britannique diligenta des enquêtes à ce sujet en 1518 et 1548. Voir : Federici, S. (2014), *Caliban et la*

sorcière. Femmes, corps et accumulation primitive, Entremonde, p. 208 ; et l'ouvrage de référence Thompson, E. P. (1988), *La Formation de la classe ouvrière anglaise*, EHESS/Gallimard/Seuil.

51. Federici, S. (2014), *Caliban et la sorcière. Femmes, corps et accumulation primitive*, Entremonde.
52. Comme le mentionne Polanyi dans son ouvrage majeur, la *Grande Transformation* : « Séparer le travail des autres activités de la vie et le soumettre aux lois du marché, c'était anéantir toutes les formes organiques de l'existence et les remplacer par un type d'organisation différent, atomisé et individuel. Ce plan de destruction a été fort bien servi par l'application du principe de la liberté de contrat. Il revenait à dire en pratique que les organisations non contractuelles, fondées sur la parenté, le voisinage, le métier, la religion, devaient être éliminées puisqu'elles exigeaient l'allégeance de l'individu et limitaient ainsi sa liberté. Avec la prépondérance du contrat synallagmatique, c'est l'abstraction de l'individu dépouillé de toute appartenance collective et dont la "liberté" ne s'exprime que par une "utilité" vis-à-vis de la "rareté" des biens marchands qui s'imposa. » Voir Polanyi, K. ([1944] 1983), *La Grande Transformation. Aux origines politiques et économiques de notre temps*, Gallimard, p. 220.
53. Federici, S. (2014), *Caliban et la sorcière. Femmes, corps et accumulation primitive*, Entremonde.
54. Engels, F., Riazanov, D. (1929), *La Guerre des paysans en Allemagne*, Éditions sociales internationales.
55. « Ainsi, entre 1350 et 1450, des bordels gérés par la collectivité, financés par l'impôt, furent ouverts dans chaque ville ou village en Italie et en France, en nombres bien supérieurs à ceux atteints au XIXe siècle. Amiens à elle seule comptait 53 bordels en 1453. » Federici, S. (2014), *Caliban et la sorcière. Femmes, corps et accumulation primitive*, Entremonde.
56. Court, V. (2023), *L'Emballement du monde. Énergie et domination dans l'histoire des sociétés humaines*, Écosociété.
57. Moore, J. W. (2017), « The Capitalocene. Part I : On the nature and origins of our ecological crisis », *The Journal of Peasant Studies*, 44 (3), p. 594-630.
58. Voir la thèse d'Eric Williams datant de 1944 : Williams, E. (2013), « Capitalism and slavery », *in* Sanderson, S. K., *Sociological Worlds*, Routledge, p. 260-268.
59. Hogendorn, J., Johnson, M. (2003), *The Shell Money of the Slave Trade*, Cambridge University Press.
60. Ce traumatisme social perdure jusqu'à aujourd'hui dans les formes monétaires utilisées autour des anciennes mines de Potosí. Voir notamment : Parry, J., Bloch, M. (dir.) (1989), *Money and the Morality of Exchange*, Cambridge University Press, p. 260.
61. Voir Arnoux, M. (2022), *Un monde sans ressources*, Albin Michel.
62. Braudel, F. (1986), *Civilization and Capitalism (15th-18th Century)*, vol. 3 : *The Perspective of World*, Harper and Row.

CHAPITRE 6
Modes de régulation du capitalisme fossile (Capitalocène II)

1. Moore, J. W. (2017), « The Capitalocene. Part I : On the nature and origins of our ecological crisis », *The Journal of Peasant Studies*, 44 (3), p. 594-630.
2. *Ibid.*
3. Malm, A. (2013), « The origins of fossil capital : From water to steam in the British cotton industry », *Historical Materialism*, 21 (1), p. 15-68.
4. Graeber, D. (2012), *Debt. The First 5000 Years*, Melville House Publishing.
5. Comme Graeber le souligne : « Une génération après l'abolition de l'impôt personnel par un gouvernement révolutionnaire, la logique du marché avait été tellement intériorisée que même les médiums en contact avec les esprits récitaient des phrases qu'aurait pu écrire Adam Smith ! »
6. Malm, A. (2016), *Fossil Capital : The Rise of Steam Power and the Roots of Global Warming*, Verso Books.
7. Jarrige, F., Le Roux, T. (2017), *La Contamination du monde. Une histoire des pollutions à l'âge industriel*, Seuil.
8. Audier, S. (2017), *La Société écologique et ses ennemis. Pour une histoire alternative de l'émancipation*, La Découverte.
9. Jarrige, F., Le Roux, T. (2017), *La Contamination du monde. Une histoire des pollutions à l'âge industriel*, Seuil, p. 162.
10. Il nous faut citer ici l'ouvrage de l'historien britannique Edward P. Thomson : Thompson, E. P. (1988), *La Formation de la classe ouvrière anglaise*, Seuil.
11. Mill, J. S. (1848), « Of the stationary State », *in Principles of Political Economy*, livre IV : « Influence of the progress of society on production and distribution », John W. Parker.
12. Jevons, W. S. (1866), *The Coal Question ; An Inquiry Concerning the Progress of the Nation and the Probable Exhaustion of Our Coal-Mines*, Macmillan. Voir la remarquable analyse qui en est faite par Missemer, A. (2012), « William Stanley Jevons' *The Coal Question* (1865), beyond the rebound effect », *Ecological Economics*, 82, p. 97-103. Les débats sur les limites à l'extractivisme britannique et ses implications possibles sur le développement du pays sont par ailleurs antérieurs à l'ouvrage phare de Jevons : Jonsson, F. A. (2020), « The coal question before Jevons », *The Historical Journal*, 63 (1), p. 107-126.
13. Todd, D. (2021), *A Velvet Empire : French Informal Imperialism in the Nineteenth Century*, Princeton University Press.
14. Davis, M., Sliwinski, A. (2003), « Génocides tropicaux. Catastrophes naturelles et famines coloniales. Aux origines du sous-développement », *Anthropologica*, 45 (2), p. 307.
15. L'historien des sciences et des techniques Jean-Baptiste Fressoz insiste sur l'idée que les systèmes énergétiques se sont accumulés plutôt que substitués dans l'histoire du capitalisme. Il n'y aurait ainsi jamais véritablement eu de transition. Voir

notamment son ouvrage à paraître sur le sujet : *Sans transition. Une nouvelle histoire de l'énergie*, Seuil.
16. Lenin, V. I. (1927), *Imperialism*, Vanguard Press, p. 101.
17. Hilferding, R. (1923), *Das Finanzkapital*, Verlag der Wiener Volksbuchhandlung.
18. Luxemburg, R. (2020), *L'Accumulation du capital. Contribution à l'explication économique de l'impérialisme*. Agone.
19. Polanyi, K. ([1944] 1983), *La Grande Transformation. Aux origines politiques et économiques de notre temps*, Gallimard.
20. Ponsot, J.-F. (2015), « Les spécificités des régimes monétaires coloniaux », Informations et commentaires, https://informationsetcommentaires.com/2005/12/01/les-specificites-des-regimes-monetaires-coloniaux/.
21. Voir ce sujet l'excellent article de vulgarisation de Mediapart : Mauduit, L. (2022), « Haïti : l'histoire sombre des banques coloniales francaises ressurgit », 9 juin, https://www.mediapart.fr/journal/economie/090622/haiti-l-histoire-sombre-des-banques-coloniales-francaises-ressurgit. Voir plus particulièrement sur l'histoire du Crédit industriel et commercial : Stoskopf, N. (2009), *Histoire du Crédit industriel et commercial (1859-2009)*, Éditions La Branche.
22. https://www.nytimes.com/interactive/2022/05/20/world/americas/enslaved-haiti-debt-timeline.html.
23. Une base de données référence les indemnités versées en 1825 par Haïti aux propriétaires, puis par la France en 1848 aux propriétaires d'esclaves : https://esclavage-indemnites.fr/public/.
24. Todd, D. (2021), *A Velvet Empire : French Informal Imperialism in the Nineteenth Century*, Princeton University Press, p. 149-190.
25. Stoskopf, N. (2009), *Histoire du Crédit industriel et commercial (1859-2009)*, Éditions La Branche.
26. Wrigley, E. A. (1990), *Continuity, Chance And Change : The Character of the Industrial Revolution in England*, Cambridge University Press.
27. Belich, J. (2011), *Replenishing the Earth : The Settler Revolution and the Rise of the Angloworld*, Oxford University Press.
28. https://christopher-olk.medium.com/ecologically-unequal-exchange-breaking-with-three-neoclassical-intuitions-396d8169fde8.
29. Lorsque le gouvernement chinois tenta d'interdire l'importation d'opium, la Grande-Bretagne déclencha un conflit armé (1839-1842), ouvrant la voie à des concessions coloniales en Chine (dont Hong Kong) à défaut d'une légalisation complète de l'opium. Les profits du commerce de l'opium firent la fortune de grandes familles américaines, telles que les Peabody ou les Roosevelt, leur permettant d'investir ces capitaux dans des nouveaux secteurs industriels. La seconde guerre de l'opium entre 1856 et 1860 finit d'ouvrir le commerce sur tout le territoire chinois.
30. Davis, M. (2003), « Génocides tropicaux. Catastrophes naturelles et famines coloniales. Aux origines du sous-développement », *Anthropologica*, 45 (2), p. 307.
31. Pomeranz, K. (2021), *Une grande divergence. La Chine, l'Europe et la construction de l'économie mondiale*, Albin Michel.

32. Etemad, B. (2013), « Un bilan économique de la colonisation. Approches, débats, résultats », *in* Singaravélou, P. (dir.), *Les Empires coloniaux*, Seuil.
33. Marseille, J. (2015), *Empire colonial et capitalisme français. Histoire d'un divorce*, Albin Michel.
34. Cogneau, D. (2023). *Un empire bon marché. Histoire et économie politique de la colonisation française, XIXe-XXIe siècle*, Seuil.
35. Fressoz, J.-B., Le Roux, T. (2011), « Protecting industry and commodifying the environment : The great transformation of French pollution regulation, 1700-1840 », *in* Massard-Guilbaud, G., Mosley, S. (dir.), *Common Ground : Integrating the Social and Environmental in History*, Cambride Scholars Publishing, p. 340-366.
36. Foster, J. B. (1999), « Marx's theory of metabolic rift : Classical foundations for environmental sociology », *American Journal of Sociology*, 105 (2), p. 366-405.
37. Pottier, A. (2017), *Le capitalisme est-il compatible avec les limites écologiques ?*, Institut Veblen.
38. Jevons, W. S. (1866), *The Coal Question ; An Inquiry Concerning the Progress of the Nation and the Probable Exhaustion of Our Coal-Mines*, Macmillan.

CHAPITRE 7
De l'étalon charbon à l'étalon pétrole (Capitalocène III)

1. Voir Court, V. (2023), *L'Emballement du monde. Énergie et domination dans l'histoire des sociétés humaines*, Écosociété.
2. Clarence-Smith, W. G. (1985), *The Third Portuguese Empire, 1825-1975 : A Study in Economic Imperialism*, Manchester University Press.
3. Aso, M. (2018), *Rubber and the Making of Vietnam : An Ecological History, 1897-1975*, UNC Press Books.
4. Keyne, J. M. (1913), *Indian Currency and Finance*, Macmillan.
5. Davis, M., Sliwinski, A. (2003), « Génocides tropicaux. Catastrophes naturelles et famines coloniales. Aux origines du sous-développement », *Anthropologica*, 45 (2), p. 307.
6. Romer, P. M. (1990), « Endogenous technological change », *Journal of Political Economy*, 98 (5, Part 2), S71-S102.
7. Acemoglu, D., Aghion, P., Bursztyn, L., Hemous, D. (2012), « The environment and directed technical change », *American Economic Review*, 102 (1), p. 131-166.
8. Pottier, A., Hourcade, J. C., Espagne, E. (2014), « Modelling the redirection of technical change : The pitfalls of incorporeal visions of the economy », *Energy Economics*, 42, p. 213-218.
9. Odum, H. T. (1973), « Energy, ecology, and economics », *Ambio*, 2, p. 220-227.
10. Georgescu-Roegen, N. (1986), « The entropy law and the economic process in retrospect », *Eastern Economic Journal*, 12 (1), p. 3-25.
11. Court, V. (2023), *L'Emballement du monde. Énergie et domination dans l'histoire des sociétés humaines*, Écosociété.

12. Smil, V. (2019), *Growth : From Microorganisms to Megacities*, MIT Press.
13. Geels, F. W. (2002), « Technological transitions as evolutionary reconfiguration processes : A multi-level perspective and a case-study », *Research Policy*, 31 (8-9), p. 1257-1274.
14. Dosi, G. (1982), « Technological paradigms and technological trajectories : A suggested interpretation of the determinants and directions of technical change », *Research Policy*, 11 (3), p. 147-162.
15. Voir par exemple : Mercure, J.-F. (2012), « FTT : Power : A global model of the power sector with induced technological change and natural resource depletion », *Energy Policy*, 48, p. 799-811. Et aussi : https://www.e3me.com/what/ftt/.
16. Kondratiev, N. D. (1979), « The long waves in economic life », *Review* (Fernand Braudel Center), 2 (4), 519-562.
17. Mandel, E. (1995), *Long Waves of Capitalist Development : A Marxist Interpretation*, Verso Books.
18. Clark, C. M., Béru, M. A. D. (2013), *Les Somnambules. Été 1914 : comment l'Europe a marché vers la guerre*, Flammarion.
19. Hobsbawm, E. (2010), *Age of Empire : 1875-1914*, Hachette UK.
20. De Cecco, M. (2009), « From monopoly to oligopoly », *in* Hellainer, E., Kirshner, J. (dir.), *The Future of the Dollar*, Cornell University Press, p. 116-141.
21. Patnaik, U., Patnaik, P. (2016), *A Theory of Imperialism*, Columbia University Press.
22. Voir https://informationsetcommentaires.com/2005/12/01/les-specificites-des-regimes-monetaires-coloniaux/.
23. Keynes, J. M. (2017), *The Economic Consequences of the Peace*, Routledge.
24. Hobsbawm, E. J., Cumming, M. (1995), *Age of Extremes : The Short Twentieth Century, 1914-1991*, Abacus.
25. Jarrige, F., Le Roux, T. (2017), *La Contamination du monde. Une histoire des pollutions à l'âge industriel*, Seuil.
26. Sapir, J. (1985), « Conflits sociaux et fluctuations économiques en URSS : l'exemple de la période 1950-1965 », *Annales. Histoire, sciences sociales*, 40 (4), p. 737-779.
27. Josephson, P., Dronin, N., Mnatsakanian, R., Cherp, A., Efremenko, D., Larin, V. (2013), *An Environmental History of Russia*, Cambridge University Press.
28. Mitchell, T. (2009), « Carbon democracy », *Economy and Society*, 38 (3), p. 399-432.
29. La conception américaine du FMI et de la Banque mondiale, les deux institutions de gouvernance économique internationale issues de la conférence de Bretton Woods, cherchait à s'assurer que leurs prêts seraient conditionnels. Ces conditions consistaient à s'abstenir de promulguer des tarifs douaniers ou des quotas protecteurs, ou d'ériger des barrières financières telles qu'une dévaluation compétitive, des taux de change multiples, des accords de compensation bilatéraux ou des fonds bloqués au-delà d'une brève période de transition.
30. Amable, B. (2003), *The Diversity of Modern Capitalism*, Oxford University Press.
31. Mitchell, T. (2009), « Carbon democracy », *Economy and Society*, 38 (3), p. 399-432.
32. Aglietta, M. (1976), *Régulation et crises du capitalisme. L'expérience des États-Unis*, Calmann-Lévy.

33. Huber, M. (2013), « Fueling capitalism : Oil, the regulation approach, and the ecology of capital », *Economic Geography*, 89 (2), p. 171-194.
34. Auzanneau, M. (2021), *Or noir. La grande histoire du pétrole*, La Découverte.
35. Auzanneau, M., Chauvin, H. (2021), *Pétrole, le déclin est proche*, Seuil.
36. Jarrige, F., Le Roux, T. (2017), *La Contamination du monde. Une histoire des pollutions à l'âge industriel*, Seuil.
37. Solow, R. M. (1956), « A contribution to the theory of economic growth », *The Quarterly Journal of Economics*, 70 (1), p. 65-94.
38. Carson, R. (1962), *Silent Spring*, Penguin Books.
39. Mishan, E. J. (1967), *The Costs of Economic Growth*, Staples Press, p. 112.
40. Kapp, K. W. (1969), « On the nature and significance of social costs », *Kyklos*, 22 (2), p. 334-347.
41. Illich, I., Lang, A. (1973), *Tools for Conviviality*, Harper and Row.
42. Meadows, D. H., Meadows, D. L., Randers, J., Behrens III, W. W., The Club of Rome (1972), *The Limits to Growth*, Potomac Associates/Universe Books.

CHAPITRE 8
La longue parenthèse néolibérale (Capitalocène IV)

1. Marcuse, H. (1969), *L'Homme unidimensionnel*, Éditions de Minuit.
2. Meadows, D. H., Meadows, D. L., Randers, J., Behrens, W. W. (2018), « The Limits to growth », *in* Dabelko, G., Conca, K. (dir.), *Green Planet Blues*, Routledge, p. 25-29.
3. Rich, N. (2019), *Losing Earth : The Decade We Could Have Stopped Climate Change*, Picador.
4. Nordhaus, W. D. (1973), « World dynamics : Measurement without data », *The Economic Journal*, 83 (332), p. 1156-1183.
5. Solow, R. M. (1973), « Is the end of the world at hand ? », *Challenge*, 16 (1), p. 39-50.
6. Herrera, A. O., Scolnik, H. D., Chichilnisky, G., Gallopin, G. C., Hardoy, J. E. (1976), *Catastrophe or New Society ? A Latin American World Model*, IDRC.
7. Zierler, D. (2011), *The Invention of Ecocide : Agent Orange, Vietnam, and The Scientists Who Changed the Way We Think About the Environment*, University of Georgia Press.
8. Carter, J. (1979), « Crisis of confidence », discours télévisé le 15 juillet.
9. Hecht, G. (2016), *Uranium africain. Une histoire globale*, Seuil.
10. El-Gamal, M. A., Jaffe, A. M. (2009), *Oil, Dollars, Debt, and Crises : The Global Curse of Black Gold*, Cambridge University Press.
11. Carter, J. (1979), « Crisis of confidence », discours télévisé le 15 juillet.
12. Kallis, G., Sager, J. (2017), « Oil and the economy : A systematic review of the literature for ecological economists », *Ecological Economics*, 131, p. 561-571.
13. Coase, R. H. (1960), « The problem of social cost », *The Journal of Law and Economics*, 3, p. 1-44.

14. Pottier, A. (2016), *Comment les économistes réchauffent la planète*, Seuil.
15. Cette réunion du Comité intérimaire du FMI met un terme définitif au système monétaire de parités fixes mais ajustables du système de Bretton Woods.
16. Borio, C. (2014), « The financial cycle and macroeconomics : What have we learnt ? », *Journal of Banking and Finance*, 45, p. 182-198.
17. Rodrik, D., Subramanian, A. (2009), « Why did financial globalization disappoint ? », *IMF Staff Papers*, 56 (1), p. 112-138.
18. Cecchetti, S. G., Kharroubi, E. (2012), « Reassessing the impact of finance on growth », *BIS Working Papers*, 381.
19. Schwartz, A. J., Friedman, M. (2008), *A Monetary History of the United States, 1867-1960*, Princeton University Press.
20. Lucas, R. E. Jr (1976), « Econometric policy evaluation : A critique », *Carnegie-Rochester Conference Series on Public Policy*, 1, p. 19-46.
21. Auvray, T., Dallery, T., Rigot, S. (2016), *L'Entreprise liquidée. La finance contre l'investissement*, Michalon.
22. Piketty, T. (2014), *Capital in the Twenty-First Century*, Harvard University Press.
23. Campagne, A. (2017), *Le Capitalocène. Aux racines historiques du dérèglement climatique*, Divergences.
24. Sapir, J. (1990), *L'Économie mobilisée. Essai sur les économies de type soviétique*, La Découverte.
25. Josephson, P., Dronin, N., Mnatsakanian, R., Cherp, A., Efremenko, D., Larin, V. (2013), *An Environmental History of Russia*, Cambridge University Press.
26. Stiglitz, J. E. (2002), *La Grande Désillusion*, Fayard.
27. Voir Aglietta, M., Bai, G. (2012), *La Voie chinoise. Capitalisme et empire*, Odile Jacob.
28. Voir le débat sur le rythme optimal de décarbonation de l'économie mondiale entre William Nordhaus et Nicholas Stern : Espagne, E., Pottier, A., Fabert, B. P., Nadaud, F., Dumas, P. (2018), « SCCs and the use of IAMs : Let's separate the wheat from the chaff », *International Economics*, 155, p. 29-47.
29. Giraud, P.-N. (2015), *L'Homme inutile. Une économie politique du populisme*, Odile Jacob.
30. Martinez-Alier, J. (2003), *The Environmentalism of the Poor : A Study of ecological Conflicts and Valuation*, Edward Elgar Publishing.
31. Hirschman, A. O. (1991), *The Rhetoric of Reaction*, Harvard University Press.
32. Moretti, F. (2015), *Bankspeak : The Language of World Bank Reports, 1946-2012*, Literary Lab.
33. Park, S., Vetterlein, A. (dir.) (2010), *Owning Development : Creating Policy Norms in the IMF and the World Bank*, Cambridge University Press.
34. Aykut, S. C., Dahan, A. (2014), *Gouverner le climat ? Vingt ans de négociations internationales*, Les Presses de Sciences Po.
35. Kallis, G., Sager, J. (2017), « Oil and the economy : A systematic review of the literature for ecological economists », *Ecological Economics*, 131, p. 561-571.
36. Auzanneau, M. (2021), *Or noir. La grande histoire du pétrole*, La Découverte.
37. Smith-Nonini, S. (2016), « The role of corporate oil and energy debt in creating the neoliberal era », *Economic Anthropology*, 3 (1), p. 57-67.

38. Une forme de création destructrice, pour inverser le fameux concept schumpétérien de destruction créatrice. Voir aussi Caye, P. (2015). *Critique de la destruction créatrice. Production et humanisme*, Les Belles Lettres.
39. Aglietta, M., Orléan, A. (2002), *La Monnaie : entre violence et confiance*, Odile Jacob.
40. Zhou, X. (2009), « Reform the international monetary system », *BIS Review*, 41, p. 1-3.

PARTIE 3
Planification(s) écologique(s) pour le XXIe siècle

CHAPITRE 9
Les apories de la gouvernance des biens communs globaux

1. Latour, B., Schultz, N. (2022), *Mémo sur la nouvelle classe écologique. Comment faire émerger une classe écologique consciente et fière d'elle-même*, Les Empêcheurs de penser rond.
2. Parrique, T., Barth, J., Briens, F., Kuokkanen, A., Spangenberg, J. H. (2019), *Evidence and Arguments Against Green Growth as a Sole Strategy for Sustainability*, European Environmental Bureau.
3. Sharpe, S. (2023), *Five Times Faster*, Cambridge University Press. Voir également le rapport alarmant *Global Stocktake* faisant un état des lieux de la mise en œuvre de l'accord de Paris en 2023 : https://unfccc.int/topics/global-stocktake.
4. Nous indiquions déjà à l'orée des années 2010 à quel point les modèles montraient une nécessité absolue d'infléchir la trajectoire des émissions dans la décennie : Perrissin Fabert, B., Pottier, A., Espagne, E., Dumas, P., Nadaud, F. (2014), « Why are climate policies of the present decade so crucial for keeping the 2 C target credible ? », *Climatic Change*, 126, p. 337-349.
5. GIEC (2018), *Final Reports from Review Editors*, https://www.ipcc.ch/site/assets/uploads/sites/2/2019/06/SR15_Final_RE_Reports_All.pdf.
6. GIEC (2022), *6th Assessment Report AR6 Working Group III (WGIII), Climate Change 2022, Mitigation of Climate Change*.
7. https://unfccc.int/topics/global-stocktake.
8. Energy Transitions Commission (2020), *Keeping 1,5°C Alive : Closing the Gap in the 2020's*, septembre.
9. Voir Maurin, J., Calas, J., Godin, A., Espagne, E. (2022), *Global Biodiversity Scenarios : What Do They Tell Us for Biodiversity-Related Socioeconomic Impacts ?*, AFD.
10. Van Toor, J., Piljic, D., Schellekens, G., Van Oorschot, M., Kok, M. (2020), *Indebted to Nature : Exploring Biodiversity Risks for the Dutch Financial Sector*, DNB (De Nederlandsche Bank).

11. Svartzman, R., Espagne, E., Julien, G., Paul, H. L., Mathilde, S., Allen, T., ..., Vallier, A. (2021), « A "silent spring" for the financial system ? Exploring biodiversity-related financial risks in France », *Banque de France Working Papers*, 826.
12. Cette section reprend des éléments de Espagne, E., Godin, A. (2023), « Carbon tax », *in Elgar Encyclopedia of Post-Keynesian Economics*, Edward Elgar Publishing, p. 51-52.
13. Pigou, A. C. (1920), *The Economics of Welfare*, Macmillan.
14. Coase, R. H. (1960), « The problem of social cost », *in* Gopalakrishnan, C. (dir.), *Classic Papers in Natural Resource Economics*, Palgrave-Macmillan, p. 87-137.
15. Nordhaus, W. D. (2017), « Revisiting the social cost of carbon », *Proceedings of the National Academy of Sciences*, 114 (7), p. 1518-1523.
16. Stiglitz, J. E., Stern, N., Duan, M., Edenhofer, O., Giraud, G., Heal, G., Lèbre La Rovere, E., Morris, A., Moyer, E., Pangestu, M., Shukla, P. R., Sokona, Y., Winkler, H. (2017), *Report of the High-Level Commission on Carbon Prices*, disponible en ligne : https://static1.squarespace.com/static/54ff9c5ce4b0a53decccfb4c/t/59244eed17bffc0ac256cf16/1495551740633/CarbonPricing_Final_May29.pdf.
17. Nordhaus, W.D. (2017), « Revisiting the social cost of carbon », *Proceedings of the National Academy of Sciences*, 114 (7), p. 1518-1523.
18. Ricke, K., Drouet, L., Caldeira, K., Tavoni , M. (2018), « Country-level social cost of carbon », *Nature Climate Change*, 8 (10), p. 895-900.
19. Weitzman, M. L. (2009), « On modeling and interpreting the economics of catastrophic climate change », *Review of Economics and Statistics*, 91 (1), p. 1-19. Pindyck, R. S. (2013), « Climate change policy : What do the models tell us ? », *Journal of Economic Literature*, 51 (3), p. 860-872.
20. Aglietta, M., Espagne, E. (2016), « Climate and finance systemic risks, more than an analogy ? The climate fragility hypothesis », *Centre d'études prospectives et d'informations internationales Working Paper*, 2016-10.
21. Gowdy, J., Erickson, J. D. (2005), « The approach of ecological economics », *Cambridge Journal of Economics*, 29 (2), p. 207-222.
22. Espagne, E., Pottier, A., Fabert, B. P., Nadaud, F., Dumas, P. (2018), « SCCs and the use of IAMs : Let's separate the wheat from the chaff », *International Economics*, 155, p. 29-47.
23. Cette section reprend et réactualise des arguments avancés dans Espagne, E. (2018), « Money, finance and climate : The elusive quest for a truly integrated assessment model », *Comparative Economic Studies*, 60, p. 131-143.
24. Acemoglu, D., Aghion, P., Bursztyn, L., Hemous, D. (2012), « The environment and directed technical change », *The American Economic Review*, 102 (1), p. 131-166. Pottier, A., Hourcade, J.-C., Espagne, E. (2014), « Modelling the redirection of technical change : The pitfalls of incorporeal visions of the economy », *Energy Economics*, 42, p. 213-218.
25. Eggertsson, G. B., Mehrotra, N.-R., Robbins, J. A. (2017), « A model of secular stagnation : Theory and quantitative evaluation », *NBER Working Paper*, w23093.
26. Jakab, Z., Kumhof, M. (2015), « Banks are not intermediaries of loanable funds – and why this matters », *IMF Working Paper*.

27. McLeay, M., Radia, A., Thomas, R. (2014), « Money creation in the modern economy », *Bank of England Quarterly Bulletin*, 54 (1), p. 14-27.
28. Balint, T., Lamperti, F., Mandel, A., Napoletano, M., Roventini, A., Sapio, A. (2017), « Complexity and the economics of climate change : A survey and a look forward », *Ecological Economics*, 138, p. 252-265.
29. Nikiforos, M., Zezza, G. (2018), « Stock-flow consistent macroeconomic models : A survey », *in* Veneziani, R., Zamparelli, L. (dir.), *Analytical Political Economy*, Wiley-Blackwell, p. 63-102.
30. Althouse, J. (2022), *Ecological Macroeconomics for a Shared Planet : Towards a Political Ecology of Money, Finance and Production*, thèse de PhD, université Sorbonne-Paris-Nord.
31. Røpke, I. (2017), « Sustainability and the governance of the financial system : What role for full reserve banking ? », *Environmental Policy and Governance*, 27 (3), p. 177-192. Voir aussi : Jackson, T. (2017), *Prosperity Without Growth*, Routledge, 2e édition.
32. Campiglio, E., Dafermos, Y., Monnin, P., Ryan-Collins, J., Schotten , G., Tanaka, M. (2018), « Climate change challenges for central banks and financial regulators », *Nature Climate Change*, 8, p. 462-468.
33. Rozenberg, J., Hallegatte, S., Perrissin-Fabert, B., Hourcade, J.-C. (2013), « Funding low-carbon investments in the absence of a carbon tax », *Climate Policy*, 13, p. 134-141. Voir aussi : Campiglio, E. (2016), « Beyond carbon pricing : The role of banking and monetary policy in financing the transition to a low-carbon economy », *Ecological Economics*, 121, p. 220-230.
34. Aglietta, M., Espagne, E., Perrissin-Fabert, B. (2015), « A proposal to finance low carbon investment in Europe », Note d'analyse, France Stratégie.
35. Mazzucato, M. (2020), *L'État entrepreneur*, Fayard.
36. Stiglitz, J. E., Stern, N., Duan, M., Edenhofer, O., Giraud, G., Heal, G., Lèbre La Rovere, E., Morris, A., Moyer, E., Pangestu, M., Shukla, P. R., Sokona, Y., Winkler, H. (2017), *Report of the High-Level Commission on Carbon Prices*, disponible en ligne : https://static1.squarespace.com/static/54ff9c5ce4b0a53decccfb4c/t/59244eed17bffc0ac256cf16/1495551740633/CarbonPricing_Final_May29.pdf.
37. Quinet, A. (2019), « Quelle valeur donner à l'action pour le climat ? », *Économie et statistique*, 510-511-512, p. 165-179.
38. Voir notamment Hourcade, J.-C., Dasgupta, D., Ghersi, F. (2021), « Accelerating the speed and scale of climate finance in the post-pandemic context », *Climate Policy*, 21 (10), p. 1383-1397.
39. EU-Commission (2021), « Impact assessment report accompanying the document proposal for a regulation of the European parliament and of the council establishing a carbon border adjustment mechanism », Staff Document SWD/2021/643 final.
40. Böhringer, C., Fischer, C., Rosendahl, K. E., Rutherford, T. F. (2022), « Potential impacts and challenges of border carbon adjustments », *Nature Climate Change*, 12 (1), p. 22-29.

41. Eicke, L., Weko, S., Apergi, M., Marian, A. (2021), « Pulling up the carbon ladder ? Decarbonization, dependence, and third-country risks from the European carbon border adjustment mechanism », *Energy Research and Social Science*, 80, 102240.
42. Voir Voituriez, T., Wang, X. (2011), « Getting the carbon price right through climate border measures : A Chinese perspective », *Climate Policy*, 11 (5), p. 1257-1261. Voir aussi Bao, Q., Tang, L., Zhang, Z., Wang, S. (2013), « Impacts of border carbon adjustments on China's sectoral emissions : Simulations with a dynamic computable general equilibrium model », *China Economic Review*, 24, p. 77-94. Également : Chen, W., Guo, Q. (2017), « Assessing the effect of carbon tariffs on international trade and emission reduction of China's industrial products under the background of global climate governance », *Sustainability*, 9 (6), 1028.
43. Magacho, G., Espagne, E., Godin, A., Mantes, A., Yilmaz, D. (2023), « Macroeconomic exposure of developing economies to lowcarbon transition », *World Development*, 167, 106231.
44. Branger, F., Quirion, P. (2014), « Climate policy and the "carbon haven" effect », *Climate Change*, 5 (1), p. 53-71.
45. Åhman, M., Nilsson, L. J., Johansson, B. (2017), « Global climate policy and deep decarbonization of energy-intensive industries », *Climate Policy*, 17 (5), p. 634-649.
46. UNCTAD (2021), *A European Union Carbon Border Adjustment Mechanism : Implications for Developing Countries.*
47. Lim, B., Hong, K., Yoon, J., Chang, J.-I., Cheong, I. (2021), « Pitfalls of the EU's carbon border adjustment mechanism », *Energies*, 14 (21), 7303.
48. Tamiotti, L. (2011), « The legal interface between carbon border measures and trade rules », *Climate Policy*, 11 (5), p. 1202-1211.
49. Böhringer, C., Fischer, C., Rosendahl, K. E., Rutherford, T. F. (2022), « Potential impacts and challenges of border carbon adjustments », *Nature Climate Change*, 12, p. 22-29.
50. Bolton, P., Després, M., Pereira da Silva, L., Samama, F., Svartzman, R. (2020), « "Green Swans" : Central banks in the age of climate-related risks », *Banque de France Bulletin*, 229 (8), p. 1-15.
51. Taleb, N. N. (2007), *The Black Swan : The Impact of the Highly Improbable*, Random House.
52. Voir Schnabel, I. (2021), « From market neutrality to market efficiency », discours, https://www.ecb.europa.eu/press/key/date/2021/html/ecb.sp210614~162bd7c253.en.html.
53. IPCC Report (2021), *Scaling Up Finance in the Context of Covid-19 : Executive Summary for Policy Makers*.
54. NGFS, INSPIRE Study Group (2021), « Biodiversity and financial stability », *NGFS Occasional Paper*.
55. https://www.ngfs.net/sites/default/files/medias/documents/ngfs_conceptual-framework-on-nature-related-risks.pdf.
56. Chenet, H., Ryan-Collins, J., Van Lerven, F. (2019), « Climate-related financial policy in a world of radical uncertainty : Towards a precautionary approach », *UCL Institute for Innovation and Public Purpose Working Paper*, 13.

CHAPITRE 10
Un régime émergent de crises multiples aggravées

1. Cette section reprend d'importants éléments de l'article suivant : Espagne, E., Oman, W., Mercure, J.-F., Svartzman, R., Volz, U., Pollitt, H., ..., Campiglio, E. (2023), « Cross-border risks of a global economy in mid-transition », *IMF Working Papers*, 184.
2. Grubert, E., Hastings-Simon, S. (2022), « Designing the mid-transition : A review of medium-term challenges for coordinated decarbonization in the United States », *WIREs Climate Change* : 13 (3), e768.
3. IEA (2022), *World Energy Outlook 2022*, International Energy Agency.
4. Voir IEA (2022), *Climate Resilience for Energy Security*, International Energy Agency. Voir aussi Mercure, J.-F., Salas, P., Vercoulen, P., Semieniuk, G., Lam, A., Pollitt, H., Holden, P. B., Vakilifard, N., Chewpreecha, U., Edwards, N. R., Vinuales, J. E. (2021), « Reframing incentives for climate policy action », *Nature Energy*, 6, p. 1133-1143.
5. Tong, D., Zhang Q., Zheng, Y., Caldeira, K., Shearer, C., Hong, C., Qin, Y., Davis, S. J. (2019), « Committed emissions from existing energy infrastructure jeopardize 1.5 °C climate target », *Nature*, 572 (7769), p. 373-377.
6. Way, R., Ives, M. C., Mealy, P., Farmer, J. D. (2022), « Empirically grounded technology forecasts and the energy transition », *Joule*, 6 (9), p. 2057-2082. Voir aussi : Mercure, J.-F. (2012), « FTT : Power : A global model of the power sector with induced technological change and natural resource depletion », *Energy Policy*, 48, p. 799-811.
7. Sharpe, S., Lenton, T. M. (2021), « Upward-scaling tipping cascades to meet climate goals : Plausible grounds for hope », *Climate Policy*, 21 (4), p. 421-433.
8. Nijsse, F., Mercure, J.-F., Ameli, N., Larosa, F., Kothari, S., Rickman, J., Vercoulen, P., Pollitt, H. (2023), « Is a solar future inevitable ? », *Nature Communications*.
9. Lam, A, Mercure, J.-F. (2022), « Evidence for a global electric vehicle tipping point », *GSI Working Paper Series*, 2022/01.
10. Semieniuk, G., Holden, P. B., Mercure, J.-F., Salas, P., Pollitt, H., Jobson, K., Vercoulen, P., Chewpreecha, U., Edwards, N. R., Vinuales, J. E. (2022), « Stranded fossil-fuel assets translate into major losses for investors in advanced economies », *Nature Climate Change*, 12 (6), p. 532-538.
11. IEA (2023), *World Energy Investment 2023*, International Energy Agency.
12. Van de Graaf, T., Bradshaw, M. (2018), « Stranded wealth : Rethinking the politics of oil in an age of abundance », *International Affairs*, 94 (6), p. 1309-1328.
13. Weber, I., Wasner, E. (2023), « Seller's inflation, profits and conflict : Why can large firms hike prices in an emergency ? », *Review of Keynesian Economics*, 11 (2), p. 183-213. Voir aussi : Breman, C., Storm, S. (2023), « Betting on black gold : Oil speculation and US inflation (2020-2022) », *Institute for New Economic Thinking Working Paper*, 208.

14. Reuters (2023), « OPEC sees global oil demand rising to 110 million barrels per day by 2045 », 26 juin.
15. Mercure, J.-F., Salas, P. (2012), « An assessment of global energy resource economic potentials », *Energy*, 46 (1), p. 322-336.
16. IRENA (2022), *Geopolitics of the Energy Transformation. The Hydrogen Factor*, International Renewable Energy Agency.
17. Berrada, A., Laasmi, M. A. (2021), « Technical-economic and socio-political assessment of hydrogen production from solar energy », *Journal of Energy Storage*, 44 (B), 103448. Voir aussi : Hank, C., Sternberg, A., Köppel, N., Holst, M., Smolinka, T., Schaadt, A., Hebling, C., Henning, H.-M. (2020), « Energy efficiency and economic assessment of imported energy carriers based on renewable electricity », *Sustainable Energy and Fuels*, 4 (5), p. 2256-2273.
18. Boer, L., Pescatori, A., Stuermer, M. (2021), « Energy transition metals », *IMF Working Paper*, 2021/43.
19. Wang, S., Hausfather, Z., Davis, S., Lloyd, J., Olson, E., Liebermann, L., Núñez-Mujica, G. D., McBride, J. (2023), « Future demand for electricity generation materials under different climate mitigation scenarios », *Joule*, 7(2), p. 309-332.
20. Miller, H., Dikau, S., Svartzman, R., Dees, S. (2023), « The stumbling block in "the race of our lives" : Transition-critical minerals, financial risks and the NGFS climate scenarios », *Centre for Climate Change Economics and Policy Working Paper*, 417, *Grantham Institute on Climate Change and the Environment Working Paper*, 393.
21. IEA (2021), *The Role of Critical Minerals in Clean Energy Transitions. World Energy Outlook Special Report*, International Energy Agency.
22. Pitron, G. (2018), *La Guerre des métaux rares*, Les Liens qui libèrent.
23. Espagne, E., Lapeyronie, H. (2023), « Energy transition minerals and the SDGs. A systematic review », *Agence française de développement Working Paper*.
24. IEA (2021), *The Role of Critical Minerals in Clean Energy Transitions*, IEA, https://www.iea.org/reports/the-role-of-critical-minerals-in-clean-energy-transitions.
25. *The Economist*, « Conditions for green growth », 12 juin.
26. Magacho, G., Espagne, E., Godin, A., Mantes, A., Yilmaz, D. (2023), « Macroeconomic exposure of developing economies to low-carbon transition », *World Development*, 167, 106231.
27. Mealy, P., Teytelboym, A. (2020), « Economic complexity and the green economy », *Research Policy*, 51 (8),103948. Voir aussi : Andres, P., Mealy, P., Handler, N., Fankhauser, S. (2023), « Stranded nations ? Transition risks and opportunities towards a clean economy », *Environmental Research Letters*, 18, 45004. Arezki, R., Hasanov, F. (2013), « Global imbalances and petrodollars », *The World Economy*, 36 (2), p. 213-232.
28. Aiyar, S., Chen, J., Ebeke, C., Garcia-Saltos, R., Gudmundsso, T., Ilyina, A. *et al.* (2023), « Geoeconomic fragmentation and the future of multilateralism », *IMF Staff Discussion Note*, 2023/001.
29. BIS (2022), *Annual Economic Report*, chapitre 2 : « Inflation : A look under the hood », Bank for International Settlements. Borio, C., Lombardi, M., Yetman, J., Zakrajšek, E. (2023), « The two-regime view of inflation », *BIS Working Paper*, 133.

30. Hockett, R. C., Omarova, S. T. (2016), « Systemically significant prices », *Journal of Financial Regulation*, 2 (1), p. 1-20.
31. Kotz, M., Kuik, F., Lis, E., Nickel, C. (2023), « The impact of global warming on inflation : Averages, seasonality and extremes », *ECB Occasional Paper*, 2821.
32. Bandera, N., Barnes, L., Chavaz, M., Tenreyro, S., von dem Berge, L. (2023), « Monetary policy in the face of supply shocks : The role of inflation expectations », *ECB Forum on Central Banking*, 26-28 juin.
33. Valdecantos, S. (2023), « The green transition dilemma : The impossible (?) quest for prosperity of South American economies », *AFD Research Papers*, 271.
34. IPCC (2022), *Assessment Report 6, Working Group III, Climate Change 2022 : Mitigation of Climate Change*. IPCC (2023), *Assessment Report 6, Synthesis Report. Summary for Policy Makers*, https://report.ipcc.ch/ar6syr/pdf/IPCC_AR6_SYR_SPM.pdf.
35. Way, R., Ives, M. C., Mealy, P., Farmer, J. D. (2022), « Empirically grounded technology forecasts and the energy transition », *Joule*, 6 (9), p. 2057-2082.
36. Egli, F., Steffen, B., Schmidt, T. S. (2018), « A dynamic analysis of financing conditions for renewable energy technologies », *Nature Energy*, 3, p. 1084-1092.
37. Dechezleprêtre, A., Fabre, A., Kruse, T., Planterose, B., Sanchez Chico, A., Stantcheva, S. (2022), « Fighting climate change : International attitudes toward climate policies », *NBER Working Paper*, 30265.
38. Borio, C., Disyatat, P. (2015), « Capital flows and the current account : Taking financing (more) seriously », *BIS Working Paper*, 525.
39. Rey, H. (2015), *Dilemma not Trilemma : The Global Financial Cycle and Monetary Policy Independence. Technical Report*, National Bureau of Economic Research.
40. Nier, E., Saadi Sedik, T., Mondino, T. (2014), « Gross private capital flows to emerging markets : Can the global financial cycle be tamed ? », *IMF Working Papers*, 14/196.
41. Semieniuk, G., Holden, P. B., Mercure, J.-F., Salas, P., Pollitt, H., Jobson, K., Vercoulen, P., Chewpreecha, U., Edwards, N. R., Vinuales, J. E. (2022), « Stranded fossil-fuel assets translate into major losses for investors in advanced economies », *Nature Climate Change*, 12 (6), p. 532-538.
42. Espagne, E. *et al.* (dir.), (2021), *Climate Change in Viet Nam : Impacts and Adaptation. A COP26 Assessment Report of the GEMMES Viet Nam Project*, Agence française de développement. Godin, A., Yilmaz, S. D. (2020), « Modelling small open developing economies in a financialized world : A stock-flow consistent prototype growth model », *AFD Working Paper Series*.
43. Godin, A., Yilmaz, D., Andrade, J., Barbosa, S., Guevara, D., Hernandez, G., Rojas, L. (2023), « Can Colombia cope with a global low carbon transition ? », *AFD Working Paper*, 433.
44. Yilmaz, D., Sawsen, B. N., Mantes, A., Nihed, B. K., Daghari, I. (2023), « Climate change, loss of agricultural output and the macro-economy : The case of Tunisia », *AFD Working Paper*, a452288a-7537-4393-ab52-71b2659984fb.
45. Espagne E. *et al.* (dir.), (2021), *Climate Change in Viet Nam : Impacts and Adaptation. A COP26 Assessment Report of the GEMMES Viet Nam Project*, Agence française de développement.

46. Hallegatte, S., Lipinsky, F., Morales, P., Oura, H., Ranger, N., Gert Jan Regelink, M., Reinders, H. J. (2022), « Bank stress testing of physical risks under climate change macro scenarios : Typhoon risks to the Philippines », *IFM Working Papers*, 163.
47. Gourdel, R., Monasterolo, I., Gallagher, K. P. (2022), « Climate transition spillovers and sovereign risk : Evidence from Indonesia », Task Force on Climate, Development and the IMF.

CHAPITRE 11
Les formes émergentes de la planification écologique

1. Goron, C. (2018), « Ecological civilisation and the political limits of a Chinese concept of sustainability », *China Perspectives*, 2018-4, p. 39-52.
2. Xi Jinping a ainsi pu déclarer que « des eaux vertes et des collines verdoyantes » (*lüshui qingshan* 绿水青山) donneront « des montagnes d'or et d'argent » (*jinshan yinshan* 金山银山), un synonyme de prospérité éternelle.
3. https://globalenergymonitor.org/wp-content/uploads/2023/06/GEM-RTTT-China-2023-report-English.pdf.
4. « "Bazooka" stimulus needed to tempt China investors back », *Financial Times*, 5 octobre 2022.
5. Mastini, R. (2023), « Green New Deal », *in* Haddad, M. B. (dir.), *Dictionary of Ecological Economics*, Edward Elgar Publishing.
6. Mazzucato, M., McPherson, M. (2019), *What the Green Revolution Can Learn from the IT Revolution*, UCL IIPP Policy Brief Series.
7. Voir l'encadré, et aussi : Sharpe, S. (2023), *Five Times Faster*, Cambridge University Press.
8. https://www.whitehouse.gov/briefing-room/speeches-remarks/2023/04/27/remarks-by-national-security-advisor-jake-sullivan-on-renewing-american-economic-leadership-at-the-brookings-institution/.
9. Magacho, G., Espagne, E., Godin, A., Mantes, A., Yilmaz, D. (2023), « Macroeconomic exposure of developing economies to low-carbon transition », *World Development*, 167, 106231.
10. *Ibid.*
11. Lenzen, M., Moran, D., Kanemoto, K., Geschke, A. (2013), « Building EORA : A global multi-regional input-output database at high country and sector resolution », *Economic Systems Research*, 25 (1), p. 20-49.
12. Comprend les intrants directs dans le processus de production et tous les intrants nécessaires pour produire ces intrants (indirects).
13. Magacho, G., Espagne, E., Godin, A. (2023), « Impacts of the CBAM on EU trade partners : Consequences for developing countries », *Climate Policy*, p. 1-17.
14. Espagne, E., Oman, W., Mercure, J.-F., Svartzman, R., Volz, U., Pollitt, H., ..., Campiglio, E. (2023), « Cross-border risks of a global economy in mid-transition », IFM Working Papers, 184.

15. Hausmann, R., Hidalgo, C. A., Bustos, S., Coscia, M., Simoes, A., Yildirim, M. A. (2014), *The Atlas of Economic Complexity : Mapping Paths to Prosperity*, The MIT Press. Hidalgo, C. A., Hausmann, R. (2009), « The building blocks of economic complexity », *Proceedings of the National Academy of Sciences*, 106 (26), p. 10570-10575.
16. Mealy, P., Teytelboym, A. (2020), « Economic complexity and the green economy », *Research Policy*, 103948.
17. Andres, P., Mealy, P., Handler, N., Fankhauser, S. (2023), « Stranded nations ? Transition risks and opportunities towards a clean economy », *Environmental Research Letters*, 18 (4), 045004.
18. Hidalgo, C. A. (2023), « The policy implications of economic complexity », *Research Policy*, 52 (9), 104863.
19. Rosenstein-Rodan, P. N. (1961), « Notes on the theory of the "big push" », *in* Ellis, H. S., *Economic Development for Latin America : Proceedings of a Conference Held by the International Economic Association*, Palgrave Macmillan UK, p. 57-81.
20. Rostow, W. W. (2013), « The stages of economic growth », *in* Sanderson, S. K. (dir.), *Sociological Worlds*, Routledge, p. 130-134.
21. Hirschman, A. O. (1977), « A generalized linkage approach to development, with special reference to staples », *Economic Development and Cultural Change*, 25, p. 67.
22. Prebisch, R. (1962), « The economic development of Latin America and its principal problems », *Economic Bulletin for Latin America*, 7, p. 1-22.
23. Gerschenkron, A. (1963), « The early phases of industrialization in Russia : Afterthoughts and counterthoughts », *in* Rostow, W. W. (dir.), *The Economics of Take-Off into Sustained Growth*, Palgrave Macmillan UK, p. 151-169.

CHAPITRE 12
Un État stratège écologique en France ?

1. Mazzucato, M. (2020), *L'État entrepreneur*, Fayard.
2. Aglietta, M., Espagne, E. (2021), « Le retour de la planification pour l'écologie politique », *L'Économie politique*.
3. Bernard, P. J. (1964), « La planification française », *Annales Économies, sociétés, civilisations*, 19e année, 3, p. 558-568.
4. https://www.strategie.gouv.fr/actualites/quatrieme-plan-de-developpement-economique-social.
5. https://www.strategie.gouv.fr/actualites/cinquieme-plan-de-developpement-economique-social.
6. Andres, P, Mealy, P. (2021), *Green Transition Navigator*, www.green-transition-navigator.org.
7. Hidalgo, C. A., Hausmann, R. (2009), « The building blocks of economic complexity », *Proceedings of the National Academy of Sciences*, 106 (26), p. 10570-10575.

8. Jara-Figueroa, C., Jun, B., Glaeser, E., Hidalgo, C. (2018), « The role of industry-specific, occupation-specific, and location-specific knowledge in the growth and survival of new firms », *Proceedings of the National Academy of Sciences*, 115 (5)0, p. 12646-12653.
9. Rodrik, D. (2016), « Premature deindustrialization », *Journal of Economic Growth*, 21 (1), p. 1-33.
10. Dossier « Verts et Industriels : un alliage à l'allemande », *Le Monde*, 5 juillet 2022.
11. Gala, P., Camargo, J., Magacho, G., Rocha, I. (2018), « Sophisticated jobs matter for economic complexity : An empirical analysis based on input-output matrices and employment data », *Structural Change and Economic Dynamics*, 45, p. 1-8. Hartmann, D., Guevara, M. R., Jara-Figueroa, C., Aristarán, M., Hidalgo, C. A. (2017), « Linking economic complexity, institutions, and income inequality », *World Development*, 93, p. 75-93.
12. Magacho, G., Ribeiro, R., Rocha, I. (2022), « Economic complexity and price competitiveness dependence : Empirical evidence using panel models », *International Journal of Development Issues*, 21 (1), p. 142-158.
13. Storm, S., Nastepaad, C. W. (2015), « Crisis and recovery in the German economy : The real lessons », *Structural Change and Economic Dynamics*, 32, p. 11-24.
14. https://www.strategie.gouv.fr/publications/soutenabilites-orchestrer-planifier-laction-publique.
15. Plihon, D. (2021), « La planification écologique, un impératif », *Politis*, 1590.
16. Berghmans, N., Vallejo, L., Leguet, B., Kerrand, E., Eisl, A., Nguyen, P. V., ..., Timbeau, X. (2021), *Climat : quels investissements pour le prochain quinquennat ?*, IDDRI, I4CE, Institut Jacques Delors, OFCE.
17. Cauvet, M., Perrissin Fabert, B. (2018), *Les Monnaies locales. Vers un développement responsable*, Éditions Rue d'Ulm.
18. https://www.bloomberg.com/opinion/articles/2022-09-04/uranium-risks-becoming-the-next-critical-minerals-crisis?in_source=embedded-checkout-banner.
19. https://www.mining.com/south-america-looks-at-creating-lithium-opec/.
20. https://energycapitalpower.com/ghana-green-minerals-policy-approval/.
21. Garcia-Saltos, T. G., Ilyina, A., Kangur, A., Kunaratskul, T., Rodriguez, S., Ruta, M., Trevino, J. P. (2023), « Geoeconomic fragmentation and the future of multilateralism », *IFM Staff Discussion Note*, SDN/2023/001.
22. Aglietta, M., Bai, G., Macaire, C. (2022), *La Course à la suprématie monétaire mondiale. À l'épreuve de la rivalité sino-américaine*, Odile Jacob.

CONCLUSION GÉNÉRALE
Quel futur du capitalisme au XXIe siècle ?

1. Aglietta, M. (dir.) (2019), *Capitalisme. Le temps des ruptures*, Odile Jacob.
2. Milanovic, B. (2020), *Le Capitalisme sans rival*, Fayard.
3. Aglietta, M., Bai, G. (2012), *China's Development : Capitalism and Empire*, Routledge.

Bibliographie

Acemoglu, D., Aghion, P., Bursztyn, L., Hemous, D. (2012), « The environment and directed technical change », *The American Economic Review*, 102 (1), p. 131-166.

Aglietta, M. (1976), *Régulation et crises du capitalisme. L'expérience des États-Unis*, Calmann-Lévy.

Aglietta, M. (2002), « Whence and whither money ? », *in The Future of Money*, OECD, p. 31-72.

Aglietta, M. (dir.) (2019), *Capitalisme. Le temps des ruptures*, Odile Jacob.

Aglietta, M., Ahmed, P. O., Ponsot, J. F. (2016). *La Monnaie entre dettes et souveraineté*, Odile Jacob.

Aglietta, M., Bai, G. (2012), *China's Development : Capitalism and Empire*, Routledge.

Aglietta, M., Bai, G. (2012), *La Voie chinoise. Capitalisme et empire*, Odile Jacob.

Aglietta, M., Bai, G., Macaire, C. (2022), *La Course à la suprématie monétaire mondiale. À l'épreuve de la rivalité sino-américaine*, Odile Jacob.

Aglietta, M., du Tertre, R. (2022), « Quelle gouvernance d'entreprise pour la transition énergétique et écologique ? », *in* Bensidoun, I., Couppey-Soubeyan, J., *L'Économie mondiale 2023*, La Découverte, p. 55-69.

Aglietta, M., Espagne, E. (2016), « Climate and finance systemic risks : More than an analogy ? The climate fragility hypothesis », *CEPII Working Paper*, 2016-10.

Aglietta, M., Espagne, E. (2018), « Le système monétaire international face aux cycles biogéochimiques », *Annales des Mines. Responsabilité et environnement*, 92 (4), p. 64-68.

Aglietta, M., Espagne, E. (2021), « Le retour de la planification pour l'écologie politique », *L'Économie politique*.

Aglietta, M., Espagne, E., Perrissin-Fabert, B. (2015), « A proposal to finance low carbon investment in Europe », Note d'analyse, France Stratégie.

Aglietta, M., Orléan, A. (1982), *La Violence de la monnaie*, PUF.

Aglietta, M., Orléan, A. (2002), *La Monnaie : entre violence et confiance*, Odile Jacob.

Aglietta, M., Rebérioux, A. (2012), « Financialization and the firm », *in* Dietrich, M., Krafft, J., *Handbook on the Economics and Theory of the Firm*, p. 308-323.

Åhman, M., Nilsson, L. J., Johansson, B. (2017), « Global climate policy and deep decarbonization of energy-intensive industries », *Climate Policy*, 17 (5), p. 634-649.

Aiyar, S., Chen, J., Ebeke, C., Garcia-Saltos, R., Gudmundsso, T., Ilyina, A. *et al.* (2023), « Geoeconomic fragmentation and the future of multilateralism », *IMF Staff Discussion Note*, 2023/001.

Althouse, J. (2022), *Ecological Macroeconomics for a Shared Planet : Towards a Political Ecology of Money, Finance and Production*, thèse de PhD, université Sorbonne-Paris-Nord.

Althouse, J., Svartzman, R. (2022), « Bringing subordinated financialisation down to Earth : The political ecology of finance-dominated capitalism » *Cambridge Journal of Economics*, 46 (4), p. 679-702.

Amable, B. (2003), *The Diversity of Modern Capitalism*, Oxford University Press.

Ament, J. (2019), « Toward an ecological monetary theory », *Sustainability*, 11 (3), p. 923.

Andreau, J. (2007), « Crises financières et monétaires dans l'Antiquité romaine entre le IIIe siècle avant J.-C. et le IIIe siècle après J.-C. », *in* Théret, B. (dir.), *La Monnaie dévoilée par ses crises*, vol. 1 : *Crises monétaires d'hier et d'aujourd'hui*, Éditions de l'EHESS.

Andres, P., Mealy, P. (2021), *Navigating the Green Transition : Insights for the G7*, Grantham Research Institute on Climate Change and the Environment and Centre for Climate Change Economics and Policy, London School of Economics and Political Science.

Andres, P., Mealy, P. (2023), *Green Transition Navigator*, www.green-transition-navigator.org.

Andres, P., Mealy, P., Handler, N., Fankhauser, S. (2023), « Stranded nations ? Transition risks and opportunities towards a clean economy », *Environmental Research Letters*, 18, 45004.

Anievas, A., Nişancıoğlu, K. (2015), *How the West Came to Rule : The Geopolitical Origins of Capitalism*, Pluto Press.

Arezki, R., Hasanov, F. (2013), « Global imbalances and petrodollars », *The World Economy*, 36 (2), p. 213-232.

Aristote, *Éthique à Nicomaque*, IV, 1119b.

Arnoux, M. (2022), *Un monde sans ressources*, Albin Michel.

Arrow, K. J. (2012), *Social Choice and Individual Values*, Yale University Press.

Aso, M. (2018), *Rubber and the Making of Vietnam : An Ecological History, 1897-1975*, UNC Press Books.

Assis, T. O., Aguiar, A. P. D., von Randow, C., Nobre, C. A. (2022), « Projections of future forest degradation and CO_2 emissions for the Brazilian Amazon », *Science Advances*, 8 (24), eabj3309.

Aubin, J.-P., Bayen, A.-M., Saint-Pierre, P. (2011), *Viability Theory : New Directions*, Springer Science and Business Media.

Audier, S. (2017), *La Société écologique et ses ennemis. Pour une histoire alternative de l'émancipation*, La Découverte.

Auvray, T., Dallery, T., Rigot, S. (2016), *L'Entreprise liquidée. La finance contre l'investissement*, Michalon.

Auzanneau, M. (2021), *Or noir. La grande histoire du pétrole*, La Découverte.

Auzanneau, M., Chauvin, H. (2021), *Pétrole, le déclin est proche*, Seuil.

Aykut, S. C., Dahan, A. (2014), *Gouverner le climat ? Vingt ans de négociations internationales*, Les Presses de Sciences Po.

Ayres, R. U., Kneese, A. V. (1969), « Production, consumption, and externalities », *The American Economic Review*, 59 (3), p. 282-297.

Ayres, R., van den Bergh, J. C. J. M., Lindenberger, D., Warr, B. (2013), « The underestimated contribution of energy to economic growth », *Structural Change and Economic Dynamics*, 27, p. 79-88.

Baiser, B., Olden, J. D., Record, S., Lockwood, J. L., McKinney, M. L. (2012), « Pattern and process of biotic homogenization in the New Pangaea », *Proceedings of the Royal Society B : Biological Sciences*, 279 (1748), p. 4772-4777.

Baldwin, R. (2016), *The Great Convergence : Information Technology and the New Globalization*, Harvard University Press.

Balint, T., Lamperti, F., Mandel, A., Napoletano, M., Roventini, A., Sapio, A. (2017), « Complexity and the economics of climate change : A survey and a look forward », *Ecological Economics*, 138, p. 252-265.

Bandera, N., Barnes, L., Chavaz, M., Tenreyro, S., von dem Berge, L. (2023), « Monetary policy in the face of supply shocks : The role of inflation expectations », *ECB Forum on Central Banking*, 26-28 juin.

Banque de France (2022), « Perte de biodiversité et stabilité financière », Billet, 248, 5 janvier.

Bao, Q., Tang, L., Zhang, Z., Wang, S. (2013), « Impacts of border carbon adjustments on China's sectoral emissions : Simulations with a dynamic computable general equilibrium model », *China Economic Review*, 24, p. 77-94.

Barnosky, A. D., Matzke, N., Tomiya, S., Wogan, G. O., Swartz, B., Quental, T. B., ..., Mersey, B. (2011), « Has the Earth's sixth mass extinction already arrived ? », *Nature*, 471 (7336), p. 51-57.

Béchet, B., Le Bissonais, Y., Ruas, A. (coord.) (2017), *Artificialised Land and Artificialisation Processes : Determinants, Impacts, and Potential Responses. Summary of the Collective Scientific Report*, IFSTTAR/INRA.

Belich, J. (2011), *Replenishing the Earth : The Settler Revolution and the Rise of the Angloworld*, Oxford University Press.

Benedikter, S. (2014), *The Vietnamese Hydrocracy and the Mekong Delta : Water Resources Development from State Socialism to Bureaucratic Capitalism*, Lit Verlag.

Berghmans, N., Vallejo, L., Leguet, B., Kerrand, E., Eisl, A., Nguyen, P. V., ..., Timbeau, X. (2021), *Climat : quels investissements pour le prochain quinquennat ?*, IDDRI, I4CE, Institut Jacques Delors, OFCE.

Bernard, P.-J. (1964), « La planification française », *Annales Économies, sociétés, civilisations*, 19e année, 3, p. 558-568.

Berrada, A., Laasmi, M. A. (2021), « Technical-economic and socio-political assessment of hydrogen production from solar energy », *Journal of Energy Storage*, 44 (B), 103448.

Bertrand, G. (1975-1977), « Pour une histoire écologique de la France rurale », *in* Duby, G., Wallon, A. (dir.), *Histoire de la France rurale*, Seuil, vol. 1.

Bihouix, P. (2015), « Les low-tech, emplois de demain », *in* Sinaï, A. (dir.), *Économie de l'après-croissance. Politiques de l'Anthropocène II*, Presses de Sciences Po, p. 197-212.

BIS (2022), *Annual Economic Report*, chapitre 2 : « Inflation : A look under the hood », Bank for International Settlements.

Blanc, J. (2018), *Les Monnaies alternatives*, La Découverte.

Blanc, J. (2018), « Making sense of the plurality of money : A Polanyian attempt », *in* Gómez, G. (dir.), *Monetary Plurality in Local, Regional and Global Economies*, Routledge, p. 48-66.

Bloch, M. (1953), « Mutations monétaires dans l'ancienne France. Première Partie », *Annales. Histoire, sciences sociales*, 8 (2), p. 145-158.

Boer, L., Pescatori, A., Stuermer, M. (2021), « Energy transition metals », *IMF Working Paper*, 2021/43.

Böhringer, C., Fischer, C., Rosendahl, K. E., Rutherford, T. F. (2022), « Potential impacts and challenges of border carbon adjustments », *Nature Climate Change*, 12, p. 22-29.

Bolton, P., Després, M., Pereira da Silva, L., Samama, F., Svartzman, R. (2020), « "Green Swans" : Central banks in the age of climate-related risks », *Banque de France Bulletin*, 229 (8), p. 1-15.

Bonaiuti, M. (2018), « Are we entering the age of involuntary degrowth ? Promethean technologies and declining returns of innovation », *Journal of Cleaner Production*, 197, p. 1800-1809.

Bonneuil, C., Fressoz, J.-B. (2016), *L'Événement Anthropocène. La Terre, l'histoire et nous*, Seuil.

Borio, C. (2014), « The financial cycle and macroeconomics : What have we learnt ? », *Journal of Banking and Finance*, 45, p. 182-198.

Borio, C., Disyatat, P. (2015), « Capital flows and the current account : Taking financing (more) seriously », *BIS Working Paper*, 525.

Borio, C., Lombardi, M., Yetman, J., Zakrajšek, E. (2023), « The two-regime view of inflation », *BIS Working Paper*, 133.

Borras, S., Hall, R., Scoones, I., White, B., Wolford, W. (2011), « Towards a better understanding of global land grabbing : An editorial introduction », *Journal of Peasant Studies*, 38 (2), p. 209-216.

Bouchet, V., Bourcet, E., Cécillon, E., Lavaud, S. (2021), « Economic assessments of services provided by biodiversity », *Trésor-Eco*, 284.

Boulding, K. (1966), « The economics of the coming spaceship earth », *in* Jarrett, H. (dir.), *Environmental Quality in a Growing Economy*, Ressources for the Future/ Johns Hopkins University Press.

Bouleau, N. (2018), Le *Mensonge de la finance. Les mathématiques, le signal-prix et la planète*, Éditions de l'Atelier.

Brandi, C. (2021), *Priorities for a development-friendly eu carbon border adjustment (CBAM). Technical report*, Deutsche Institut für Entwicklungspolitik/German Develpoment Institute, Briefing Paper 20.

Branger, F., Quirion, P. (2014), « Climate policy and the "carbon haven" effect », *Climate Change*, 5 (1), p. 53-71.

Braudel, F. (1985), *La Dynamique du capitalisme*, Arthaud, vol. 19.

Braudel, F. (1986), *Civilization and Capitalism (15th-18th Century)*, vol. 3 : *The Perspective of World*, Harper and Row.

Bredenkamp, H., Pattillo, C. (2010), « Financing the response to climate change », *IMFStaff Position Note* (Washington, DC).

Breman, C., Storm, S. (2023), « Betting on black gold : Oil speculation and US inflation (2020-2022) », *Institute for New Economic Thinking Working Paper*, 208.

Bromley, D. W. (2007), « Environmental regulations and the problem of sustainability : Moving beyond "market failure" », *Ecological Economics*, 63, p. 676-683.

Brown, J. H., Burger, J. R., Burnside, W. R., Chang, M., Davidson, A. D., Fristoe, T. S., Hamilton, M. J., Hammond, S. T., Kodric-Brown, A., Mercado-Silva, N., Nekola, J. C., Okie, J. G. (2014), « Macroecology meets macroeconomics : Resource scarcity and global sustainability », *Ecological Engineering*, 65, p. 24-32.

Brundtland, G. H. (1987), *Our Common Future*, Commission mondiale sur l'environnement et le dévoloppement de l'ONU.

Buffon, G. L. Leclerc de (1987), « La crise sucrière de 1882-1886 à la Guadeloupe », *Outre-Mers. Revue d'histoire*, 74 (276), p. 311-331.

Butler, D. R. (2018), « Man as a geological agent : An account of his actions on inanimate nature, by Robert Lionel Sherlock, 1922 », *Progress in Physical Geography : Earth and Environment*, 42 (4), p. 530-534.

Cahen-Fourot, L. (2020), « Contemporary capitalisms and their social relation to the environment », *Ecological Economics*, 172, 106634.

Campagne, A. (2017), *Le Capitalocène. Aux racines historiques du dérèglement climatique*, Divergences.

Campiglio, E. (2016), « Beyond carbon pricing : The role of banking and monetary policy in financing the transition to a low-carbon economy », *Ecological Economics*, 121, p. 220-230.

Campiglio, E., Dafermos, Y., Monnin, P., Ryan-Collins, J., Schotten, G., Tanaka, M. (2018), « Climate change challenges for central banks and financial regulators », *Nature Climate Change*, 8, p. 462-468.

Campiglio, E., Godin, A., Kemp-Benedict, E. (2017), « Networks of stranded assets : A case for a balance sheet approach », *AFD Research Papers*, 2017-54.

Candiago, N. (2017), *La Dette écologique en droit international public*, thèse, université de La Rochelle.

Carney, M. (2015), « Breaking the tragedy of the horizon : Climate change and financial stability », discours prononcé à la Lloyd's of London, https://www.bankofengland.co.uk/speech/2015/breaking-the-tragedy-of-the-horizon-climate-change-and-financial-stability.

Carrié, J. M. (2000), « Les crises monétaires de l'Empire romain tardif », *in* Théret, B. (dir.), *La Monnaie dévoilée par ses crises*, Éditions de l'EHESS, vol. 1, p. 131-163.

Carson, R. (1962), *Silent Spring*, Penguin Books.

Carter, J. (1979), « Crisis of confidence », discours télévisé le 15 juillet.

Cauvet, M., Perrissin Fabert, B. (2018), *Les Monnaies locales. Vers un développement responsable*, Éditions Rue d'Ulm.

Caye, P. (2015), *Critique de la destruction créatrice. Production et humanisme*, Les Belles Lettres.

Cecchetti, S. G., Kharroubi, E. (2012), « Reassessing the impact of finance on growth », *BIS Working Papers*, 381.

Chakrabarty, D. (2009), « The climate of history : Four theses », *Critical Inquiry*, 35 (2), p. 197-222.

Charbonnier, P. (2015), *La Fin d'un partage. Nature et société, de Durkheim à Descola*, CNRS Éditions.

Charbonnier, P. (2020), *Abondance et liberté. Une histoire environnementale des idées politiques*, La Découverte.

Chen, W., Guo, Q. (2017), « Assessing the effect of carbon tariffs on international trade and emission reduction of China's industrial products under the background of global climate governance », *Sustainability*, 9 (6), 1028.

Chenet, H., Ryan-Collins, J., Van Lerven, F. (2019), « Climate-related financial policy in a world of radical uncertainty : Towards a precautionary approach », *UCL Institute for Innovation and Public Purpose Working Paper*, 13.

Chenet, H., Ryan-Collins, J., Van Lerven, F. (2021), « Finance, climate-change and radical uncertainty : Towards a precautionary approach to financial policy », *Ecological Economics*, 183, 106957.

Chester, L., Paton, J. (2013), « The economic-environment relation : Can post-Keynesians, Régulationists and Polanyians offer insights ? », *European Journal of Economics and Economic Policies Intervention*, 10 (1), p. 106-121.

Chiapello, E., Missemer, A., Pottier, A. (dir.) (2021), *Faire l'économie de l'environnement*, Presses des Mines.

Christophers, B. (2020), *Rentier Capitalism : Who Owns the Economy, and Who Pays for It ?*, Verso Books.

Christophers, B. (2022), « Taking renewables to market : Prospects for the after-subsidy energy transition », *Antipode*, 1-26.

Christophers, B. (2023), *Our Lives in Their Portfolios : Why Asset Managers Own the World*, Verso Books.

Clarence-Smith, W. G. (1985), *The Third Portuguese Empire, 1825-1975 : A Study in Economic Imperialism*, Manchester University Press.

Clark, C. M., Béru, M. A. D. (2013), *Les Somnambules. Été 1914 : comment l'Europe a marché vers la guerre*, Flammarion.

Clastres, P. (1974), *La Société contre l'État*, Éditions de Minuit.

Coalition, C. P. L. (2019), *Report of the High-Level Commission on Carbon Pricing and Competitiveness*.

Coase, R. H. (1960), « The problem of social cost », *in* Gopalakrishnan, C. (dir.), *Classic Papers in Natural Resource Economics*, Palgrave-Macmillan, p. 87-137.

Cogneau, D. (2023). *Un empire bon marché. Histoire et économie politique de la colonisation française, XIXᵉ-XXIᵉ siècle*, Seuil.

Coppet, D. de (1985), « Land owns people », *in* Barnes, R. H., Coppet, D. de, Parkin, J. (dir.), *Contexts and Levels : Anthropological Essays on Hierarchy*, JASO, p. 78-90.

Cordonnier, L. (2010), *L'Économie des Toambapiks. Une fable qui n'a rien d'une fiction*, Raisons d'agir.

Cordonnier, L., Dallery, T., Duwicquet, V., Melmiès, J. (2013), « À la recherche du coût du capital », *La Revue de l'IRES*, 4 (79), p. 111-136.

Coriat, B. (2020), préface *in* Ostrom, E., *Discours de Stockholm en réception du Nobel d'économie 2009*, C&F Éditions.

Coriat, B. (dir.) (2015), *Le Retour des communs. La crise de l'idéologie propriétaire*, Les Liens qui libèrent.

Couppey-Soubeyran, J., Kalinowski, W. (2023), « Quelle finance publique alternative pour réussir la transition ? », *L'Économie politique*, 98 (2), p. 76-86.

Court, V. (2023), *L'Emballement du monde. Énergie et domination dans l'histoire des sociétés humaines*, Écosociété.

Cronon, W. (1991), *Nature's Metropolis : Chicago and the Great West*, W. W. Norton and Co.

Crosby, A. W. (2003), *The Columbian Exchange : Biological and Cultural Consequences of 1492*, Greenwood Publishing Group.

Culas, C. (2019), « Nature and human in Sino-Vietnamese conceptions and practices. Articulations between Asian vernacular "analogism" and Western modern "naturalism" modes of identification », *in* Sankaran, C., Pham, C. P., Kaur, G. (dir.), *Ecologies in Southeast Asian Literatures : Histories, Myths and Societies*, Vernon Press, p. 111-129.

Dafermos, Y., Nikolaidi, M., Galanis, G. (2017), « A stock-flow-fund ecological macroeconomic model », *Ecological Economics*, 131, p. 191-207.

Dafermos, Y., Nikolaidi, M., Galanis, G. (2018), « Climate change, financial stability and monetary policy », *Ecological Economics*, 152, p. 219-234.

Daly, H. E., Farley, J. (2011), *Ecological Economics : Principles and Applications*, Island Press, 2e édition.

Dardot, P., Laval, C. (2014), *Commun. Essai sur la révolution au XXIe siècle*, La Découverte.

Dasgupta, D., Étienne, E., Hourcade, J. C., Minzer, I., Nafo, S., Perissin-Fabert, B., ..., Sirkis, A. (2016), *Did the Paris Agreement Plant the Seeds of a Climate Consistent International Financial Regime ?*, MITP/FEEM.

Dasgupta, D., Hourcade, J. C., Nafo, S. (2019), *A Climate Finance Initiative to Achieve the Paris Agreement and Strenghten Sustainable Development*, Cired.

Dasgupta, P. (2021)., *The Economics of Biodiversity : The Dasgupta Review*, HM Treasury.

Davis, M., Sliwinski, A. (2003), « Génocides tropicaux. Catastrophes naturelles et famines coloniales. Aux origines du sous-développement », *Anthropologica*, 45 (2), p. 307.

De Cecco, M. (2009), « From monopoly to oligopoly », *in* Hellainer, E., Kirshner, J. (dir.), *The Future of the Dollar*, Cornell University Press, p. 116-141.

Dechezleprêtre, A., Fabre, A., Kruse, T., Planterose, B., Sanchez Chico, A., Stantcheva, S. (2022), « Fighting climate change : International attitudes toward climate policies », *NBER Working Paper*, 30265.

Deléage, J.-P. (2010), *Histoire de l'écologie. Une science de l'homme et de la nature*, La Découverte.

Demoule, J.-P., Garcia, D., Schnapp, A. (2018), *Une histoire des civilisations. Comment l'archéologie bouleverse nos connaissances*, La Découverte.

Deneault, A. (2019), *L'Économie de la nature*, Lux Éditeur.

Desan, C. (2017), « The constitutional approach to money », *in* Bandelj, N., Wherry, F. F., Zelizer, V. A. (dir.), *Money Talks : Explaining How Money Really Works*, Princeton University Press, p. 109-130.

Descola, P. (2005), *Par-delà nature et culture*, Gallimard.

Descola, P. (2014), *Les Lances du crépuscule*, Plon.

Disegni, A., Fkir, S., Kheddar, F., Larrieu, L., Robicquet, J.-M. (2020), « Pour une Sécurité sociale et écologique », *Regards*, 2 (58), p. 167-177.

Dittmer, K. (2013), « Local currencies for purposive degrowth ? A quality check of some proposals for changing money-as-usual », *Journal of Cleaner Production*, 54, p. 3-13.

Dosi, G. (1982), « Technological paradigms and technological trajectories : A suggested interpretation of the determinants and directions of technical change », *Research Policy*, 11 (3), p. 147-162.

Dron, D. (2015), « Pour une régulation écosystémique de la finance », Veblen Institute, https://www.veblen-institute.org/IMG/pdf/pour_une_regulation_ecosystemique.pdf.

Dron, D. (2018), « Se doter d'un prix du carbone pour faciliter la transition énergétique ? Certes, mais cela ne suffit pas », *Annales des Mines : Responsabilité et environnement*, 89 (1), p. 59-63.

Dron, D., Espagne, E. (2018), « Les communs environnementaux : gérer autrement la rareté », *Annales des Mines. Responsabilité et environnement*, 92 (4).

Duby, G., Wallon, A. (dir.) (1975-1977), *Histoire de la France rurale*, Seuil.

Dupuy, J.-P. (2009), *Pour un catastrophisme éclairé. Quand l'impossible est certain*, Seuil.

Dupuy, J.-P. (2012), « The precautionary principle and enlightened doomsaying », *Revue de métaphysique et de morale*, 4 (276), p. 577-592.

Dyt, K. (2015), « "Calling for wind and rain" rituals : Environment, emotion, and governance in Nguyen Viet Nam, 1802-1883 », *Journal of Vietnamese Studies*, 10 (2), p. 1-42.

Eggertsson, G. B., Mehrotra, N.-R., Robbins, J. A. (2017), « A model of secular stagnation : Theory and quantitative evaluation », *NBER Working Paper*, w23093.

Egli, F., Steffen, B., Schmidt, T. S. (2018), « A dynamic analysis of financing conditions for renewable energy technologies », *Nature Energy*, 3, p. 1084-1092.

Eicke, L., Weko, S., Apergi, M., Marian, A. (2021), « Pulling up the carbon ladder ? Decarbonization, dependence, and third-country risks from the European carbon border adjustment mechanism », *Energy Research and Social Science*, 80, 102240.

El-Gamal, M. A., Jaffe, A. M. (2009), *Oil, Dollars, Debt, and Crises : The Global Curse of Black Gold*, Cambridge University Press.

Elvin, M. (1998), « Who was responsible for the weather ? Moral meteorology in late imperial China », *Osiris*, 13, p. 213-237.

Energy Transitions Commission (2020), *Keeping 1,5°C Alive : Closing the Gap in the 2020's*, septembre.

Engels, F., Riazanov, D. (1929), *La Guerre des paysans en Allemagne*, Éditions sociales internationales.

Espagne, E. (2014), *Three Economic Essays on Climate Policies in a post-Kyoto World/Trois essais d'économie sur les politiques climatiques dans un monde post-Kyoto*, thèse d'économie de l'environnement, EHESS.

Espagne, E. (2018), « Money, finance and climate : The elusive quest for a truly integrated assessment model », *Comparative Economic Studies*, 60, p. 131-143.

Espagne, E. (2020), « Hiérarchies monétaires et hiérarchies écologiques. Leçons et perspectives de la crise du Covid-19 », Regards croisés sur l'économie, 26 (1), 133-144.

Espagne, E. *et al.* (dir.), (2021), *Climate change in Viet Nam : Impacts and adaptation. A COP26 Assessment Report of the GEMMES Viet Nam Project*, Agence française de développement.

Espagne, E., Godin, A., Svartzman, R. (2023), « Ecological macroeconomics », *in Elgar Encyclopedia of Post-Keynesian Economics*, Edward Elgar Publishing, p. 123-125.

Espagne, E., Lapeyronie, H. (2023), « Energy transition minerals and the SDGs. A systematic review », *Agence française de développement Working Paper*.

Espagne, E., Oman, W., Mercure, J.-F., Svartzman, R., Volz, U., Pollitt, H., ..., Campiglio, E. (2023), « Cross-border risks of a global economy in mid-transition », *IFM Working Papers*, 184.

Espagne, E., Pottier, A., Fabert, B. P., Nadaud, F., Dumas, P. (2018), « SCCs and the use of IAMs : Let's separate the wheat from the chaff », *International Economics*, 155, p. 29-47.

Etemad, B. (2013), « Un bilan économique de la colonisation. Approches, débats, résultats », *in* Singaravélou, P. (dir.), *Les Empires coloniaux*, Seuil, « Points Histoire ».

EU-Commission (2021), « Impact assessment report accompanying the document proposal for a regulation of the European parliament and of the council establishing a carbon border adjustment mechanism », Staff Document SWD/2021/643 final.

Fantacci, L. (2013), « Why banks do what they do. How the monetary system affects banking activity », *Accounting, Economics and Law*, 3 (3), p. 333-356.

Farley, J., Burke, B., Flomenhoft, G., Kelly, B. Murray, D. F., Posner, S., Putnam, M., Scanlan, A., Witham, A. (2013), « Monetary and fiscal policies for a finite planet », *Sustainability*, 5, p. 2802-2826.

Fath, B., Scharler, U., Ulanowicz, R., Hannon, B. (2007), « Ecological network analysis : Network construction », *Ecological Modelling*, 208 (1), p. 49-55.

Favereau, O. (2019), *Rapport sur les modèles de gouvernance d'entreprise*, OIT, novembre 2019.

Federici, S. (2004), *Caliban and the Witch. Women, the Body and Primitive Accumulation*, Autonomedia ; trad. française : Federici, S. (2014), *Caliban et la sorcière. Femmes, corps et accumulation primitive*, Entremonde.

Ferron, C., Morel, R. (2014), « Smart Unconventional MOnetary (SUMO) policies : Giving impetus to green investment », *Climate Report 46* (CDC Climat).

Financial Times, « "Bazooka" stimulus needed to tempt China investors back », 5 octobre 2022.

Fizaine, F., Court, V. (2016), « Energy expenditure, economic growth, and the minimum EROI of society », *Energy Policy*, 95, p. 172-186.

Fontana, G., Sawyer, M. (2016), « Full reserve banking : More "cranks" than "brave heretics" », *Cambridge Journal of Economics*, 40 (5), p. 1333-1350.

Fontana, G., Sawyer, M. (2016), « Towards post-Keynesian ecological macroeconomics », *Ecological Economics*, 121, p. 186-195.

Forstater, M. (1999), « Functional finance and full employment : Lessons from Lerner for today ? », *The Jerome Levy Economics Institute Working Paper*, 272.

Foster, J. B. (1999), « Marx's theory of metabolic rift : Classical foundations for environmental sociology », *American Journal of Sociology*, 105 (2), p. 366-405.

Fourel, C., Magnen, J.-P., Meunier, N. (2015), *D'autres monnaies pour une nouvelle prospérité*, Le Bord de l'eau.

Fressoz, J.-B. (à paraître), *Sans transition. Une nouvelle histoire de l'énergie*, Seuil.

Fressoz, J.-B., Le Roux, T. (2011), « Protecting industry and commodifying the environment : The great transformation of French pollution regulation, 1700-1840 », *in* Massard-Guilbaud, G., Mosley, S. (dir.), *Common Ground : Integrating the Social and Environmental in History*, Cambride Scholars Publishing, p. 340-366.

Fressoz, J.-B., Locher, F. (2020), *Les Révoltes du ciel. Une histoire du changement climatique* XV*e*-XX*e* *siècle*, Seuil.

FSB (Financial Stability Board) (2018), *Global Shadow Banking Monitoring Report 2017*, http://www.fsb.org/wp-content/uploads/P050318-1.pdf.

Fukuyama, F. (1992), *La Fin de l'histoire et le Dernier Homme*, Flammarion.

Fullwiler, S. (2016), « Sustainable finance : Building a more general theory of finance », *in* Lehner, O. M. (dir.), *Routledge Handbook of Social and Sustainable Finance*, Routledge.

Gala, P., Camargo, J., Magacho, G., Rocha, I. (2018), « Sophisticated jobs matter for economic complexity : An empirical analysis based on input-output matrices and employment data », *Structural Change and Economic Dynamics*, 45, p. 1-8.

Galbraith, J. K. (2014), *The End of Normal : The Great Crisis and the Future of Growth*, Simon and Schuster.

Garcia-Saltos, T. G., Ilyina, A., Kangur, A., Kunaratskul, T., Rodriguez, S., Ruta, M., Trevino, J. P. (2023), « Geoeconomic fragmentation and the future of multilateralism », *IFM Staff Discussion Note*, SDN/2023/001.

Geels, F. W. (2002), « Technological transitions as evolutionary reconfiguration processes : A multi-level perspective and a case-study », *Research Policy*, 31 (8-9), p. 1257-1274.

Georgescu-Roegen, N. (1975), « Energy and economic myths », *Southern Economic Journal*, 41 (3), p. 347-381.

Georgescu-Roegen, N. (1986), « The entropy law and the economic process in retrospect », *Eastern Economic Journal*, 12 (1), p. 3-25.

Georgescu-Roegen, N. (2013), *The Entropy Law and the Economic Process*, Harvard University Press.

Gerschenkron, A. (1963), « The early phases of industrialization in Russia : Afterthoughts and counterthoughts », *in* Rostow, W. W. (dir.), *The Economics of Take-Off Into Sustained Growth*, Palgrave Macmillan UK, p. 151-169.

Gesell, S. ([1929] 1958), *The Natural Economic Order*, Peter Owen.

Gipouloux, F. (2022), *Commerce, argent, pouvoir. L'impossible avènement d'un capitalisme en Chine,* XVI*e*-XIX*e* *siècle*, CNRS Éditions.

Giraud, P.-N. (2015), *L'Homme inutile. Une économie politique du populisme*, Odile Jacob.

Godin, A., David, A., Lecuyer, O., Leyronas, S. (2022), « A strong sustainability approach to development trajectories », *European Journal of Economics and Economic Policies Intervention*, 19 (3), p. 381-396.

Godin, A., Yilmaz, D., Andrade, J., Barbosa, S., Guevara, D., Hernandez, G., Rojas, L. (2023), « Can Colombia cope with a global low carbon transition ? », *AFD Working Paper*, 433.

Godin, A., Yilmaz, S. D. (2020), « Modelling small open developing economies in a financialized world : A stock-flow consistent prototype growth model », *AFD Working Paper Series*.

Goerner, S. J., Lietaer, B., Ulanowicz, R. E. (2009), « Quantifying economic sustainability : Implications for free-enterprise theory, policy and practice », *Ecological Economics*, 69 (1), p. 76-81.

Gómez, G. M. (2018), « The monetary system as an evolutionary construct », *in* Gómez, G.M. (dir.), *Monetary Plurality in Local, Regional and Global Economies*, Routledge, p. 1-17.

Gonjo, Y. (2018), *Banque coloniale ou banque d'affaires. La Banque de l'Indochine sous la IIIe République*, Institut de la gestion publique et du développement économique.

Goron, C. (2018), « Ecological civilisation and the political limits of a Chinese concept of sustainability », *China Perspectives*, 2018-4, p. 39-52.

Gourdel, R., Monasterolo, I., Gallagher, K. P. (2022), « Climate transition spillovers and sovereign risk : Evidence from Indonesia », Task Force on Climate, Development and the IMF.

Gowdy, J., Erickson, J. D. (2005), « The approach of ecological economics », *Cambridge Journal of Economics*, 29 (2), p. 207-222.

Graeber, D. (2012), *Debt. The First 5000 Years*, Melville House Publishing.

Graeber, D., Wengrow, D. (2021), *The Dawn of Averything : A New History of Humanity*, Penguin UK.

Grandjean, A., Dufrêne, N. (2020), *Une monnaie écologique*, Odile Jacob.

Grandjean, A., Martini, M. (2016), *Finance, la transition énergétique. Carbone, climat et argent*, Éditions de l'Atelier.

Grubert, E., Hastings-Simon, S. (2022), « Designing the mid-transition : A review of medium-term challenges for coordinated decarbonization in the United States », *WIREs Climate Change* : 13 (3), e768.

Guivarch, C., Taconet, N. (2020), « Inégalités mondiales et changement climatique », *Revue de l'OFCE*, 165 (1), p. 35-70.

Haas, R., Watson, J., Buonasera, T., Southon, J., Chen, J. C., Noe, S., ..., Parker, G. (2020), « Female hunters of the early Americas », *Science Advances*, 6 (45), eabd0310.

Haeckel, E. (1877), *Anthropogenie, oder : Entwicklungsgeschichte des Menschen : gemeinverständliche wissenschaftliche Vorträge über die Grundzüge der menschlichen Keimes-und Stammes-Geschichte*, Engelmann.

Hail, S. (2018), *Economics for Sustainable Prosperity*, Palgrave-Macmillan.

Hall, C. A., Lambert, J. G., Balogh, S. B. (2014), « EROI of different fuels and the implications for society », *Energy Policy*, 64, p. 141-152.

Hallegatte, S., Lipinsky, F., Morales, P., Oura, H., Ranger, N., Gert Jan Regelink, M., Reinders, H. J. (2022), « Bank stress testing of physical risks under climate change macro scenarios : Typhoon risks to the Philippines », *IFM Working Papers*, 163.

Hank, C., Sternberg, A., Köppel, N., Holst, M., Smolinka, T., Schaadt, A., Hebling, C., Henning, H.-M. (2020), « Energy efficiency and economic assessment of imported energy carriers based on renewable electricity », *Sustainable Energy and Fuels*, 4 (5), p. 2256-2273.

Hardin, G. (1968), « The tragedy of the commons : The population problem has no technical solution ; it requires a fundamental extension in morality », *Science*, 162 (3859), p. 1243-1248.

Hardt, L., O'Neill, D. (2017), « Ecological macroeconomics models : Assessing current developments », *Ecological Economics*, 134, p. 198-211.

Harper, K., Pignarre, P. (2021), *Comment l'Empire romain s'est effondré. Le climat, les maladies et la chute de Rome*, La Découverte.

Harribey, J. M., Jeffers, E., Marie, J., Plihon, D., Ponsot, J.-F. (2018), *La Monnaie, un enjeu politique*, Seuil.

Hartmann, D., Guevara, M. R., Jara-Figueroa, C., Aristarán, M., Hidalgo, C. A. (2017), « Linking economic complexity, institutions, and income inequality », World Development, 93, p. 75-93.

Hartwick, J. M. (1977), « Intergenerational equity and the investing of rents from exhaustible resources », *The American Economic Review*, 67 (5), p. 972-974.

Hausmann, R., Hidalgo, C. A., Bustos, S., Coscia, M., Simoes, A., Yildirim, M. A. (2014), *The Atlas of Economic Complexity : Mapping Paths to Prosperity*, The MIT Press.

Hecht, G. (2016), *Uranium africain. Une histoire globale*, Seuil.

Hecht, J., Théré, C., Bae, Z., Cartelier, J., Clerc, D. (1994), « Tricentenaire de la naissance de François Quesnay (1694-1774). Colloque international, Versailles, 1-4 juin 1994 », *Population*, 4-5, p. 1079-1098.

Herrera, A. O., Scolnik, H. D., Chichilnisky, G., Gallopin, G. C., Hardoy, J. E. (1976), *Catastrophe or New Society ? A Latin American World Model*, IDRC.

Hidalgo, C. A. (2023), « The policy implications of economic complexity », *Research Policy*, 52 (9), 104863.

Hidalgo, C. A., Hausmann, R. (2009), « The building blocks of economic complexity », *Proceedings of the National Academy of Sciences*, 106 (26), p. 10570-10575.

Hilferding, R. (1923), *Das Finanzkapital*, Verlag der Wiener Volksbuchhandlung.

Hirschman, A. O. (1977), « A generalized linkage approach to development, with special reference to staples », *Economic Development and Cultural Change*, 25, p. 67.

Hirschman, A. O. (1991), *The Rhetoric of Reaction*, Harvard University Press.

Hobbes, T. ([1651] 1996), *Leviathan*, édité par R. Tuck, Cambridge University Press.

Hobsbawm, E. (2010), *Age of Empire : 1875-1914*, Hachette UK.

Hobsbawm, E. J., Cumming, M. (1995), *Age of Extremes : The Short Twentieth Century, 1914-1991*, Abacus.

Hockett, R. C., Omarova, S. T. (2016), « Systemically significant prices », *Journal of Financial Regulation*, 2 (1), p. 1-20.

Hogendorn, J., Johnson, M. (2003), *The Shell Money of the Slave Trade*, Cambridge University Press.

Holt, R. P. F., Pressman, S., Spash, C.L. (dir.) (2009), *Post Keynesian and Ecological Economics*, Edward Elgar Publishing.

Hornborg, A. (2010), « Toward a truly global environmental history : A review article », *Review* (Fernand Braudel Center), p. 295-323.

Hornborg, A. (2013), « The fossil interlude : Euro-American power and the return of the physiocrats », *in* Strauss, S., Rupp, S., Love, T. (dir.), *Cultures of Energy : Power, Practices, Technologies*, p. 41-59.

Hornborg, A. (2014), « Ecological economics, marxism, and technological progress : Some explorations of the conceptual foundations of theories of ecologically unequal exchange », *Ecological Economics*, 105, p. 11-18.

Hornborg, A. (2016), *Global Magic : Technologies of Appropriation from Ancient Rome to Wall Street*, Palgrave-Macmillan.

Huber, M. (2013), « Fueling capitalism : Oil, the regulation approach, and the ecology of capital », *Economic Geography*, 89 (2), p. 171-194.

Huber, M. (2013), *Lifeblood : Oil, Freedom, and the Forces of Capital*, University of Minnesota Press.

Hudson, M., Bezemer, D. (2012), « Incorporating the rentier sectors into a financial model », *World Economic Review*, 1, p. 1-12.

IEA (2021), *The Role of Critical Minerals in Clean Energy Transitions. World Energy Outlook Special Report*, International Energy Agency, https://www.iea.org/reports/the-role-of-critical-minerals-in-clean-energy-transitions.

IEA (2022), *Climate Resilience for Energy Security*, International Energy Agency.

IEA (2022), *World Energy Outlook 2022*, International Energy Agency.

IEA (2023), *World Energy Investment 2023*, International Energy Agency.

Illich, I., Lang, A. (1973), *Tools for Conviviality*, Harper and Row.

IPBES Secretary, *Contrasting Approaches to Value and Valuation*, 2021.

IPCC (2018), *Final Reports from Review Editors*, https://www.ipcc.ch/site/assets/uploads/sites/2/2019/06/SR15_Final_RE_Reports_All.pdf.

IPCC Report (2021), *Scaling up Finance in the Context of Covid-19*, executive summary for policy makers.

IPCC (2022), *6th Assessment Report AR6 Working Group III (WGIII), Climate Change 2022, Mitigation of Climate Change*.

IPCC (2022), *Assessment Report 6, Working Group III, Climate Change 2022 : Mitigation of Climate Change*. IPCC (2023), *Assessment Report 6, Synthesis Report. Summary for Policy Makers*, https://report.ipcc.ch/ar6syr/pdf/IPCC_AR6_SYR_SPM.pdf.

IRENA (2022), *Geopolitics of the Energy Transformation. The Hydrogen Factor*, International Renewable Energy Agency.

Jackson, T. (2017), *Prosperity Without Growth*, Routledge, 2e édition.

Jackson, T., Molho, N. (2018), « Which financial architecture can protect financial commons ? », *Annales des Mines. Responsabilité et environnement*, 92 (4), p. 69-73.

Jackson, T., Victor, P. A. (2015), « Towards an ecological macroeconomics », *in* Brown, P. G., Timmerman, P. (dir.), *Ecological Economics for the Anthropocene*, Columbia University Press, p. 237-259.

Jakab, Z., Kumhof, M. (2015), « Banks are not intermediaries of loanable funds – and why this matters », *IMF Working Papers*.

Jara-Figueroa, C., Jun, B., Glaeser, E., Hidalgo, C. (2018), « The role of industry-specific, occupation-specific, and location-specific knowledge in the growth and survival of new firms », *Proceedings of the National Academy of Sciences*, 115 (50), p. 12646-12653.

Jarrige, F., Le Roux, T. (2017), *La Contamination du monde. Une histoire des pollutions à l'âge industriel*, Seuil.

Jarrige, F., Vrignon, A. (2020), *Face à la puissance. Une histoire des énergies alternatives à l'âge industriel*, La Découverte.

Jevons, W. S. (1866), *The Coal Question ; An Inquiry Concerning the Progress of the Nation and the Probable Exhaustion of Our Coal-Mines*, Macmillan.

Jonsson, F. A. (2020), « The coal question before Jevons », *The Historical Journal*, 63 (1), p. 107-126.

Josephson, P., Dronin, N., Mnatsakanian, R., Cherp, A., Efremenko, D., Larin, V. (2013), *An Environmental History of Russia*, Cambridge University Press.

Kallis, G., Kerschner, C., Martinez-Alier, J. (dir.) (2012), « The economics of degrowth », *Ecological Economics*, 84.

Kallis, G., Sager, J. (2017), « Oil and the economy : A systematic review of the literature for ecological economists », *Ecological Economics*, 131, p. 561-571.

Kaplan, S. L. (2017), *Raisonner sur les blés. Essais sur les Lumières économiques*, Fayard.

Kapp, K. W. (1969), « On the nature and significance of social costs », *Kyklos*, 22 (2), p. 334-347.

Kapp, K. W. (1970), « Environmental disruption and social costs : A challenge to economics », *Kyklos*, 23 (4), p. 833-848.

Keen, S. (2017), *Can We Avoid Another Financial Crisis ?*, Polity.

Keyne, J. M. (1913), *Indian Currency and Finance*, Macmillan.

Keynes, J. M. ([1919] 2017), *The Economic Consequences of the Peace*, Routledge.

Keynes, J. M. (1930), *A Treatise on Money*, Macmillan.

Keynes, J. M., ([1936] 2013), *The General Theory of Employment, Interest and Money*, Cambridge University Press.

Koch, A., Brierley, C., Maslin, M. M., Lewis, S. L. (2019), « Earth system impacts of the European arrival and Great Dying in the Americas after 1492 », *Quaternary Science Reviews*, 207, p. 13-36.

Kolinjivadi, V., Van Hecken, G., Rodriguez de Francisco, J. C., Pelenc, J., Kosoy, N. (2017), « As a lock to a key ? Why science is more than just an instrument to pay for nature's services », *Current Opinion in Environmental Sustainability*, 26-27, p. 1-6.

Kondratiev, N. D. (1979), « The long waves in economic life », *Review* (Fernand Braudel Center), 2 (4), 519-562.

Kotz, M., Kuik, F., Lis, E., Nickel, C. (2023), « The impact of global warming on inflation : Averages, seasonality and extremes », *ECB Occasional Paper*, 2821.

Krogstrup, S., Oman, W. (2019), « Macroeconomic and financial policies for climate change mitigation : A review of the literature », *IMF Working Papers*, 19/185.

Kronenberg, T, (2010), « Finding common ground between ecological economics and post-Keynesian economics », *Ecological Economics*, 69 (7), p. 1488-1494.

Krüger, T. (2017), « Conflicts over carbon capture and storage in international climate governance », *Energy Policy*, 100, p. 58-67.

Kuznets, S. (1934), *National Income 1929-1932. A Report to the US Senate. In 73rd Congress, 2nd Session*, US Government Printing Office.

Labbé, T. (2017), *Les Catastrophes naturelles au Moyen Âge*, CNRS Éditions.

Lam, A, Mercure, J.-F. (2022), « Evidence for a global electric vehicle tipping point », *GSI Working Paper Series*, 2022/01.

Lanata, X. (2013), « L'agroécologie : noyau dur d'une alternative au capitalisme », *Projet*, 332 (1), p. 63-70.

Lapavitsas, C. (2013), « The financialization of capitalism : "Profiting without producing" », *City*, 17 (6), p. 792-805.

Latouche, S. (2006), *Le Pari de la décroissance*, Fayard.

Latouche, S. (2016), *Les Précurseurs de la décroissance. Une anthologie*, Le Passager clandestin.

Latour, B., Schultz, N. (2022), *Mémo sur la nouvelle classe écologique. Comment faire émerger une classe écologique consciente et fière d'elle-même*, Les Empêcheurs de penser rond.

Laurent, E. (2019), *Sortir de la croissance. Mode d'emploi*, Les Liens qui libèrent.

Laurent, E. (2020), *Et si la santé guidait le monde ? L'espérance de vie vaut mieux que la croissance*, Les Liens qui libèrent.

Lawn, P. (2010), « Facilitating the transition to a steady-state economy : Some macroeconomic fundamentals », *Ecological Economics*, 69, p. 931-936.

Le Goff, J. (1956), *Marchands et banquiers du Moyen Âge*, PUF.

Le Monde, « Verts et industriels : un alliage à l'allemande », 5 juillet 2022.

Le Roy Ladurie, E. (1967), *Histoire du climat depuis l'an mil*, Flammarion.

Le Roy Ladurie, E. (1985), *Montaillou, village occitan de 1294 à 1324*, Gallimard.

Le Roy, E. (2016), « La dette infinie : représentations africaines, solidarité écologique et développement durable », *VertigO, la revue électronique en sciences de l'environnement*, hors-série 26.

Lénine, V. I. (1927), *Imperialism*, Vanguard Press.

Lenzen, M., Moran, D., Kanemoto, K., Geschke, A. (2013), « Building EORA : A global multi-regional input-output database at high country and sector resolution », *Economic Systems Research*, 25 (1), p. 20-49.

Lévi-Strauss, C. (1955), « The structural study of myth », *The Journal of American Folklore*, 68 (270), p. 428-444.

Levrel, H., Missemer, A. (2019), « La mise en économie de la nature, contrepoints historiques et contemporains », *Revue économique*, 70 (1), p. 97-122.

Lévy, J. C. (2009), *Économie circulaire : l'urgence écologique : monde en transe. Chine en transit*, Presses de l'École nationale des ponts et chaussées.

Lévy, J. C., Rasoloniaina, F. L. (2019), *Économie circulaire des routes de la soie, déroute des empires*, Presses des Ponts.

Lewis, S. L., Maslin, M. A. (2015), « Defining the anthropocene », *Nature*, 519 (7542), p. 171-180.

Leyronas, S., Coriat, B., Nubukpo, K. (2023), *The Commons : Drivers of Change and Opportunities for Africa*, AFD/Banque mondiale, Africa Development Forum Series.

Lietaer, B. (2013), *Au cœur de la monnaie*, Yves Michel.

Lietaer, B., Arnsperger, C., Goerner, S., Brunnhuber, S. (2012), *Money and Sustainability. The Missing Link*, Triarchy Press.

Lim, B., Hong, K., Yoon, J., Chang, J.-I., Cheong, I. (2021), « Pitfalls of the EU's carbon border adjustment mechanism », *Energies*, 14 (21), 7303.

Locher, F. (2013), « Les pâturages de la guerre froide : Garrett Hardin et la "tragédie des communs" », *Revue d'histoire moderne et contemporaine*, 1 (60), p. 7-36.

Loehr, D. (2012), « The euthanasia of the rentier : A way toward a steady-state economy ? », *Ecological Economics*, 84, p. 232-239.

Lucas, R. E. Jr (1976), « Econometric policy evaluation : A critique », *Carnegie-Rochester Conference Series on Public Policy*, 1, p. 19-46.

Luxemburg, R. (2020), *L'Accumulation du capital. Contribution à l'explication économique de l'impérialisme*, Agone.

Maddison, A. (2007), *Contours of the World Economy, 1-2030 AD : Essays in Macro-Economic History*, Oxford University Press.

Magacho, G., Espagne, E., Godin, A. (2023), « Impacts of the CBAM on EU trade partners : Consequences for developing countries », *Climate Policy*, 1-17.

Magacho, G., Espagne, E., Godin, A., Mantes, A., Yilmaz, D. (2023), « Macroeconomic exposure of developing economies to lowcarbon transition », *World Development*, 167, 106231.

Magacho, G., Ribeiro, R., Rocha, I. (2022), « Economic complexity and price competitiveness dependence : Empirical evidence using panel models », *International Journal of Development Issues*, 21 (1), p. 142-158.

Magalhães, N., Fressoz, J.-B., Jarrige, F., Le Roux, T., Levillain, G., Lyautey, M., ..., Bonneuil, C. (2019), « The physical economy of France (1830-2015). The history of a parasite ? », *Ecological Economics*, 157, p. 291-300.

Malamoud, C. (1988), *Lien de vie, nœud mortel. Les représentations de la dette en Chine, au Japon et dans le monde indien*, Éditions de l'EHESS.

Malm, A. (2012), « China as chimney of the world : The fossil capital hypothesis », *Organization and Environment*, 25 (2), p. 146-177.

Malm, A. (2013), « The origins of fossil capital : From water to steam in the British cotton industry », *Historical Materialism*, 21 (1), p. 15-68.

Malm, A. (2016), *Fossil Capital : The Rise of Steam Power and the Roots of Global Warming*, Verso Books.

Malm, A. (2018), *L'Anthropocène contre l'histoire. Le réchauffement climatique à l'ère du capital*, La Fabrique Éditions.

Malm, A. (2018), *The Progress of This Storm : Nature and Society in a Warming World*, Verso Books.

Malm, A. (2021), *White Skin, Black Fuel : On the Danger of Fossil Fascism*, Verso Books.

Malm, A., Hornborg, A. (2014), « The geology of mankind ? A critique of the Anthropocene narrative », *The Anthropocene Review*, 1(1), p. 62-69.

Mandel, E. (1995), *Long Waves of Capitalist Development : A Marxist Interpretation*, Verso Books.

Marcuse, H. (1969), *L'Homme unidimensionnel*, Éditions de Minuit.

Marseille, J. (2015), *Empire colonial et capitalisme français. Histoire d'un divorce*, Albin Michel.

Martinez-Alier, J. (2003), *The Environmentalism of the Poor : A Study of Ecological Conflicts and Valuation*, Edward Elgar Publishing.

Marx, K. ([1867] 2014), *Le Capital*, PUF.

Mastini, R. (2023), « Green New Deal », *in* Haddad, M. B. (dir.), *Dictionary of Ecological Economics*, Edward Elgar Publishing.

Mauduit, L. (2022), « Haïti : l'histoire sombre des banques coloniales françaises ressurgit », 9 juin, https://www.mediapart.fr/journal/economie/090622/haiti-l-histoire-sombre-des-banques-coloniales-francaises-ressurgit.

Mauss, M., Beuchat, H. (1904-1905), « Essai sur les variations saisonnières des sociétés eskimos : étude de morphologie sociale », *L'Année sociologique*, 9, p. 39-132.

Mauss, M., Hubert, H. (1897), *Essai sur la nature et la fonction du sacrifice*, PUF.

Mazzucato, M. (2011), *The Entrepreneurial State*, Demos ; trad. (2020), *L'État entrepreneur*, Fayard.

Mazzucato, M., McPherson, M. (2019), *What the Green Revolution Can Learn from the IT Revolution*, UCL IIPP Policy Brief Series.

McLeay, M., Radia, A., Thomas, R. (2014), « Money creation in the modern economy », *Bank of England Quarterly Bulletin*, 54 (1), p. 14-27.

McMichael, P. (2009), « A food regime genealogy », *The Journal of Peasant Studies*, 36 (1), p. 139-169.

McNeill, J. R. (2010), *Du nouveau sous le soleil. Une histoire de l'environnement mondial au xx*e *siècle*, Champ Vallon.

Meadows, D. H., Meadows, D. L., Randers, J., Behrens III, W. W., Le Club de Rome (1972), *The Limits to Growth*, Potomac Associates/Universe Books.

Mealy, P., Teytelboym, A. (2020), « Economic complexity and the green economy », *Research Policy*, 51 (8),103948.

Méda, D. (1999), *Qu'est-ce que la richesse ?*, Aubier.

Mellor, M. (2015), *Debt or Democracy : Public Money for Sustainability and Social Justice*, Pluto Press.

Mercure, J.-F. (2012), « FTT : Power : A global model of the power sector with induced technological change and natural resource depletion », *Energy Policy*, 48, p. 799-811.

Mercure, J.-F., Salas, P. (2012), « An assessment of global energy resource economic potentials », *Energy*, 46 (1), p. 322-336.

Mercure, J.-F., Salas, P., Vercoulen, P., Semieniuk, G., Lam, A., Pollitt, H., Holden, P. B., Vakilifard, N., Chewpreecha, U., Edwards, N. R., Vinuales, J. E. (2021), « Reframing incentives for climate policy action », *Nature Energy*, 6, p. 1133-1143.

Milanovic, B. (2020), *Le Capitalisme sans rival*, Fayard.

Mill, J. S. (1848), « Of the stationary State », *in Principles of Political Economy*, livre IV : « Influence of the progress of society on production and distribution », John W. Parker.

Miller, H., Dikau, S., Svartzman, R., Dees, S. (2023), « The stumbling block in "the race of our lives" : Transition-critical minerals, financial risks and the NGFS climate scenarios », *Centre for Climate Change Economics and Policy Working Paper*, 417, *Grantham Institute on Climate Change and the Environment Working Paper*, 393.

Minsky, H. (1986), *Stabilizing an Unstable Economy*, Yale University Press.

Mishan, E. J. (1967), *The Costs of Economic Growth*, Staples Press, p. 112.

Missemer, A. (2012), « William Stanley Jevons' *The Coal Question* (1865), beyond the rebound effect », *Ecological Economics*, 82, p. 97-103.

Mitchell, T. (2009), « Carbon democracy », *Economy and Society*, 38 (3), p. 399-432.

Mitchell, T. (2011), *Carbon Democracy : Political Power in the Age of Oil*, Verso Books.

Monnet, E. (2014), « Monetary policy without interest rates : Evidence from France's Golden Age (1948 to 1973) using a narrative approach », *American Economic Journal : Macroeconomics*, 6 (4), p. 137-169.

Monnet, E. (2021), *La Banque providence. Démocratiser les banques centrales et la monnaie*, Seuil.

Moore, J. W. (2015), *Capitalism in the Web of Life : Ecology and the Accumulation of Capital*, Verso Books.

Moore, J. W. (2017), « The Capitalocene. Part I : On the nature and origins of our ecological crisis », *The Journal of Peasant Studies*, 44 (3), p. 594-630.

Moore, J. W. (2018), « The Capitalocene. Part II : Accumulation by appropriation and the centrality of unpaid work/energy », *The Journal of Peasant Studies*, 45 (2), p. 237-279.

Moretti, F. (2015), *Bankspeak : The Language of World Bank Reports, 1946-2012*, Literary Lab.

Mouthon, F. (2017), *Le Sourire de Prométhée. L'homme et la nature au Moyen Âge*, La Découverte.

Mumford, L. (2010), *Technics and Civilization*, University of Chicago Press.

Muradian, R., Rival, L. (2012), « Between markets and hierarchies : The challenge of governing ecosystem services », *Ecosystem Services*, 1, p. 93-100.

Murphy, D. J., Hall, C. A. (2010), « Year in review : EROI or energy return on (energy) invested », *Annals of the New York Academy of Sciences*, 1185 (1), 102-118.

NGFS, INSPIRE Study Group (2021), « Biodiversity and financial stability », *NGFS Occasional Paper*.

Nguyễn, H. K. (1985), *Đê Hồng Đức và công cuộc khẩn hoang vùng ven biển Nam sông Hồng thời Lê Sơ*.

Nier, E., Saadi Sedik, T., Mondino, T. (2014), « Gross private capital flows to emerging markets : Can the global financial cycle be tamed ? », *IMF Working Papers*, 14/196.

Nijsse, F., Mercure, J.-F., Ameli, N., Larosa, F., Kothari, S., Rickman, J., Vercoulen, P., Pollitt, H. (2023), « Is a solar future inevitable ? », *Nature Communications*.

Nikiforos, M., Zezza, G. (2018), « Stock-flow consistent macroeconomic models : A survey », *in* Veneziani, R., Zamparelli, L. (dir.), *Analytical Political Economy*, Wiley-Blackwell, p. 63-102.

Nordhaus, W. D. (2018), « Evolution of modeling of the economics of global warming : Changes in the DICE model, 1992-2017 », *Climatic Change*, 148 (4), p. 623-640.

Nordhaus, W. D. (1973), « World dynamics : Measurement without data », *The Economic Journal*, 83 (332), p. 1156-1183.

Nordhaus, W. D. (2017), « Revisiting the social cost of carbon », *Proceedings of the National Academy of Sciences*, 114 (7), p. 1518-1523.

Odum, H. T. (1973), « Energy, ecology, and economics », *Ambio*, 2, p. 220-227.

Ongena, S., de Greiff, K., Delis, M., Beyene, W. (2021), « Too big to strand ? Bond versus bank financing in the transition to a low-carbon economy », *VoXEU*, 4 décembre.

Orléan, A. (2015), *L'Empire de la valeur*, Seuil.

Ortiz, R. J. (2016), « Agro-industrialization, petrodollar illusions and the transformation of the capitalist world economy in the 1970s : The Latin American experience », *Critical Sociology*, 42 (4-5), p. 599-621.

Ostrom, E. (2009), « A polycentric approach for coping with climate change. Background paper to the 2010 world development report », *Policy Research Working Paper*, 5095.

Ostrom, E. (2009), « Au-delà du marché et des États. La gouvernance polycentrique des systèmes économiques complexes », discours de Stockholm en réception du Nobel d'économie 2009, 8 décembre.

Ostrom, E. (2010), « Beyond markets and States : Polycentric governance of complex economic systems », *American Economic Review*, 100, p. 641-672.

Ostrom, E., *Discours de Stockholm en réception du Nobel d'économie 2009*, C&F Éditions.

Otto, F. E. L., Frame, D. J., Otto, A., Allen, M. R. (2015), « Embracing uncertainty in climate change policy », *Nature Climate Change*, 5, p. 917-920.

Ould Ahmed, P., Ponsot, J.-F. (2015), « Contestations monétaires : une économie politique de la monnaie », *Revue de la régulation*, 18 (en ligne).

Paavola, J. (2007), « Institutions and environmental governance : A reconceptualization », *Ecological Economics*, 63 (1), p. 93-103.

Papin, P. (2001), *Histoire de Hanoï*, Fayard.

Parenti, C. (2016), « Environment in the Capitalocène. Political ecology of the State », *in* Moore, J. W. (dir.), *Anthropocène or Capitalocène ? Nature, History and the Crisis of Capitalism*, PM Press.

Park, S., Vetterlein, A. (dir.) (2010), *Owning Development : Creating Policy Norms in the IMF and the World Bank*, Cambridge University Press.

Parker, G. (2008), « The global crisis of the seventeenth century reconsidered », *The American Historical Review*, 113 (4), p. 1053-1079.

Parrique, T. (2022), *Ralentir ou périr. L'économie de la décroissance*, Seuil.

Parrique, T., Barth, J., Briens, F., Kerschner, C., Kraus-Polk, A., Kuokkanen, A., Spangenberg, J. H. (2019), *Decoupling Debunked. Evidence and Arguments Against Green Growth as a Sole Strategy for Sustainability*, European Environment Bureau (EEB).

Parrique, T., Barth, J., Briens, F., Kuokkanen, A., Spangenberg, J. H. (2019), *Evidence and Arguments Against Green Growth as a Sole Strategy for Sustainability*, European Environmental Bureau (EEB).

Parry, J., Bloch, M. (dir.) (1989), *Money and the Morality of Exchange*, Cambridge University Press.

Patnaik, U., Patnaik, P. (2016), *A Theory of Imperialism*, Columbia University Press.

Perrissin Fabert, B., Pottier, A., Espagne, E., Dumas, P., Nadaud, F. (2014), « Why are climate policies of the present decade so crucial for keeping the 2 C target credible ? », *Climatic Change*, 126, p. 337-349.

Persson, L., Carney Almroth, B. M., Collins, C. D., Cornell, S., De Wit, C. A., Diamond, M. L., ..., Hauschild, M. Z. (2022), « Outside the safe operating space of the planetary boundary for novel entities », *Environmental Science and Technology*, 56 (3), p. 1510-1521.

Pessis, C., Topçu, S., Bonneuil, C. (2013), *Une autre histoire des « Trente Glorieuses ». Modernisation, contestations et pollutions dans la France d'après-guerre*, La Découverte.

Pettifor, A. (2017), *The Production of Money : How to Break the Power of Bankers*, Verso Books.

Pfeiffer, A., Hepburn, C., Vogt-Schilb, A., Caldecott, B. (2018), « Committed emissions from existing and planned power plants and asset stranding required to meet the Paris Agreement », *Environmental Research Letters*, 13 (5), 054019.

Phung, H. M. (2017), *Land and Water : A History of Fifteenth-Century Vietnam from an Environmental Perspective*, University of Hawai'i at Manoa.

Pigou, A. C. (1920), *The Economics of Welfare*, Macmillan.

Piketty, T. (2013), *Le Capital au XXIe siècle*, Seuil.

Piketty, T. (2014), *Capital in the Twenty-First Century*, Harvard University Press.

Pindyck, R. S. (2013), « Climate change policy : What do the models tell us ? », *Journal of Economic Literature*, 51 (3), p. 860-872.

Pitron, G. (2018), *La Guerre des métaux rares. La face cachée de la transition énergétique et numérique*, Les Liens qui libèrent.

Plihon, D. (2021), « La planification écologique, un impératif », *Politis*, 1590.

Plihon, D., Rigot, S. (2018), « Pourquoi manque-t-on d'investisseurs à long terme ? », *Revue d'économie financière*, 130 (2), p. 113-128.

Polanyi, K. ([1944] 1983), *La Grande Transformation. Aux origines politiques et économiques de notre temps*, Gallimard.

Pomeranz, K. (2000), *The Great Divergence : China, Europe, and the Making of the Modern World Economy*, Princeton University Press ; trad. (2021), *Une grande divergence. La Chine l'Europe et la construction de l'économie mondiale*, Albin Michel.

Ponsot, J.-F. (2015), « Les spécificités des régimes monétaires coloniaux », Informations et commentaires, https://informationsetcommentaires.com/2005/12/01/les-specificites-des-regimes-monetaires-coloniaux/.

Pottier, A. (2014), « Comment la poursuite de l'abondance annihile la culture », *Cahiers d'economie politique*, 66 (1), p. 7-33.

Pottier, A. (2016), *Comment les économistes réchauffent la planète*, Seuil.

Pottier, A. (2017), *Le capitalisme est-il compatible avec les limites écologiques ?*, Institut Veblen.

Pottier, A. (2018), « Les nouveaux indicateurs de richesse modifieront-ils la croissance ? », *Le Débat*, 2 (199), p. 147-156.

Pottier, A. (2022), « Expenditure elasticity and income elasticity of GHG emissions : A survey of literature on household carbon footprint », *Ecological Economics*, 192, 107251.

Pottier, A., Hourcade, J. C., Espagne, E. (2014), « Modelling the redirection of technical change : The pitfalls of incorporeal visions of the economy », *Energy Economics*, 42, p. 213-218.

Prebisch, R. (1962), « The economic development of Latin America and its principal problems », *Economic Bulletin for Latin America*, 7, p. 1-22.

Quenet, G. (2014), *Qu'est-ce que l'histoire environnementale ? L'environnement a une histoire*, Champ Vallon.

Quinet, A. (2019), « Quelle valeur donner à l'action pour le climat ? », *Économie et statistique*, 510-511-512, p. 165-179.

Rachel, L., Summers, L. H. (2019), « On secular stagnation in the industrialized world », *NBER Working Paper*, 26198.

Rawls, J. (2001), *Justice as Fairness*, Beknap Press.

Raworth, K. (2017), *Doughnut Economics : Seven Ways to Think Like a 21st-Century Economist*, Chelsea Green Publishing.

Reuters (2023), « OPEC sees global oil demand rising to 110 million barrels per day by 2045 », 26 juin.

Revkin, A. (1992), *Global Warming : Understanding the Forecast*, Abbeville Press.

Rey, H. (2015), *Dilemma not Trilemma : The Global Financial Cycle and Monetary Policy Independence. Technical Report*, National Bureau of Economic Research.

Rich, N. (2019), *Losing Earth : The Decade We Could Have Stopped Climate Change*, Picador.

Richard, J., Rambaud, A. (2012), *Comptabilité et développement durable*, Economica.

Richardson, K., Steffen, W., Lucht, W., Bendtsen, J., Cornell, S. E., Donges, J. F., ..., Rockström, J. (2023), « Earth beyond six of nine planetary boundaries », *Science Advances*, 9 (37), eadh2458.

Ricke, K., Drouet, L., Caldeira, K., Tavoni, M. (2018), « Country-level social cost of carbon », *Nature Climate Change*, 8 (10), p. 895-900.

Rickman, J., Kothari, S., Larosa, F., Ameli, N. (2022), *The Unequal Distribution of International Climate Finance Flows and Its Underlying Drivers*.

Ripple, W. J., Wolf, C., Newsome, T. M., Galetti, M., Alamgir, M., Crist, E., ..., 15 364 scientist signatories from 184 countries (2017), « World scientists' warning to humanity : A second notice », *BioScience*, 67 (12), p. 1026-1028.

Rockström, J., Steffen, W., Noone, K., Persson, Å., Chapin III, F. S., Lambin, E., ..., Foley, J. (2009), « Planetary boundaries : Exploring the safe operating space for humanity », *Ecology and Society*, 14 (2), p. 32.

Rodrik, D. (2016), « Premature deindustrialization », *Journal of Economic Growth*, 21 (1), p. 1-33.

Rodrik, D., Subramanian, A. (2009), « Why did financial globalization disappoint ? », *IMF Staff Papers*, 56 (1), p. 112-138.

Romer, P. M. (1990), « Endogenous technological change », *Journal of Political Economy*, 98 (5, Part 2), S71-S102.

Roover, F. E. de (1953), « New facets on the financing and marketing of early printed books », *Business History Review*, 27 (4), p. 222-230.

Røpke, I. (2016), « Complementary system perspectives in ecological macroeconomics : The example of transition investments during the crisis », *Ecological Economics*, 121, p. 237-245.

Røpke, I. (2017), « Sustainability and the governance of the financial system : What role for full reserve banking ? », *Environmental Policy and Governance*, 27 (3), p. 177-192.

Rosenstein-Rodan, P. N. (1961), « Notes on the theory of the "big push" », *in* Ellis, H. S., *Economic Development for Latin America : Proceedings of a Conference Held by the International Economic Association*, Palgrave Macmillan UK, p. 57-81.

Rostow, W. W. (2013), « The stages of economic growth », *in* Sanderson, S. K. (dir.), *Sociological Worlds*, Routledge, p. 130-134.

Rousseau, J.-J. (1766). *Du contrat social ; ou Principes du droit politique*, chez Marc-Michel Bousquet.

Rozenberg, J., Hallegatte, S., Perrissin-Fabert, B., Hourcade, J.-C. (2013), « Funding low-carbon investments in the absence of a carbon tax », *Climate Policy*, 13, p. 134-141.

Rudwick, M. (2005), « Picturing nature in the Age of Enlightenment », *Proceedings of the American Philosophical Society*, 149 (3), p. 279-303.

Ryan-Collins, J., Greenham, T., Werner, R., Jackson, A. (2012), *Where Does Money Come From ? A Guide to the UK Monetary and Banking System*, New Economics Foundation, 2e édition.

Sager, J. (2016), « The crown joules : Resource peaks », *Economic Anthropology*, 3, p. 31-42.

Sahlins, M. (1976), *Âge de pierre, âge d'abondance. L'économie des sociétés primitives*, Gallimard.

Sakurai, Y. (1989), « Land, water, rice, and men in early Vietnam : Agrarian adaptation and socio-political, organization », trad. Taylor, K. W., The Center for South-East Asian Studies, Kyoto University.

Sapir, J. (1985), « Conflits sociaux et fluctuations économiques en URSS : l'exemple de la période 1950-1965 », *Annales. Histoire, sciences sociales*, 40 (4), p. 737-779.

Sapir, J. (1990), *L'Économie mobilisée. Essai sur les économies de type soviétique*, La Découverte.

Scheidel, A., Temper, L., Demaria, F., Martínez-Alier, J. (2018), « Ecological distribution conflicts as forces for sustainability : An overview and conceptual framework », *Sustainability Science*, 13 (3), p. 585-598.

Scheidel, W. (2021), *Une histoire des inégalités. De l'âge de pierre au XXIe siècle*, Actes Sud.

Scheidler, F. (2020), *La Fin de la mégamachine. Sur les traces d'une civilisation en voie d'effondrement*, Seuil.

Schnabel, I. (2021), « From market neutrality to market efficiency », discours, https://www.ecb.europa.eu/press/key/date/2021/html/ecb.sp210614~162bd7c253.en.html.

Schulte-Tenckhoff, I. (1986), *Potlatch, conquête et invention. Réflexion sur un concept anthropologique*, Éditions d'en bas.

Schwartz, A. J., Friedman, M. (2008), *A Monetary History of the United States, 1867-1960*, Princeton University Press.

Scott, J. C. (2017), *Against the Grain : A Deep History of the Earliest States*, Yale University Press.

Scott, J. C. (2019), *La Domination et les Arts de la résistance. Fragments du discours subalterne*, Amsterdam Éditions.

Semieniuk, G., Holden, P. B., Mercure, J.-F., Salas, P., Pollitt, H., Jobson, K., Vercoulen, P., Chewpreecha, U., Edwards, N. R., Vinuales, J. E. (2022), « Stranded fossil-fuel assets translate into major losses for investors in advanced economies », *Nature Climate Change*, 12 (6), p. 532-538.

Sen, A. (2012), *L'Idée de justice*, Flammarion.

Servigne, P., Stevens, R. (2015), *Comment tout peut s' effondrer. Petit manuel de collapsologie à l'usage des générations présentes*, Seuil.

Sharpe, S. (2023), *Five Times Faster*, Cambridge University Press.

Sharpe, S., Lenton, T. M. (2021), « Upward-scaling tipping cascades to meet climate goals : Plausible grounds for hope », *Climate Policy*, 21 (4), p. 421-433.

Shin, H.-S. (2023), « Global value chains under the shadow of Covid », discours prononcé à la Columbia University, CFM-PER Alternative Data Initiative virtual seminar, 16 février.

Smil, V. (2017). *Energy : A Beginner's Guide*, Simon and Schuster.

Smil, V. (2019), *Growth : From Microorganisms to Megacities*, MIT Press.

Smith-Nonini, S. (2016), « The role of corporate oil and energy debt in creating the neoliberal era », *Economic Anthropology*, 3, p. 57-67.

Solow, R. M. (1956), « A contribution to the theory of economic growth », *The Quarterly Journal of Economics*, 70 (1), p. 65-94.

Solow, R. M. (1973), « Is the end of the world at hand ? », *Challenge*, 16 (1), p. 39-50.

Solow, R. M. (1974), « The economics of resources or the resources of economics », *American Economic Review*, 41, p. 1-14.

Soper, K. (1995), *What is Nature ? Culture, Politics, and the Non-Human*, Blackwell.

Spash, C. L., Hache, F. (2022), « The *Dasgupta Review* deconstructed : An exposé of biodiversity economics », *Globalizations*, 19 (5), p. 653-676.

Steffen, W., Richardson, K., Rockström, J., Cornell, S. E., Fetzer, I., Bennett, E. M., ..., Sörlin, S. (2015), « Planetary boundaries : Guiding human development on a changing planet », *Science*, 347 (6223), 1259855.

Stern, N., Peters, S., Bakhshi, A., Bowen, C., Cameron, S., Catovsky, D., Crane, S., Cruikshank, S., Dietz, N., Edmondson, S.-L., Garbett, I., Hamid, G., Hoffman, D., Ingram, B., Jones, N., Patmore, H., Radcliffe, R., Sathi- yarajah, M., Stock, C., Taylor, T., Wanjie Vernon, H., Zeghelis, D. (2006), *The Stern Review : The Economics of Climate Change*, HM Treasury.

Stiglitz, J. E. (1974), « Growth with exhaustible natural resources : Efficient and optimal growth paths », *The Review of Economic Studies*, 41, p. 123-137.

Stiglitz, J. E. (2002), *La Grande Désillusion*, Fayard.

Stiglitz, J. E., Sen, A. K., Fitoussi, J.-P. (2009), *Rapport de la Commission sur la mesure des performances économiques et du progrès social.*

Stiglitz, J. E., Stern, N., Duan, M., Edenhofer, O., Giraud, G., Heal, G., Lèbre La Rovere, E., Morris, A., Moyer, E., Pangestu, M., Shukla, P. R., Sokona, Y., Winkler, H. (2017), *Report of the High-Level Commission on Carbon Prices*, disponible en ligne : https://static1.squarespace.com/static/54ff9c5ce4b0a53decccfb4c/t/59244eed17bffc0ac256cf16/1495551740633/CarbonPricing_Final_May29.pdf.

Storm, S., Nastepaad, C. W. (2015), « Crisis and recovery in the German economy : The real lessons », *Structural Change and Economic Dynamics*, 32, p. 11-24.

Stoskopf, N. (2009), *Histoire du Crédit industriel et commercial (1859-2009)*, Éditions La Branche.

Strand, R., Kovacic, Z., Funtowicz, S., Benini, L., Jesus, A. (2021), *Growth Without Economic Growth*, European Environment Agency.

Supiot, A. (2013), « Grandeur et misère de l'État social », leçon inaugurale prononcée le jeudi 29 novembre 2012 au Collège de France.

Svartzman, R., Dron, D., Espagne, E. (2019), « From ecological macroeconomics to a theory of endogenous money for a finite planet », *Ecological Economics*, 162, p. 108-120.

Svartzman, R., Espagne, E., Julien, G., Paul, H. L., Mathilde, S., Allen, T., ..., Vallier, A. (2021), « A "silent spring" for the financial system ? Exploring biodiversity-related financial risks in France », *Banque de France Working Papers*, 826.

Taconet, N., Méjean, A., Guivarch, C. (2020), « Influence of climate change impacts and mitigation costs on inequality between countries », *Climatic Change*, 160, p. 15-34.

Taleb, N. N. (2007), *The Black Swan : The Impact of the Highly Improbable*, Random House.

Tamiotti, L. (2011), « The legal interface between carbon border measures and trade rules », *Climate Policy*, 11 (5), p. 1202-1211.

Testart, A. (1982), *Les Chasseurs-Cueilleurs ou l'Origine des inégalités*, Gallimard.

The Economist (2015), *Special Report : Family companies. To Have and to Hold*, 18 avril.

The Economist (2021), « Conditions for green growth », 12 juin.

Théret, B., Zanabria, M. (2007), « Sur la pluralité des monnaies publiques dans les fédérations », *Économie et institutions*, 10-11, p. 9-66.

Thomas, F. (2003), *La Forêt mise à nu. Essai anthropologique sur la construction d'un objet scientifique tropical : « forêts et bois coloniaux d'Indochine », 1860-1940*, thèse à l'EHESS.

Thomas, F., Culas, C., Đức, L. V., Pannier, E. (2021), « Climate change and adaptation in Viet Nam : Contributions from environmental history », *in* Espagne,

E. *et al.*, *Climate Change in Viet Nam : Impacts and Adaptation. A COP26 Assessment Report of the GEMMES Viet Nam Project.*

Thompson, E. P. (1988), *La Formation de la classe ouvrière anglaise*, EHESS/Gallimard/Seuil.

Todd, D. (2021), *A Velvet Empire : French Informal Imperialism in the Nineteenth Century*, Princeton University Press.

Tong, D., Zhang, Q., Zheng, Y., Caldeira, K., Shearer, C., Hong, C., Qin, Y., Davis, S. J. (2019), « Committed emissions from existing energy infrastructure jeopardize 1.5 °C climate target », *Nature*, 572 (7769), p. 373-377.

Trotsky, L. (2008), *History of the Russian Revolution*, Haymarket Books.

Turner, A. (2015), *Between Debt and the Devil : Money, Credit, and Fixing Global Finance*, Princeton University Press.

UNCTAD (2021), *A European Union Carbon Border Adjustment Mechanism : Implications for Developing Countries.*

Ussher, L. J. (2009), « Global imbalances and the key currency regime : The case for a commodity reserve currency », *Review of Political Economy*, 21 (3), p. 403-421.

Vaissière, A. C., Levrel, H. (2015), « Biodiversity offset markets : What are they really ? An empirical approach to wetland mitigation banking », *Ecological Economics*, 110, p. 81-88.

Valdecantos, S. (2023), « The green transition dilemma : The impossible (?) quest for prosperity of South American economies », *AFD Research Papers*, 271.

Van de Graaf, T., Bradshaw, M. (2018), « Stranded wealth : Rethinking the politics of oil in an age of abundance », *International Affairs*, 94 (6), p. 1309-1328.

Van der Ploeg, F., Rezai, A. (2020), « Stranded assets in the transition to a carbon-free economy », *Annual Review of Resource Economics*, 12, p. 281-298.

Van Lerven, F., Ryan-Collins, J. (2017), *Central Banks, Climate Change and the Transition to a Low-Carbon Economy*, New Economics Foundation.

Van Reybrouck, D. (2012), *Congo, une histoire*, Actes Sud.

Van Toor, J., Piljic, D., Schellekens, G., Van Oorschot, M., Kok, M. (2020), *Indebted to Nature : Exploring Biodiversity Risks for the Dutch Financial Sector*, DNB (De Nederlandsche Bank).

Vatn, A. (2009), « Combining post Keynesian, ecological and institutional economics perspectives », *in* Holt, R. P. F., Pressman, S., Spash, C. L. (dir.), *Post Keynesian and Ecological Economics*, Edward Elgar Publishing, p. 114-140.

Vatn, A. (2010), « An institutional analysis of payments for environmental services », *Ecological Economics*, 69, p. 1245-1252.

Vincent, J. (2012), « Le climat de l'histoire et l'histoire du climat. À propos des "quatre thèses" de Dipesh Chakrabarty », *La Revue des livres*, 3, p. 28-35.

Vivier, N. (1998), *Propriété collective et identité communale : les biens communaux en France 1750-1914*, Publications de la Sorbonne.

Voituriez, T., Wang, X. (2011), « Getting the carbon price right through climate border measures : A Chinese perspective », *Climate Policy*, 11 (5), p. 1257-1261.

Wallerstein, I. (2011), *The Modern World-System*, vol. 1 : *Capitalist Agriculture and the Origins of the European World-Economy in the Sixteenth Century*, University of California Press.

Wang, S., Hausfather, Z., Davis, S., Lloyd, J., Olson, E., Liebermann, L., Núñez-Mujica, G. D., McBride, J. (2023), « Future demand for electricity generation materials under different climate mitigation scenarios », *Joule*, 7(2), p. 309-332.

Way, R., Ives, M. C., Mealy, P., Farmer, J. D. (2022), « Empirically grounded technology forecasts and the energy transition », *Joule*, 6 (9), p. 2057-2082.

Weber, I., Jauregui, J. L., Teixeira, L., Pires, N. (2022), « Inflation in times of overlapping emergencies : Systemically significant prices from an input-output perspective », *University of Massachusetts Amherst Working Paper*, 22.

Weber, I., Wasner, E. (2023), « Seller's inflation, profits and conflict : Why can large firms hike prices in an emergency ? », *Review of Keynesian Economics*, 11 (2), p. 183-213.

Weitzman, M. L. (2009), « On modeling and interpreting the economics of catastrophic climate change », *The Review of Economics and Statistics*, 91 (1), p. 1-19.

Wendling, Z. A., Emerson, J. W., de Sherbinin, A., Esty, D. C. *et al.* (2020), *Environmental Performance Index*, Yale Center for Environmental Law and Policy.

White, L. Jr (1967), « The historical roots of our ecologic crisis », *Science*, 155 (3767), p. 1203-1207.

Whitmore, J. K. (2010), « Paperwork : The rise of the new literati and ministerial power and the effort toward legibility in Đại Việt », *in* Wade, G., Sun, L. (dir.), *Southeast Asia in the Fifteenth Century : The China Factor*, NUS Press, p. 104-125.

Williams, E. (2013), « Capitalism and slavery », *in* Sanderson, S. K., *Sociological Worlds*, Routledge, p. 260-268.

Woillez, M. N., Espagne, E. (2022), *The Mekong Delta Emergency, Climate and Environmental Adaptation Strategies to 2050*, AFD, https://www.afd.fr/en/ressources/mekong-delta-emergency-climate-environmental-adaptation-strategies-2050.

Wrigley, E. A. (1990), *Continuity, Chance And Change : The Character of the Industrial Revolution in England*, Cambridge University Press.

Yilmaz, D., Sawsen, B. N., Mantes, A., Nihed, B. K., Daghari, I. (2023), « Climate change, loss of agricultural output and the macro-economy : The case of Tunisia », *AFD Working Paper*, a452288a-7537-4393-ab52-71b2659984fb.

Zalasiewicz, J., Freedman, K. (2009), *The Earth After Us : What Legacy Will Humans Leave in the Rocks ?*, Oxford University Press.

Zhou, X. (2009), « Reform the international monetary system », *BIS Review*, 41, p. 1-3.

Zierler, D. (2011), *The Invention of Ecocide : Agent Orange, Vietnam, and The Scientists Who Changed the Way We Think About the Environment*, University of Georgia Press.

Index des noms propres

Index des événements

Remerciements

Ce livre trouve son origine dans la conclusion partielle de l'ouvrage collectif *Capitalisme. Le temps des ruptures*, paru chez Odile Jacob en 2019, à l'orée d'une série de bouleversements globaux que les auteurs ne pouvaient alors imaginer, mais dont les causes s'y lisaient déjà en filigrane. Nous remercions donc d'abord les auteurs de cet ouvrage collectif que Michel Aglietta a dirigé et qui, dans son dernier chapitre, indiquait la nécessité d'entreprendre une vaste recherche pour une écologie politique. Les stimulantes discussions qui en ont résulté, ainsi que des échanges au long cours avec Jean-Charles Hourcade, Dominique Dron ou encore Romain Svartzman, nous ont conduit à entreprendre cet ambitieux exercice.

Ce livre s'appuie également sur les résultats de projets de recherche menés dans le cadre de l'équipe GEMMES de l'Agence française de développement (AFD). C'est le cas notamment du projet GEMMES Vietnam mené en partenariat avec l'Institut de recherche sur le développement (IRD) et l'Université des sciences et technologies de Hanoï. Nous tenons ainsi à remercier les chercheurs partenaires de ce projet et notamment Ngo Duc Thanh, Frédéric Thomas, Emmanuel Pannier, Christian Culas et Alexis Drogoul qui ont contribué à en animer le volet historique. Certaines illustrations empiriques de la dernière partie de ce livre sont par ailleurs tirées de travaux menés conjointement avec des collègues du département de la recherche (ECO) de l'AFD, qui doivent être remerciés ici : Antoine Godin, Devrim Yilmaz, Guilherme Magacho, Hugo Lapeyronie, Marie-Noëlle Woillez ou encore Achilleas Mantes. Sans les échanges quotidiens avec eux sur les spécificités des problématiques de transition pour les pays en développement et émergents, sans l'espace de liberté et de créativité soutenu par Vincent Caupin, Hélène Djoufelkit et Thomas Mélonio, ce livre n'aurait sans doute pas eu la même orientation.

Ce livre synthétise enfin des réflexions plus récentes menées avec des collègues de la Banque mondiale, du Fonds monétaire international et de la Banque de France sur les conséquences géo-économiques de la transition et les problématiques spécifiques liées à une période de mi-transition. Jean-François Mercure, William Oman, Romain Svartzman, Hector Pollitt, Gregor Semieniuk, Bastien Bedossa ou encore Penelope Mealy et d'autres ont notamment participé de ces échanges stimulants qui nourrissent ce livre.

L'ambition de ce livre a souvent semblé dépasser nos forces (et celles de nos familles), et il resterait sans nul doute beaucoup à faire pour intégrer ensemble les différentes dimensions d'analyses que nous abordons ici. Souhaitons *a minima* qu'il donne envie au lecteur de poursuivre le chantier d'une écologie politique au-delà du Capitalocène.

TABLE

PARTIE 2
Régimes historiques de viabilité du Capitalocène

PARTIE 3
Planification(s) écologique(s) pour le XXIe siècle

OUVRAGES DE MICHEL AGLIETTA
CHEZ ODILE JACOB

La Course à la suprématie monétaire mondiale. À l'épreuve de la rivalité sino-américaine (avec Guo Bai et Camille Macaire), 2022.

Le Futur de la monnaie (avec Natacha Valla), 2021.

Capitalisme. Le temps des ruptures (dir. avec Luc Arrondel, Gilles Dufrénot, Étienne Espagne, Anne Faivre, Yann Guy, Renaud du Tertre, André Masson, William Oman), 2019.

La Monnaie entre dettes et souveraineté (avec Pepita Ould Ahmed et Jean-François Ponsot), 2016.

Le New Deal pour l'Europe (avec Thomas Brand), 2013.

La Voie chinoise. Capitalisme et empire (avec Guo Bai), 2012.

Crise et rénovation de la finance (avec Sandra Rigot), 2009.

Désordre dans le capitalisme mondial (avec Laurent Berrebi), 2007.

La Monnaie. Entre violence et confiance (avec André Orléan), 2002.

La Monnaie souveraine (avec André Orléan), 1998.

Régulation et crises du capitalisme, collection « Opus », 1997.

Inscrivez-vous à notre newsletter !

Vous serez ainsi régulièrement informé(e)
de nos nouvelles parutions et de nos actualités :

https://www.odilejacob.fr/newsletter

Cet ouvrage a été composé
par Nord Compo
à Villeneuve-d'Ascq (Nord).

N° d'édition : 4150-0465-X – N° d'impression : N25137231212
Dépôt légal : février 2024

Imprimé en France

IMPRIM'VERT®

PEFC 10-31-3532 / Certifié PEFC / Ce produit est issu de forêts gérées durablement et de sources contrôlées. / pefc-france.org